儿童8个敏感期教养

性格敏感期

桂圆妈妈 组织编写

应急管理出版社

·北 京·

没有什么工作比
关爱出生头三年的
婴儿更重要

2002/12/12

严仁英

严仁英
原中国关心下一代工作委员会
专家委员会主任
原世界卫生组织母婴保健
合作中心主任

儿童永远是
人类发展的明天和希望
愿全社会都来
关注伟大的育儿工程！

刘湘云
二〇〇四年

刘湘云
原上海医科大学附属儿科医院院长
中华医学会儿科学会副主任委员

丁宗一

原中国医师协会儿童健康专业委员会主任。

鲍秀兰

北京协和医院儿科主任医师，中国协和医科大学儿科教授，兼任中国优生优育协会理事和儿童发育专业委员会主任委员等。

刘湘云

历任上海医科大学儿科教授、博士生导师、附属儿科医院院长、儿科研究所所长。曾任联合国世界卫生组织（WHO）总部妇幼卫生专家委员会委员。

丁 洁

北京大学第一医院原副院长、儿科研究员、博士生导师。

刘泽伦

原中国优生优育协会胎教专业委员会主任，"八五"攻关"胎教"课题主持人。

戴淑凤

北京东方圣童儿童发展研究中心创始人和总策划，北京大学第一医院妇产科教授，中国优生优育协会理事。

区慕洁

中国优生优育协会理事，主讲中央教育台"万婴跟踪"节目中的"成长日记"。

高振敏

原首都儿科研究所生长发育研究室主任医师，与全国 12 省市同仁合作，先后完成 3 项智能测验量表。

冯国强

北京大学医学部福康之家科学育儿专家委员会副主任。

丁 辉

北京市妇幼保健院副院长，世界卫生组织妇女健康研究和培训合作中心副主任。

王惠珊

中国疾病预防控制中心妇幼保健中心儿童保健部主任。

王丹华

北京协和医院儿科主任医师、教授、博士生导师。

牛建昭

北京中医药大学教授、主任医师、中西医结合基础专业博士生导师。

王书荃

中央教育科学研究所研究员，中国教育学会儿童教育心理研究分会学习障碍专业委员会副理事长。

单中惠

华东师范大学基础教育改革与发展研究所、教育学系教授，博士生导师。中国教育学会教育史专业委员会副理事长。

张海澄

医学博士，北京大学人民医院心内科主任医师、教授。

吴光驰

首都儿科研究所营养研究室研究员、中国优生科学协会儿童营养专业委员会委员。

邓静云

原南京大学第二临床医学院及儿童保健研究所主任医师兼教授、中华预防医学会儿童保健专业学会常委。

黄建萍

北京大学第一医院儿科主任医师、教授、医学博士，硕士研究生导师。

仇凤琴

原广州市妇婴医院儿科主任医师、广东省优生优育协会专家组成员。

刘 文

北京师范大学心理科学学院博士后、辽宁师范大学教育科学学院教授。

白文佩

医学博士，原北京大学第一医院妇儿医院副主任医师、副教授。

王素梅

北京中医药大学东方医院儿科主任、儿科主任医师兼教授。

赵惠君

上海附属新华医院、上海儿童医学中心副院长。

石效平

中日友好医院儿科主任医师、儿科教授。

金 哲

北京中医药大学东方医院妇科主任、北京市中西医结合学会妇产科专业委员副主任委员。

范 玲

北京妇产医院产科副主任。

秦 炯

北京大学第一医院儿科主任、儿科教授、儿科主任医师。

薛 红

深圳市妇幼保健院原儿保科主任、儿保主任医师。

感谢各位专家对早教网工作的大力支持！
感谢早教网对本套图书的大力支持！
感谢中国儿童素质早教工程的大力支持！

感谢王东华教授极力推荐和支持

王东华，男，1963 年 6 月生，安徽芜湖人。中国教育学会家庭教育专业委员会常务理事，《发现母亲文库》总编，华东交通大学母亲教育研究所所长，教授。其研究当代大学生的教育专著《新大学人》（40 万字）为 93 深圳（中国）优秀文稿公开竞价首部成交著作。其致力人类文化启蒙的另一教育专著《发现母亲》（80 万字），1999 年一经推出，即在全社会产生广泛影响。其主编及编著的《我们是这样教育孩子的》《超薄学习》，2001 年及 2003 年分别被选作为全国妇联活动用书。由于其在母亲教育研究及普及方面的突出贡献成绩，2001 年入选《中国青年》"可能影响 21 世纪中国的 100 位青年人物"。20 余年来更是不断行进，社会影响日渐深远。

母亲教育运动的发起人与倡导者，《发现母亲文库》总编。除《发现母亲》《新大学人》外，文库推出的原创、畅销书籍近百种，累计发行近千万册。

母亲教育培训行业的开拓者和典型家教案例的发掘整理者。对全国近千名杰出父母进行了长期跟踪研究，整理出版的国内外经典案例近 50

个，约 200 万字，举办的全国母亲教育研习班数十期，培养出了大批优秀父母。

中国幼儿识字阅读（简称幼读）王氏标准的提出者，即让学前幼儿用约一年的时间学完部编版小学 6 年语文全部 12 册教科书，熟识 3300 个以上汉字，掌握 10000 个以上汉语词语，细读近百万字课文……进入自主、自由阅读状态，从幼儿抓起，从而真正提高全体国民的阅读水平。此项大型实验，正在有步骤有计划的实施当中。

策划及参与中央电视台等各类电视节目百余场，应邀担任全国及各省市"杰出母亲"评委十余次，组织各类母亲教育报告会数千场。

在中直机关、全国妇联、北京军区、中央党校、清华大学、北京大学、大庆油田、IBM 中国总部等各大机构演讲千余场，其电视讲座在百余家电视台播出。

现任全国唯一一家母亲教育专业研究机构——华东交通大学母亲教育研究所所长。

王东华
华东交通大学母亲教育研究所所长，教授
中国教育协会家庭教育专业委员会常务理事

前言

　　教育孩子就像是一道组合数学题，家长想要解开这道组合题就必须要花费许多的精力、体力。父母对孩子的爱是毋庸置疑的，父母为了孩子付出再多也不怕，可是怕就怕在力气用错了地方，不但没有起积极的促进作用，反而耽误了孩子的未来。

　　什么才是育儿的重中之重呢？作为父母又该怎么才能分清主次、明辨是非呢？怎么样才能抓住育儿的关键钥匙呢？

　　作为父母要想提前做好心理和生理上的两手准备，就必须事先了解孩子成长中各个关键时期可能遇到的问题，这样，当问题出现时，家长就可以从容面对，而不是惊慌失措。

　　0～8岁被我们划分为8个敏感期。每一个敏感期都对应了一项能力的关键发展时期，不同的孩子可能会有细微差别，但是，根据我们多年来育儿指导的经验，这个年龄段的孩子成长情况几乎是相同的。这样划分的前提是孩子的发展发育是正常的，当孩子的发展发育与同龄人有着明显差别时，家长就不能再以这个划分作为依据去教养孩子了，而是应该结合实际情况来正确地教育孩子。

目录

第1章 有关性格⋯⋯⋯⋯001

第2章 从内心培养性格⋯⋯⋯⋯015

第⑤章 好性格离不开家长...........087

后记──关于中国儿童素质早教工程
关于佩拉早教

第1章

有关性格

性格决定命运，命运又反过来影响性格。可是性格和环境息息相关，给孩子创造更加适合他成长的环境，是每个家长的基本任务。

> 性格决定命运，这句话虽然有些夸大成分，可是命运和性格确实息息相关。

性格和命运

人生就是一场旅途，重要的不是旅途的结果，而是沿途的风景。在人生的旅途上，往往有各种各样的岔路。现在流行的一句话是，只有小孩子才面对选择，作为成年人，自然是什么都要啦！

可是事实上，一条路上，左边是熊掌，右边是鱼。鱼和熊掌不可兼得，喜欢熊掌的人选了熊掌，那么就要失去鱼；而喜欢鱼的人选了鱼，那么就要失去熊掌。

走过鱼和熊掌的岔路，接着就会面对面包和米饭的岔路……人生就是一次又一次的选择，然后同样起点的人，却走上了不同的岔路，就会看到不同的风景。

人从生下来的那一刻开始，就不可避免地要面对选择，性格会决定你选哪条路，而路上的风景，又在塑造你的性格。

性格决定命运，但命运也会决定性格，或者说性格是由境遇加上一点先天因素决定的，并不是简单的性格和命运的问题。性格和命运，并不是指那种典型的将人生社会简单化的心灵鸡汤。在这种极端的鸡汤中，它只强调了"性格"这一个参数，将人生"单维化"，让人以为只要不断改变自己的性格就能获得相应的成功，而如果自己不成功则一定是自己的性格不好。

在生活中，我们常常会听见人们议论这个孩子性格直爽、开朗，那个孩子性格孤僻、阴郁……在这里希望大家首先要搞清楚一点，孩子的性格也是一种能力。

虽然说每个孩子的性格各不一样，但是在现在开放型的社会中，尤其是网络信息发达，沟通更加便利的社会环境中，要想成长为一个各方面十分优秀的人，外向、乐观的孩子往往更容易成为这样的人。

因为他们开朗，更能和周围的人打成一片，交际关系更健康良好，也就更能适应社会生活，拥有更好的未来。性格内向、孤僻的孩子不善于人际交往，朋友圈狭窄，不知道该怎么合作，所以说孩子能否成为一个优秀、全面发展的人在一定程度上是由性格决定的。刚出生的孩子并没有性格一说，性格是后天形成的，影响性格养成的因素来自长辈的教导、生活环境等，所以当家长发现孩子开朗、爱笑或者是孤僻、不愿与人交往时，一定不要觉得是孩子自发形成的，而是受身边环境和人所影响。

孩子如果在社会生活中无法充分锻炼自己的能力，那么就算他的性格是开朗、乐观的，也无法适应社会生活。因为孩子会觉得自己无法和社会融合，从而变得沉默、不爱与人亲近。而当孩子进入一个陌生的生活环境时，性格也会随着环境的变化而变化。

但是在人们的早期生活过程中性格就已经定型了。早期的家庭观念、思想习惯、处事方式，都会慢慢改变孩子的性格，所以良好的早期教育，才能培养孩子的优良性格。

> 每个孩子个性不同，家长无须扼杀孩子的个性。

尊重孩子不同的个性

每个孩子的性格、气质都是有差别的，比如有的孩子安安静静、不哭不闹，让家长很是省心；而有的孩子则让家长十分苦恼。

易抚养型	这一类型的孩子就是不爱哭闹，喝奶、大小便等都比较规律，家长容易给他养成秩序感。喂养这样的孩子也比较轻松，不需要常常半夜起床喂奶。而这样的孩子喝奶的量和时间也很固定，睡觉也很安静、不闹人。
抚养困难型	这一类型的孩子出生后不好抚养，家长无法正确地捕捉他的信号，进而无法正确地满足他的各项需求，然后他就会更加生气，哭闹不止。而且他对外界的刺激也很敏感，只要有一点不顺他的心意，他就会拒绝一切，并开始哭闹，这对家长的精力、体力都是一个挑战。

事实上，孩子的个性千差万别，万万不能用这两种类型来区分。上面所说的易抚养型和抚养困难型，只是站在家长的角度来进行一个简单的区分，就像世界上没有两片完全相同的树叶一样，每个人都有自己独特的性格。家长唯有了解自己孩子的性格特点，才能有针对性地进行教育。按照孩子的个性，可以更加详细地划分为以下 9 种。

1. 有主见的"领导型"孩子

关键词 性格刚强、独立、善于领导

2. 平和恬淡的"和平型"孩子

关键词 温和、友好、优柔

3. 追求卓越的"完美型"孩子

关键词 细致认真、理想主义

4. 天使般的"助人型"孩子

关键词 善良、热心肠

5. 欲望强烈的"成就型"孩子

关键词 好胜、社交能力强

6. 个性鲜明的"浪漫型"孩子

关键词 富有创造力、多愁善感

7. 观察细致的"思考型"孩子

关键词 冷静、严谨、细致、喜欢独处

8. 敦厚的"忠诚型"孩子

关键词 忠厚老实、按部就班、小心谨慎

9. 活泼开朗的"活跃型"孩子

关键词 冒险、乐观、开朗

> 正如没有好孩子和坏孩子的分别一样，性格也没有好坏之分，无论哪种性格，都有闪光点。

正确看待孩子的性格

小区里，有三个孩子的关系格外好，总是在一起跳绳、玩滑滑梯、画画。小林很乖巧，总是受到长辈和邻居们的夸奖。小虎力气很大，但是脾气不大好，和小伙伴发生争吵时，总喜欢推人。小强很直率，见到人就会主动问好，小伙伴犯了错误他也会直接指出来。邻居们最喜欢小强，觉得他以后一定会有大出息，却总是批评小虎，说他性格太粗鲁，总是喜欢动手动脚。

小虎推小伙伴的行为固然是错误的，可是作为成年人，不应该当面指责孩子的性格，而应该在潜移默化中软化性格暴躁的孩子。都说家长是孩子的镜子，家长在日常生活中解决事务时能冷静沉着，告诉孩子暴力是不可取的，并且教会孩子正确的应对措施，久而久之，孩子自己也会知道遇到问题该怎么做了。

无论是害羞、内向、安静、爽朗、活泼……每个孩子的特性都有闪光点。认为孩子性格有缺陷的想法，反而是不了解孩子的表现。

孩子的性格应该从小培养，不能认为孩子还小而忽视孩子的性格培养。

性格培养要从小开始

闹闹的父母工作都很忙，把闹闹留给爷爷奶奶抚养，爷爷奶奶对孙子十分溺爱，衣来伸手、饭来张口，以至于闹闹的脾气很不好，是远近闻名的小霸王，一有不如意就对周围人拳打脚踢，开心的时候就在楼道里大吵大闹，丝毫也不在意邻居们的心情。爷爷奶奶不以为意，觉得只是孩子的年龄还小，长大了就懂事了。

闹闹因为常年受到爷爷奶奶的溺爱，不懂得与人共处，以自我为中心，这就反映出了家长在抚养孩子的过程中所犯的错误：没有及时纠正闹闹的脾气。在闹闹出现随心所欲的性格苗头时，家长就应该及时纠正。孩子性格培养从不嫌小，越是早开始纠正，所获得的效果就越好。如果一直不去改正错误，随着孩子年龄的增长，他们的坏脾气也就更加难以控制了。

> 　　一个月大的宝宝就已经可以进行心理活动了，他们会表达出不同的情绪。

好的沟通有助于好性格培养

从出生的那一刻起，孩子就有快乐与不快乐等感受，他们的情感表达和趋向与生理状况密切联系。经过研究发现，一个月大的宝宝就已经可以进行心理活动了，在他们吃饱穿暖时，他们就会表现出自己的快乐；相反，在受冻挨饿时、排泄物清理不及时的时候，他们常常会吵闹。

孩子哭闹是一种十分自然的行为，在这个过程中不仅锻炼了呼吸系统，对发音器官的发育也有好处。其实孩子的哭泣是为了释放自己的表达欲，让家长对他们更上心，同时自己的心理需要也得到满足，这是生理上的条件反射功能。

无论是多大年龄的孩子，如果只给了他们良好的生活条件却忽略了与他们的感情沟通，那么这样的孩子就无法获得真正的快乐。时间久了，就会激发孩子的叛逆心理，表现为时常发呆、情绪不稳定，孩子的心理健康和性格发展也无法得到保障。

> 性格和行为需要分开看待，在孩子行动起来的时候，性格的影响往往会弱化。

不应该用大人的眼光看性格

人们总喜欢用自己已有的认知来看待事物的发展，正如同真理是掌握在少数人的手中一样，家长更喜欢用大众欢迎的性格来评判和要求孩子。

家长总是会觉得，性格有些地方不太好的孩子需要纠正，乖巧的孩子是其他孩子的学习榜样，安静的孩子被认为是好孩子，活泼外向的孩子更聪明……可是实际上呢？在家长、老师那里受欢迎的孩子，在小伙伴那里反而并不出众。

当孩子沉浸在自己热爱的事物里时，全身心投入的他们淡化了所谓的特性，无论是家长认为的杰出的还是不好的特征，都已经消失得无影无踪。孩子只有通过自己的思考和感悟，在从事有规律性的活动时，他的心理才会养成规律性的习惯。正因为行动和活动，孩子就会具有规律性。因此家长要抛弃以前的片面观点来面对孩子的行为和性格。

> 孩子的性格发展是丰富多样的，家长一定要给孩子自由发展的空间。

给孩子自由发展的空间

孩子的性格发展是丰富多样的，只有给孩子自由发展的空间，让孩子自由地成长，才可以保证孩子的特性，发扬孩子自身的闪光点。

给孩子自由发展的空间，并不是说家长不去管孩子，而是像种植小树一样，在孩子保持积极向上的乐观态度的时候，只要思想没有偏差，那么家长完全没有必要禁锢孩子的发展空间。不用非要把代表孩子特性的枝丫砍掉，让所有孩子变得一模一样。

孩子拥有自发性的能力在很久以前就得到了证实。蒙特梭利就曾经举过这样一个例子。

罗马创建的第一批儿童之家收留了那些在墨西哥地震中幸免于难的孤儿们。震后人们在废墟中解救了 60 个左右的孩子，这些孩子没有一个人记得自己的身份地位，甚至连名字都忘记了。恐怖的灾难给孩子们幼小的心灵造成严重的创伤，他们无法从悲痛中缓解过来，失去了对生活的信心和欲望，整日不吃不喝，沉默寡言。当时的皇后对这些儿童十分同情，于是给这些孩子提供了一个新家——儿童之家。这个家环境优美，有鲜花盛开的花圃、郁郁葱葱的树林、鹅卵石铺就的小路，鱼儿在池塘里自由自在地嬉戏、鸟儿在天空中自由地飞翔。在家里还有专门为孩子准备的精致桌椅餐具，各式各样的家具。针对孩子不同的特性，家里每个孩子都拥有属于自己的美丽刀叉、餐巾、大小合适的肥皂盒……在这个美丽的新环境中，还有许多修女同孩子们一起生活，她们向孩子们传授知识，讲说上流社会的生活方式。起初，孩子们的食欲并没有因为环境的改变而有所增加，但随着他们不断接触新鲜的事物，学习新的知识，他们逐渐变得开朗活泼起来，并能将所学知识熟练运用。渐渐地，孩子们的行为举止变得优雅起来，说话方式也变得有条不紊，他们还学会了像王子、公主一样优雅地用餐，像艺术大师一样布置餐桌。令人大吃一惊的是，孩子们的食欲渐渐恢复，他们喜欢上了努力学习、积极生活的日子，脸上也绽放出欢快的笑容。

孩子的创造力和想象力是很强的。在以前，人们习惯性地为孩子提供生活环境和生活条件，但从来不会站在孩子的立场去想他们到底需要什么、热爱什么。正是家长们对孩子的错误认识，导致孩子无法真正表达自己的意愿，无法释放天性，优点和缺点更加难以区分。而在儿童之家里，通过各种方式，老师们努力释放孩子内心深处的个性，提高创造力，使孩子们重新回归正常的心理轨道。

　　家长在日常生活中也要善于发现孩子的自发性发展，培养孩子的想象力和创造力，鼓励孩子积极联想。或者给孩子准备一些制造性的材料，引导孩子发挥自己的创意，把这些材料拼接成生活中出现的各种物品，以此来发展孩子的能力和特性。

第 2 章

从内心培养性格

性格由习惯演变而来。
——奥维德

> 不良的沟通会让孩子产生心理障碍，这种心理障碍会伴随孩子一生。

不要忽视对孩子的精神引导

相比于物质，孩子更需要与家长交流。很多家长往往忽视了这一点，以为给孩子提供了良好的生活环境就万事大吉，对孩子的内心世界漠不关心。实际上，家长经常与孩子进行交流可以了解孩子的所思所想，拉进亲子关系，更便于对孩子进行精神引导。要知道，这种精神引导能影响孩子的一生。

君君的父母上班比较忙，平时都是奶奶帮忙带。因为父母陪他的时间比较少，所以父母心里总是觉得愧疚，便在物质上进行弥补，给他买了很多玩具。君君刚开始很高兴，但是慢慢地对玩具的兴趣也不大了，反而经常觉得很孤独。

思想偏离正轨的孩子往往表现出自卑和孤独，生活中他们感受不到别人的理解，无法和别人达到共鸣。他们把自己圈禁起来，不与外界交流沟通，渐渐与现实生活脱轨。由于他们没有好好利用自己的能力，所以导致智商降低，甚至低于普通孩子。作为成年人，我们应该更加用心对待思想上脱离正轨的孩子，有选择性地对他们进行特殊治疗。但是有很多成年人并不懂这些孩子思想的特殊性，还对他们进行责怪、恐吓，这样一来，这些孩子非但没有接受到很好的治疗，思想障碍反而更加严重。如果大人的行为很残酷粗暴，孩子无法控制对事情的冷漠和对外界的抵触心理，只能任由它发生，这被心理学家称为"心理障碍"。

心理障碍会让孩子逐渐远离正常生活，让孩子对一切失去兴趣，被动地接受外界干扰，他们长时间躲避在相对安全的区域里，越来越冷漠孤独，似乎失去了思想和能力。

这种排斥外界的心理障碍会一直伴随着孩子，直到长大也不会消失。比如一个孩子厌恶数学，即使人到中年，脱离数学很久以后，一旦提及数学他还是掩饰不住自己对数学的讨厌。

孩子过分依赖的原因是长辈的过分溺爱，使其习惯了坐享其成，从而失去了独立探索的乐趣。

孩子的过分依赖

对待孩子无论是生活中还是心理上，都要适当，过分溺爱绝不可取。

小区的广场上经常聚集着一群小朋友在一起玩，大家互相分享着各自的玩具，时不时还能听到他们银铃般的笑声。在笑声中偶尔夹杂着一些不和谐的声音，比如突然爆发的哭声和孩子们的争抢声。龙龙就是这些声音的制造者，他带来的玩具从不让别的小朋友碰，而当他喜欢别的小朋友的玩具时就会占为己有，不愿归还。而且他从来不和其他小朋友交流，一直待在自己的家人身边，只要家人离开他的视线，他就会立刻大喊大叫起来。

孩子过分依赖的原因是长辈的过分溺爱，使其习惯了坐享其成，从而失去了独立探索的乐趣。

不难发现，有很多的孩子性格软弱，容易陷入一个悲伤的境地，他们习惯性地依赖身边的成年人，遇到事情就躲在大人的身后，害怕直面困难。这样的孩子一般都沉默寡言，拒绝与外界交流。他们总是流露出孤独的神情，容易感到烦躁，总想从成人那里得到无尽的关怀与帮助。他们想要大人每时每刻陪伴他们，甚至吃饭睡觉都要求家长寸步不离。如果注意观察，则会发现这样的孩子并不关心世界是什么样子，他们只是不停地在寻求家长的关注。长此以往，家长必定会感到压力和焦虑，情绪也会波动，变成任由孩子支配的奴隶。在这样的境遇中，妈妈的情况更加明显，有为数不少的妈妈变成了孩子的奴隶，在面对孩子的时候没有自己的空间和自我。

心理学家对此进行剖析，那些习惯依赖成年人的孩子虽然看起来主导了成人，但是实际上他们并没有办法真正遵从自己的内心。对于他们来说，在事情的发展过程中，他们更希望从家长那里得到指令讯息，并且不加以考虑地动手去做，这会导致孩子和家长关系的失衡，孩子过分依赖家长，不能独立自主地思考问题，而大人又太过强硬，想把自己的观念强加于孩子身上。等孩子渐渐长大，你就会发现这些孩子和其他同龄人差距很大，他们对外界漠不关心，拒绝融入集体生活，反应能力明显不如其他孩子，最终会随波逐流，逐渐被社会所淘汰。

让人感到害怕的是，这些将自己的观念强加于孩子身上的家长会强迫孩子学习自己的生活经验，让孩子在失去自我的道路上越走越远。

每个青春期的孩子都会有自己的小秘密，家长不必太过担忧，要包容孩子的变化。

理解孩子的每一个变化

万事万物没有固定不变的，孩子也是如此。在孩子的成长过程中心智的成熟伴随着身高体重的变化，每个青春期的孩子都会有自己的小秘密，家长不必太过担忧，要包容孩子的变化。

孩子身上的变化并不会固定在某一刻出现，而是毫无征兆地就显示出来。即使孩子能够沉迷于自己喜欢的事情并拼尽全力去做好它，但这并不代表家长可以肆意安排他们去做任何事情。家长能做的只是给孩子提供一个舒适的环境，剩下的不必过多干涉，孩子会按照他们自己内心的想法做他们感兴趣的事情。在潜心于自己的事情时，他们会十分专注用心，冷静分析，身上的那些缺陷自然而然地就消失了，留下他们自身的光芒和力量。这些有意义的活动完全吸引着他们，即使时间再久、次数再多他们也不会感到疲倦。

发展是一个缓慢而又漫长的过程，通过自我发展，孩子在逐渐完善性格。比如有些孩子懒惰是因为家长提前为他们铺设好了道路，强迫他们按照规划执行；孩子叛逆是因为家长强行控制了孩子的思想，灌输进了自己的想法；孩子做事拖拉是因为他们长期生活在家长的支配下，无法形成自己的规律习惯，就算有自己的规律也被家长打破。每一个孩子只有经历这个阶段，才能慢慢成长。

如果我们放任孩子去做任何他们想做的事，即使是错误的我们也不及时制止，那么孩子会变得更加偏激，一错再错，甚至无法挽回。

通过合适的工作，孩子可以更好地发展自己。这就要求家长为孩子提供良好的环境条件和工具用品，激起孩子内心的创造力和渴望，并全身心地投入工作中，这是成长必须经历的阶段。如果可以好好把握每一次机会、利用好每一件工具，那么孩子的动手能力会很快得到提高。这种方式不仅引发孩子的兴趣爱好，更有利于孩子的心理发展，最终达到提升品格的目的。

适当地聆听孩子的意见，在不突破底线的前提下，给予孩子选择的权利和表达自己的空间，是提高孩子心理行为能力的一种好方式，当孩子沉浸在自己喜欢的事物时，他们将全身心投入进去，自动抵抗外界干扰，充满动力。

家长在挑选孩子的物品时要将孩子的兴趣爱好放在第一位，这样才能培养孩子的优良品格。每个孩子都是与众不同的，都有适合自己的独特的教育方式。因此家长要善于发现孩子的喜好，鼓励他们做自己喜欢的事情，这样孩子才能全神贯注，投身于喜爱的事物中，积极利用大脑思考，发现并解决问题，从中得到精神上的提升。如果孩子养成懒惰的习惯，那么他们发展的道路便不会顺畅。

> 2 岁左右的孩子分不清自己物品和其他人物品的界限，因此会表现出强烈的占有欲。

孩子的占有欲

从 2 岁开始，孩子开始有了物权意识，但分不清自己的东西和别人的东西的界限，而认为所有的东西都属于自己。如果在这个时候不加以引导，这种情况就会愈演愈烈，而且难以纠正。家长一旦发现这种占有欲强的表现，需要时刻提醒孩子东西的所有权，慢慢地孩子便学会了区分，才能平和地与其他孩子相处。

小区的广场上经常聚集着一群小朋友，大家互相分享着各自的玩具，时不时还能听到他们银铃般的笑声。在笑声中偶尔夹杂着一些不和谐的声音，比如突然爆发的哭声和孩子们的争抢声。

小虎就是这些声音的制造者，他带来的玩具从不让别的小朋友碰，而当他喜欢别的小朋友的玩具时就会占为己有，不愿归还。大人看到这种行为都连连摇头，称小虎的占有欲太强了。

利用感官功能是每个孩子的天性，他们时刻充满了好奇，想知道一切事物的答案，就好像一个挨饿很久的人看到了食物的那种渴望，这是与生俱来的，不需要训练。他们想要寻求一切他们想要的东西，在欲望得到满足时会更加激起对其他事物的追求。这是每个孩子的天性。

这种感官功能带来的需求感，给他们带来了无尽的动力，鼓励着他们为了欲望而奋斗探索。源源不断的动力和需求，说明他们已经适应了生存环境，在这个环境中他们能发现自己的价值，完善自己的不足。恰恰相反，太空虚、沉闷的孩子不容易适应环境，如果无法拥有动力去探索、追求目标，那么他们很容易陷入物质的诱惑中而无法自拔，想方设法地达到目的。这些物质并不能使他们更优秀，却使他们丧失了对生活的热爱。

在灵魂无法安置，精神无法寄托时，很容易迷失在物质的世界里，也只有物质能给他们带来心灵上的满足。其实这种欲望并不是孩子与生俱来的，却很容易被误以为是孩子的天性。

孩子的支配欲可以适当满足，但是要让孩子知道，家长不是他们的奴隶。

孩子的支配欲

支配欲来源于孩子对自己与他人关系的探索，当他在支配别人的过程中获得了便利和成就感，就会喜欢这种行为模式，从而阻碍个人行为的发展。家长需要理解孩子的支配欲，可以适当地满足，但更要学会降低孩子的支配欲，在孩子指使他人的时候，鼓励他自己去做，从而让他更加关注自身。

乖巧懂事的乐乐最近变成了一个小大人，特别喜欢指使别人做事。阿姨来打扫卫生的时候，他会指着地上的污渍指挥阿姨去擦；东西掉在了地上，以前他会自己捡起来，现在却常常喊家长过来帮他捡，让他自己捡便大哭大闹。家长拗不过，只能照做，却在心里犯愁，这样下去该怎么办？

支配欲是一种过于偏激的想法。人们在与环境的长时间相处中，渐渐衍生出想要去支配统治环境的想法，即使是对环境十分热爱，但这种热爱会随着时间的推移转变为想要对环境的管辖。如果这份热爱发生了偏移，那么就会发生不好的事情，即贪婪地想要统治、占有。

如果一个孩子在不健全的环境中成长，当他认定某个成人拥有无坚不摧的力量时，他便会不知不觉地对那个人产生依赖，想要得到那个人的帮助，直到完成自己的目标。其实在孩子心里，这种想法再正常不过了，因此也更加难以纠正。对他们而言，这是一种抵达成功的很好的方式，这没有任何的错误，甚至更为简便。

当一个弱小无助的孩子发现了某个可以利用的成年人时，他们会像抓住救命稻草一样，依靠成年人的力量达成目标，在此过程中甚至会提出让人匪夷所思的要求。

无论家长贫贱富贵，身材长相如何，但在孩子的眼里，他们永远都拥有强大的力量。孩子会依据自己的想法、理念，对家长提出自己的要求和期望。

起初，当家长达到孩子的期望时，孩子会表现出幸福感，这种感受反馈到家长那里也同样使家长得到欢快。因此，周而复始，家长为了让孩子更幸福而迎合孩子的要求和想法，殊不知也在逐渐失去了底线；同时孩子也在不断提高对家长的期待值，越来越渴望家长为他们改变更多，满足他们的每一项愿望。到最后才发现，原来家长已经远远偏离自己的轨道，孩子也对大人过分依赖，他们将对自己不负责任的行为付出相应的代价。

即便是乖巧懂事的孩子也会寻求一种让大人屈服的方法。他们会通过博得大人同情的方式，让大人于心不忍而不得不屈服于他。总有一天他们会发现，大人已无法再满足孩子的欲望，孩子也会变得越来越痛苦，这时大人想要改变他们相处的方式，却已经晚了，长久以来的妥协已酿成不可挽救的后果，只能寻求的补救方式是使痛苦不再延伸。

其实，若有一天大人突然停止对孩子的娇惯，逼迫他做大人认为对的事情，然而孩子发展的方向就已经脱离正轨，失去方向，孩子的未来也会受到很大的影响。

> 孩子意识萌芽后，就很容易和家长发生冲突、矛盾。

自我意识萌芽

最早在一岁半，孩子的自我意识就开始萌芽了。自我意识分为两个方面，一个是物权意识，即"我的东西"。在萌芽初期，孩子不知道"我的东西"和"别人的东西"的区别，于是所有东西都被他私有化了。另一个是独立意识。一开始，在孩子的意识中，他和母亲是一个整体，之后他意识到他和母亲是可以分离的，一岁半之后他才意识到原来自己也是一个单独的个体。面对孩子的"小气"，以及表达个性的行为方式，我们应当给予尊重并加以鼓励，这是自然成长的轨迹。

萌萌是个 2 岁的小宝宝，她长得非常可爱，受到了家里长辈的一致喜爱，大家都忍不住去逗她玩。大家喜欢在萌萌吃东西的时候，故意凑过去找她要吃的，或者在她玩玩具的时候，故意让她给自己玩一会儿，然后看萌萌的反应。但是萌萌每次都把自己的东西捂得严严实实的，不让别人碰，甚至有时候别人不小心吃了她放在一旁的食物，她就开始大哭。

在孩子出现自我意识之后，很多时候孩子会表现出顽强的"反抗性"。出现这种反抗性的根本原因是他们想要独立。

从表面上看孩子好像事事都在和家长唱反调，但他们其实仍然很需要家长的适当鼓励和情感支持。在孩子自己尝试做一件事并想脱离家长帮助时，家长可以先猜测一下孩子可能会遇到的问题，判断一下孩子有多大概率可以完成这件事，然后在能保证孩子人身安全的前提下，让宝宝尝试去独立完成。

家长要随时了解孩子的情况，如果孩子独立完成的事情会威胁到人身安全，一定要及时去制止，并转移孩子的注意力，让孩子选择没有危险的事情去独立完成。从而让孩子体验独立完成事情的快感的同时享受到家长对他们的关爱，以防孩子产生逆反心理。

1. 孩子自我意识发展阶段

点 评 此阶段，孩子比较自我，开始有十分强烈的自我表达意识，喜欢为自己的事情拿主意，不喜欢别人插手。

2. 孩子敏感执拗期

点 评 在本套书的《细节敏感期》

中我们讲了秩序敏感期，在这部分的内容中又提到了一些孩子对秩序的要求。孩子对秩序的"偏执"有一个高峰期，这个高峰期出现在孩子 2 岁的时候。

3. 孩子运动能力的发展

点 评 伴随着孩子年龄、身高

及体重的增长，他们对外界新鲜事物越来越好奇。慢慢地我们会发现孩子开始不满足于局限的活动空间，他们想要拓宽自己的活动空间，想要尝试新鲜事物，想要挑战自己的身体极限，彰显自己的身体能力。

4. 孩子物权意识的发展

点评 自己的东西不愿意和别的小朋友分享，慢慢出现了保护私有物品的意识。

5. 孩子缺乏自我情绪控制的能力

点评 幼儿时期的孩子语言和认知能力较弱，当出现自己的想法不能被家长理解时，他们会通过大声吵闹和哭喊来反抗。

6. 孩子拥有的游戏心理

点评 如果家长越是紧张、越是想要阻止某件事情的发生，孩子反而越会出现游戏心理，觉得很有趣、很好玩，这就促使他们更想要去尝试。

孩子不管做出什么举动，背后都是有原因的。家长需要对这些原因进行了解，然后寻找一些有效的方法去帮助孩子顺利度过这个特殊时期，家长的帮助对孩子的身心健康起很大的作用。

> 家长喜欢培养听话的孩子，但很容易导致孩子不自信。

不自信

孩子小的时候可能会因为自己能力不够而弄砸一些事情，也可能会因胆怯而拒绝去探索新事物，而家长更喜欢培养听话的孩子，种种原因便造成了孩子的不自信。

贝贝是个很文静的小女孩，在其他小朋友上蹿下跳、调皮捣蛋的时候，她总是默默地待在一旁看。当别的小朋友邀请她一起玩的时候，她总是躲开，在角落里自己玩。奶奶常说她听话、省心，让她做的事情她就做，不让她做的事情她就不做。

大部分家长在提到自己孩子的时候都是非常骄傲的，觉得自己的孩子有很大的发展空间，但其实在家长自己的潜意识中，有部分的家长对孩子是不满意的。

家长大多把孩子看成是自己的附属品，凡事都想要按照自己的想法去要求孩子。在家长看来，孩子根本不会长大，任何想法都是幼稚的、不成熟的，需要时刻进行教育，改正孩子的思想，从而变成家长自己的影子，这种不信任其实会对孩子的自尊心造成伤害。

当一个家长或者任何成年人看见孩子端着一杯子水，就开始想孩子会不会摔跤或者端不稳把杯子摔掉，这时候家长会迅速从孩子手中端过杯子。这其实是很日常的一件小事，但是孩子就感觉自己连一个东西都拿不住，自己不被信任，时间长了这种思想就会在孩子的脑子中扎根，会让孩子开始不自信。

而这种不自信将会给孩子造成很多不好的后果，比如胆小、玻璃心、开始怀疑自己、遇到事情容易放弃等，就会造成孩子不健康的心理。而一个心理健康的孩子应该具备的特点之一就是自信，并且清楚地知道自己的行为。

想让孩子的心理健康、成熟，家长就要学会奖励和鼓励，对于孩子喜欢并且感兴趣的用奖励去支持，让孩子学会如何使用这些技能去生活和工作，教会孩子如何独立生活；让孩子在这些无形的教育中形成自己的行为习惯和逻辑思维，这对孩子来说非常重要。

孩子总有长大成人的一天，应该让他们明白什么是责任心，处理事情的逻辑等。然而要理解责任心，就要学会判断事物的正确性，要有自己的理解能力。可是，如果一个孩子的自尊心和优越感从小被打破，孩子就不会了解到做这些事情的意义在哪里，他们就会拒绝去尝试任何一件事情，所以家长的肯定和鼓励在孩子幼儿时期非常重要。

　　如果我们能在孩子完成了不完美的任务时多些赞美，在孩子畏缩不前的时候多些鼓励，或者在孩子表达自己意见的时候多些倾听，孩子也许会变得更加自信。不要忽视鼓励的力量，让我们时时对孩子进行心灵浇灌，终有一天会开出自信的花。

> 有的孩子在家的时候天不怕地不怕，可是一到外面就蔫了。

"假"胆小

孩子平时胆子很大，在家里也很活泼，可是一到外面就变得胆小，不敢和人交流。

阳阳在家里活蹦乱跳，喜欢唱歌、喜欢跳舞，但是每次家长把他带出去时，阳阳就蔫了，低着头躲在家长的身后，不管家长怎么哄，他也不愿意和人打招呼。

除了本身性格内向之外，大部分胆小的孩子都有阳阳这种情况，这种情况也是很多家庭可能面临的问题。大部分孩子在 8 岁之前可能会出现这种问题——在家的时候天不怕地不怕，可是一到外面就蔫了。

那么这些孩子是真的性格胆怯，害怕与人交流吗？这样的孩子是真的胆小懦弱吗？实际上不一定是因为孩子胆小，而是因为外部环境，让孩子出现这种在家里胆大、外面胆小的情况。

1. 家长，尤其是爸爸，和孩子相处的时间太少

点评 快节奏的生活方式和多元化的娱乐方式，使得年轻的家长陪伴和关注孩子的时间越来越少。而且因为年轻的家长大多数都是独生子女，所以往往就是两个家庭的老人来照顾孩子。可是自古中国就有一句话，叫"抱孙不抱儿"，可想而知，老人们基本上都非常疼爱自己的孙子。因此，面对爷爷奶奶、姥姥姥爷的疼爱，孩子在家里就会处于一个最高的地位。这样被宠溺的孩子，一旦处于一个陌生的环境中，就会不适应外界的环境，不习惯没有人宠爱的感觉，也就不愿意和别人相处。

不仅仅是过度宠爱孩子的原因，还有一些老人会担心自己体力不足和孩子的安全问题而限制孩子的活动范围，使他很少接触其他孩子。这样的孩子就会变得比较依赖，不太独立，适应新的环境的能力变差，更别提在新的环境和陌生人交流沟通了。

即使家长的工作非常忙碌，也应该合理安排时间陪伴孩子。一个缺少家长陪伴的孩子，内心会缺乏面对外界的勇气。

2. 孩子在建立安全感

点评 孩子安全感的建立期是0~3 岁。这个年龄段的孩子，往往会因为对外部世界的陌生和恐惧，而在家人面前活泼，面对陌生人和陌生环境的时候就内向、害羞。

值得注意的是，孩子这样胆小害羞并不是真正的胆小害羞，

只是因为孩子对外部世界还比较陌生，所以他们在不熟悉的环境中不喜欢与别人来往。尤其是一两岁的孩子还会打陌生人，这都是他们认生的表现。这种胆小，是孩子建立安全感的必经阶段。

3. 4 岁以下孩子不懂打招呼的意思

点 评 家长带孩子见到熟人时，为了养成孩子的良好习惯，总是喜欢让孩子打招呼，其实 4 岁以下的孩子表达和理解能力发育得还不成熟，不明白家长打招呼的意义，因此，也不会如家长所愿热情地打招呼。面对这个年龄段的孩子，不打招呼或者不理睬别人，并不是孩子内向害羞的表现，也不代表孩子不懂礼貌。

4. 家长的指责

点 评 有一些家长会指责自己

的孩子胆小害羞，时间长了，孩子会真的这样认知自己。

另外就是不能保证所有的人都喜欢自己的孩子，也不能保证孩子会喜欢所有的小朋友。因此面对孩子被人忽视或者不想结交朋友的时候，家长要及时给予指导，让孩子更好地进入热情交友的状态。

5. 吓唬孩子的家长

点 评 家长们回忆一下自己小时候，面对不听话时的自己，父母就会吓唬自己"老猫来了""再不听话把你丢到垃圾箱"……

所以当家长遇见孩子不听话、大吵大闹的时候，很多时候会用这些从老人口中听到的可怕言语吓唬孩子。这些吓唬孩子的语言，往往会给孩子造成心理阴影，让孩子变得胆小、害怕，而且这种恐惧还会留存在孩子的心里，等孩子长大又会用来吓唬自己的孩子。如果孩子本来就胆小，则会让孩子丧失和他人交际的技能，对外面世界变得恐惧。

6. 家长过于严格

点 评 有的家长会对自己的孩子要求过分严格，或者是对孩子做出的事情品头论足，或者是让孩子做一些在他这年龄段还不会做的事情，这就使得孩子像提线木偶一样，一言一行都被家长管教约束，没有自己的想法，形成胆小懦弱的性格。

和大人一样，孩子也有自己的自尊心，不管孩子做出什么样的事情，家长都不应该当面指责，而是应该在单独相处的时候问清楚孩子到底发生了什么事，和孩子一起找出解决问题的办法。

因此，对于胆小的孩子，家长不能严厉、强硬地让孩子转变态度，首先应该反省自己，再来慢慢改变孩子。根据孩子不同的性格，家长也要采取不同的解决方法。但是大体来说，家长如果做到下面几点，对改变和缓解孩子胆小的状态将会有好处。

1. 具体情况具体分析，重视孩子的自我特性

点评 人都是矛盾的，在保持一个特性的时候，还会有反向的特性，因此很少有人是完全外向或完全内向的。因此家长应了解孩子的个性特征，了解孩子为什么会胆小害羞。

给孩子一个温馨的家庭环境，同时在安全合理的条件下，给孩子一个自由发展的空间。过分地宠爱孩子只会导致他们的懦弱和谨慎。

2. 不要轻易定位孩子的特性

点评 如果你对一只小狗总是训斥的话，就会发现这只小狗会变得唯唯诺诺、胆小无助，同样，这种状态也适用于孩子。如果家长总是说自己的孩子胆小、害羞的话，孩子心里也会觉得自己是一个胆小、害羞的人。

在面对孩子胆小、害羞的情况的时候，家长应该意识到，即便是成年人，在遇到陌生人的时候，也不可能立刻热情地向别人打招呼，所以想让孩子做到这些就更难了。

孩子的认知发育需要一个过程，家长要冷静应对孩子不同的状态，明白孩子的这种表现其实是发育过程中的常见现象。

3. 没有对比就没有伤害

点评 家长是孩子的镜子和榜样，因此，家长用实际行动让孩子看到什么是恰当合适的做法。一定要记得，不要把自己的孩子和别人家的孩子进行比较，因为每个孩子的性格和发育速度是不同的，更不要拿别人家孩子的优点和自己家孩子的缺点比较，这只会让自己的孩子变得自卑。

4. 培养孩子独立的个性

点评 在孩子幼时，家长就要致力于培养孩子的独立性。鼓励孩子在遇到困难时应尽最大努力解决问题。当孩子没有能力解决的时候，家长再给孩子建议，让孩子学会处理事情。在处理问题的同时，还应该教导孩子与他人进行恰当的互动，比如尊重他人。同时还要培养孩子的自尊心。

5. 给孩子足够的陪伴

点评 把时间花在陪伴孩子身上，是一件特别值得的事情。比如，一起阅读、画画、游玩……家长的陪伴能让孩子更有安全感。

6. 多让孩子接触外界

点评 家长应该多让孩子接触同龄人，让孩子接触外面的世界，鼓励孩子去发现和尝试，例如，可以在不同的场合带着孩子学习如何与其他人互动，给孩子一个与他人交流的好机会。

7. 让孩子不害怕被拒绝

点 评 小朋友在玩耍时，总会遇到被拒绝的情况，这个时候家长可以告诉孩子不是每一个人都会喜欢自己，也不需要让每个人喜欢自己。家长和孩子一起面对问题，找出解决问题的办法，是对孩子最大的尊重。

8. 及时给孩子赞许

点 评 家长对孩子做出的事情，要给予积极的肯定，不要对孩子过分严苛。每一个孩子在成长路上都会犯错，家长面对犯错误的孩子，不能总是用指责的口吻，这会让孩子以后不敢做任何事情，也会让孩子变得非常胆小。孩子做的好的事情应及时给予赞许，这能让孩子得到满足感，也能让他知道以后怎么做。

如果一个孩子的生活中不止一件事被控制，那么他将有很多机会与成人抗争。

真胆小

前面说了假胆小，这实际上是一种对外界环境的抵触，但是还有一种胆小就是真胆小。这种胆小有两种情况：一种是先天的胆小，这意味着孩子对待事物会比较谨慎，有一定的安全意识，这个是可以接受的，也不需要去加以干涉；另一种则是后天形成的，多半是家长出于管教的便利或者安全的考量通过行为、语言，对孩子引导，使孩子变得胆小。这种胆小并不会让孩子具有安全意识，反而会让他的精神更加紧绷，更害怕去面对未知的事物。

公园里，明明和一群小朋友在草地上玩，有个阿姨领着一只小狗过来了，小朋友们瞬间兴奋不已，一个个争先恐后地去亲近狗狗。这个时候明明的妈妈看到了，大声说，明明不要碰，狗狗会咬你的。明明伸出去的手立马收了回来。之后明明看见小狗，就会绕得远远的，害怕小狗会咬自己。明明妈妈的这种行为看似是保护孩子免受伤害，殊不知，久而久之会在孩子心中埋下恐惧的阴影。

恐惧说白了就是胆子小，对于任何事情都过于害怕。但是很多人分不清楚这个性质，认为是孩子的性格导致的；感觉孩子从小内向，胆子小，其实并不是。

后天胆小的根源，很大程度上都和孩子从小生活的环境有关系。有些孩子即使处在很安全的环境中，也永远担心害怕；而另外一部分孩子，他们有思想、大胆，根本不知道害怕是什么，即使遇到危险也会勇往直前。其实仔细观察就能发现，胆子小的孩子总有一两件非常怕的事情或者东西，比如可能会害怕狗、门缝的眼睛等，这些不只是孩子，很多成年人也会怕，这其实是一种病态的心理状态，而这种状态往往和孩子童年时听到的故事有关系。家长会在小孩不听话或者哭闹时，利用一些恐怖的故事来吓唬孩子，让孩子乖乖听话，不然就会怎样怎样。我们小时候也会听到这种故事，这是很多家长会用的一种手段，正是因为这种教育方式，让孩子童年时期心中就对很多事情充满了恐惧，甚至对他们的一生都产生了非常大的影响。

　　无论什么经历，只要是可以让孩子体验到真实世界的事情，都是有利于孩子心理健康成长的，经历得多了就可以让孩子在潜意识中觉得那些害怕的事情只是自己的幻想。在现实生活中，我们应当适当允许孩子去探索，并加以解释，这样孩子会慢慢理解危险的界限，学会保护自己，自然也就能消除胆小的心理了。

第 3 章

良好的品德才能
形成好性格

品德是为人处世的基础,也是好性格的基础,
是每个孩子都必须要上的重要一课。

> 一个知识不全的人可以用道德去弥补，
> 而一个道德不全的人却难以用知识去弥补。

任何性格都应该具备道德观

人格也称个性，这个概念源于希腊语 Persona。实际上，在人生的大舞台上，人表现出来的并不一定是真实的自我性格，这些让你看到的性格，可能是他根据社会角色而戴上的面具，这些面具就是人格（Persona）的由来。在面具后面才是真实的自我，它可能和外在的面具截然不同，也可能部分相同或者完全相同。而其中，人格健康发展的基础，则是道德观的培养。

中华民族上下五千年，文明成果璀璨发光，尤其是千百年来，国人推崇的儒家文化思想，其中的最高境界就是道德。实际上不仅是儒家，道家思想也十分推崇道德。

但丁说过："一个知识不全的人可以用道德去弥补，而一个道德不全的人却难以用知识去弥补。"这是告诉我们，一个人就算有再丰富的知识储备、再强悍的能力，但如果道德观念缺失就没有办法在生活或事业上有所成就的。也许有些人不以为然，认为在历史长河中，也会有一些缺乏道德观的"伟人"，但是实际上转过头来看看，这样的人就算是一时得意，也难以长久地站在高处，迟早要跌落下来，为自己缺失的道德埋单。

与缺失道德观的人相比，那些拥有很高的道德水平的伟人，他们不一定有非常强大的能力，是他们高尚的品德使他们万古流芳。而在历史长河中被人所唾弃的人，也不一定就毫无建树，但是由于道德上无法弥补的缺陷而背负万年骂名。

有些人会说："龙生龙，凤生凤，老鼠的儿子会打洞。"无疑，遗传基因决定了孩子的外貌和一些天赋本能，但是决定孩子未来的，更多的还是外界环境的影响和家长的引导。

小时偷针，大时偷银。虽然这句话有些武断，但是从各种案例来讲，确实非常有道理。

有时候我们看新闻，会发现一些诈骗、赌博，甚至是制毒、贩毒的违法行为往往是一整个村落都在进行的犯罪活动。这就是家庭环境对孩子的影响。

因此，如果想教出一个好孩子，最重要、最基础的并不是知识储备，也不是通过早教让孩子站在人生的起跑线高点，而是对孩子道德的教育。

不管如何努力，如果没有养成良好的道德品质，就像是走了一条错误的路一样，永远无法到达自己的目的地。

> 不会反思自己的家长是不合格的家长。

品德和家长关系密切

家长在家里家外都会说孩子从小就不听话，太调皮，说什么都要犟，但是从来不反思自己的问题。家长总是喜欢以大人的口吻去跟孩子讲道理，但是他们自己却总是说一套做一套，不明白以身作则的重要，孩子也会向你们学习。觉得自己的家长不也是这样的吗，那我这么做就是没错的了。

有的家长会觉得孩子只会考虑自己，完全不会替家长着想，其实在孩子心里也是这么评价你们的，所以每个人对每件事都有自己的评判标准，不能总拿自己的标准去要求孩子。

有些家长有自己的教育方式，他们主动去学习科学的方式来跟孩子沟通，去引导而不是以自己的要求去强迫孩子做什么事，孩子有自己的空间和自由。其实可以发现这种教育方式效果非常明显，通常这种家庭的孩子会比棍棒教育出来的孩子要性格好，有自己的思想，而且更容易和别人沟通。

余辉的家庭条件很好，自己的收入也很高，但是他大部分的时间都耗在了工作上，陪儿子的时间少之又少，答应周末陪儿子去游乐场玩的承诺也是一再食言。慢慢的余辉察觉到，儿子总是说谎，对其他小朋友的承诺也会不作数，余辉告诉儿子做人要讲诚信，不能欺骗人，但是儿子的一句话让余辉陷入了沉默："你对我就是这样啊，没有一次兑现诺言，我这是在学你。"

对孩子的教育我们一直倡导的就是：家长以身作则，做给孩子看。比如你想让孩子看书学习，那么在孩子能看见你的时候就放下手机，陪孩子一起看书，或者讲故事也可以。有智还要有德，品德教育从小就需要家长给孩子树立正确的价值观，让孩子明白价值观的重要性。而这两点都是要从婴幼儿时期就开始培养的。

孩子第一个信任的对象就是自己的家长，把家长的言行视作是自己的榜样。但是成年人的世界往往很复杂，而小孩单纯地只是看一学一，看到的都是表面的，所以很多东西都歪曲了真正的意思，家长也不跟孩子解释，所以家长要为自己的行为负责。为了敷衍孩子或者一时冲动答应的事情，事后便淡忘了，这就让孩子觉得说谎是生活中常见的事情，没什么大不了的。有些家长明知道孩子是在说谎，不但不引导，反而觉得自己的孩子学聪明了，会说谎了，还看作是一种骄傲，这种行为会酿成严重的后果。有时家长的一两句话就会给小孩造成很深远的影响。

> 说到做不到的家长是不合格的家长。

诚信是根本

从小到大我们经常听到的一句话：做人要有诚信，这也是在这个社会生存的评判标准之一。

如孔子所说："人而无信，不知其可也。"还有古语"一诺千金""君子一言，驷马难追"，这些都是讲诚信的句子，就说明了中华民族的传统就是讲诚信。

20世纪三四十年代的第二次世界大战期间，法西斯占领了波兰首都华沙。15岁的郝里安两天两夜没有回家，其实他是和朋友一起出去玩了，但是没有告诉家长。在家长焦急的等待中他回家了，儿子看到爸爸非常生气就害怕了，于是跟爸妈撒谎说自己是被犹太人抓走了才回不了家的，他说他被犹太人抓到一个地窖中关起来了，他受到非常残忍的折磨，趁人不注意才逃出来的。

那时的华沙情况复杂，整个城市都比较混乱，由于政治原因，当时的犹太人遭到非常严重的排斥。爸爸听了非常生气，就和很多波兰人一起去了郝里安说的那个地方，见到犹太人就开始打打杀杀，这场混战中犹太人死亡 42 人。

由此可见，小孩子的一句谎话可以有多大的伤害。说谎是在每个人身上都会出现的，孩子在年龄还小的时候分不清楚什么谎可以说，什么谎不能说，有些谎言说出来就会导致很严重的结果。所以家长在教育孩子的时候，要让孩子明白诚信的重要性，因为诚信是做人非常重要的品德。

只说不做的教育得到的结果并不会很理想。家长在批评孩子没有诚信的时候，应该想想自己平时是怎么去教孩子的，是说了也做了，还是说过就忘了。即使一件很小的事情，如果让孩子看见家长就是这样做的，那么他认为也应该这么做。不能说出去的话却没有行动，以身作则的行为才是最好的教育方式。

> 不只是成人，孩子也需要原则。

坚守原则的素质

群体生活需要原则，原则减少了相互沟通与冲击的时间。不同性格的人在群体生活中有不同的协调方法，这个方法就是原则。不只是成人，孩子也需要原则。原则让人感到心安，不然孩子们对安全边界不够了解，防止其被群体所遗弃。在原则的前提下人们才能互利互惠，长期共存。建立一个与群体共同生活的原则，让孩子遵守这个规则，养成遵守规则的习惯，从而锻炼孩子的自我发展和学习能力。人们遵守规则与真理是有价值的。给孩子树立正确的原则观念也是有价值的，这有利于培养孩子尊重真理与原则的特质。

春天到了，小区里的花儿都竞相开放了。孩子们看到漂亮的花非常开心，都争着让爸爸妈妈、爷爷奶奶给他们摘花玩耍。小文也喜欢花，也想要把花拿在手里摸一摸、闻一闻。但是她记着妈妈在她小时候给她讲的故事：小草有生命，小花要生长，不能随便破坏花草。于是她只是凑近花儿闻了闻，便离开了。

在孩子小的时候，由于屈服于孩子的哭闹，很多家长选择满足孩子的无理要求。在孩子长大的过程中，孩子的无理要求越来越多，哭闹的形式也变得多种多样，这让家长头疼不已。为了杜绝这种情况发生，一定要在孩子小的时候就坚持原则。

原则代表制约与控制，大部分人听到原则会感到害怕。有人反对原则，认为原则在一定程度上限制了孩子的自由，他们中有的人认为真理的本身就是孩子，他们认为尊重孩子就是尊敬真理。为了真理，他们选择不给孩子建立规则与原则，甚至觉得孩子们的课堂对他们本身也是一种限制。事实上，每个群体都需要原则才能存在，孩子们也需要从小就了解与适应原则与规则。孩子们认可真理，他们愿意接受他人的建议是结合自己对道理与原则的认识和思考所决定的，而不是由说出道理的人的身份所决定。对他们而言，真理就是自己选择与认可的，是毋庸置疑的。根据自己的逻辑分析、经验判断去认可一个真理，从而使事实和道理获得认可。孩子们尊重真理，不怕权威，因此给孩子构建一个有原则的环境，不破坏孩子的自信，让孩子具有探险精神，有追求真理的品质，有解决疑惑的能力，这样他才能尊重与崇尚真理。

> 说谎是所有人都会犯的一种错误。

说谎

有的家长会感叹，孩子还那么小，怎么就学会说谎了呢？实际上 3 岁前孩子说谎是无意识的，并不需要去刻意纠正。这种说谎主要是因为孩子想象力太过丰富，导致分不清幻想和现实，也可能是孩子的一种模仿行为，或者是想引起大人的注意，再或者是把经历过的事情混淆了。对于 3 岁之前的孩子的谎言，家长只要注意区分，温和地提醒就可以了，不用过于紧张激动，如临大敌。

东东是个活泼好动的孩子。有一次妈妈买回来了几个漂亮的玻璃杯，放在桌子上就去忙别的事情了。东东很好奇，便爬上凳子去拿，一不小心，玻璃杯没拿稳，掉到了地上，变成了碎片。妈妈看到地上的碎片，明白了是怎么一回事，但还是询问了东东是谁干的。东东小声说，是家里的小狗弄的。妈妈因为东东撒谎，大声批评了他。

　　说谎是所有人都会犯的一种错误，可能在现实生活中，谎言已经到了必不可少的地步。在 3 岁之后，孩子开始有了自己的逻辑思维，因此说谎是一种自主行为，从这时候开始家长就需要认真对待了。

　　谎言是千奇百怪的，但是每一个谎言背后都有它存在的意义和道理。孩子在说谎的过程中有很明显的表情，比如眼睛不敢看着对方、言语混乱没有逻辑等。在学术研究中发现，这部分孩子内心其实是非常纠结的，在真话与谎话中徘徊，但是可能由于情绪的起伏或者自尊心作祟，会导致他们不由自主地说了谎。

　　类似这种谎言不管是偶尔的还是经常性的，都和孩子对自身的保护时的谎言是没有关系的。很多孩子在日常生活中，对朋友、同学或者家长，都时常会去说一些谎，这种谎言可能是孩子们在生活中对于一种东西的向往而幻想出来的，但是他们既不是为了说谎而去编造的谎言，也不是为了达到某些利益。也许只是孩子为了满足自己的想象去说的，就像是演员在工作的时候，投入剧情中不自觉流露出的演技一样。

　　反过来说，懦弱的孩子说谎可能只是一时冲动。这种冲动就是在遇到一件事的时候，在他们恐惧时条件反射性地说出来的谎言，并不是刻意而为之。单纯的孩子在说谎的那一刻就能被识破，因为他们的谎言太简单了，但是家长只是一味地去拆穿或者斥责，很少有家长在第一时间去关心孩子为什么要说谎。其实这只是孩子在家长面前的一种自我保护和自我反抗罢了。但是到头来受到的只有责骂和惩罚，家长并没有真正去教育孩子这个事情的对错。

所以，在孩子有意识地开始用说谎来达到自己目的的时候，家长就要注意对孩子进行引导和教育了。这可以让孩子正确地认识到自己说谎的代价，从而不会让谎言伴随孩子的一生，也不会让孩子失去属于自己的那份纯真。

如果孩子已经习惯说谎，那么让一个说谎习惯了的孩子瞬间改变，那是不可能的事情，这就需要长时间的拉锯战来改变孩子的不良习惯了。

蛮横霸道，最初只是孩子不擅长交流和表达的产物。

蛮横霸道

孩子在家长的眼中是怎么样都很可爱的，家长都希望自己的孩子温柔听话，这样管教起来比较轻松，长大后也容易受到大家的喜爱。

可是很多家长发现，孩子在 2 岁左右的时候，就进入一个相对蛮横霸道的状态。不但行为举止变得粗暴起来，有时候和他沟通他还会不讲道理。

孩子在 2 岁左右会逐渐开始喜欢用命令式的语气来说话。而且在家长说话的时候，孩子总是会打断家长的话语。比如当家长正在唱歌时，孩子会突然说："停！"这句话可能并不代表孩子不想听你唱歌，他只是想知道家长对他的话会有什么样的反应。

这时候，家长要耐心地陪伴孩子度过这个阶段，因为孩子现在还小，不知道怎样用语言来表达自己心中的想法，因此才会表现得有点霸道、专横，甚至是无理取闹。家长要知道，在照顾孩子的时候，爱心和耐心是最重要的。

大部分的孩子在遇到自己不能克服的困难时就会跟家长说："帮帮我！"这是一种对家长的请求。但有时孩子说这句话的语气更像是命令，就像是大人之间的交流一样，有时候不同语气产生的效果也不一样。可是如果家长不按照他的意愿去做的话，孩子就会不开心，会发脾气甚至哭闹。这个时候，很多家长会觉得孩子专横霸道，没事找事。

事实上，孩子只是希望家长能够多关注他一些，当孩子慢慢开始会说一些简单的话的时候，他们会好奇家长的反应是什么，这是大家都会去做的事情。但是，毕竟孩子年纪还小，还不知道该用什么样的语气跟家长或其他长辈说话，我们不能说这时的孩子没有礼貌，只能说他还不知道什么是礼貌。

可以借这个机会好好教育孩子，告诉孩子如果想要得到别人的帮助，在说话的时候一定要说"请"；当别人帮助了自己后，一定要向别人说"谢谢"。

> 孩子的暴虐表现，不仅仅是对别人，也有可能是对自己。

暴虐

如果百度一下"孩子暴虐"这个关键词，会发现有很多相关的新闻。而关于孩子暴虐的新闻，遍布全球各国。

2019 年 3 月 19 日上午，江苏盐城建湖县某小区 13 岁未成年人在与母亲发生争吵后将母亲杀死。19 日下午，警方通报称犯罪嫌疑人已被抓获。

9 岁的男孩第三次离家出走、12 岁少年跳楼轻生、13 岁的少年杀害母亲、14 岁少年殴打母亲、初中生暴打小学生、少女狂扇他人耳光……

我们发现，现在施暴的人群不仅仅是成年人，类似青少年"伤己害人"事件已不再陌生。不可思议的事件起因和手段方式，也不时令舆论哗然。这些暴虐的孩子到底怎么了？是教育出现了问题？还是孩子本身就有暴虐的基因和倾向？

孩子的暴虐表现，不仅仅是对别人，也有可能是对自己。譬如有的孩子在面临压力的时候，会选择暴力凌辱他人的方式来宣泄自己的消极情绪；还有一些孩子在情绪不稳定的时候，会对身边最亲近的长辈咒骂、甚至大打出手。除了伤害他人，一些孩子在面临压力时，还可能采取极端手段伤害自己。

1. 学习、生活压力过大

点评 老师面对学习好又听话的孩子，总是期望过高，没能给予孩子获得坚强的理由和机会。由于他们一直表现优秀，外界一直都会对他们寄予很高的期望，高期望使得他们总是担心因某次表现不佳，如某次考试失利而改变自己在众人心目中的良好形象。这种担心、害怕日积月累就会给自身造成巨大的心理压力，从而影响孩子正常的学习和生活。

2. 家长教养方式的尺度拿捏不足

点评 孩子情感脆弱，还有可能是不当的家庭教育方式造成的。有些家长过于轻信"赏识教育"的鼓吹，不管孩子做得如何，总是一味地、无原则地夸奖、表扬，孩子变得飘飘然了，情感变得脆弱了，经不起一点批评或否定；也有可能与此相反，有一些家长事无巨细，对孩子要求太高，过于苛刻，追求完美。不管孩子怎么表现家长都不满意，过多、过频的批评，让孩子觉得自己一无是处，面对指责会变得烦躁易怒。

3. 成长环境中的消极因素

点评 家长的行为会潜移默化

地对孩子产生深远影响。很多家长在养育孩子的过程中，容易忽略自己悲观、敏感、多疑等负面情绪对孩子的影响。另外，家长之间的矛盾冲突，总是让孩子生活在暴力与不和谐的环境之中。

4. 个体心理发育不成熟

点 评 儿童时期的孩子正处于生理和心理的发育期，认知水平较低，容易产生认知上的偏差。如看问题容易片面化、绝对化，心理自我调节能力差。心理脆弱的学生容易出现的认知上的偏差就是：他们一般来说都是观念比较消极的人，通常认为，一旦挫折发生就会导致很糟的结果，而不会一分为二地看问题。

人生下来便开始模仿别人的各种行为，孩子的语言能力更是来自模仿能力。

出口成"脏"

语言是人类沟通和表达的方式，好的话语可以让人如沐春风，而暴力言语带给人的伤害甚至比行为暴力更严重。

人生下来便开始模仿别人的各种行为，孩子的语言能力更是来自模仿能力。很多时候孩子嘴里恶毒刻薄的话语，远远超过家长的想象。

有的时候我们会发现，在一起玩耍的时候，一个孩子说脏话，往往另外几个孩子很快就会跟着开始说脏话。这是因为孩子有时候无意之中听到别人一句粗话，会觉得很有趣，便开始模仿别人爆粗口，说完还会哈哈大笑。

就和大人一样，当孩子与人发生不愉快或者冲突的时候，会以说脏话的形式来发泄自己心中的不满和愤怒，从而舒缓自己的情绪。特别是有些家长喜欢说脏话，那这些家长就要好好的自我反省，注意日常用语，千万不要在孩子面前大吼大叫，要给孩子营造一个舒适快乐的成长环境。

所以家长遇到孩子说脏话时，不要一味地去斥责孩子，这样会导致孩子不听你的话和你对着干，甚至会憎恨你、讨厌你。当发现孩子正在对别人爆粗口时，家长应该站出来告诉孩子学会换位思考并让孩子道歉，温和地告诉孩子正确的表达方式。比如孩子心爱的玩具被其他孩子抢走，说："傻瓜，快把我的东西给我，不然我要打你了！"这时应该引导孩子说："这是我的东西，请你还给我。"

明明知道这些话不能说出口还要说出来，并且屡教不改，家长的批评是非常有必要的，但是也要注意方法。对于这种孩子，一般的语言沟通并没有效果，这个时候便要采取一些措施了。但是家长不要在大庭广众之下呵斥，做出相应的惩罚是可行的，然而也要讲究方法和适度；在惩罚过程中，应该让孩子知道说脏话是不好的行为。在教育孩子的过程中切记不要打骂。

对于孩子说脏话，家长应该以平和的心态对待。家长听到孩子说脏话不要暴躁，应冷静下来分析原因和对策。随着孩子的成长，家长正确的引导会让他们明辨是非，孩子的心智会不断地成熟，也会知道怎样掌握正确的语言交流，懂得换位思考。他们就会在家长的正确引导下成为更完美的人！

第4章

扭转不适当的性格

孤僻、冷漠……这些不好的性格有的家长不以为意，认为反正也没有伤害到别人。但是这些不好的性格，往往会伴随孩子的一生。

种下什么样的种子，就会开出什么样的花朵。可是溺爱往往会开出冷漠的花。

冷漠的孩子

在一个小学家长群里，有家长吐槽，自己工作一整天回到家，孩子漠然相对，别说像幼儿园时候那样热情地扑过来迎接你，有时就连招呼都不打，继续做他自己的事情。

这个简短的抱怨，一石激起千层浪，家长群炸开了锅。

有家长说自己有时感冒生病了，孩子连问都不问，继续玩他的；有的说孩子在家跟弟妹争宠吵架打架，完全没有当哥、当姐的样；有家长说，孩子大了有他们的世界，只要成绩好，其他可以忽略……

家长们都很困惑，为什么现在的孩子越来越冷漠，不懂爱不懂谦让。可是家长们不知道，孩子的冷漠不是现在才造成的，而是从孩子出生之后，一点一滴地被家长培养成冷漠性格的。

1. 过多的溺爱导致冷漠

点评 现如今的家庭几乎都是一个孩子，对其关爱之心之大让人无法想象。从孩子一出生，他就感受到了来自爸爸妈妈、爷爷奶奶、外公外婆的宠爱，四个大人或六个大人围着一个孩子转，把他捧在手心，呵护备至。太多的溺爱，让孩子觉得自己被宠是理所应当的事情。觉得整个家庭，甚至整个社会都应该是为自己服务的。

2. 冷漠的家庭

点评 孩子冷漠无情与家庭的环境有关系。现在的家庭教育比较重视孩子的智力发育，往往忽视了孩子的人格和品质的养成，尤其不重视对孩子爱心和同情心的培养。很多家长在冷漠对待别人的时候也会影响到孩子。

3. 严苛的家长

点评 如果家长对孩子要求很严苛，孩子得不到应有的尊重，也得不到足够的关爱，甚至有一些家长喜欢在孩子身上发泄自己的怒气。孩子即使犯一点点小错误，家长也会大声呵斥，甚至会体罚孩子，这样会导致孩子变得冷漠无情。其实孩子在不断生长发育中，家长的言行和举止都会影响到孩子。

> 有的孩子天生性格孤僻，但是大部分孤僻的孩子都是被环境影响的。

孤僻的孩子

现实生活中，孩子不喜欢搭理人，叫他不回应的情况我们都遇到过。

大人叫孩子名字，或者让孩子叫人，孩子却是一点反应也没有；家里来客人总喜欢把自己关在房间里；在游乐园也喜欢自己玩自己的；在学校也不喜欢和其他小朋友一起玩……这些情况，都说明了，孩子的性格内向孤僻。

面对这样的孩子，有的家长会说孩子天性如此，也有的家长认为年龄大了自然就好了。

可正是因为孩子还小，所以在孩子年龄小的时候就应该确定孩子是天性使然，还是后天环境造成的孤僻，越早纠正，越能早些帮孩子走出孤僻。如果不能及时解决，会造成孩子社交障碍，以及青春期叛逆等严重的后果。

1. 正常心理状态

点 评 比如刚搬家或者刚到学校，面对陌生的环境和陌生的人群，孩子会有一个短暂的适应期，孩子在这个适应期有可能会变得孤僻、沉默寡言。

2. 注意力问题

点 评 孩子在进入细节观察敏感期的时候，会注意细小的事物。有时候可能是因为这些没见过的事物都会吸引他们的注意力，但是同一时间只能专注于一件事情，不能很好地分配和转移注意力，所以孩子不能在听到别人的呼唤时迅速做出反应。

3. 效仿家长

点 评 孩子是家长的影子，家长应该时常自省，是否面对孩子的呼唤时也只顾玩手机，敷衍应付，或者责骂孩子没事找事。家长对孩子的呼唤没有答复，孩子会有样学样，也对家长的呼唤置若罔闻。

孩子对你说话时最好放下手上的东西专注听孩子说话，家长之间也要做到及时应答，做好孩子的榜样。和孩子沟通时一定要坐下或蹲下和孩子保持同样的高度，面对面沟通。

4. 过度包办

点 评 个别强势的家长喜欢包办孩子的生活，势必会让孩子对家长产生强烈的依赖感，也会让孩子习惯了无须沟通的世界，渐渐地会习惯沉浸于自己封闭的世界。

5. 天性内向

点 评 有的孩子天性就比较内向。心理学家认为，儿童个性的发展和社会化过程的实现，都离不开人与人之间的交往。让孩子学会关心别人，在潜移默化中体验人和人之间的正常关系，有利于孩子良好个性的形成，更有利于克服孩子孤僻的性情。因此家长可以鼓励孩子与同龄小孩一起玩耍，克服孩子的孤独感，较快地适应外界环境，建立融洽的人际关系。

越是内向的、性格孤僻的孩子越需要家长涓涓细流般的关爱。家长细微温暖的关爱会渐渐流进孩子的心田，让他在感受爱的同时，渐渐转变孤僻的性格。

当孩子发脾气时，一定不要放任不管，要及时找准应对方法。

暴躁的孩子

对于大多数父母来说，养育孩子过程中最大的无奈和困扰，莫过于孩子种种"不合理""不应该""没必要"的坏脾气。孩子脾气暴躁如果在小时候不纠正，大了就会成为暴躁型人格，是一件值得注意的事情。

脾气暴躁的孩子不顾场合时间，稍有不顺心就会大发雷霆，小时候满地打滚哭闹，抱着大人的腿不走，长大后就摔打东西，不懂感恩，吼骂父母等。

慕慕今年 8 岁了，脾气非常不好，稍不如意就发脾气。家长要处处顺着他，稍微说两句他就会非常生气，然后跟家长怄气。跟他讲道理也讲不通，一点也不服软。

孩子多数暴躁行为的产生都是由于坏情绪的干扰，是一种本能反应。

产生坏情绪并不可怕，可怕的是当孩子产生坏情绪时，家长还没有意识到，直到孩子暴跳如雷了，家长因为招架不住孩子坏情绪带来的影响，才开始想解决孩子脾气暴躁的方法，这就有点后知后觉了。

当孩子发脾气时，一定不能放任不管，要及时找准应对方法。

1. 受周围人或环境的影响

`点 评` 孩子的性格容易受周围人的影响，当发现自己孩子脾气暴躁时，首先要看看孩子周围是否有脾气暴躁的大人对他造成了一定的影响。孩子的模仿能力非常强，他们很轻松就能学到家长处理事情的方式。

与此同时，家长也要反省自己在工作、生活中遇到烦心事时，是否经常变得暴躁？家长一定要为孩子创造一个温和的成长环境，随时注意自己的言行举止，不要在家里，尤其是孩子面前发脾气，要为孩子树立好的榜样。

2. 无法控制自己的情绪

`点 评` 孩子在学习上或者交友上受挫后，畏惧心理也会导致他情绪失控，继而出现脾气暴躁的情况。针对这个问题，家长要做到，当发现孩子情绪低落时，及时与之交流，帮助孩子消除负面情绪，以避免孩子暴躁行为的出现。

3. 亲子关系的影响

`点 评` 亲子关系对孩子的影响是巨大的。如果孩子经常受到负面评价，正面鼓励较少，就会导致孩子价值感降低、负面情绪增加，因此脾气会比较暴躁。

所以，家长要找孩子感兴趣的事情和孩子进行沟通，让孩子感觉到自己被重视，从而拉近与孩子之间的关系。

> 鲁莽冲动往往和粗心大意相连，这样的孩子往往没有办法细心、专心。

鲁莽冲动的孩子

一个人做事冲动，总是鲁莽行事，那么他必然会做错事、做傻事，也会给自己带来许多不必要的麻烦。从性格分析上来讲，做事冲动的孩子，多半比较粗心，不能对事情的方方面面做仔细的考虑、仔细的考察，也因此在诸多问题上不能做到综合的权衡。正是因为他们无法做到细心、耐心地去捕捉每一件事情的方方面面，因此在做事上会更加的冲动。

青青上学的地方离家里很远，为了方便青青上学，也为了节省自己的时间，妈妈决定让青青坐校车。校车安全，时间还有保障，上面都是同学，妈妈觉得不会有什么大问题。但是没想到，在坐校车时，青青着急抢座位，挤着上校车，把已经在前面的同学给拽了下来，害的那个同学扭到了脚。妈妈不明白为什么青青做事这么冲动，因为一个座位就要挤挤攘攘，还伸手去拉扯别人。

1. 尝试让孩子体会冲动带来的后果

点评 孩子之所以做事爱冲动，更多是因为他们没有后果意识，他们总认为自己这样做，即使有了什么糟糕的结果，也会有家长替自己解决，让家长替自己收拾烂摊子。

家长应该学会放手，并让孩子感受冲动的后果究竟有多残酷。只有让孩子体会到冲动对自身造成的影响，孩子才会逐渐收敛自己的行为。

2. 家长要从自身做起，改正自己身上的不良习惯

点评 还有许多孩子之所以会养成做事爱冲动的行为，大多是因为受家长的影响。家长在日常生活中做事冲动，做事不经大脑，那么久而久之，孩子也会染上这样的习惯。他们因为年龄小，也不知道所谓的后果，因此，在生活中会更加鲁莽。所以家长要以身作则，从自己做起，只有这样，才能更有利于帮孩子改正其冲动的行为。

3. 家长多和孩子进行沟通

点评 孩子爱冲动，内心多半会压抑着自己不良的情绪，当这种情绪无法宣泄时，他就会越发地去做错事，也让自己陷入这样的恶性循环。因此，家长应该多跟孩子进行沟通，并了解孩子内心究竟是怎么想的，只有通过沟通，才能够了解孩子目前所处的状态并且进行正确引导。

> 鲁莽冲动的孩子往往粗心大意，但是粗心大意的孩子不一定会鲁莽冲动。

粗心大意的孩子

不少父母都认为自己的孩子很机智、不比别人家孩子笨，只是有些粗心。其实粗心是一种常见的现象，不只是孩子身上有这种问题，许多成年人也避免不了。

一般说来，粗心大意的毛病在孩子身上表现得尤其明显。孩子粗心的毛病不是一两天养成的。在很大程度上，孩子粗心马虎和家庭教育密切相关。由于孩子从小就生活在一个无序的家庭中，没有规律的作息时间，没有一个好的生活习惯，做事随心所欲，东西摆放杂乱无章，自然就很难养成细心的好习惯了。

1. 培养孩子的观察能力和注意力

点评 平时可以和孩子一起玩一些提高注意力和观察能力的游戏，比如迷宫、找不同、搭积木等，通过小游戏培养孩子的观察能力和注意力，让孩子耐心起来。

2. 养成检查的学习习惯

点评 应让孩子养成自己检查作业的好习惯，长期坚持定会看到效果。生活中，一些家长总是不放心，为孩子代劳，及时给孩子指出错误，久而久之，孩子非但没有变得细心，反而依赖父母，变得更加粗心起来。所以，即使家长发现了错误，也要先不动声色，鼓励孩子再检查一次，或是划定出错误的范围，让孩子自己查证；等孩子检查出来改正后，再给予鼓励表扬。家长一遍一遍地指责孩子粗心，其实是在强化他的粗心意识。如果反过来，在孩子粗心的时候不理睬他，淡化他的粗心意识，等到他偶尔不粗心的时候马上表扬他，强化他的细心意识，这样慢慢地他就会向着细心方向发展了。

3. 让孩子体会细心的好处

点评 如果在身边的朋友或亲戚中有人是从事精密、细致工作的，而且条件允许的话，不妨带孩子去看看他们工作时的情景。

4. 家长不要太苛刻

点评 对待孩子，家长的要求不应该太苛刻。如果太苛刻的话，无形中会给孩子制造很大的压力，孩子就会患得患失，生怕自己做不好会辜负家长。长此以往，会使孩子的精神有很大负担，也会让其产生粗心大意的情况。

5. 适当进行记忆训练

点评 家长也可以适当地锻炼一下孩子的记忆力，比如一些锻炼记忆观察能力的小游戏，对孩子是非常有益的。

> 懦弱的孩子不但容易受欺负，长大之后也很难融入社会。

懦弱的孩子

每个家长都会把自己认为最好的给孩子，都希望孩子以后步入社会能够活得潇洒肆意，有骨气，有底线，能和周围的朋友融洽相处。但是很多家长会发现，孩子在不知不觉中越来越懦弱，这让人十分担心。

是什么原因让孩子越来越懦弱了呢？

1. 家长太过严厉，缺乏对孩子的关心

点评 很多家长觉得想要孩子听话，好管教，就要对孩子严格，要有权威，让孩子事事在家长的控制之下，同时不允许孩子有反对意见，就是要求孩子听话顺从。这样的孩子长大后很没有主见，遇事就想着顺从、妥协，失去了自我保护的能力，很难去反抗对自己不利的事情，这样的孩子很容易被别人欺负。

2. 被家长一直教育遇事要忍让

点评 家长总是告诫孩子要忍

让，惹不起躲得起。虽然这在一定程度上能保护孩子，但是要知道没有底线的忍让只会让别人觉得你好欺负，从而随意蹂躏、随意践踏。家长要告诉孩子不主动惹事，但是也不能怕事。别人欺负的时候，一定要学会用智慧反击。

3. 总是受到家长的打击

点 评 有些孩子从小就是在家长的打击中度过的，不管自己做什么，家长总是说不行，什么也做不好。久而久之，孩子内心就会很自卑，甚至产生自我怀疑，觉得自己很差，从而导致性格懦弱，以后会被人欺负。

4. 恐吓孩子

点 评 一些家长为了让孩子听话，总会夸大事实，说一些特别恐怖的事情来吓唬孩子。长期影响下，会给孩子的心理留下巨大的阴影，不敢尝试任何新事情，做事情总是畏手畏脚。

5. 过度保护孩子

点 评 很多家长总是担心孩子做一些事情会受到伤害，基本上不会让其做家务，甚至不让其参与课外活动，担心会伤害到孩子。久而久之，孩子成了温室中的花朵，难以在社会的风雨中立足。

　　家长除了要给孩子一个安全的环境外，还应该适当鼓励孩子出去走走看看，鼓励孩子多参加社会实践活动，不要事事都帮孩子做，这样才不会让孩子因过度依赖父母而养成懦弱、没主见的性格。

1. 加强孩子的身体锻炼

点评　身强体壮的孩子不容易受到别人的欺负，就算被别人欺负了也不至于吃太大亏。

2. 培养孩子自信勇敢的性格

点评　家长从小一定要尊重孩子，多多鼓励他。同时要适当放手，让孩子有勇气自己面对生活中的事情。自信勇敢的孩子气场很足，别人不敢随便欺负。

3. 一定要教会孩子说"不"

点评　在社会上"老好人"不仅自己身心受累，而且别人也不会过多看重，只会随便使唤你、欺负你。所以从小就要教会孩子勇敢地说"不"，当有别的小朋友抢自己的玩具，就要勇敢地说"不"；别人让你帮忙，你做不到的话就勇敢拒绝。

三心二意不仅仅表现在学习上，在生活中也会有这种表现。

三心二意的孩子

在孩子还小的时候没有什么感觉，可是当孩子上学后，有些家长就会发现，孩子在学习上总是三心二意、心不在焉的，如在家写作业的时候，一会儿要吃水果，一会儿要看电视，一会儿要喝水……就是静不下心来认真做作业；孩子在学习时，总是非常敏感，非常容易受到外界事物的影响；上课时，一会儿听课，一会儿看窗外的风景……

对于孩子的这种情况，很多妈妈都觉得这是孩子不听话、不懂事，甚至认为这是他的性格使然，于是便一味地责备、抱怨他。殊不知，很多时候，孩子之所以不能集中注意力做一件事情，很大一部分原因是家长对孩子的教育方式不恰当。

1. 经常批评、否定孩子

点 评 经常批评、否定孩子，会深深打击孩子的自信心和自尊心，可能会导致他出现自卑、自暴自弃的倾向，从而不肯专心做事；也可能会导致他出现恐惧的心理，一边做事一边害怕，因为担心一点小失误而遭到批评，从而无法把全部注意力都集中在所做的事情上。

所以，在孩子的教育问题上一定要慎重，要掌握批评孩子的艺术，不要全盘否定他，而是要批评他的行为；不要长篇大论地批评他，而是要简明扼要；不要在众人面前批评他，最好在私底下进行等。

2. 过度关注，宠爱孩子

点 评 面对家里的"独苗苗"，全家人都众星捧月般关注着他、宠爱着他。当孩子被关注得过多时，将会直接导致这样的后果：孩子原本正在专心地玩玩具，这时妈妈叮嘱他专心，爸爸在一旁指导他玩，爷爷拿另一个玩具逗他，奶奶在一边叮嘱他要注意安全……这样，孩子就会很容易变得自我、随心所欲、为所欲为，缺乏忍耐力、克制力，难以静下心来做事情。因此家长要给孩子留下成长的空间和时间。

3. 家长对孩子的教育方式不一致

点 评 小到穿衣吃饭，大到考试求学，父母对孩子的教育问题难免会有冲突，而当家长用不一致的方式教育他时，不仅会破坏家长的权威，还会让他的思维处于无所适从的状态，无法专心于某一件事情。

所以在教育上，父母最好统一认识。即使教育意见不一致，也不要当着孩子的面批评另一方，而是要先让彼此的情绪恢复平静，然后在私底下交换各自的想法，争取统一认识。

4. 给孩子太多的刺激

点评 孩子分配注意力的能力非常有限，如果我们给他过多的刺激，势必会分散他的注意力。

很多妈妈都有唠叨的习惯，比如，我们交代孩子做某件事情，总会反复说好几遍，就怕他记不住；孩子正在做某件事情，我们会在一旁不停地提醒、指导他，等等。这样做很容易导致孩子无法集中注意力。正确的做法应该是，我们在交代孩子时，只需简

明扼要地说一遍，这正是培养他注意力的好时机；孩子在做事的时候，我们不要在一旁"站岗盯梢"而是让他自己去摸索。

还有很多家长认为"玩具越多越好""课外书越多越好"，孩子想玩哪个就玩哪个，想看哪本书就看哪本书。殊不知，外在的刺激太多，反而会使孩子眼花缭乱，而无法安心地玩一个玩具、看一本书。所以，最好只给孩子一两个玩具、一本书，等孩子玩腻了、看完了，再给他换新的。

> 做好人，但是不要做"老好人"。

"老好人"的孩子

从小家长就教育我们要做一个好人，但什么是好人？

敏敏平常爱帮助同学，人缘特别好。在某次的绘画课上，老师让他们画自己的家。敏敏很快就把轮廓画好了，同桌看到后，央求敏敏帮他画轮廓，敏敏也热心地帮助了。

然后，周围的同学都找敏敏帮忙画，就这样，敏敏画了一节课的房子轮廓，等到下课交作业的时候，别人的画都很丰富，而敏敏的画只有一个简单的房子轮廓。

其实在生活中，不只是孩子，我们大人也常会遇到这种情况，牺牲自己的生活、工作来帮助别人，最后的苦只能自己承受，不会有人来帮他分担。别人遇到问题，自己总是想着以和为贵，做中间的"老好人"，不知不觉中可能却得罪了一方的利益，被人说成"瞎操心"。这实际上就是一种讨好型人格，是一种社会关系的误区。

讨好型人格的孩子不会拒绝别人，反而是以自己的一次次退让和牺牲来满足别人，他们愿意委屈自己，去得到别人的"爱"，觉得只有成为别人所期待的人他们才会爱自己。

这种所谓的"讨好"会让孩子长大成人后吃亏、上当、受骗，却反而觉得是因为自己做得还不够好而造成的。因此，在家庭教育中，我们不仅要教会孩子懂得拒绝，学会说"不"，而且告诉孩子帮助别人也是有底线的，帮助别人的同时不能给自己带来烦恼，让自己承受委屈。而且在说"不"的时候，并不一定意味着我们不愿意帮助他人，也不意味着会伤害同伴。

同时，教育孩子要有主见，培养孩子的自我意识，锻炼自主能力，尊重孩子的选择，在不违反原则的情况下，尽量满足孩子的主观做法。

学会拒绝，才能更好地保护自己；学会拒绝，才能更坚定自己的信念；学会拒绝，才能使自己处于主动地位。拒绝并不是坏事，一直教孩子做"老好人"，才是对孩子一辈子的伤害！

第 5 章

好性格离不开家长

家长总是在家里家外说孩子从小就不听话，太调皮，说什么都要犟，但是从来不会反思自己的问题。

> 家长要学会给孩子适量的关爱。

不要过分参与孩子成长

家长对孩子的爱是最无私、最真挚的，这无疑是最好的关怀，但是家长也要学会给孩子适量的关爱，而不是过多地输出，这其实是一项很有技巧的行为。

1.让孩子养成独立自主的性格

点 评 如果想让孩子成为一个有理想、有作为的人，那么必须让孩子养成独立自主的性格。

独立自主的性格是需要从小就开始培养的，家长应该大胆放手让孩子去做，不断地鼓励他，让他知道他已经长大，应该独当一面，而不是一直依靠家长的庇佑；遇到问题、挫折；自己第一时间应解决，而不是躲在家长后面；同时还应该鼓励孩子多参加一些劳动，掌握生活技能。慢慢地，孩子增强了自信心，减少了对家长的依赖，培养出坚忍不拔，敢于担当的优秀品格。但是如果孩子从小就生活在家长的庇佑下，习惯了躲避和依赖，那么慢慢地他们就失去了独立行为的能力，无法走出去广泛社交，沉溺在狭小的港湾而不自知，最终丧失对生活的追求和兴趣。

在生活教育中，家长应该有意地减少对孩子的参与性，让他们依照自己的想法去做事，不要完全控制孩子的思想行为。另外，在孩子遇到挫折时，家长应给予鼓励。拥有自己独立的卧室，也是培养孩子独立性格的一个好办法。

2. 鼓励孩子积极进取

点评 积极进取是一项良好品格。只有不断进取的人，才会对自己提出更高的要求，激励自己不断完善自我，不断超越自我，从而成就一个更好的自己。家长可以通过给孩子讲名人故事，观看英雄电影等方式，给孩子树立榜样，让他们在榜样的激励下进步。

3. 培养孩子心理上的独立

点评 随着年龄的增长，孩子也在慢慢长大。他们不再那么幼稚，而是变得成熟有担当，退去满身的戾气，言行谈吐更加得体，从依赖别人逐渐变得信赖自己，能控制住自己的情绪；在遇到挫折时冷静分析，合理解决，不再畏惧困难，学会站在别人的立场思考问题，更加贴近社会、走进社会，适应当下的环境。

> 学会面对挫折，才能让孩子更好地面对社会，才有助于孩子养成良好的性格。

让孩子学会面对挫折

如果孩子做错了事，家长一定不要轻易解决，而是要让孩子明白自己的错误理应自己承担，不要认为什么事家长都可以帮助解决，而是要让他自己努力想办法去补救，让孩子从小养成勇于面对挫折的勇气。

有一位成功的母亲说的话很值得大家借鉴，她是这么说的："我之所以不娇惯孩子，是因为我心里想的不是孩子现在可怜不可怜，我想到的是将来，她大部分时间不在我身边，如果我现在为她准备一个没有四季变化，只有温室的环境，那么当她进入现实社会后，必定难以适应。到那时候，我也无能为力了，她才会真的可怜。"

不管孩子是在生活上还是在学习上，只要遇到困难，家长统统选择替孩子解决，而不是指引孩子自己想办法解决。这样孩子会因为缺少经验和磨炼，从而不懂得独当一面，缺乏独立生活的能力，面对困难时，心里会徘徊不定，不能果断做决定，有的还会自我放弃，走上不归路。每年都会出现一些学生自杀的案子，既有小学生和初中生，也有高中生和大学生，原因仅仅是受到一些挫折。他们这么轻易就放弃了生命，就是因为没有受过挫折教育，不明白生命的宝贵。

　　一个人如果想要干成一番事业，一定会经历一次次的失败和挫折，这些都是成功路上必经的考验。其实很多时候孩子面临失败，考验的是家长的勇气，而不是孩子的勇气。

自制力不是生来就有的，需要后天的教育和培养。

培养孩子的自制力

孩子们的好奇心是很强烈的，因此他们的兴趣爱好也会很多，可能一时喜欢唱歌，一时又喜欢跳舞。但是他们的意志力还不够强，一般接触一阵子就想要放弃。这个时候就需要家长在身边给予鼓励，告诉孩子这是他自己选择的事情，选择了就要坚持，不能放弃。在遇到困难的时候帮助孩子，会让孩子感受到"柳暗花明又一村"的喜悦。

　　自制力不是一出生就具有的，它是包含在意志力里面的，需要后天去教育和培养。要培养孩子的自制力，不是一朝一夕的事情，而是要从日常的小事做起，不断磨炼他们。只要孩子认准了一件事情，家长就应该尽力支持，鼓励孩子用全力去达到目标，培养孩子不成功绝不放弃的意志。但是家长不要对孩子太过严格，要求孩子什么都做到完美，只要孩子愿意迈出双脚就是一个好的开始。

1. 从小培养并及时督促

点 评 最好从小的时候就开始帮助孩子正确评价自己的行为。孩子比较小的时候，自制力的培养主要在生活习惯上，如规定孩子有规律的生活。最初，孩子或许只是单纯地响应，但时间久了就会变成一种习惯。例如，家长不许孩子玩火柴，当他拿起火柴时就受到"不能玩"的约束，久而久之就不玩火柴了。稍大的孩子在培养其约束能力时，还要让他们懂得其中的道理。

2. 制定一些规则

点 评 制定一些规则，让孩子持之以恒地执行，这对于自制力的培养很有意义。这些规则可以涉及生活、学习、卫生等方面。规则不要太多，也不能过细，那样会压抑孩子的探索欲望。对孩子适用的规则，要让孩子坚决、严格执行。

3. 用鼓励和赞美培养自制力

点 评 赞美和鼓励对孩子来说是强大的动力，能有效地开发孩子的潜力。在孩子做出有自觉性、有自制力的行为时，家长若要给予及时的赞美和表扬，孩子便会继续努力。长此以往，孩子的自制力便可以得到增强。

4. 要有足够的耐心

点 评 家长在培养孩子的自制力时一定要有耐心，要使用适当的教育方法，要让孩子感到心悦诚服。不要过分束缚孩子，不粗暴对待孩子，最好能用生动形象、寓意深刻的事例说服孩子。培养孩子的自制力要从日常生活小事做起，逐步磨炼。

5. 家长做出表率

点 评 自制力较差的家长，先要自己增强自制力。如果家长能在孩子面前表现出集中精力、令行禁止、说到做到、坚持目标、始终不渝等品行，孩子必定会受到影响。

　　不是严格教育孩子就叫专制。专制教育就是家长强制压迫孩子。很多家长认为严格教育就是专制，然后在教育孩子的时候实行暴君政策，让孩子变得越来越懦弱不敢反抗。他们对待孩子的方式简单粗暴，认为这种可以让孩子听话的方式就是好方式。其实，这样不仅不能正确地让孩子认识自己，反而让孩子在心里对家长产生怨恨，这种怨恨爆发以后将难以控制。

> 只有在爱的环境下，历经磨难才能培养
> 出抗冲突的能力。

使孩子具有抗冲突能力

彬彬妈最近在为彬彬上幼儿园的事情烦心，不是幼儿园环境不好，也不是因为幼儿园学费贵，而是担心彬彬在幼儿园跟小朋友们相处不好。原来彬彬是个内向的男孩，家里人总担心他受欺负。于是每次跟小朋友在一起玩耍，一旦发生冲突，家长就会站出来解决。久而久之，当家长不在旁边时发生冲突了，彬彬就只会在那边大哭。

成长的路上不可能是一帆风顺的，孩子们总要长大去学会自己解决问题。当孩子跌倒了，我们应当鼓励他自己爬起来；当孩子与其他人发生冲突了，我们应当鼓励他想办法解决问题。我们是孩子坚强的后盾，同时也应留给孩子锻炼的空间。孩子的能力就会在一次次冲突中被培养起来，在以后的人生中会遇到更多的问题，他也会依靠自己去解决。

家长们把孩子当块宝，含在嘴里怕化了，捧在手里怕摔了，家长们不愿让孩子承担学习以外的其他痛苦与辛苦。

因为过于保护，把很多事情都归咎于他人和外界，让孩子成为温室的花朵；外界环境接触太少，于是孩子们面对的事情太少，遇事他们会情绪化，并表现出狂躁与不安等。

大部分人认为，在恶劣环境下长大的孩子，抗冲突能力较强，然而事实上，人们研究发现，只有在爱的环境下，历经磨难才能培养人的抗冲突能力。只有恶劣环境却没有爱，那么孩子的抗冲突能力不但不强甚至会比温室的花朵还要娇弱；他们不堪一击，在没有风雨时担心风雨来临，而且忐忑不安，不知道如何面对未来，整个人十分怯懦，不堪一击。

在无意识的情况下面对冲突和挑战，会让孩子们成长，让他们变得更加坚强。在无法选择的自然环境中，孩子们不需要面对家长的压力，他们所经历的是自己的选择，不是家长们给的环境。而在这一状态下，孩子们可以去经历事情，从而增加自己的抗冲突能力。在孩子的成长过程中，给孩子营造一个抗冲突环境，也是家长对孩子教育最有效的方式。除了付出感情，接纳自己的孩子；不仅是让自己高兴的事情，还要结合孩子的性格特点，了解他的独特需求。孩子需要被了解与认可，而不是一味地被铸造。家长要尊重和理解孩子，从而找到最正确、最合适的方式去培养孩子，让他们更好地发展自己。

> 　　严格地教育孩子，并不是将孩子作为自己的私有物，也不是专制地对待孩子。

严格≠专制

　　李强的爸爸是一位中学校长，他对李强要求就十分严格，有时候为了让李强变得更加优秀，爸爸甚至会使用武力，还不许李强有任何反抗的举动。最后，李强在一次考试前受不了爸爸专制教育，没有告诉任何人就离家出走了。

　　不知道从什么时候开始，许多父母认为严格要求是让孩子安分守纪最好的办法。但是在教育孩子时，有时候很难分清严格和专制的区别，专制的教育只会伤害孩子。

　　每个孩子都是一个独立的个体，而不是家长的"私有物品"，简单粗暴的棍棒教育，不仅不能实现家长美好的愿望，还会适得其反，给孩子留下心理阴影，甚至酿成种种家庭悲剧。专制的教育方式下，亲子之间无形中成了暴君和懦夫的对决。用粗暴的方式来对待孩子，不仅无法让孩子正确认识自己的错误行为，而且还会使孩子对父母甚至对所有的人产生怨恨心理。

　　在教育孩子的时候，首先应该尊重他，在保证不伤害孩子自尊心的前提下，用他能理解的道理说服他。应该尽量避免在别人面前贬低孩子。当孩子犯了错误，千万不要当众责备他。当我们要他做某件事时，最好的方法是将做这件事的必要性告诉他，让他知道这是分内的事，而不是强迫他去做。出现问题时要心平气和地与孩子多沟通，了解清楚原因，再给予正确的引导，这才是教子的正确方法。

过度保护对孩子来说是一种负担。

孩子反感的过度保护

家长都把孩子当作心肝宝贝，所以做事畏手畏脚，什么都不敢让孩子尝试，害怕危险的事物伤害孩子，但这样，孩子就会失去锻炼的机会，勇气也无法得到培养。

"我在我的朋友面前感到没有面子，因为我的家长对我的关爱太过于细致，我的朋友认为我是一个无能儿，干什么都不行，做的一切都需要依靠自己的家长。别的孩子能做的事，我却不被允许做，这太不公平了。"这是有的孩子的想法。但是让人感觉悲哀的是，这样做的家长并不知道自己的过度保护对孩子来说是一种负担。

从这一件事可看出，孩子不喜欢家长过分的关爱与保护，甚至是反感。孩子在面对家长阻止的事情时会有逆反心理，越是禁止越是想做。有时候会故意做出一些与家长想法相反的事情。

　　与其说这是对孩子的保护，不是说是家长对自己的保护，其实这都是家长的自私。所以培养孩子的勇气的同时，也是在培养家长的勇气。有些家长经常允许孩子去参加一些户外探险的活动，在这些活动里孩子的勇气得到培养，也乐于去探索新事物。其实一些看似危险的事，孩子是可以完成的，只是家长担心孩子而限制孩子的行为。孩子被保护在玻璃罩里，缺乏对新事物的探索热情，这会害了孩子。

　　拥有勇气和自信心才能获得成功。自信心在处境困难的时候，显得特别重要，而决定事情成败的关键要看他是否具有足够的勇气。

　　家长处处为孩子着想，可孩子实际上自己一个人也可以处理。家长可以试着让孩子独立完成，让他意识到，自己有能力把事情完成，这样，孩子的勇气和自信也能被培养。家长过分地保护会让孩子失去独立面对事情的勇气，时间久了，孩子会产生强烈的依赖感，以为自己一个人做不了什么事，会对自己失去信心。

　　孩子并不是什么事情都做不好，家长不必由于担心而制止孩子独立行动。唯有不断锻炼，才会让孩子成长为一个出色的人。

> 不要以为孩子就没有自尊，就算是幼儿时期，孩子也有自尊。

保护孩子的自尊

很多家长认为，幼儿是无知无觉的。口无遮拦地责骂并不会对孩子的内心造成影响的观点是非常错误的。婴儿时期，孩子也许听不懂大人说话，但是会感知出大人的声调、语气，虽然孩子表面上没有反应，但那只是因为他不会表达。当大人当众说起孩子的缺点，跟其他孩子作比较时，孩子的内心是很受伤的，这种伤害是不可逆转的，长大后会形成心理疾病。

荣荣妈妈很着急，自己的孩子15个月了还不会走路，而邻居家的孩子现在已经开始跑了。在小区里跟宝妈交流的时候，荣荣妈妈多次表达了自己的焦虑和对荣荣的失望。而在训练荣荣走路失败时，荣荣妈妈忍不住大声责骂荣荣，"你怎么这么笨啊，都这么大了还不会走"。荣荣在一旁伤心地哭了，而之后妈妈每次一提到走路，荣荣就很抗拒。

如果孩子开始对你说了"不要"，那就说明他们开始建立自我和自尊。孩子拒绝家长无非是想要拥有和大人一样平等的地位。这个时候，如果家长没有了解原因，就强硬地命令孩子，阻止孩子的行为，不但不会让孩子心甘情愿地听话，反而会让孩子产生逆反心理。一旦孩子产生了逆反心理，家长越不让做的事情，他们就会越想做。但是，如果家长能够把孩子放在与家长平等的地位上，用平等的姿态来看待孩子说"不"，给孩子比平常更多的关爱、宽容和理解，耐心地与孩子交流，倾听孩子心里的想法，了解孩子真正的需要，孩子就不会对家长产生排斥心理和逆反心理。但是由于 2 岁的孩子能力还很有限，比如他们有限的语言能力，很多时候都不能把他们真实的想法表现出来，这个时候就需要家长耐心去观察，避免错怪自己的孩子。

当家长选择"合作式"的理解语言去和孩子商量，而不是用"命令式"的语言，孩子就会感觉到自己被尊重了。他们的选择被留有余地，自尊心受到了维护，这样自然而然就不会产生逆反心理。

与其每次都在孩子身上找原因，抱怨孩子各种不听话，家长不如多在自己身上找原因，好好想想该如何与孩子进行沟通。通过积极的正面交流，耐心地让孩子明白为什么他不能这样做，他该怎样做，这样孩子才会愿意与家长合作。

> 关注孩子的心理健康，也是家长的重要工作之一。

关注孩子的心理问题

临床心理研究发现：当心理问题累积到一定程度时，不是伤害自己就是伤害他人。因此关注孩子的心理健康，也是家长的重要工作之一。

1. 提高孩子的心理成熟度

点 评 心理不成熟的孩子，不太容易适应不断变化的环境，也不太容易形成良好的自我控制力，从而人际关系和心理健康更容易出现问题。当性格脆弱的孩子出现消极情绪时，需要家长的耐心引导。家长要以平等、亲切的态度接近孩子，与孩子沟通，了解其不良情绪的起因，从而对症下药。让孩子把所受的委屈和不快宣泄出来，待情绪逐渐平复后，再引导孩子学会合理调节自己的情绪，培养孩子遇事多向积极的、好的方面想的思维习惯。

2. 反思并调整家教方式

点评 在家庭教育的过程中，家长需要调控好自己的情绪，避免失控而责骂或体罚孩子。尤其需要把握表扬或批评孩子的度。尺度没有统一的、适合所有孩子的一个通用标准，因为每个孩子都是特殊的，家长只能细心观察，深入了解，认真研究自己孩子的个性特征，根据孩子的实际情况，因材施教，谨慎从事。而且家长还要随时观察孩子的反应或情绪动态，及时调整策略。

3. 帮助孩子树立自信心

点评 心理学研究表明，任何孩子都有获得成功的渴求，也都有争取成功的潜能。如果孩子在学习中能不断享受到成功的体验，就能避免产生消极的自我暗示，提高学习的自信心，积极挖掘自身潜能，从而实现"成功是成功之母"的良性循环。所以作为家长，孩子有什么事情做得好要及时鼓励。多鼓励，能使孩子产生积极的自我暗示，从而激发自尊自爱、自信自强。

4. 引导孩子多运动

点评 心理学研究表明，置身于大自然的环境中，可以促进人类的情绪、认知和体能发展。此外，还可培养孩子一些运动爱好，养成热爱运动的习惯，通过体育锻炼可调节人体紧张情绪，能改善生理和心理状态，促使其个性获得健康、和谐的发展。

承担压力也是一种能力。

增强孩子的心理承受能力

很多家长都觉得孩子应该无忧无虑，不应该有压力，但是他们没有想到，有的孩子做梦都在唉声叹气，还有的孩子小小年纪就有了抑郁症。孩子的压力虽然不同于大人，但是各种各样。比如来自幼儿园的、家庭的，过高的期望和过度的疼爱与保护都会造成不同程度的压力。

承担压力也是一种能力，有些孩子这方面的能力就很差，他们性格软弱，容易焦虑，没有耐心，在面对棘手的问题时，第一反应是退缩、逃避；面对不熟悉的事物，他们会选择不做。

敢于承担压力的孩子，不会因为面对棘手的事物而影响心情，他们积极向上，情绪稳定，有顽强的意志，有冒险精神，敢于去挑战新鲜事物，在面对挫折的时候能保持积极的心态，不屈不挠。这些孩子十分勇敢，他们勇敢是因为他们有充足的安全感，拥有足够的安全感就决定了他有多么的勇敢，越勇敢就越有安全感，就更愿意去尝试新的事物。

1. 承担孩子的依赖

点评 家长是可以保护孩子、承担孩子的依赖的，家长和孩子之间有依赖亲密的关系，那么孩子将会拥有良好的心理承受能力。若家长与孩子间没有那么亲密的关系，那么孩子对家长的信任就会比较少，从而失去探索世界的勇气。对家长失去信任的孩子他们十分迷茫，看不见自己的潜力，遇到困难会选择放弃的孩子希望得到别人的关注，由此来证明自己。

2. 对孩子有合适的期望值

点评 家长不能对孩子抱有不切实际的期望。对孩子来说，家长就是一切。如果孩子觉得家长对自己不是很满意，那么他的心理负担将会很大。因此，家长心态要调整好，孩子每一个小小的进步都应该觉得骄傲，而不是和别的孩子进行比较，如果一直说别的孩子很优秀，那孩子将会有很大的心理负担。但也可以试着比较孩子每天的表现，比如这样子对他说："今天做得真棒，比昨天还棒"，这样，孩子才有动力继续进步。

3. 管理好孩子的情绪

点评 管理好孩子的情绪，孩子才不害怕遇到挫折。心理承受能力强大的前提，是拥有稳定的心境；有稳定的心境的前提，是管理好自己的情绪。

4. 给孩子的情绪宣泄提供通道

点 评 孩子难过时，让他尽情地哭，将伤心全部宣泄，而不是告诉他，"男孩子要坚强，不能哭"，孩子的情绪被压抑，很容易影响孩子的心境。在孩子表现出愤怒、生气的情绪时，要想办法让孩子发泄出来。

5. 学会面对失败

点 评 如果一个人害怕失败，那么他就不敢去尝试，缩头缩尾地困在自己的舒适区中，也就永远无法摘得胜利的果实，尝到胜利的喜悦，还变成一个懦弱、胆小怕事的人，觉得自己做什么都是错的，最终成为一个无能之人。这是巨大的心理压力带来的后果。

就像是比赛，其实比赛的初衷并不是单纯为了分出胜负，更多的是为了制造一个努力奋斗的氛围。无论是输是赢，孩子都应该保持一颗平常心。这些都是家长要以身作则教给孩子生存的道理。每当孩子有尝试的想法时，家长都应该选择鼓励他们。

> 让孩子学会认知自己的情绪，可以更好
> 地控制他的脾气。

让孩子学会平静

人都会有脾气，但相比较来说孩子自控情绪的能力不强。他生气的时候，完全沉浸自己的情绪里，听不进别人的劝解，这个时候家长也不能发脾气。家长不要忙着指责或者体罚孩子，首先应该安抚孩子，让孩子心绪平静下来。抱着孩子，给孩子讲讲故事等，都是一些好方法。

就算是小孩，也可以倾诉自己的感情。比如，在幼儿园，小毛哭着进来了。老师问："小毛，你怎么了？"小毛说："妹妹抢我的东西，还打我，可妈妈叫我让着她。"等她说完，老师安慰了她，就让她和同学们一起玩耍。这样，小毛觉得获得了老师的关心，心情也变好了。 利用枕头或者毛绒玩具等可以缓解孩子的情绪，特别是喜欢小动物的孩子，拿可爱的毛绒玩具和孩子接触，孩子触摸后自然而然地会缓和情绪。

　　让孩子的心成熟起来去挑战自己是一件很困难的事，战胜自己也不是很容易的事情，可战胜了自己，也意味着掌握了自己。控制自己的情绪是每个人必须学会的，也是一个人走向成熟的必经之路。要让孩子学会控制感情，解决问题的时候就必须以情感为基础。

　　孩子生气的时候，脸蛋通红，身体紧张，在面部、体态上都会有明显表现。"控制自己"的训练方法，首先就是让孩子发现这些表象，知道自己生气了，通过深呼吸，想别的事分散注意，控制自己的情绪。通过学习认知情感，孩子就可以一步一步地学会自我控制。

　　学会控制自己的情绪之后，就可以很好地控制自己，也能排除外界干扰，用轻松的心态面对、解决一些不快乐的事情，而不是生气到失去自我。

> 金钱应当是保持自由、实现价值的一种
> 工具，而不是使自己成为金钱的奴隶。

认知金钱并不可耻

对于钱，有的家长对于孩子羞于启齿，认为在孩子小的时候谈钱是一件庸俗的事情，但是在社会中生存，又怎么可能离开钱？

培养孩子的理财意识也是一种教育，这不是为了让孩子有多少钱，而是让孩子对钱有个概念，拥有正确的金钱观。

在 2019 年年中的时候，有一家三口在家喝农药自杀。女主人以高额利息借钱进行金融投资，资金高达两千多万，后资金链断裂无法偿还，致使一家人走投无路。女主人之所以铤而走险，从事非法集资，除了抱有侥幸心理外，更主要的是缺乏对金钱和财富的正确认识。

曾经记者采访股神巴菲特："您认为孩子几岁时，父母可以跟他们讲金钱和投资？"他回答："越早越好。比如让他们知道玩具的价格，理解存钱的意义。既然孩子的生活离不开金钱，那么为什么不尽早培养他们良好的理财习惯呢？"

　　研究证明：孩子金钱观的萌芽期是在 6 岁以前，形成期是在 6 岁至 12 岁，12 岁至 18 岁是发展期。但是金钱教育不是让孩子变成小气鬼，也不是让孩子挥霍无度，而是让他对财富有一定的认识和规划，让财富为他的人生保航护驾。

1. 勇于和孩子谈钱

点 评 谈钱不可耻，家长要勇于和孩子谈论金钱，帮助他们树立正确的财富观念。

2. 让孩子知道钱的意义所在

点 评 对于孩子来说，钱是个很抽象的概念。不妨通过让孩子自己去购买东西，让孩子用钱和吃的、喝的、玩的联系起来，有个直观的感受。平时也可以多和孩子玩些识钱的小游戏，如画硬币，或者选择一些金钱启蒙书籍。

3. 让孩子知道钱来之不易

点 评 让孩子知道钱从哪里来，懂得财富来之不易。让孩子知道不乱花钱，不见什么要什么，让其学会节制自己的欲望。日常亲子交流中，可以有意识地向孩子讲述爸妈的工作。如果有条件，还可以让孩子陪同自己工作一天。

后记
关于中国儿童素质早教工程

2001 年，我们开始组建"中国儿童素质早教工程"。迄今为止，"早教工程"已经出版多套图书，并且为家长们提供了线上线下联动的一整套育儿解决方案。

20 年来，国内育儿领域顶级专家们将自己多年的经验和科学育儿知识进行了系统的总结，在百忙中笔耕不辍，为"早教工程"的发展搭建和内容的编写奉献了大量的时间和精力。在他们的指导下，"早教工程"现在已经形成了全国完整和权威的全程育儿记录、监测、呵护和指导体系。

在"早教工程"的组建和发展过程中，我们得到了原中国关心下一代工作委员会专家委员会严仁英主任、中国优生优育协会秦新华会长、北京师范大学林崇德教授等众多专家的关心和支持。在此深表感谢。同时还要感谢早教网——佩拉早教的大力支持和全体专家的辛勤工作，使得工程图书得以陆续出版。

中国儿童素质早教工程

关于佩拉早教

佩拉早教——早教网旗下品牌。成立二十多年的早教网是国内最早的专业育儿网站之一，同时也是"中国儿童素质早教工程"的重要组成部分，现阶段主要是通过佩拉早教新媒体平台，用更加有效的方式解决用户育儿过程中的难题，并为家长和幼教机构科学、系统、个性化的育儿计划提供开放的、一揽子式的参考和专业的指导。

从网站创立初期，我们就得到了国内众多的权威知名的儿科、妇产科、脑生理、心理、行为、营养、保健、学前教育学等多学科专家组的支持，他们大多都参与了网站的内容策划搭建工作以及工程的组建工作，除了参编审阅网站和工程内容之外，有的专家还担任了一本或者多本"早教工程"系列图书的主编。

作为二十年资质的母婴早教平台，早教网 —— 佩拉早教拥有：

顶级专家 拥有国内实力最雄厚的专家团队，目前有知名专家四十多名，均来自国内知名的儿科、妇产科、脑科学、心理行为、营养、保健、学前教育学等学科，在业界享有深远的影响力。

内容权威 网站和新媒体平台有十几个频道、数十个栏目、上万篇的专业文章，这些内容均来自早教网专家组专家的权威著作，从孕前准备、孕期呵护、胎教到婴幼儿的智力开发、营养、保健和心智培养等多方面，给准家长和年轻家长们的育儿生活提供全方位、专业的指导。

服务全面 拥有完善的会员服务系统，目前成熟的有："孩子主页系统""体格发育监测系统""多元智能测查和培养系统""经典 5 大智能测评系统"和"育儿同步呵护系统"。

多维互动 人性化的家长网络社区、权威专家的在线咨询、免费同步指导的早教周刊，完整的科学育儿书系、全方位的模特孩子征集、妈咪育儿经验的文字出版、丰富的线下聚会活动等为家长的育儿生活提供全方位的，线上线下的互动交流与分享。

最后，衷心祝愿每个孩子都健康快乐地成长！

佩拉早教

图书在版编目（CIP）数据

儿童8个敏感期教养：全八册/桂圆妈妈组织编写.
－－北京：应急管理出版社，2020
ISBN 978－7－5020－7947－5

Ⅰ.①儿…　Ⅱ.①桂…　Ⅲ.①儿童教育—家庭教育
Ⅳ.①G78

中国版本图书馆 CIP 数据核字（2020）第 019065 号

儿童 **8** 个敏感期教养　（全八册）

组织编写	桂圆妈妈	
责任编辑	高红勤	
封面设计	小红帆童书	

出版发行　应急管理出版社（北京市朝阳区芍药居 35 号　100029）
电　　话　010－84657898（总编室）　010－84657880（读者服务部）
网　　址　www. cciph. com. cn
印　　刷　河北赛文印刷有限公司
经　　销　全国新华书店

开　　本　710mm×1000mm$^1/_{16}$　**印张**　64　**字数**　640 千字
版　　次　2020 年 9 月第 1 版　2020 年 9 月第 1 次印刷
社内编号　20192913　　　　　**定价**　128.00 元（全八册）

儿童8个敏感期教养

情商敏感期

桂圆妈妈 组织编写

应急管理出版社

·北 京·

没有什么工作比
起步出生头三年的
婴儿更重要

2002/12/12

严仁英

严仁英
原中国关心下一代工作委员会
专家委员会主任
原世界卫生组织母婴保健
合作中心主任

儿童永远是
人类发展的明天和希望
愿全社会都来
关注伟大的育儿工程！

刘湘云
二〇〇四年

刘湘云
原上海医科大学附属儿科医院院长
中华医学会儿科学会副主任委员

顾问支持 - 早教网
佩拉早教
部分专家顾问（排名不分先后）

丁宗一

原中国医师协会儿童健康专业委员会主任。

鲍秀兰

北京协和医院儿科主任医师，中国协和医科大学儿科教授，兼任中国优生优育协会理事和儿童发育专业委员会主任委员等。

刘湘云

历任上海医科大学儿科教授、博士生导师、附属儿科医院院长、儿科研究所所长。曾任联合国世界卫生组织（WHO）总部妇幼卫生专家委员会委员。

丁　洁

北京大学第一医院原副院长、儿科研究员、博士生导师。

刘泽伦

原中国优生优育协会胎教专业委员会主任，"八五"攻关"胎教"课题主持人。

戴淑凤

北京东方圣童儿童发展研究中心创始人和总策划，北京大学第一医院妇产科教授，中国优生优育协会理事。

区慕洁

中国优生优育协会理事，主讲中央教育台"万婴跟踪"节目中的"成长日记"。

高振敏

原首都儿科研究所生长发育研究室主任医师，与全国12省市同仁合作，先后完成3项智能测验量表。

冯国强

北京大学医学部福康之家科学育儿专家委员会副主任。

丁　辉

北京市妇幼保健院副院长，世界卫生组织妇女健康研究和培训合作中心副主任。

王惠珊

中国疾病预防控制中心妇幼保健中心儿童保健部主任。

王丹华

北京协和医院儿科主任医师、教授、博士生导师。

牛建昭

北京中医药大学教授、主任医师、中西医结合基础专业博士生导师。

王书荃

中央教育科学研究所研究员，中国教育学会儿童教育心理研究分会学习障碍专业委员会副理事长。

单中惠

华东师范大学基础教育改革与发展研究所、教育学系教授，博士生导师。中国教育学会教育史专业委员会副理事长。

张海澄

医学博士，北京大学人民医院心内科主任医师、教授。

吴光驰

首都儿科研究所营养研究室研究员、中国优生科学协会儿童营养专业委员会委员。

邓静云

原南京大学第二临床医学院及儿童保健研究所主任医师兼教授、中华预防医学会儿童保健专业学会常委。

黄建萍

北京大学第一医院儿科主任医师、教授、医学博士，硕士研究生导师。

仇凤琴

原广州市妇婴医院儿科主任医师、广东省优生优育协会专家组成员。

刘 文

北京师范大学心理科学学院博士后、辽宁师范大学教育科学学院教授。

白文佩

医学博士，原北京大学第一医院妇儿医院副主任医师、副教授。

王素梅

北京中医药大学东方医院儿科主任、儿科主任医师兼教授。

赵惠君

上海附属新华医院、上海儿童医学中心副院长。

石效平

中日友好医院儿科主任医师、儿科教授。

金 哲

北京中医药大学东方医院妇科主任、北京市中西医结合学会妇产科专业委员副主任委员。

范 玲

北京妇产医院产科副主任。

秦 炯

北京大学第一医院儿科主任、儿科教授、儿科主任医师。

薛 红

深圳市妇幼保健院原儿保科主任、儿保主任医师。

感谢各位专家对早教网工作的大力支持！
感谢早教网对本套图书的大力支持！
感谢中国儿童素质早教工程的大力支持！

感谢王东华教授极力推荐和支持

　　王东华，男，1963 年 6 月生，安徽芜湖人。中国教育学会家庭教育专业委员会常务理事，《发现母亲文库》总编，华东交通大学母亲教育研究所所长，教授。其研究当代大学生的教育专著《新大学人》（40 万字）为 93 深圳（中国）优秀文稿公开竞价首部成交著作。其致力人类文化启蒙的另一教育专著《发现母亲》（80 万字），1999 年一经推出，即在全社会产生广泛影响。其主编及编著的《我们是这样教育孩子的》《超薄学习》，2001 年及 2003 年分别被选作为全国妇联活动用书。由于其在母亲教育研究及普及方面的突出贡献成绩，2001 年入选《中国青年》"可能影响 21 世纪中国的 100 位青年人物"。20 余年来更是不断行进，社会影响日渐深远。

　　母亲教育运动的发起人与倡导者，《发现母亲文库》总编。除《发现母亲》《新大学人》外，文库推出的原创、畅销书籍近百种，累计发行近千万册。

　　母亲教育培训行业的开拓者和典型家教案例的发掘整理者。对全国近千名杰出父母进行了长期跟踪研究，整理出版的国内外经典案例近 50

个，约 200 万字，举办的全国母亲教育研习班数十期，培养出了大批优秀父母。

中国幼儿识字阅读（简称幼读）王氏标准的提出者，即让学前幼儿用约一年的时间学完部编版小学 6 年语文全部 12 册教科书，熟识 3300 个以上汉字，掌握 10000 个以上汉语词语，细读近百万字课文……进入自主、自由阅读状态，从幼儿抓起，从而真正提高全体国民的阅读水平。此项大型实验，正在有步骤有计划的实施当中。

策划及参与中央电视台等各类电视节目百余场，应邀担任全国及各省市"杰出母亲"评委十余次，组织各类母亲教育报告会数千场。

在中直机关、全国妇联、北京军区、中央党校、清华大学、北京大学、大庆油田、IBM 中国总部等各大机构演讲千余场，其电视讲座在百余家电视台播出。

现任全国唯一一家母亲教育专业研究机构——华东交通大学母亲教育研究所所长。

王东华
华东交通大学母亲教育研究所所长，教授
中国教育协会家庭教育专业委员会常务理事

前言

儿童的 8 个敏感期

　　教育孩子就像是一道组合数学题，家长想要解开这道组合题就必须要花费许多的精力、体力。家长对孩子的爱是毋庸置疑的，父母为了孩子付出再多也不怕，可是怕就怕在力气用错了地方，不但没有起积极的促进作用，反而耽误了孩子的未来。

　　什么才是育儿的重中之重呢？作为家长又该怎么才能分清主次、明辨是非呢？怎么样才能抓住育儿的关键钥匙呢？

　　作为父母要想提前做好心理和生理上的两手准备，就必须事先了解孩子成长中各个关键时期可能遇到的问题，这样，当问题出现时家长就可以从容面对，而不是惊慌失措。

　　0～8 岁被我们划分为 8 个敏感期。每一个敏感期都对应了一项能力的关键发展时期，不同的孩子可能会有细微差别，但是，根据我们多年来育儿指导的经验，这个年龄段的孩子成长情况几乎是相同的。这样划分的前提是孩子的发展发育是正常的，当孩子的发展发育与同龄人有着明显差别时，家长就不能再以这个划分作为依据去教养孩子了，而是应该结合实际情况来正确地教育孩子。

目 录

contents

第①章 孩子的情绪敏感期············001

第②章 孩子的社交和朋友圈···········017

contents

第③章 成为孩子的精神支柱...........059

第④章 正确的爱才能指引孩子…………083

第⑤章 警惕孩子的负面情绪…………103

后记——关于中国儿童素质早教工程
　　　　　 关于佩拉早教

第 1 章

孩子的情绪敏感期

交往是一种循环往复的游戏。

——爱默生

> 人与人之间的情商在出生时差别不大，更多与后天的培养息息相关。

情商

情商这个词相信大家经常可以听到，那么，什么是情商呢？情商（Emotional Quotient），全称情绪智力，通常是指情绪商数，也简称EQ。在汉语中，情商的意思为"情绪智慧"或"情绪智商"，又称为"情绪智力"。

情商和智商（IQ）相对，是心理学家们提出的概念，其定义仍在不断更新、不断优化过程中。被称为情商之父的美国哈佛大学的教授丹尼尔·戈尔曼在其著作《情商》的 10 周年纪念版作序时提到：他认为"情智（EI）"作为情绪智力的简称，比用"情商（EQ）"更为准确。但是，EQ 的概念在全球已深入人心，人们普遍还是用 EQ 来表达情绪智力。

根据最新的研究显示，一个人的成功，只有 20% 归诸智商，80%则取决于情商。丹尼尔·戈尔曼表示："情商高低是决定人生成功与否的关键。"

情商是可以通过全面系统的课程培养提高、改变的。简单来说，情商的培养和提高，就是把不能控制的情绪变为可控情绪，从而增强理解他人及与他人相处的能力。

情商可以扩展为了解自身情绪、管理情绪、自我激励、识别他人情绪、处理人际关系 5 大方面。

1. 了解自身情绪

点 评 时时刻刻监视情绪的变化，能够察觉某种情绪的出现，观察和审视自己内心世界的体验，是情绪智商的核心，只有认识自己，才能成为自己生活的主宰。

2. 管理情绪

点 评 调控自己的情绪，适时适度地表达自己的情绪。

3. 自我激励

点 评 能够依据活动的目标，调动、指挥情绪，能够使人走出生命中的低潮，重新出发。

4. 识别他人情绪

点 评 能够通过细微的社会信号，敏感地感受到他人的需求与欲望，认知他人的情绪。这是与他人正常交往、实现顺利沟通的基础。

5. 处理人际关系

点 评 处理人际关系，调控自己与他人的情绪反应。

孩子学会做人比学会做学问更重要。然而很多家长却只注重对孩子智力的培养，而忽略了情商的训练，结果导致低情商的孩子越来越多。

> 感知情绪，是孩子从胎儿时期就拥有的本能。

情绪的感知

实际上不仅仅是人类，动物也会有各种情绪。

感知情绪是孩子从胎儿时期就拥有的本能。这种本能在孩子出生之后依旧存在。仔细观察孩子会发现，无论是多大年纪，都会对成人的情绪有敏锐的感知力。当成人表现出快乐的心情时，孩子的反应也是开心的。

在孩子 2 个月大的时候，他的一些情绪反应是根据成人的面部表情做出的。研究表明，比起悲伤，孩子更喜欢家长给出的是快乐的情绪。所以在孩子 1 岁大的时候，就会主动地给家长带来一些欢乐。到了 2 岁的时候，孩子的情绪感应能力进一步发展，从这时候开始，他就可以有意识地控制自己的情绪。2 岁以后，孩子产生的情绪不仅包括自身的情感诉求，还包括在与成人交往过程中产生的情绪。

> 相比男孩子，在 2 岁的时候，女孩子对哭闹的表达更为敏感。

情绪的模仿

很多时候，大人对于孩子——尤其是幼小的孩子有自己的意愿和情绪表示不解。

这样小的孩子会有什么烦恼和忧愁呢？除了吃喝拉撒睡玩，他们正应该是无忧无虑的时候。但是孩子们的情绪反应和表达，却往往出人意料。

尤其是女孩子到两岁时，她们对哭闹的表达更为敏感，因为哭闹是可以模仿的。哭不是一个经常发生在生活中的行为。如果孩子在电视上看到有人情绪不好的时候是用哭泣的方式表达的，那么这个孩子后来遇到某种情况时，就会想到电视上有人这么哭，所以也会模仿着电视上的行为哭闹起来，同时还有一些不舒服和不愉快的表现。

小美在家长和老师眼里是一个听话的孩子。可是从 3 岁开始，小美总是在达不到自己目的的时候哭闹不止，甚至还会摔东西。通过了解老师才知道，原来小美的爸爸妈妈感情不和正在闹离婚，妈妈不愿意离婚，总是在家里大吵大闹，相较于妈妈的不冷静表现，爸爸干脆避而不见或者冷暴力解决，而这使得妈妈情绪更加敏感。正处于情绪敏感时期的小美自然而然地被妈妈的这种状态和表现所影响。

在孩子不明原因哭闹的时候，首先，家长要冷静地观察，而不是急着安抚孩子，也不要让孩子察觉到你正在可怜和关注他。

如果过了一分钟，孩子仍在哭闹，而家长也没有发现原因，则可以试着引导孩子说出自己悲伤难过的原因和需求，安抚孩子，和孩子讲道理。

无论孩子处于悲伤情绪还是暴躁情绪，家长都要冷静面对。孩子们的聪慧往往超出大人的预料，一旦孩子发现在他表示悲伤或者暴躁情绪的时候，家长会表现出同情和焦虑，他们就会利用这些情绪来控制家长，达到自己的目的，并且这种现象还会越来越严重。

> 离别焦虑期是大部分孩子都会面对的心理焦虑时期。

离别焦虑期

因为国情不同，在中国，有一些 2 岁左右的孩子都会面临和妈妈的短暂分离。这是因为这个时候为了照顾孩子而离职的妈妈要回到工作岗位了，这就导致了与孩子暂时分离情况的出现，孩子也就会出现离别的焦虑感。

之所以出现这种离别焦虑，是因为到孩子 2 岁时，妈妈的形象已保存在大脑中，当妈妈不在的时候，妈妈的形象出现在大脑中，可是妈妈却不在他眼前，这就会引起孩子的悲伤和焦虑。

而在孩子还未满 2 岁时，孩子大脑中母亲的形象并不太鲜明和强烈，很容易忘记妈妈。如果出现短暂的分别，孩子也只是在分开的那一刻哭一哭，当有其他事情转移他注意力的时候，他就会暂时忘记妈妈，分离的焦虑不会太强烈。

2 ~ 3 岁的孩子正是对分离最焦虑的时候，因为他们已经知道那个要走的人是自己的妈妈，当他们无法见到妈妈时，他们就会焦躁不安。

然而，等到 4 岁的时候，孩子就会知道妈妈上班离开后，傍晚下班还会再回来，就不会很焦虑了。

分离焦虑是暂时和短暂的，但是如果分离焦虑得不到正确的解决，则会给孩子带来不良的情绪，从而影响孩子的身体健康，造成错误的循环。这样糟糕的情绪，当然也会影响孩子的情商。

在引导孩子摆脱分离焦虑的时候，妈妈的态度至关重要。如果妈妈不是一个乐观开朗的人，觉得与孩子分离是一件痛苦的事情，这意味着妈妈还不知道如何正确与自己的孩子分离，总是舍不得孩子，这样，妈妈越温柔，孩子喜怒无常的情绪就越持久。相反，如果孩子处于快乐健康的生活环境中，妈妈上班的时候态度坚决、果断，虽然妈妈一整天都不在身边，但是孩子所在的环境充满欢声笑语，照看孩子的也是积极乐观的人，孩子只会哭闹几下，不会一直处在离别的焦虑中。等孩子适应了妈妈上班的节奏之后，自然也就习惯面对离别焦虑了。

在孩子处于离别焦虑期的时候，家长要格外注意，如果家庭气氛骤变，如夫妻矛盾、照顾孩子的人情绪不好等，都会增加孩子的离别焦虑，让孩子长期处于不安的状态中，影响孩子的心理健康和身体健康发育。因此为了孩子的快乐成长，当家庭出现了问题时，家长必须马上想办法解决大人之间的问题，不能因为孩子还小就无视孩子的内心焦虑。

> 3 岁以后，孩子的成长重心将会由身体发育变成精神领域的发育。

精神领域发育

3 岁以后，孩子们在经历了两岁半时智力发展的飞跃给他们带来的困难后平静下来了。

孩子会根据 3 岁以前的经历，把自己的活动经验融入自己的认知中，这些认知虽然是无形的，却存在于他们的身体中，成为他们精神的养分。3 岁时，孩子们开始意识到他们内心的思想和情感可以借助物体表现出来。他们的工作有一个简单的目的，当进入工作时，他们的目的变得清晰和恒定。

这个时候，孩子眼睛里的材料不再是物质，物体可以用来实现他们的一些目标。比如，当孩子找到一个物品的时候，他们通常会忽略他们看到的对象，这是什么材料？什么品质？孩子想要这个东西，就是为了实现他们的愿望。他们的大脑在专注于某个物体后，很快就会投射出令他们着迷的结果。在这一阶段，孩子的成长重心将会由身体发育变成精神领域的发育。

> 3 岁时的情绪状态并不会影响孩子的生活和未来。

3 岁不能决定孩子性格

我们都希望孩子可以快乐成长。可是事实上，谁都不会永远快乐成长。无论是谁，一生中不可能都是平坦大道。在成长过程中，只有遇到一些困难，才会发现自己的不足，才会从中受益，才能成长。在孩子 2～3 岁时会出现成长带来的烦恼。这时，孩子会感到痛苦、焦虑甚至悲伤，这是孩子需要去摆脱自我中心主义、了解世界的运行规则的必经之路。从长远来看，成长路上不断增加的困难不会带来精神疾病也不会损害孩子的个性。

2～3 岁的孩子有自己的情绪反应，原因如下：

> 1. 大人不能理解的时候。
> 2. 孩子想做的事情没有做成，感到受挫。
> 3. 自我中心主义产生的不适，与大人交往的时候想要被理解却不能被理解。
> 4. 孩子对自己周围的环境感到不适。

当出现这些不良情绪的时候，孩子会表现出咬手指甲等举动，却不会选择哭闹。

大部分孩子在 3 岁的时候，如果他们有很好的自由发展的空间，那么他们的精神状态一定很好。但是如果孩子的精神状态不好，那么他们的心情就不好，不但情感非常脆弱，在遇到挫折的时候也只会用哭来解决。这样的孩子看起来既不聪明也不勇敢，显得有些平庸，因此在传统意义上，成年人会对有这些表现的孩子进行判断，认为他们将来不会成功。

每个孩子的气质不同，呈现出的状态也不同。一般来说，2～3 岁的孩子情绪问题差不多是一样的。即使孩子时不时地伤心哭泣，也不会伤害孩子的个性，更不会让他们的情商低下。

在孩子出现不良情绪的时候，家长只要给予适当的引导，帮助孩子变得轻松快乐，孩子的情绪就会好转。3 岁时的情绪状态并不会影响孩子的生活，只要有大人及时帮助扭转这种局面，孩子很可能会改变，甚至完全改变，成为一个不同的人。

但是如果孩子从出生到 3 岁时都没有在自由的环境下充分发展，既没有发现其他事情的机会，也没有与他人互动的机会，那么孩子就会失去发现世界的热情。当孩子出现这种情况的时候，如果家长不努力转变孩子的外部环境，那么将会对孩子的未来产生不良影响。

> 冲突中孩子会意识到自己思想的不同，学习沟通。

沟通情绪的发展

在孩子长到 4 岁的时候，不再会和他们 3 岁时一样变化无常，他们情绪波动的频率更低。这个时期的孩子在群体情绪方面已经有足够的经验，他们不会因为今天失去了朋友，明天又拥有了新朋友而悲伤和快乐；也不会因为不被大人理解感到难受。这也是家长发觉带 4 岁的孩子会比带 3 岁的孩子容易得多的原因。

这时期孩子的不良情绪主要来自集体矛盾。这些矛盾可能通过拌嘴、吵架甚至打架的方式表达出来，可是这对孩子来说并不是很严重的问题。虽然有时他们会哭闹，但即使昨天打架，今天早上仍旧可以在一起玩耍，孩子们并不愿意离开这个群体。

在这个年龄段，孩子们已经有了一定的爱好和行为要求，他们的个人思想经常和父母的思想发生冲突，这让他们感到愤怒和悲伤。可是也正是这种冲突，让孩子意识到自己的思想与别人不同，然后学习与他人沟通。

情绪与社会能力密切相关，如果不能用恰当的方式表达情绪，一定会影响孩子的社会交往。如果成年人不过分地控制孩子，不做过分的举动，就不会对孩子造成很坏的影响，也不会对孩子造成太大的精神损害。

> 1. 我们不要把孩子遇到的困难看成是天大的事，而要让他自己去做决定，去试错，经历困难和磨炼。
>
> 2. 不要被孩子的情绪绑架，也就是不要一看见孩子有负面情绪就紧张，就算他难过、失望、沮丧、生气，也不等于需要家长的援助。
>
> 3. 家长不能绑架孩子的人生，更不能被孩子的人生所绑架。

这个年龄段的孩子，他们需要的不再是一个朋友，而是想和更多的小朋友一起玩耍。在玩耍中，他们主要进行的是情感方面的沟通。比如，在玩游戏的时候，组织和领导的孩子会发现别人做的和自己想要的之间的差别很大，当他带着不满意的情绪去跟别的小朋友沟通的时候，别的小朋友也会被他这种情绪影响。在这种情况下，有些孩子会感到非常生气，控制不住自己的情绪而大喊大叫，而有的孩子则会感到无助和迷茫，不知道怎么面对这种情况，试图用哭来解决问题。

在孩子自己的群体中，他们可以为了群体的感受而改变或放弃自己的想法和控制自己的情绪，可是一旦孩子回到家中，看到自己的家人，他们就会想起自己内心的不快乐，于是向家长倾诉自己的委屈。

早上上幼儿园的时候，孩子的心情还是非常好的，而且在幼儿园一天的生活状态也是不错的，但当他们回到家里时，他们便会哭泣并埋怨说幼儿园很无聊，不想再上幼儿园了。有些孩子甚至让妈妈给他换幼儿园或者班级。当家长与老师沟通，会发现情况与孩子说的完全不同，有的家长甚至怀疑老师说的不是真话。

这样的状况让家长也会很困扰，这些情绪也会对孩子产生负面影响，让孩子觉得自己被别人欺负了。

在这种情况下，最不利于孩子发展的就是家长帮助孩子确定自己是被群体欺负、排斥的，这样孩子就会试图离开群体，退却或者被动。

在孩子和其他小朋友发生冲突并且沟通的时候，家长应该明白，当孩子们在一起的时候，就像我们看到小动物在一起一样，他们之间的打闹、争吵和游戏，都是在锻炼他们未来的生存能力，建立他们的友谊。

幼儿园可以帮助孩子成长，老师们都很用心地帮助孩子成长。即便是孩子回家抱怨，家长也一定要控制自己的情绪，转变孩子的不良情绪和态度。这样第二天，孩子还是会继续快乐地去上学。

通过这样的沟通，孩子们在自己的儿童社会中确定了自己的地位，在群体中建立了一个有自己个性的角色，这样他们就能有一个良好的心态。很多家长会说，他们不希望自己的孩子扮演这样或者那样的角色。可是家长自己也要清楚，孩子和家长是不同的个体，你们并不能互相取代。

到了 4 岁之后，孩子的心智已经变得比较成熟了。这个年龄段的孩子对身边的人和事有着丰富的经验和基本的认知。在与他人的互动中，他们也能明确想法、意图、目标等。于是，一个 4 岁的孩子，对他人的认识就开始从物质层面向精神层面延伸。

这个年龄段的孩子会与同伴交流感情，互相表达自己的想法。他们会在适当的时候改变主意，进一步实现自己的梦想，超越自我。

第 2 章

孩子的社交和朋友圈

让生命自然成长，年龄较大的孩子关爱、谦
让比他小的孩子这是一种自然的生命成长状态，
是孩子对后出生的生命自然的理解。

> 交朋友的重要时期就是 2~6 岁的社交敏感期。

社交敏感期

在某些历史条件下，人们之间进行物质交换、精神慰藉的这些活动都称为"社交"，也就是上面所说的人际关系。

人本质的要求是社交。在生产物质劳动的基础上形成的一切社会关系的总和就是人的本质。社交大致分为三类："物质""精神"和"两性"，这些社交对个人的成长是有积极影响的，也是社会文化传播的媒介，也给社会构成与发展奠定了基础。

社会交往是受一定的社会规则制约的，多种交往形式也因社会规则的调节趋于完善。

社交敏感期就是人际关系敏感期。2~6 岁的孩子对于人际交往是十分期盼的。这是情商的重要发展阶段，也是一个人成长过程的需求。想要孩子长大后拥有正常的人际关系，最关键的就是看孩子是否具备了社交需要的言行举止。

东东的爸爸发现，每次东东下楼去公园玩的时候，总会带上自己喜欢的玩具，但不是自己玩，而是和其他小朋友分享；东东和小伙伴一起玩的时候免不了有争执，两个小朋友常常玩着玩着就互相拳打脚踢，但是过了一会儿又好好地玩在一起了；邻居家要搬家了，东东和邻居的孩子依依不舍地告别，东东回家时甚至还哭了……

孩子在两岁半左右就开始进入社交敏感期，这个时期，孩子会喜欢与他人相处，乐于和小伙伴分享他的玩具，会想办法让自己获得小伙伴的欢迎。这时候的孩子会为了与同龄人交往做出许多努力。如把自己的零食分享给幼儿园其他小朋友；朋友转学后孩子会感到伤心；别的小朋友不愿意和他玩时，孩子会很郁闷……作为成年人会觉得这些行为难以理解。其实，这一切的一切只是因为孩子正处于社交敏感期。这是情商的重要发展阶段，也是一个人成长过程的需求。

孩子的社会交往，从简单的物质交换、不固定的玩伴逐渐变成能相互理解、关爱彼此的固定朋友。和成年人一样，孩子和成年人都需要社会交往、需要朋友的安慰。如果成年人可以在孩子与人交往中，给予他正确的引导，就可以让孩子掌握如何与他人打交道、怎么与人交流、遵守公共场合规则，也会让他们知道真正的友情是要互相包容、互相关爱的。

> 　　在敏感期给予正确的引导和关注，可以让孩子更好地适应社会。

让孩子更加积极地面对社交

　　在日常生活中，不可避免的就是怎么和熟人、邻居打招呼。对于家长而言，主动向人问好、懂礼貌的孩子比内向不敢叫人的孩子更令人喜欢，而内向的孩子因得不到更多的喜欢，性格就会更加孤僻。所以，孩子积极面对社交的习惯，父母一定要重视培养。

　　小花性格内向，在幼儿园不知道怎么和小朋友相处，所以总被其他小朋友排斥。有一天，一个叫乐乐的小朋友转学到了幼儿园。乐乐开朗活泼，很快就和其他小朋友打成一片，乐乐主动和小花一起玩，还邀请小花和其他小朋友一起做游戏，小花现在已经和乐乐是很好的朋友了！

　　培养孩子良好性格和优秀竞争力的重要阶段就是孩子学习如何社交的这一时期，因此家长的引导尤其重要。可是年轻父母总是很容易忽略孩子对于社会交往的渴望，也并不清楚社交敏感期孩子的心理需要。

能够在性格敏感期遇见乐乐，无意是小花的幸运。但是实际生活中，却很少能有这样幸运的事情发生。

面对性格内向的孩子，家长要从细节开始，慢慢改变孩子，让孩子变得开朗活泼，善于交际。即便是不善交际的家长，为了孩子也要努力改变自己，和孩子一起成长。

1. 不孤僻的孩子 = 好人缘

点评 人类是群居动物，从小就有交往的本能和需求。当孩子拥有了良好的人际关系后，就有了朋友。人际关系正常发展，丰富孩子日常生活，让孩子的心理健康阳光，这样的孩子自然就不会变得孤独、孤僻，也更加擅长和喜欢与人沟通交往。

2. 语言使人与人更加亲近

点评 与人的沟通交流是孩子能在社会交际中表达自己的重要桥梁，多种、复杂的交流情景是孩子语言表述能力发展发育的重要条件。友好的沟通交流也是人与人之间亲近的重要基础，而良好的人际关系和语言的发展又是相辅相成的，有利于孩子的健康成长。

3. 知识储备丰富

点评 每一个孩子的兴趣爱好都是不尽相同的，但是有了健康的人际关系时，孩子们会乐于交流他们不同的生活经验和体验，孩子也借此能够了解他们所未知的世界，丰富他们的内心体验，开阔视野，增强自信，各方面能力也能得到提升。

4. 遵守社会规则，培养团体精神

点评 合作比竞争要更重要，年幼的孩子在与他人的合作中获得成功时，能够更好地体会合作精神，能够学会遵守规则。在团体活动的分工中，孩子们会学会合作共赢，懂得担当责任，他们领悟的这些精神就会变成长大后的竞争力。

5. 关怀了解他人

点评 只有在互相尊重、相互关爱的环境下才能形成良好的社会交往氛围，才能发展健康的交往关系。当孩子由"自我意识"强烈转化为一个承担责任的人时，他的表现会是重视他人想法、关爱身边的人、愿意从他人的角度思考问题。而孩子责任心、担当、关怀他人等优良行为习惯的养成能促进孩子人际关系的发展，也是孩子情商发展的基石，而高情商更是未来孩子的优秀竞争力。

在日常生活中，家长要注意关爱引导孩子，给孩子提供良好的生活环境，这样更有利于孩子健康成长。

6. 保持独立人格

点评 能够在人际交往中保持独立人格，并且愿意倾听他人意见，能与别人友好相处、合作的孩子，才能在交际中遵守自己的原则与底线，懂得求同存异。这些是只有心理健康的孩子才能够做到的。

7. 营造热情问候的生活环境

点 评 孩子是很乐于模仿父母的行为的，所以父母要以身作则，如，出门前"我去上班了"，回家时"我回来了"等问候语，尤其是爸爸的示范。长此以往，孩子会逐渐养成问候别人的习惯。

8. 提供给孩子一些接触别人的机会

点 评 比如在市场买菜时让孩子去问价格，从日常生活的细节入手，让孩子喜欢与人交流，减轻他的"社交恐惧症"，慢慢地，孩子就会主动问候。长此以往，孩子向别人问候时就会大方、不害羞了。同时，与人交往的过程中也要教导孩子应当诚信、善良、关爱别人等。

> 儿童世界的社会现象其实也是成人世界的社会现象。

儿童世界的社会

儿童世界的社会现象其实也是成人世界的社会现象，二者如此相似的原因是，在群体社会，人被划分成强势者和弱势者。一般而言，弱势者处于被领导地位，不同的人都需要找到适合自己的位置，找到适合自己的方式，才会在群体中感到安稳。

其实，这也是赤裸裸的生存法则，家长能做的就是让孩子看到更加美好的群体，更加快乐地在群体中生活。

孩子在他们的社会中，需要做的就是遵守以下基本法则：

1. 充分尊重别人的一切私有物品，包括别人的身体。

2. 动用别人的东西之前先询问别人，对于公用的东西，要等别人用完了才能用。

3. 不要去毁坏别人的成果。

家长是孩子最好的老师，因此家长要时刻注意自己的形象。

做一个受大家欢迎的人

生活中，有的人走到哪里都是喜笑颜开的，有的人却恰恰相反，走到哪里哪里就安静下来，或者各自散开了。这就是一个受大家欢迎的人和不受欢迎的人的区别。

孩子拥有了良好的社交关系将会影响到他以后的成长和发展。实际上，做一个受欢迎的人并没有想象中的那么难，只要做一些看起来微不足道的事情，就可以让孩子的形象在别人的眼中发生改变。

西西和北北是同一所幼儿园的小朋友，西西开朗、外向、乐于助人，经常帮助老师、同学搬椅子，擦黑板，小朋友们都喜欢和西西一起玩。北北不爱说话，课间的时候就自己拿着玩具玩，小朋友想借来玩一下都不肯，而当别的小朋友在玩玩具的时候，北北如果想玩就会直接抢过来。老师让北北参与集体游戏他也从来不愿意。大家都喜欢和西西一起玩，不喜欢和北北一起玩。

在现代社会，一个人除了拥有出众的才华，还需要具备很多优秀的素质，比如说良好的人品和人际交往能力，这些能够让你成为一个出类拔萃的人。

这一点也启示家长，要在孩子的人际交往敏感期，给予孩子高度的重视，了解孩子的自身特点，培养孩子成为一个被大家欢迎的人。

关注孩子情商敏感期的发展，对孩子以后的学习和生活道路将会有很大的益处，更有可能影响到孩子以后的事业发展和家庭发展。

1. 营造一个和谐的家庭氛围

点 评 对孩子来说，父母营造出的平等交流环境是非常必要的。

在日常生活中，父母要多和孩子谈心交流，知道孩子内心的真实想法。

当孩子慢慢长大后，可以和孩子一起商量家中的大小事，让孩子有家庭参与感，在这个过程中，孩子的想法得以表达，家长也要学着倾听孩子的声音，孩子才能感受到来自父母的尊重。

父母在跟孩子的爷爷奶奶相处的时候，也要注意方式方法，父母的一言一行孩子都会看在眼里，这会在潜移默化中影响孩子的交际方式。

2. 培养孩子的同理心

点 评 换位思考，是一种思考方式，也被称作"同理心"，指的是一种以对方的立场考虑问题的方式，这同时也是一种好的品质，更是人与人交往中不可或缺的能力。

这种能力需要孩子学会倾听。倾听他人的想法和建议是基础的社交能力；更进一步的，孩子需要学会尊重和自控，这种能力需要孩子不能事事都以自我为中心，要学会站在别人的立场上看问题，理解别人的心情和情绪。

对于父母来说，有意识地指引孩子去观察别人的动作和行为表现了怎样的情绪，以及别人的行为给孩子带来了什么影响。通过这种引导，让孩子也学会思考，如果是自己做了这些事，会不会给别人带来一些情绪的改变。

比如说，可以时不时地向孩子提问："如果你是他，你会怎么做？""你要是这样做了，你有考虑到别人的心情吗？""怎么样才能让游戏中的每一个小朋友都玩得开心呢？"

这些提问不仅可以让孩子开始学着站在别人的角度思考问题，也能让孩子知道观察每一个人的性格和情绪。

3. 建立孩子的规则意识

点评 在人际交往中，有一些必须遵守的社交规则，父母需要教会孩子。

这些规则不仅包括对他人的礼貌问候，还包括很多其他的社交规则。比如，收到别人送出的礼物要学会说"谢谢"，需要借用别人的东西要提前询问，在公共场所要学会排队等。

这些从父母的言传身教中学到的规则，在孩子心中就会慢慢地演变成一种习惯和必须要遵守的规则。之后，他会把这种规则意识十分自然地用到和其他小朋友的交际中。

除了人际交往中的规则，父母还需要教给孩子游戏中的交往规则。因为不懂得游戏的交往规则而被别的小朋友拒绝的孩子不在少数。

父母需要告诉孩子：在玩具数量不够的时候，要采取"轮着玩"的办法，这样每个人都能玩到玩具；在一群小朋友选择玩哪一种游戏时，要采取"少数服从多数"的原则，听从大多数小朋友的提议。

4. 给孩子多点信任

点 评 很多家长没有给自己的孩子足够的交往空间，比如有时候看到自己家的孩子和别人的孩子在玩耍中有一些冲突，就在没问清楚状况的前提下介入孩子们中间，这对孩子人际交往能力的发展是非常不利的。

父母给孩子多些信任，孩子出现人际交往方面的问题时，让他们在充分的空间和时间下处理。与此同时，父母也可以和孩子多交流人际交往方面的经验，这样会帮助他们平稳地度过人际关系敏感期。

给孩子空间不意味着放任孩子，而是要时刻给予孩子鼓励。如果孩子真的自己解决不了问题了，父母这个时候介入是刚刚好的。介入的时候，千万不要没弄清楚事情的原委就妄下判断，而是要让孩子把事情说清楚，帮助孩子分析问题的成因、过程、结果，共同探讨最后的解决办法。若想孩子平稳地度过社交敏感期，这种独立解决人际关系的能力是不可替代的。

当孩子自己能够独立地面对自己的人际关系时，他就会自信起来，内心对自我的认同感也会越来越强。

5. 多带孩子参加活动

点评 每一个孩子都有自己的兴趣和爱好，家长可以据此为孩子准备一些社交活动，既能增长孩子的兴趣，也能扩大孩子的交际圈，学会更多的社交技能。家长既可以组织与孩子同学的家庭一起出游，也可以邀请孩子的好朋友来家里玩儿，还可以带孩子报名参加一些兴趣俱乐部等。

父母带孩子参加这些活动的时候，是一个很好的传教过程。在活动开始前和活动开始时的一些礼貌用语，比如，"你好""请问""谢谢""对不起"；一些礼貌的行为举止，比如，认真听别人讲话、吃东西的时候要知道分享等，这些都是良好人际交往的基础。

学会这些一点一滴的小事，离不开家长的用心培养和引导，更离不开父母的表率作用。

等到孩子两岁以后，便开始探索自己和他人的关系，慢慢地建立起友谊来。

学会交朋友

孩子在很小的时候就对三种关系有了初步的认知：自己和自己的关系、自己和物品的关系、自己和别人的关系。所以，从一岁开始父母可以放心地让他接触别的小朋友了。等到两岁以后，孩子对关系的探索不仅限于自己和物品的关系，还开始探索自己和他人的关系，慢慢地开始建立友谊。

这个时期的孩子，会注意自己的身边朋友，在意朋友有没有跟自己说话，在意朋友有没有主动和自己玩，这是一种孩子自己和他人的感情关系。他们开始划分到底谁是自己的朋友，开始关心跟谁玩是开心的。不管怎么样，孩子在追逐友谊的路上肯定会遇到一些开心和不开心的事情，这些经历也都为孩子以后融入集体生活奠定了一个基础。在寻找自己友谊的路上，孩子们会逐渐领悟到怎么做才能维持自己的友谊。因为孩子在小的时候是非常单纯的，他们与别人交朋友没有那么多的条条框框，自己不会轻易从朋友那里受到伤害，从而不会产生绝交的想法。

　　小草长得可爱，家境也好，但是在班里却是个不受欢迎的孩子，他被班里的小朋友称为"捣乱大王"。每次老师让大家排好队离开教室的时候，小草就在地板上滚来滚去；每次老师上课，别的小朋友都在聚精会神地听讲的时候，小草则拍拍左边的小朋友，摸摸右边的小朋友；做游戏的时候，小草总是抢着把玩具放到自己的位置上，不与别的小朋友一起玩……

　　因为没有小朋友愿意和自己玩，小草只能去找年龄大的同学，可是年龄大的同学又往往仗着自己身高体壮欺负他。时间长了，小草自然也意识到自己的做法和这些大同学一样，再加上家长和老师的引导，小草开始慢慢地改变自己对待小朋友的态度，慢慢交到了自己的朋友。

　　对性格内向的孩子，家长要适当地进行引导。因为这些性格内向的孩子与其他小朋友交往时，往往会很害羞。特别是面对一些新朋友时，父母不要对家长说"我这个孩子很害羞，不喜欢跟别的小朋友玩"之类的话，这样给孩子贴上"害羞"标签，孩子反而会变得更加害羞。

　　父母正确的做法，应该是鼓励孩子先和小朋友握手 —— 作为交往的第一步。如果孩子做到了，父母要及时给予鼓励表扬；做不到可以让孩子给个会心的微笑。

交朋友是孩子的天性和权利，家长可以适当地引导，但不要过多干涉。

有意识地选择朋友

父母和孩子的意见难免会有分歧，由于看问题的角度不同，父母常常会告诫孩子不要和坏孩子一起玩，而坏孩子的标准父母与孩子却难以统一。

因此，孩子教育中的重要内容之一就是分辨好与坏。

年幼孩子的模仿能力极强，但分辨能力和认知能力还不成熟，很容易模仿到不好的行为。比如抢别的小朋友的玩具、在外面玩不愿意回家、不向长辈问好等行为都需要父母重视，否则很有可能随着孩子的成长继续发展。

建立孩子的是非观，可以在公共活动场合时，仔细观察孩子独立选择的玩伴，看看有没有不当的行为习惯，等到私下再和孩子提出并沟通交流，让孩子能独立思考并做出决定。

在孩子日常观看动画片、电视节目时，也要有意识地引导孩子分析与朋友有关的情节，耐心地与孩子交流什么样的朋友应该交往，什么样的朋友不应该交往，让孩子意识到真正的朋友是什么样的。

要注意，父母正确的做法是，指导孩子选择朋友而不是阻止或决定孩子与谁交朋友。

村子里的小刚是一个活泼开朗的孩子，但是因为家境不是很好，只有奶奶与他相依为命，因此有的村民嫌弃小刚穿的不好，身上有种发霉的味道，不让家里的孩子和小刚一起玩。可就是这样一个被人嫌弃的孩子，在邻居小朋友偷偷跑到后山玩时遇到危险，他当机立断跑回去叫大人来救援，及时解救了不小心摔落在深坑里的孩子。

家长不应该用成人的标准来评判孩子的朋友。作为一个成熟的成年人，在孩子结交朋友的时候，家长应该引导孩子多方面、多类型地选择朋友，如能够及时给予你意见，敢于对你的错误直接批评的朋友；在你伤心难过时，耐心安慰你、陪伴你的朋友；共患难，共同面对问题并解决问题的朋友；和你兴趣爱好相同的朋友。这些朋友的选择标准并非单纯是对方的家境或者成绩。

在孩子的成长过程中，想要发展自己、完善性格所需的外部条件就是拥有多种类型的朋友。不仅如此，他们还可以满足孩子对友情的多方面需求。

1. 选择朋友的原则

点评 通常人们在选择朋友时会看重兴趣爱好是否相同、对方是否诚实可靠、知识储备量的多少或是拥有自己所不擅长的技能等。

但是在实际生活中，能同时做到以上几点的人实在是少之又少。所以，在交友的过程中，交友的标准应该是灵活的，不应该过分要求朋友是个完美无缺的人。通过和不同类型的人接触，在慢慢成为朋友的过程中，才能多了解不同性格的人，学习和不同的人相处，学习他们身上的优点；同时也能拓展自己的交际圈，让自己为人处世的能力有所加强。

2. 初步认识，深入了解

点评 刚认识一个人的时候，可以通过一些直接的观察来了解对方，比如，和对方深入交谈，了解他身边的朋友、他的兴趣爱好等。通过这些方式，能够根据初步印象判断，然后进入一个深入的了解阶段，能对对方的人品、性格、背景有正确的认知，也能明白对方和自己结交的目的，确保自己没有上当受骗，也确保可以和对方坦诚地交往。

3. 主动总比被动好

点评 交朋友从来不是一件能等待的事情，要是这样的话，将不知道失去多少朋友。所以，可以在下课时间、假期时间等多和同学主动联系，可以问问功课上的难题，可以交流一下最近的困惑和烦恼，也可以说说心里话。这样坦诚又主动的交流绝对是增进友谊的关键。

4. 友情珍贵，学会珍惜

点 评 友情是十分珍贵的，遇到一个好朋友也是一件非常幸运的事情，要学会珍惜，也要学会经营。

我们经常看到有的人有很多好朋友，但其实只是泛泛之交；有的人每次都有新的朋友出现在身边，但其实这只是喜新厌旧；有的人只在自己需要帮助的时候才想起自己的朋友，其实这只是利己主义；有的人总是以自己开心为主，其实这只是自私。这些都不是珍惜友情的表现。

要让孩子知道，真正珍惜友情的人，会付出自己的真情实感，考虑对方的感受，想好好维护和经营这段来之不易的友情，因为，一个好朋友，将会是自己不可多得的良师益友。

孩子会经历第一次因为友谊产生的悲伤和失去的友谊。

友谊的烦恼

在孩子 3 岁的时候，因为社交圈的丰富和朋友圈的扩大，他们拥有了自己的好朋友，有了复杂的情感——喜怒哀乐。

在生活中，因为二胎政策，现在半数的孩子都有自己的兄弟姐妹，可是还有一些孩子没有兄弟姐妹，他们在家里只能和比自己大很多的成年人打交道。针对这样的孩子，即使家庭所有成员的重心都在他身上，家长也不能时时刻刻关注孩子。因此，孩子在与同龄儿童打交道时没有足够的情感体验，他们从童年到成年，很少有冲突和挣扎的机会。即使孩子们有这样的冲突和挣扎，往往也会被家长喝止，强迫他们终止这种复杂情绪的处理。

从这个年龄段开始，孩子会经历第一次因为友谊产生的悲伤和失去的友谊。因为这种痛苦是孩子从来没有经历过的，所以家长没有办法按照以前的方式来安慰他们，也没有办法把孩子从这个问题的痛苦中解脱出来，而且这种痛苦会持续很长时间。

在孩子经历这种痛苦的过程中，可能会导致他们不想上幼儿园；或者每天早上上幼儿园的时候，必须要让家长陪着他。如果家长离开，他们就会哭着拒绝进幼儿园的大门。情况严重一些的孩子会出现晚上做噩梦、尿床，啃手指甲等情况。

就像初恋是难以忘怀的一样，第一个朋友也是如此。在孩子一次次结交到好朋友，失去好朋友后，他们不再会为某一次失去一个朋友感到难以抑制的悲伤。因为有过处理经验，他们已经完全可以自己痊愈。在这一阶段中，家长要注意，孩子如果一直跟家长说班级里的谁谁谁不喜欢我、不跟我做好朋友了，谁谁谁无缘无故地欺负我……那么家长可以先找幼儿园的老师了解清楚情况，再判断孩子是处于友谊转折期还是真的被人欺负。

针对孩子出现这种负面情绪，家长也不用过分忧虑。孩子的这种疼痛并不是外部暴力，而是内部情绪感知，当这种情绪疼痛达到一定程度时，孩子们就会自发地摆脱疼痛。经过一段艰难的时间，孩子会比以前更快乐。对于没有办法摆脱这种负面情绪的孩子，家长可以给孩子讲一些友谊方面的小故事，来调节孩子的情绪，等待孩子度过这段艰难的时期。

> 孩子在进行最开始的人际交往时，会受到家庭模式的影响。

仿照家庭关系的相处模式

在孩子最初和别的小朋友发展人际关系时，会不自觉地仿照自己家庭的相处模式。这是因为，孩子在这个时候还不能分辨自己与家人相处的模式和自己与朋友相处模式的差别，他会直接模仿自己与父母的相处方式来和小朋友相处。

在这个过程中，如果小朋友乐于接受这种模式，他们便会快乐地玩耍；如果小朋友不接受，那么孩子自己会思考怎么才能做得更好。这就说明，孩子自己拥有一种修正的能力，这需要在他们从小与别人的相处中锻炼出来。

处在成长期的孩子肯定不知道自己身上有哪些毛病，可是通过在群体相处的过程中，孩子一直在锻炼自己的能力，让自己获得真正的成长。

> 孩子从 5 岁开始，就逐渐出现群体意识，
> 拥有了自己的朋友圈。

孩子的朋友圈

家长们有时候会发出疑问：为什么孩子会主动选择比自己年龄大的小朋友在一起玩呢？实际上这个问题并不难回答。这个时间段恰恰是孩子培养自己社会能力的时候，通过向大孩子学习，他们可以更快地获得技能，更好地融入自己的社会中去。

孩子从 5 岁开始，就逐渐出现群体意识，而且还会维护群体的良好关系。这种群体和孩子在 5 岁之前所处的群体是不一样的：首先表现在人数上面，5 岁以前的群体大多都是两三个人；其次表现在情感上，5 岁以前的群体都是在互相熟悉的孩子之间建立的群体关系。

可是当孩子 5 岁以后，他们所处的群体规模就会变成 4~5 个人。可以发现，这 4~5 个人其实并不都是十分亲密的好朋友，那是因为孩子到5 岁以后，他们学会了和群体里的不同人相处并且保持着平衡关系，这背后所显示的是孩子在群体中也放弃了自己内心的一些诉求，迎合了大

家的意见。

其实，从某种程度上来说，孩子的这个群体已经比较像大人的生存群体了。每一个孩子在这群体当中都会学着放弃自己的个性，追求一种集体的共性，这样这个群体才会覆盖到更多的孩子，便于更多的孩子参与。

宇涛的家庭比较专制，家里面都是爸爸说了算，相对来说，妈妈的存在感就会比较薄弱。在和小朋友一起玩的时候，宇涛更倾向于指挥和控制别人，总是希望其他的小朋友按照自己的意愿行动。因此他们这个朋友圈中，其他的小朋友性格就比较弱势，愿意听从宇涛的安排。

可是这样平衡的状态有一天却被打破了，新搬来的阿闽也是一个习惯发号施令的孩子。习惯了领导别人的阿闽自然不甘位于宇涛的领导之下，慢慢地，他们的小群体就被分为两部分，宇涛和阿闽也就处于"王不见王"的状态之下。

从上面出现的情况可以看到，不同性格的孩子组成一个群体之间的影响。作为家长和老师，如果不能及时地引导孩子，那么孩子在群体中也会出现不对等的关系，存在打压与被打压的情况。

孩子总归是要长大的，会面对形形色色的人，群体的存在可以演习孩子将要面对的社会角色，这对于那些扮演领导者角色的孩子是比较有益的。而对于那些在群体里充当命令执行者角色的孩子来说，他们的性格就是比较温和的，不强势的，他们很多时候不会主动展示自己，不能自己拿主意和创造一些东西，也不能自己去解决问题，但是他们可以很好地配合领导者，推进事情的进展，执行好自己的工作和任务。因为领导者的数量是有限的，不是每一个人都可以当领导者，所以家长要根据孩子的个性来引导他，也不要对孩子在自己朋友圈中的角色指手画脚。要知道，只有当个性和能力相符时，孩子的能力才会得到最大的发挥。在生活和工作中，当一个执行者也不一定是坏事。

如果孩子在他 5 岁以前是在包容、平等、相互尊重的家庭环境中长大的，那么，他 5 岁以后的群体氛围也会是相互尊重、相互包容、相互学习的。这些相似的孩子会自然而然地组合成一个群体，在群体的分工上，每一个人可以自由地表达自己的想法，用逻辑和证据合理地说服别人。当面临听谁的想法时，即使有着还未被实现自己想法的孩子，在很大程度上也会选择少数服从多数，听从群体中多数人的想法。

在一场游戏中，领导者这个角色会在不确定的时间出现，领导者是由群体评估每个人的想法和观点产生的。对于被大家选定为领导者的孩子，可以用自己的意识来控制和领导大家，但是，在这场领导的过程中，是不分年龄的，这个群体中不会出现强权的人，也不会出现弱势的人，每一个人都是平等的。成人通常情况下是不被允许参加这种游戏的，因为成人的加入会扰乱群体的和谐。这种群体真正做到了平等和民主，是整个人类社会所向往的群体类型。

孩子进入了群体，就可以锻炼自己的社会能力，并且得到发展。没有进入群体却还是拥有好朋友的孩子，也可以锻炼自己的社会能力，这样也会得到不错的发展。只有那部分没有加入群体的孩子才是需要父母重视和引导的。

从以上的描述中可以发现，儿童社会有自己的发展规律，一般是这样呈现的：

1. 自己一个人独处，然后是勇敢地追求友谊。
2. 先发现自己的好朋友，慢慢地和自己的好朋友组成群体。
3. 在这个群体，大家发生社会关系，这种社会关系类似于成人世界的社会关系，有领导者与被领导者、有争执和冲突，当然因为是儿童社会关系，最终都会归于和平。

在孩子开始对以上三段关系进行摸索的时候，家长是不需要主动介入他们的成长过程的，他们有自己的发展规则和体系，主动介入了也不会有好的成效。家长需要做的就是为他们树立榜样，给他们树立基本的法则，培养他们在这三段关系中良好的品格就行了。

> 孩子只有在分享中感受到快乐，才会养成自主分享快乐的习惯。

让孩子学会分享

在生活中不难发现，很多时候小孩子在玩耍的过程中，总会出现一些争执，比如，"这个玩具是我的，你不能动！""我的小熊只能我来抱，你要玩让你爸爸妈妈给你买去。""要是不给我玩，我就不是你的好朋友了。"……

这些话语在家长看来，只是孩子为了一个玩具吵闹的场景，其实，这些言语是孩子不懂得分享的表现，家长需要引起重视。

明明是一个招人喜欢的孩子，在家里是懂事听话的好孩子，在幼儿园是老师喜爱的好学生。但有一点，明明不是一个懂得分享的孩子。他总是觉得自己的玩具和好吃的都是自己的，不会主动分享给别人，当别人动了他的东西也会不高兴。有一次妈妈和他开玩笑吃了他的果冻，他当场就不理妈妈了。

幼儿时期有一个重要的话题，那就是"玩具分享"。它对开始拥有"物权意识"、处在自我意识萌芽期的 2 岁孩子的社会交流能力的培养，有着举足轻重的作用。

孩子的自我意识产生之后，往往会趋向于将东西"私有化"，这是孩子的一种自我保护的方式，是孩子正常的成长规律。家长应在萌芽阶段就开始引导，如果错过了这个阶段，则需要以后更加耐心地帮助孩子学会分享。要教会孩子正确沟通的方法，让孩子懂得分享的社会技巧，以后他会很自信地将方法用到自己的社交生活。

对于不懂得分享的孩子，家长不应以批评责骂的方式教育孩子学会分享，这会让孩子产生压力，不但拒绝被教育，也不利于培养孩子健全的心态。家长需要使用一定的技巧和方法去鼓励孩子分享。

1. 关注孩子的发展阶段

点 评 2 岁左右的孩子到了自我意识的萌芽期，开始有了"物权意识"，"物权意识"的显著特征之一就是保护自己的玩具。所以这个阶段，他们以自我为中心，不管什么东西都觉得是自己的。但其实孩子根本还分不清什么是"我的"和"他的"，不明白这两者之间有什么区别。如果家长没有理解孩子成长的这些特点，在面对分享的时候一味告诉孩子"不能随便乱去玩别人的玩具"，或者"应该和好朋友分享自己的玩具"，那么孩子是很难理解这些话语的意思的。

2. 孩子的"物权意识"需要尊重

点评 很多家长会因为朋友的孩子喜欢自己家孩子的某些玩具，所以不经过孩子的同意就把孩子的玩具送出去，导致孩子十分不开心。对于孩子不开心的表现，有些家长会认为不愿意分享玩具显得孩子很"没有爱"，实际上孩子的这种行为跟大人不愿意把自己的随身物品送给别人是一个道理。孩子只有开始有了"物权意识"，才会去珍惜身边的物品，才能真正明白什么是分享。所以，父母要学会尊重孩子，在想把玩具送给别人或者借给别人玩的时候要征求孩子的意见，可以让孩子决定是否要分享。只有当孩子从父母的行为中获取了安全感，有了自主决定权，慢慢的他们就会感受到分享玩具的乐趣。

3. 分享从家长做起

点评 家长在家里如果经常进行分享，就会给孩子起到榜样作用，孩子在潜移默化之中就会模仿家长行为。比如，妈妈吃苹果分给爸爸一半，爸爸对妈妈说"谢谢"。孩子日后就很有可能去模仿妈妈的行为，在自己吃东西的时候把食物分享给爸爸，或者邀请爸爸一起玩玩具。此时，父母就要及时地给予孩子鼓励，告诉孩子"宝宝分享的东西很好吃""和宝宝一起玩很开心"之类的话语，而不要只泛泛地说"宝宝真厉害"。这样孩子就会知道他的举动是正确的，能让父母开心，同时他也能从父母的鼓励中得到分享的喜悦。慢慢地，孩子就会主动分享，乐意分享，懂得分享的意义。在孩子主动与自己分享的时候，家长一定不要对孩子说"宝宝真棒，爸爸不吃，你自己吃"。这看似是一种谦让，但其实会给孩子一种误解，以为分享就仅仅是一种形式。如果有一天家长真的吃了孩子的东西，孩子就生气，觉得自己的食物被抢了。

4. 不要强迫孩子分享

点 评 切记不要在孩子不愿意和身边的小朋友分享玩具的时候，抱怨孩子小气，然后硬是抢过孩子的玩具给别人玩。家长可以换位思考一下，如果你自己心爱的东西不经过你的同意就被拿出来分享给别人，你会开心吗？对于孩子来说，家长强迫的行为会让个性强的孩子大声哭闹；而个性软弱的孩子就会忍气吞声，将来很有可能变成被人欺负的受气包。

另外因为家长的强迫，孩子心里就会觉得分享不是一件让人愉快的事情，会对分享产生抵触心理。

5. 让孩子体会"轮流玩"的乐趣

点 评 在学会分享的时候，家长可以教给孩子一些社交技巧，比如说"小朋友们轮流着玩玩具""他先玩一会儿，然后再你玩""你平时不玩的玩具，可以借给别的小朋友玩一玩"，等等。比如，和孩子一起玩积木，孩子搭一块，妈妈搭一块，爸爸再搭一块……通过游戏规则帮助孩子理解什么是轮流玩，让孩子知道和别的小朋友分享玩具是快乐有趣的。

让孩子自己试着去解决，去积累经验。
这样孩子就学会了沟通和相处。

孩子的玩具被抢

当孩子的玩具被小朋友抢走了，父母先不要急着介入，先观察一下自己的孩子，如果觉得情况并不是很严重，让孩子自己试着去解决，这样积累经验以后，他们就会慢慢明白怎样与人相处，用怎样的方法解决自己的事情。

如果孩子向家长告状，家长也不能轻易对事情进行论断，嫌弃孩子没出息或者去强迫孩子和别人分享玩具，而是要站在孩子角度去理解孩子，安慰孩子，让孩子不那么难过。然后支持并帮助孩子用恰当的理由说服对方归还玩具。在这个过程中，家长要尽量疏导好情绪，不要让孩子留有不愉快。别的孩子归还了玩具，家长也要对孩子进行适当的鼓励。

在遇到孩子的突发事件时，家长一定不能自乱阵脚，而要客观分析，保持冷静，对孩子进行正确引导，培养孩子独立解决问题的能力。

当孩子抢了别人的玩具，家长也不要粗暴解决问题。

孩子抢了别人玩具

孩子可能不仅会面对玩具被抢，强势的孩子也可能去抢别的孩子的玩具，这时候家长也不要粗暴地解决问题。

1. 暂时转移孩子的注意力

点评 2 岁左右的孩子如果抢了别的小朋友的玩具，家长可以转移孩子的注意力，比如和孩子玩一些有趣的游戏，耐心劝说孩子把玩具归还给别人。这样的方式可以避免孩子大声哭闹反抗。等孩子情绪稳定后，再来教育孩子。

2. 适当介入孩子的争执

点评 在争执玩具的过程时，如果两个小朋友动手了，不管是哪一方先动手，家长都必须马上制止，明确告诉孩子打人是错误的行为。

3. 适当对孩子进行惩罚

点评 在正常情况下，如果家

长引导正确及时，孩子们玩具争执的问题很快就会被解决，两个孩子又可以重新一起玩耍了。但是对于一些有极强占有欲和攻击性的孩子来说，转移注意力也许并不能起到效果，讲道理也没有用，这个时候就需要家长对孩子进行一些小惩罚。值得注意的是，这种惩罚的教育方式要和孩子先约定好，如果孩子抢了玩具，就要接受惩罚，比如限制孩子玩玩具的时间，限制孩子看动画片的时间等。

惩罚的方式不是一成不变的，要根据不同情况制定。但是要注意，惩罚的实行必须是家庭其他成人同意配合，不然一个惩罚一个解围，这样起不到教育效果。

> 被别人拒绝是不可避免的，孩子必须要学会接受，并在其中明白给予的含义。

被拒绝的孩子

在幼儿的社交中，玩具分享是一种能力体现。

如果孩子喜欢别的小朋友的玩具，想借来玩时，父母可以鼓励孩子去尝试和小朋友商量，并且可以给孩子建议，让孩子拿自己的玩具和对方交换着玩。如果有必要的话父母可以陪同孩子一起，答应什么时间还就要什么时间还。万一对方拒绝自己的孩子，不愿意分享和交换，父母则要安慰孩子，让孩子尊重对方，说服孩子接受现实。

被拒绝时孩子会很难过，如果孩子生气了也是很正常的，这时候他是十分需要家长安慰的，家长可以抱着孩子并告诉他，别人的玩具，别人有权利分享或者拒绝分享。

家长平常要多和孩子沟通，用有趣的游戏和图书让孩子明白怎样和小朋友交往和分享，帮助孩子拓宽交际范围，让孩子学会分享和社交。

> 从小培养孩子的合作精神，让孩子学会合作，善于合作，这也是一个重要话题。

让孩子懂得合作

竞争越来越激烈的当今社会，合作越来越重要。想要赢得更广阔的发展空间，就必须懂得与人合作，因此，从小培养孩子的合作精神，让孩子学会合作，善于合作，是一个重要话题。

明霞是一个各方面都很优秀的孩子，可让家长头疼的问题是，她从不喜欢和其他的小朋友一起去完成一件事。无论是在家里，还是在学校，有需要合作完成的事情，如果在进行合作的过程中出现了分歧，她会非常强硬地要求按照她的思路来进行。

对于明霞这种类型的孩子，他们不喜欢或者不擅长与人合作，可能有多种因素。一种是性格内向，不善于交际和表达；另一种则是从小独来独往惯了，不习惯和别人合作去完成一件事情；还有一些不喜欢合作的孩子，则是害怕在合作过程中被别人抢走光环，影响自己的地位……

所以在平时，家长要警惕孩子以下十大缺乏合作精神的特征：

1. 总是一人玩，不和大家一起玩耍。

2. 总是觉得自己应该备受关注，不喜欢待在集体中。

3. 不喜欢主动帮助朋友。

4. 几乎没有自己的好朋友。

5. 如果在游戏中失败了，则会大吵大闹。

6. 游戏中不喜欢听到别人的反对意见。

7. 依赖家长的帮助，才能迈出交友的第一步。

8. 性格上不像同龄孩子一样活泼。

9. 身边的同学常常被他欺负，同学们都不喜欢和他成为朋友。

10. 跟别人比较总是觉得自己略胜一筹或低人一等。

对于缺乏合作精神的孩子，家长可以通过以下几点来培养他们的合作精神，让他们学会合作。

1. 让孩子学会接受和欣赏别人

点评 在合作的过程中，对合作伙伴的接纳和欣赏是合作的真正动力和基础，只有做到这一点，才可以看到合作伙伴的优势，能够正确认识到每个人都有各自的长处和短处，不嫉妒或是轻视他人，互相尊重，互助发展，从而实现双赢。

2. 让孩子体验合作的快乐

点 评 让孩子多参加一些集体活动，在活动过程中，大家相互交流、制定方案、相互协作、共同努力，最终达到预定目标，让孩子体会到合作的重要性，从而培养孩子的合作意识。另外，也可以让孩子多参加一些配合性强的体育活动，如踢足球、打篮球，培养孩子与其他队友互相配合的能力，发挥集体的力量赢得比赛，在与人合作的过程中，体验到合作的快乐。

3. 让孩子多交流沟通

点 评 现在独生子女比较多，孩子习惯独处，很难有机会与别的小伙伴沟通和交流，体会不到与人交流的乐趣。家长应该多让孩子参加一些集体活动，培养孩

子与人合作的能力，让其学会与人协商和交流，尊重对方，不能唯我独尊；要充分考虑他人的需求和感受；必要的时候需要做出合理的让步；应具有大局意识。

4. 通过获得荣誉或成就来促进合作

点 评 每个孩子都有自己独特的天性，有的孩子可以很容易就接受别的建议，但是有的孩子性格比较固执，不愿听取建议。如果想让固执的孩子更好地接受建议，那么首先要先了解他们的想法，稳定他们的情绪，与他们交流知道彼此的真实想法。在这个过程中，可以通过让他们共同完成一件事，获得荣誉或成就带来满足感，让他们积极进行合作。

> 爱动手打人可不是一个好习惯，对于爱动手的孩子，家长一定要注意。

打人的孩子

有的家长头疼地发现，本来乖巧的孩子，突然之间开始打人了。这样的状况让家长不知所措。实际上，对于孩子打人的情况，家长要具体问题具体分析。不同年龄段的孩子打人的原因也不一样，不同阶段有不同阶段的解决方法。

1. 0~2 岁的孩子打人

点评 这个年龄段，孩子的打人行为，并不是真正意义上的打人，而是孩子的一种探索行为。随着孩子成长，就像他们练习爬行和走路一样，他们也会通过打人、拍人、推人等方式来不断练习上肢动作，不断探索手部力量的更多可能性。

如果家长注意观察的话就会发现，这个阶段的孩子打招呼的方式就是"啪"对着别人的脸一巴掌。而被打的孩子，如果不是特别疼，则不会哭，或者也笑着回一巴掌。这其实就是这个阶段孩子沟通感情的一种方式。就像小动物之间互相咬着打闹一样。

对于孩子来说，拍打别人这个举动让他们特别高兴。虽然孩子还不懂事，但大人不能任其发展，而是要温柔地阻止孩子的行为。如果家长过于激动，大声呵斥孩子，或者抓着孩子的手狠狠拍打几下，那么孩子一方面会被家长恶狠狠的举动吓到，另一方面又会通过反复"打人"来试探家长的反应。实际上这个年龄段的孩子根本不明白，为什么他们一个正常的举动，会招致家长如此大的反应。

2. 2 岁以上的孩子打人

点 评 2 岁以上的孩子认知能力和行为能力都已经增强，他们已经比较明白"打人"是发泄心中不满的方式，这时候打人是一种有意识的行为。

孩子的行为都是有原因的，他们并不会无缘无故打人，所以，家长在管教孩子的时候，一定要第一时间了解打人的原因。有的孩子打人是主动的，而有的孩子打人则是被动还手，不管是什么原因，都要第一时间了解清楚，再根据当时的情形迅速做出处理。

主动打人的孩子可能是因为想抢夺玩具，也可能是心情不好，还可能就从小打人打习惯了。家长一定要立刻纠正孩子的这个行为，第一时间带孩子去跟被打的小朋友道歉，告诉他错在哪里，应该如何改正，下次遇到这种情况应该怎么办。

> 人和机器的区别就是人拥有感情。

富有同情心

人和机器的区别就是人拥有感情，无论把机器人设计得多帅多有知识，然而没有思想、没有感情的机器始终是一堆零件。同情心其实包括了两个方面：一是对别人的情感反应，二是对别人的认知反应。

同情心是很重要的一种品质，一个拥有同情心的孩子会更容易和别人成为好朋友，社会会更需要他。同情心是需要后天培养和加强的，家长要在孩子成长过程中不断给予帮助，让孩子富有同情心。

有一些家长完全不了解孩子成长中的特点，他们觉得孩子看到别人哭也跟着一起哭是一件很烦人的事情，一遇到这种情况他们就很不耐烦，甚至有时候还会大声责骂。这样一来，孩子就会觉得他的所作所为是错误的，他不该同情别人。

很多家长认为孩子小时候不懂什么是同情心没关系，长大以后再培养也来得及。可是科学研究表明，同情心作为人类世界最美好的情感和人际交往中最重要的元素之一，培养的最好年龄是在 0-3 岁。在社会交往的过程中，孩子最早获得的一种情感反应就是同情心。这个发展一般会被分为两个阶段：

第一阶段

在孩子出生 3 个月的时候同情心就会萌发。比如，一个 3 个月大的孩子听到别的孩子大声哭泣，他会同情别人，从而产生移情反应，然后也跟着哭起来。如果是一个 9 个月大的孩子，看到小朋友摔倒，也会产生同情，然后去寻找安慰，仿佛他自己摔倒了。他们这时候自我意识还没有萌芽，并不能明白自己和他人有什么不同，他们总是看到别人伤心，自己也跟着伤心。这种现象被称为"全球同情心"。

第二阶段

2 岁左右的孩子的自我意识已经开始萌发，可以区分自己的伤和别人的痛，也能在看到别人痛苦的时候想要帮他们减轻痛苦。但是，这个年龄段的孩子认知能力还不成熟，有时候不知道该如何表现自己的友好，他们所表现出来的同情心可能会陷入混乱状态。比如，那个哭泣的小朋友离开了，那么孩子就无法安慰，这时他会选择小朋友留下来的物品去表示他的同情。

同情心是每个人一出生就有的，家长需要在孩子表露同情心的时候给予肯定和鼓励。

第 3 章

成为孩子的精神支柱

俗话说，有其父必有其子。父母的一言一行
或者家庭氛围都在影响着孩子。

家长是孩子最好的老师，因此家长要时刻注意自己的形象。

家长要因材施教

著名教育学家陶行知一直奉行的教育原则是：培养一个全面的人才。他也是按照这个原则培养自己的儿子的。陶行知会为儿子提供学习所需的一切条件，并且不会干涉孩子自己喜欢的东西，只要是对孩子的成长有利的，陶行知都允许他做。

有很多父母培养孩子的理念，是把孩子打造成自己理想的模样，为孩子忙前忙后，忙着帮他报各种兴趣班，忙着为他规划以后的人生方向，这些只是父母自己的想法和兴趣，和孩子自己的发展关系不大。

就像有些父母因为自己非常喜欢唱歌但是没有系统地学习过，就给孩子报各种唱歌培训班，却从来没有问过孩子内心是怎么想的，这会让孩子对这种学习非常抗拒，这么做也会忽视孩子拥有的其他潜能。

可是实际上，家长做出这些根本不是在教育孩子，反而是在折磨孩子。孩子是带着十分不情愿的心情去学习的，真正能学到多少东西呢？

是否可以如父母的愿望一样，成为著名的歌唱家呢？

父母要是想把自己的孩子培养成一个全才，其实这是不可能的，也是不现实的。因为人无完人，每个人都会有自己不太擅长的方面。陶行知没要求孩子是一个全才，他不要求自己的孩子做到门门功课都优秀。当他看到孩子喜欢画画和音乐，他就鼓励孩子发展自己这方面的特长，因为画画和音乐可以培养孩子的想象力。其实，陶行知只是在鼓励儿子发展自己的兴趣爱好，并没有强迫他必须要成为一个艺术家。

蕾蕾是一个钢琴弹得非常好的女孩。有一天回到家后，蕾蕾对家里人说自己想学习画画，不想学习弹钢琴了。家里人听到蕾蕾的这番话，都纷纷表示反对，因为练琴不能半途而废需要坚持，还因为画画也不一定能画好。但是，蕾蕾还是喜欢画画，她就利用下课时间学习画画，在一次市里举办的绘画大赛上，她还拿了二等奖，这让家里人十分后悔当初没有让蕾蕾学习画画。

如果家长发现孩子喜欢的东西和他的潜质相差太远，家长就需要正确地引导孩子选择。不是要让孩子成为一个全才，而是要依据他自身的性格、潜质、可塑性、爱好等因材施教。

在敏感期给予正确的引导和关注，可以让孩子更好地适应社会。

父母的引导与教育

正常的社交是每个人成长过程中所必需的正能量。在孩子处于敏感期时，父母就应该重视，并且给予积极的引导。可是有时候，社交能力强的父母，孩子却不愿意社交，有的时候还会出现不愿意分享、孤僻、打人等问题。

孩子最早的社交活动来源于 2 岁前家庭中的其他成员，但由于长辈的纵容溺爱，孩子成了"小皇帝"，随心所欲地做事。因此有一些孩子在初次迈入社交圈的时候，会出现被孤立、被排斥的情况。

小雨放学回家把书包一甩，气冲冲地坐到沙发上不说话。妈妈见到小雨这样，急忙跑过去问小雨是不是在幼儿园被人欺负了。小雨委屈得哭了起来，告诉妈妈说，他的同学都不理他，不和他玩。第二天上学，小雨妈妈从老师那里得知，昨天做游戏的时候，小雨因为别的小朋友没有听自己指挥，就朝他们大吼大叫，说不想和他们这样的笨小孩一起做游戏。

想要孩子成为人缘好、爱交朋友的人，父母应该怎么做呢？面对孩子社交中出现的问题，父母一定不要着急，应该冷静地面对孩子的困惑和迷茫。

而作为父母，在面对孩子的社交问题的时候，很容易出现一些不理智、不恰当的做法，比如：

1. 容易给孩子贴上负面标签

点 评 孩子虽然年纪小，但他们很敏感。许多父母认为孩子还小，就算责怪了他们也没什么，就随意地数落孩子，其实这样的标签会把孩子的这些行为强化，让孩子失去交往信心。

2. 干涉孩子的交际关系

点 评 当孩子与朋友们一起玩耍的时候，免不了会出现矛盾，在安全的前提下父母不要进行过多的干涉，这样孩子才能在玩的过程中懂得应该如何解决问题，以增强自信心。

父母应当主动带着孩子去交朋友。在交朋友的过程中，也可以给孩子一些玩具，然后引导他有意识地分享。在孩子社交出现问题时，父母应当给予支持，让孩子自己尝试解决，鼓励他积极面对问题，并提供一些解决问题的方法。不到万不得已，父母不要介入孩子与同龄人的交往。

让孩子积极参加团体游戏，因为在团体游戏中，孩子能学会团结和团体精神，养成倾听别人想法的好习惯。孩子们一起做游戏的时候，或许情况看起来有些杂乱无章，但是孩子自己却一定会有着某些规则，这样孩子就可以学到要遵守规则，而且在这些团体游戏中，孩子能够领悟到人与人应当互相尊重，友好相处。

与同龄人玩耍的过程可以让孩子得到爱、信心、勇气等正能量，玩耍的过程也是孩子最开心的时光。想要孩子成为合格的社会人，就要满足孩子社交敏感期的需求。发展早期的社交能力是孩子掌握交际方法的重要基石。

在孩子与他人交往的过程中出现问题时，父母要包容和给孩子提供帮助，并尽量让孩子独立面对问题、解决问题。给孩子正确引导，就可以让孩子掌握如何与他人打交道，怎么与人交流，并且遵守公共场合规则；也会知道真正的友情是要互相包容、互相关爱的。同时，父母还要尊重孩子的社交，不要武断地替孩子解决社交问题。

在孩子成长的过程中，难免会遇到困难，家长及时地指导，要比直接帮助他们完成效果好。

做孩子的指南针

孩子在年幼的时候总是对任何事情都有很大的热情和信心，即使这件事被经验丰富的大人否定过，即使这件事意味着失败和坎坷，孩子还是要去尝试。因为，他们在内心深处相信，只要坚持，铁杵也能磨成针。孩子所表现出来的追逐的勇气和永不放弃的精神是值得赞扬的，但是如果孩子制定的目标一开始就有误的话，对孩子以后的发展会有很大的阻碍，家长需要好好帮助孩子找准适合他自己的事情。

对于孩子花精力在没有成功可能性的事情上，父母需要好好地和孩子沟通一番，对他们进行正确的指引。抓住正确的时机，给孩子分析花时间在没有可能的事情上的弊端，让孩子理智地思考这些问题，避免孩子放不下，走不出来。

在孩子的教育上，一些事情需要全力争取，但有些事情学会放弃才是更明智的选择。

> 家长是孩子最好的老师，因此家长要时刻注意自己的形象。

家长也是老师

俗话说，家长是孩子最好的老师，家长的言传身教会影响孩子的一生。任何的习惯都会影响孩子一生，若是不爱干净、不讲卫生的坏习惯伴随孩子成长，那么失去的不仅是自身的形象维护，有时候甚至好的机遇也会失去。

家长在孩子心目中都是美丽高大的。所以，家长要为孩子做好榜样，保持整洁的形象。

有一些家长很不注重自身的形象，衣冠不整，很容易招致别人的嘲笑；而一些家长则是过度打扮，浓妆艳抹，也会让人在背地里讨论。对于大部分家长来说，他们会觉得自己的穿衣打扮不会给孩子带来任何影响，其实，仅是家长的穿衣打扮就会给孩子的内心造成非常大的影响。因为家长的穿衣打扮如果不得体，将会导致孩子心中家长权威地位的下降，家庭教育的失败始见端倪，很多孩子可能会因为家长不注意打扮而变得不注重自身形象。

可见，家长的穿衣打扮和行为举止只有得体了，自己的孩子才能从中学到得体的打扮方式，因为家长是孩子最好的老师。

小美是一个年轻的妈妈，22 岁就有了自己的孩子，她觉得自己还很年轻，就是要好好打扮自己，穿自己喜欢的衣服，享受生活。但是，因为小美的打扮十分奇怪，所以经常收到别人异样的目光，这种不符合大众审美的打扮让她去幼儿园接孩子时，受到别的小朋友的议论。

父母应该弄清楚，在孩子眼里，虽然家长的穿着打扮很重要，但是家长的行为举止才是最重要的。

很多女人做了妈妈之后，生活的重心就是自己的孩子和家庭生活。除了上班以外还要顾全家里，所以精心梳妆打扮的机会变得少了。不过也要注意保持穿衣的整洁性，就算是没有时间梳妆打扮，但是干净整洁的妈妈在孩子的心中是最美丽的，孩子也不会因为自己的妈妈不打扮而觉得妈妈不漂亮。

相比之下，有些喜欢浓妆艳抹，把自己收拾得非常精致的妈妈，她们在教育孩子的时候，却对孩子大打出手，这种行为就和妈妈的外在形象大相径庭，没有人会因为妈妈漂亮的打扮而忽视其行为的粗鲁。更严重的，孩子可能会学习到这些行为，也变得粗鲁起来。

萱萱在家是父母宠爱的小公主，在幼儿园里也是老师喜欢的小朋友。但是，萱萱有时候会说脏话这一点让老师有些头疼。开家长会的时候，老师了解到，原来萱萱的爸爸妈妈在家里有时候会争吵，激动的时候会飙脏话，这对萱萱产生了不好的影响，萱萱在着急的时候也学会了说脏话。

俗话说，有其父必有其子。

父母的一言一行或者家庭氛围都影响着孩子，孩子都在模仿着。在看到孩子不良习惯和行为的时候，我们要明确一点，孩子行为的背后一定有家长的原因。在生活中，父母可能会出现说脏话、作息不规律、谈论别人的隐私等行为，都在影响着孩子。

很多时候，父母应该注意自己的言行，这样才能营造和谐的家庭环境，使孩子健康成长。

赞美与鼓励，二者之间存在很大的区别。

赞美和鼓励

如果从社会控制的角度来说，赞美和惩罚具有相似性。家长过度地赞美会让孩子觉得只有听到了别人的赞美活得才有价值。时间长了，孩子获得别人的赞美时会非常开心，当没有得到赞美时，他们会自我怀疑，受到打击。

还有一些孩子会利用这种赞美，认为只有你赞美我了，我才能去做这件事。如果他们没有得到赞美，就没有信心，就不会有勇气去做事情，或者即使做了事情也不会做得很好。这是因为，他们认为自己这种故意做事情想要得到别人赞美的行为是没有意义的。还有一些孩子，在成长的过程中，会因为想要摆脱父母的控制而拒绝在他们的赞美下表现出好的行为。

石头是一个学习能力很强的小朋友，他在班里经常被老师夸奖。但是，有一次画画作业，老师表扬了洋洋，没有表扬石头，这让石头失控了，走到洋洋面前把他的画撕掉了。

赞美与鼓励，二者之间存在很大的区别，但是很多父母都不知道。赞美会出现以上列举的情况，比如说让孩子变得自我怀疑、有受挫感等，但是鼓励则不会出现这些不好的影响。

赞美往往发生在事情结束之后，夸赞是取得一场比赛或者完成一次任务后获得的。父母大多数情况下都是因为孩子做到了符合自己预期的结果时发出赞赏。可见，赞美对孩子产生的影响是，敦促孩子能够完成某件事情。

鼓励的主要目的是表达对孩子的肯定，让孩子知道自己的价值。父母对孩子的鼓励往往是在孩子想要奋力完成一件事或者因为完成这件事取得了一些小成就，这是一种对孩子自身能力的认可，持续的鼓励可以持续地开发孩子的潜质。喜欢鼓励孩子的父母一般不会把自己的孩子和别人家的孩子作比较，他们在意的是孩子是否能鼓起勇气面对困难。所以，鼓励对孩子最大的影响是让他们接受自己。

孩子经常被过度吹捧，就会飘飘然，甚至会产生和能力不符的自大感。

对孩子不要过度吹捧

和之前说的赞美孩子一样，家长往往会不自觉地夸大孩子的能力，对孩子进行过度吹捧，这样也是有问题的。

小雅对知识的接受能力要比班里其他孩子快很多，大家都羡慕他的聪明伶俐。慢慢地，小雅觉得别人都比不过自己，都不如自己聪明，只有自己才是最棒的，产生了自负的想法。

孩子经常被过度吹捧，就会飘飘然，认为自己的能力特别强，甚至会产生和能力不符的自大感。这些孩子往往会沉迷在自己的小天地里，影响以后的发展。

虽然说这些孩子非常优秀，但是过度地吹捧会让他们抱有自己比别人优秀的想法，在和别人的相处中会表现得自私自利。最让家长苦恼的是，他们完全不会意识到这个问题。

告诉孩子们不要害怕失败，让他们更加努力地去尝试。

引导孩子正确面对失败

孩子产生自卑的心理，很多时候是因为害怕做不好事情，害怕别人嘲笑。其实，这是一种对未知后果的害怕与忧虑。家长在这个时候，要清楚地告诉孩子，失败并不可怕，失败了可以再来一次。

尤其是在孩子幼小时，要预防孩子陷入害怕的循环中。家长可以客观公正地分析失败带来的后果和解决办法，让孩子不要认为失败了就无法挽回，告诉他们解决问题的办法，这样会让孩子面对失败的时候更加从容。

最近布布参加的滑冰社团要举办滑冰比赛，布布对滑冰非常感兴趣，想要报名参加，但是又害怕自己滑得不好。妈妈知道了布布的想法以后，对布布说："要是不尝试怎么能知道自己能不能做到呢，你在妈妈心里就是一个勇敢的孩子，只要参加比赛，就能让妈妈十分开心。"得到妈妈的鼓励，布布勇敢地报名参加了比赛，虽然没有取得好的成绩，但是布布觉得自己以后不会害怕参加比赛了，因为他知道即使失败了也不可怕，自己的妈妈会一直支持自己。

布布的妈妈就是通过鼓励让布布放下对失败的忧虑，使布布知道失败一点也不可怕，失败了大不了重头再来。

在鼓励孩子的时候，家长可以首先把失败的可能性告诉孩子，让他们对此做好心理准备，给孩子打好"预防针"。在孩子每一次尝试之前，不要让孩子害怕失败，让他更加努力地去尝试。这样孩子在做好充足的准备后，就不会因为失败而出现不良心理状态了。

> 去尝试、去追逐，你会发现截然不同的新天地。

让孩子走出舒适区

什么是舒适区？

这可能是很多家长的疑问。实际上舒适区是一种心理学上的概念，它指的是一个人的习惯性行为。我们待在一个自己感觉到安全和熟悉的氛围中的时候，会有十分松弛的状态，这就是我们习惯的模式，也是过去一直所处的模式。就好像我们一回到家就可以立马放松下来，这是因为我们对家的环境是最熟悉，而一旦冲出了自己的舒适区，我们就变得不习惯和慌张。

比如在我们小时候，第一次学英语，因为不了解，就会感觉忐忑不安，也会有一点点的小激动，这就是对于这种未知而形成的心理状态。但是当我们慢慢学习和适应了这种语言环境的时候，就会觉得其实也没有什么了不起的，不明白自己当时为什么会感到不安。这其实就是走出自己的舒适区的一种表现。随着知识的积累，我们可以阅读一些外文图书，或者可以看外语电影的时候，我们就会对这种外语环境感到安心，这样，这种外语环境也就成了我们新的舒适区。因此，也有人说，人的一生就是不断地走出自己的舒适区的过程。

相比于大人，其实孩子可以很快适应走出舒适区。这是因为在幼儿时期，孩子对外界事物充满了好奇，他们想探寻世界的热情非常高。

不过在带领孩子走出舒适区的时候，也要考虑孩子的个性。性格不同，每个人的舒适区是不一样的。对于性格内向的孩子来说，他们害羞，就不太想接触没有接触过的东西，他们的舒适区比较小；对于性格外向的孩子来说，他们愿意与人交往，他们的舒适区比较大。

所以，家长要鼓励自己的孩子在好奇心的驱动下去发现和探寻一些他们感兴趣的东西，即使有时候孩子只是对某些事物表现出一会儿的热度，家长也不要打压孩子的积极性，因为这并不是什么不好的事情。

在孩子越不确定、越不积极的时候，家长就越应鼓励他们尝试新事物。如果我们现在不让孩子去尝试，他们的视野和想法就会变得有限，无法取得成功或失败，无法获得信心和积累一些有用的知识。

有一些家长对待孩子的时候，会站在一个高度，希望通过自己的指引让孩子少走弯路。这些家长认为将孩子留在舒适区是安全、聪明的做法。事实上，这种做法束缚了孩子飞翔的翅膀，剥夺了他们探索世界的权利，也禁锢了他们认识世界的可能性。

这样的指引，会使孩子的创新受到打压和指责，浇灭孩子的热情，让孩子不太敢去尝试一些新鲜的东西，也不愿意走出自己的舒适区，他们的生活会越来越无聊，持续发展和创造性也会降低。

因此，家长不要扼杀孩子想要尝试新鲜事物的念头，而是要鼓励孩子去尝试发现新鲜有趣的事情。

因此我们发现，教育孩子要避免运用暴力手法。在任何事情上，都要考虑到孩子的感受，尊重孩子的想法和创造，保护他们探索世界的热情。在孩子犯错的时候，也要积极正面地引导。这种度的把握非常考验家长，对于家长们来说，也是一个摸索学习，和孩子一起成长的过程。

1. 鼓励孩子多尝试

点 评 新事物常常是许多家长，特别是母亲眼中的威胁和焦虑。在他们眼里，自己的孩子永远不会长大。当一个孩子看到一朵带刺的玫瑰时，他想去触摸它，我们首先要考虑的不是玫瑰有刺会伤害孩子，而是要轻轻地握住孩子的手，让孩子亲自感受一下。只有不断鼓励孩子们尝试，他们才会变得大胆、积极，愿意面对未知。

2. 给孩子创造尝试的机会

点 评 主动带孩子去从未去过的地方玩，带孩子去体验新鲜的游戏或和别的小孩子一起玩耍……都是新的尝试。这样不仅可以让孩子扩大思考能力，感受生活的乐趣，还可以体验如何克服困难，突破自己的舒适区，这是他们生活中的一个重要变化。

3. 告诉孩子失败不可怕

点 评 就像前面讲的一样，失败并不可怕，因此要鼓励孩子探索尝试。但是在鼓励孩子的时候，要让孩子知道会有失败的可能，要做好失败的心理准备。

4. 陪孩子一起面对困难

点 评 没成年的孩子都是非常没有安全感的，他们去尝试新鲜事物的时候没有父母陪伴在一旁，会非常害怕，会产生对下一次尝试的抗拒。因此，家长在让孩子尝试新鲜事物的时候，要陪伴在孩子的身边，以便在孩子遇到困难的时候及时伸出援手。当看到孩子有做的好的地方，家长也要对孩子赞许，给他们继续尝试的动力。

> 每个人最好的朋友都是自己，只有学会跟自己做朋友，才会更加认可自己。

让孩子正确认识自己

学会赞许孩子，让孩子和自己做朋友，这并不是说要让孩子学着自恋，而是让孩子认同自己、接纳自己、真正地爱自己。做到这一点，就需要家长在日常生活中慢慢培养孩子的自信心，让孩子远离自卑。

小华平时非常胆小，对自己不太有自信，也不喜欢结交新的朋友。暑假到了，小华的父母决定让小华从真正了解他自己开始改善。每当小华能主动和小朋友说话的时候，小华的妈妈都会及时地夸赞小华勇敢，鼓励小华邀请同学来自己家里做客，并且不断鼓励小华参加户外活动，帮助他认识新的朋友。就这样过了一个暑假，新学期开学的第一天，小华会主动和同学打招呼，和朋友分享开心的事情，老师也夸奖小华变得开朗大方了。

在父母眼里，每个孩子都很漂亮，但是有时候孩子却对自己没有强烈的认同感。他们擅长发觉其他朋友的优点，可是谈论到自己的时候，往往会觉得这个不如人、那个做得还远远不够。

孩子的这种行为，不是谦虚的表现，而是自卑、没有认同感的体现。当孩子出现这种现象的时候，就是父母的教育出现了问题。

家长对孩子的赞许，是孩子成长道路上的动力，因为孩子得到了认可，就会自信积极。所以家长要及时给予孩子认可，不要打压他们的积极性。多赞扬自己的孩子，孩子就会信心十足，这也是给孩子自我认同的一种暗示。这样孩子才会渐渐拥有完好的品格。

有的时候，家长对孩子的管教严格一些，是希望孩子能够听话懂事，不给他人带来不必要的麻烦。但是，从孩子的角度来考虑，他也希望能听到父母的表扬和称赞。但家长应看到孩子的缺点，不能对其缺点视而不见，同时也需要发掘孩子的闪光点。只有客观全面地认识孩子，并对孩子进行引导，孩子才会全面地认识自己，接纳自己，继而加强自己的认同感。孩子需要去正确地认识自己，看到自己的优点，这样他才会更加自信。

多给孩子信任才是正确的培养方式。

让孩子自信

让孩子变得自信，是一件比孩子考试得满分更重要的事情。考试并不是评判孩子是否会成功的唯一标准，因此家长不能过分注重学习成绩。从孩子的角度出发，每次考试都得满分的学霸，也并不一定是自信的人。所以，家长要把注意力从孩子的分数慢慢转移到培养孩子的自信心这方面来。

美国曾经有一位著名的心理学家做了这样一个试验。他来到小学，做了一些研究，然后写信告诉老师名单上的孩子是未来最有前途的人。老师们相信了心理学家的研究，并且把这个结果告诉了名单上的孩子。几个月后，名单上的孩子都取得了很大的进步。实际上这个名单上的人是心理学家随机选择的。但正是因为这种潜意识的自信，让孩子变得更加积极向上。

因此，尊重自己的孩子，就要把他看成和自己同等地位的人来对待，不能觉得自己是长辈就高高在上，要和孩子平等沟通，对孩子的美好期待要用正确的、积极的话语表现出来，让他感受到信任。

1. 不要过度批评

点评 过度批评孩子并不一定会让孩子变得谦虚，反而会打击孩子的自信心，让孩子背负很大的压力。因此，当孩子犯错的时候，要冷静面对，帮助孩子找到犯错的原因和补救措施。

2. 让孩子得到更多的信任感

点评 信任可以改变一个人，只有得到信任，孩子才能学会认同自己和别人。每个孩子一开始都有一颗积极向上的心，都想以积极向上的态度去面对困难，但家长的不信任会让孩子逐渐失去自信。

3. 要学会放手

点评 在成长的道路上，家长不可能一直陪伴孩子。当孩子已经有了自我意识，他就会想通过自己独立完成一件事情来体现自己的价值，这也能让孩子更加认同自己，增强自信心。因此家长要给孩子足够的空间和信任，让孩子自己在创造的过程中感受到自我的认同，帮助孩子体验人生的成就，而不是过多介入孩子的事情。如果家长替代孩子做很多事情，就会削弱孩子的独立性，也会让孩子失去对事情的兴趣，没法获得深刻的自我认知。

第 4 章

正确的爱才能指引孩子

光爱还不够，必须善于爱。

——克鲁普斯卡娅

> 让孩子变成一个优秀的人，这只是追求幸福路上的一种方式。

注重孩子的幸福感

每一个人活在这个世界最终追求的就两个字：幸福。就像大文豪契诃夫所说，每一个人都在为了幸福出生，为了幸福奋斗，为了幸福死亡，永远不要让痛苦和我们的生活沾上边。

现在很多家长做得非常好的一点是，他们意识到了孩子早期教育的重要性。于是，他们开始为孩子忙前忙后，给孩子报各种兴趣班，为孩子选定大学专业，为他们制定好人生的路线。

但是，家长在做这些的时候，肯定没有思考过是否远离了教育的目的。

学习知识是孩子成长道路上非常重要的一部分，但是，占据孩子的幸福快乐生活来学习，则剥夺了孩子追求幸福的权利。孩子如果只知道学习，根本体会不到幸福的滋味，也不是一个会感悟生活的人，那么他的生活一定是无趣的。

小乐是一个13岁的小女孩，一直由妈妈照顾着，爸爸在外地上班，也不经常回家，由于工作太忙也不怎么关心小乐。小乐的妈妈对小乐要求非常严格，规定她每次考试成绩必须要位列班级前三名。小乐觉得自己每时每刻都活在妈妈的严格要求下，当自己做得不好的时候，妈妈会十分不高兴。小乐并没有自由感，当她感受到这些的时候，她觉得她没有办法解决这些问题，只能选择自残。小乐在接受心理医生的治疗后，妈妈才了解到孩子内心的痛苦。

家长要明白，让孩子变成一个优秀的人，这只是追求幸福路上的一种方式。在教育的过程中，不能本末倒置，不要把这种方式当作最后的人生目标。如果只是为了学习而学习，那这样的人生也太枯燥乏味了。要是父母对孩子的教育只是学习了多少知识，就会影响孩子童年的幸福感，这不仅会让做家长的付出没有收获，也会让孩子过得不快乐。

孩子学习知识，是他获得智慧的起点。但是，如果按照有些父母的要求，一直学习知识，不断地填充，这会让孩子对学习产生厌烦和抗拒的心理，孩子就会学也学不好，玩也玩不好，这就背离了父母的初衷。其实，和学习知识相比，孩子生活幸福、身体健康才是最重要的，也是发展其他一切技能的基础。要是父母没能意识到这一点的话，也不可能领悟到教育的目的了。

> 对于家长来说，什么是无条件的爱？什么
> 是孩子需要的爱？

虚伪无意义的爱

在现代社会，大众化的高等教育不仅强调孩子追求自由的权利，更强调对孩子没有条件限制的爱。

可是对于家长来说，什么是无条件的爱？

在很多时候，人们都认为自己感受到东西是正确的，认为爱是一种自己的那种感觉。当这种爱在我们心中出现的时候，我们会做些什么来表达它。我们认为我们出于爱做的所有事情都是为了别人好的，都是在表达自己的爱意的。

事实上，我们在爱的感觉的指引下为所爱的人做的事情，往往并不能为一个人带来好处。很多时候，有的爱是被用大脑想象出来的。

内心想要爱别人的时候，却不知道怎么通过行动表达，也没有通过正确的方法去寻找正确表达爱的方式，那么大脑就会编制一种爱的方式，当需要的时候就把这种方式刻意表达出来。

丽云忙碌了一天，拖着疲惫的身体回到家中。虽然她很想休息，可是她的丈夫也非常疲惫，并没有办法给她足够的爱的支撑，所以她无法得到来自家人的温暖、关爱和拥抱，没办法得到爱的能量。她觉得不能让孩子也被她这种情绪感染，而且为了弥补上班没有陪伴孩子的缺憾，丽云决定花几十分钟陪伴孩子，弥补对孩子缺失的爱。

因此，在丽云走到家门口的时候，她会重新整理自己的情绪，隐藏自己的疲惫和厌倦，微笑着面对家里的孩子。在看到孩子的时候，她的内心满是爱，抱一抱亲一亲，陪孩子一起玩耍……在陪伴孩子玩耍的过程中，丽云还觉得自己这种爱孩子的举动非常棒，能够很快地调整状态和自己的孩子玩耍，而且孩子因为有了自己的陪伴显得格外高兴，也会主动和自己交流。

当丽云感觉已经尽完自己责任的时候，她会告诉孩子应该去自己玩耍，因为妈妈要去工作了，等工作完成了，就能继续陪伴孩子了。

可是对于这种状态，孩子会感到难受和悲伤。这种不满和不快乐的情绪在孩子的心中慢慢累积，只要和妈妈在一起，就会找到机会释放自己的情绪，不想自己一个人玩耍，只想等待妈妈回来和妈妈一起玩耍。

其实，在这个妈妈和孩子的关系中，妈妈才是需要被爱的那一方。这位妈妈在用自己以为的爱来填满自己内心的愧疚感，通过陪伴孩子来让自己变得安心，当她得到满足的时候，就会迅速结束这种爱的表达。

可是这种爱根本不是孩子需要的。但是，总是会有出于以下心理使用这种爱的父母：

1. 觉得很忙或者很少和孩子在一起的家长

点 评 这些家长认为他们没有花足够的时间和孩子在一起，因感到内疚而试图补偿孩子。

2. 表里不一的家长

点 评 这些家长知道自己身上有着很多不好的习惯，但又不想这些不好的习惯被孩子看见。虽然这个家长在别人的眼中是温柔善良、善解人意的，但是他真正的性格可能就是蛮横、粗鲁、不讲理。当然，家长是不会让自己的孩子看到这一面的，所以就会表现成一个关爱孩子的温柔样子，就像《蜡笔小新》中的妮妮妈妈一样。

3. 设人设的家长

点 评 还有一种妈妈把自己定位成可爱、迷人的、受人欢迎的柔弱女孩。她总是完美地塑造出一个好妈妈的形象。对于她来说，孩子是这出戏剧的配角，帮助她塑造一个好妈妈的形象。实际上不仅仅是妈妈，有的时候有些爸爸也会这样。这样的家长通常认识不到或害怕自己的一些习惯。于是，他们用一个设定好的形象来躲避这种恐惧感，认为这样可以很好地表达自己对孩子的爱。但本质上这并不是对孩子的爱，因为孩子从这些模式化的爱中也不能感受到力量，得不到心灵的慰藉，也得不到精神的鼓励，所以变得心性不定。

> 对于焦虑型的家长来说，与其说孩子需要他，不如说他需要孩子。

焦虑的爱

有一种家长在自己年轻的时候，是被宠坏的；或者自己的家庭处于一个糟糕的状态，长大后，他们的心中，希望有人能为自己抵抗一切，保护自己。这种渴望被保护的想法，使他们转化成保护孩子的行动，给予孩子他们无法得到的爱，把自己过度需要孩子误解成孩子过度需要自己，他们还会认为孩子会面临着很多潜在的不顺。

　　小敏因为从小没有获得足够的爱，因此过分关注自己的孩子。面对孩子的时候，她的眼睛就会流露出极大的关怀和怜悯，只要她和孩子在一起，她就有一种非常舒服和快乐的感觉。对于她来说，只要把孩子抱在怀里，她就不再需要任何东西了。

　　小敏其实是用孩子来给自己力量。有些家长利用孩子的一些特质满足自己的内心需求，却没能给到孩子需要的爱。他们只关心孩子给她的安慰，却不考虑如何帮助孩子，如何为孩子的发展做出贡献。

　　在这种状态下成长的孩子，是不会在意到底是谁在抱着他，也不会在意外界会不会有其他东西。因为孩子自己处于一个非常安逸的环境，所以他们不会保持着好奇心发现新鲜事物，也不会想着和别的小朋友玩耍。

　　等这样的孩子长到 2 岁时，我们就会发现，这个孩子好像一直都是一个人，他表现出来的行为与自闭症的症状有些相同。比如，不愿意和别的小朋友说话、不愿意接触新鲜的事物、不愿意加入群体游戏、分辨不清自己的父母到底是谁、没有理由地一直重复相同的动作等。

　　到了 3 岁语言能力逐渐完善的阶段，这个孩子经常自言自语。这样的孩子和自闭症儿童的区别在于，他不是像自闭症儿童那样重复别人说过的话，而是自己跟自己说话。在行为方面，他对物品的感知力非常滞后，等到有人刺激他，他表现出的反应仅仅是一个 9 个月大的婴儿的表现。平时他会发呆，一直望向某一处，不知道他有没有在思考问题，要是没有人打断，他可以一直望下去的。

这个孩子一开始和其他孩子一样，可是由于父母不正确的爱而受到了限制。很难想象将来这个孩子的智力和生存能力会达到正常发育孩子的水平。

用孩子去补充自己的爱的能力对孩子是极其不利的。当家长把自己的软弱传递给孩子时，孩子也会感到无力，于是孩子不想离开家长身边，拒绝独立。这就无形中限制了孩子的发展，使孩子过度地依赖家长。

这种焦虑型的家长在日常生活中会时不时地焦虑，当他们有了孩子时，焦虑的源头就会转移到孩子身上。他们经常在与孩子有关的事情上寻找不安，并不断要求他人和孩子达到他们想要达到的某些状态，以减轻他们内心的恐惧。一切与孩子有关的事情他们都不放心，只要他们离

开自己的孩子，就会担心和恐慌。一见到孩子，就迫不及待地问孩子是否被人欺负。可能孩子因为一些不重要的事情哭过，家长就立即无缘无故地问孩子你是否被殴打或恐吓。他说了所有的可能性。这种每天重复伤害可能性的做法，等于下意识地让孩子去寻找伤害，这对孩子的伤害是非常大的。这种焦虑会萌发在孩子的潜意识里，也会在未来的工作和生活中给孩子造成不安。

这些行为的结果，会让孩子成为精神创伤的狂热分子，变得容易受伤。当他们将来受到一点伤害时，他们便会愤世嫉俗，认为社会对他不公平。他们会寻找那些想伤害自己的人。如果有人经过并触摸他们，或者有人打了他们，他们会认为有人在伤害他们，然后感到悲伤和愤怒。因为他们把自己当成了受害者，他们和幸福生活几乎毫无关系。

> 爱本身是一种行动，它来源于对孩子的理解和对孩子的有效帮助。

过度的溺爱

孩子们需要的是我们的真爱。

但爱本身不是一种情感，而是一种行动。它来源于对孩子的理解和对孩子的有效帮助。因此作为家长，要学会恰当地爱孩子。

鸿鸿的妈妈在 38 岁时才生下鸿鸿，所以，一家人都非常宠爱鸿鸿。鸿鸿已经 5 岁了，吃饭还需要爷爷奶奶喂，穿衣服、穿鞋子这些本应该自己完成的事情，鸿鸿都不能自己做，爸爸妈妈都帮鸿鸿做好，他们觉得小孩子什么都不知道，要是弄错了还浪费时间，不如大人来帮他完成。

鸿鸿在家养成了"小少爷"的作风，所以，到了幼儿园非常不适应，饭不会自己吃，鞋也不会自己穿，只能哭闹发脾气……

这样的家长看起来是真心地疼爱孩子，至少表面来看，比之前虚伪的爱孩子的家长要真心很多。可是这样过度地溺爱，对孩子而言也是一种伤害。

这样的家长对爱的认知是模糊不清的，他们想把孩子当成上帝，把爱理想化了。认为孩子是整个家庭的中心，只有无条件地爱才能让孩子幸福快乐。所以，孩子提出任何要求他们都会无条件满足，并且把自己的孩子当作小皇帝一样在照顾，无微不至甚至还有些卑微，唯恐惹得孩子不开心。

这种爱一开始就是不平等的，在这种爱里，父母几乎是没有地位的，反而是孩子高高在上，这样对孩子是不好的。一方面，孩子会感受不到父母作为成年人给予他的坚实的力量；另一方面，孩子在跟别人相处时，就会觉得自己是一个"小皇帝"，所有人都得听他的，受不了别的小朋友跟自己平等地说话，这样身边的同学就会慢慢地疏远他，不和他一起玩儿了。

当这些孩子加入团体时，他们也会自然而然地以一种高高在上的姿态和其他人交流。他们很少考虑他人的需要，从不知道如何跟他人平等相处，在生活中要么会变得非常的自大或者不自信，要么任性、不理智，变得极端的残酷和冷漠。

这种类型的爱，会让孩子觉得自己不需要理解别人的感受，所有人都要围绕自己转，最终使孩子变得固执、自私、冷漠。

> 孩子应该在成长道路上经历一些磨难和不顺。

保护过度的爱

有些家长希望为孩子创造一个没有伤害的、纯净的世界。在这个世界里，孩子不必经历命运的坎坷，没有失望，没有悲伤，没有缺陷。对于这些家长来说，爱意味着时时刻刻和孩子在一起。

过度保护孩子的父母很难意识到他们对孩子的保护过了。他们觉得这是一种正常的行为。比如说，孩子骑自行车时害怕他摔跤，孩子参加集体活动时害怕他感染病毒，孩子给陌生人指路时害怕他被人拐跑，孩子找工作也害怕他落入传销的骗局等。

小雨家境殷实，从他出生时起，家里就雇了两个保姆专门照顾他。每当小雨发生什么事时，家长会立马来帮他解决。对于小雨的家长来说，他们不能忍受小雨在成长过程中遇到任何问题和困难，他们不能看到小雨痛苦。只要小雨一哭，无论发生什么事，他们都会立即过来，帮小雨扫除困难，满足小雨的需求。

在家庭中可以这样爱孩子，可是现实社会生活中的种种困难并不会因为爱而消失。等小雨长大之后，就要面对现实的世界。就算家财万贯，也不可能保证小雨一生顺遂没有坎坷，而对于小雨来说，他对于现实的世界所要经历的事情是毫无准备的。孩子应该在成长道路上经历一些磨难，孩子的学习机会，以这种父母的爱的名义，悄无声息地偷走。

随着孩子慢慢长大，他们就会无视家长的权威，只是把家庭当作背后的一棵大树。久而久之，孩子们会表现出对外界缺乏信任和自信。当他们回家的时候，他们想做一些在外面做不到的事情。这样的孩子，很有依赖性，很容易放弃做事，缺乏信任，隐瞒自己的问题，经常自大自夸或忽视他人。

> 适当地放手，让孩子去面对、去飞翔，
> 这才是家长的爱。

家长需要适时放手

德国的孩子成熟很早，小时候就开始独立。贵族家庭会理所应当地将自己的孩子送往其他贵族家庭生活磨炼，在这个过程中，孩子们学会了坚强勇敢、独立做事。由此可知，古往今来，孩子的独立品格就被广泛重视，每个国家都十分注意对孩子独立品格的培养。

家长应适时放手，给孩子广阔的天空，让他们自己去探索、追求，不断地提高自己的能力，培养独立自主的品格，这是一种很好的方式。

家是孩子永远的避风港，于是当孩子遇到挫折，自然而然地会寻求家长的帮助。但是这也就造成了孩子过度依赖家长的问题，他们无法真正地承担起责任、反思错误，而一直活在家长的庇护里。

这种孩子往往存在一定的心理障碍，无论是生活中还是情绪上，很容易受到别人的影响，跟着别人的想法走，因为他们无法相信自己的判断与能力，依靠别人的支配而行动。

这种心理状态，本质上是因为对别人的过分依赖，对别人情绪的过分依赖，如果失去了依赖的支点，那么他们会很快陷入崩溃状态，对生活充满绝望。

其实，只有养成独立思考的习惯，不依赖别人而独立成长，按照自己的意志出发，相信自己是正确的，不畏惧、不退缩，才能真正达成远大目标，成为一个有作为的人。慢慢地，孩子也长大到能独立完成之前做不到的事情，家长会为此感到由衷的骄傲。

家长要注意，在对孩子的日常陪伴中，是否有过这种情况：即便明白孩子应该独立完成很多任务，但因为放心不下，自己心里却总想干预，长期以往，孩子会一直在家长铺设的道路上行驶，而忘记了自己的真实想法。

家长给予的过分帮助会让孩子感觉到自己的能力不足，没有生活办事经验。就算这样的孩子外表看起来不错，内心却自卑、脆弱，也失去了应有的能力。总有一天他们会离开家长的庇佑，那时他们会感到更加孤独和失落，从而一蹶不振，干不成大事。

人生是自己的，任何人都无法替代。

不要过分参与孩子成长

有一个单亲母亲，独自带着孩子生活，对孩子有求必应。孩子 4 岁时，这位母亲还依旧喂孩子吃饭，帮助孩子穿衣服。几年后，这个孩子依旧不能独立应对这些事情。

有人看到这位母亲的行为，好心提醒她应该给孩子留下独立空间，让他学会自己掌握生活技能，以后才能更好地生活。可是这位母亲却说："我为我的儿子做这些事情是理所应当的。"

家长对孩子的爱是最无私、最真挚的，但是家长也给孩子的关爱要适度，不能过分地输出，这是一项技巧行为。

独立自主的性格是需要从小培养的，家长应该放手让孩子去做，不断地鼓励他们，让他们知道他们已经长大，应该独当一面，而不是一直依靠家长的庇佑。遇到问题、挫折应第一时间自己想办法解决，而不是躲在家长后面。同时还应该鼓励孩子多参加一些劳动，掌握一些生活技能。慢慢地，孩子就会增强自信，减少对家长的依赖度，培养出坚忍不拔、敢于担当的优良品格。但是如果孩子从小就生活在家长的庇佑下，习惯了躲避和依赖，那么慢慢地他们也就失去了独立自主的能力，无法走出去广泛社交，沉溺在狭小的港湾而不自知，最终丧失对生活的追求和兴趣。

1. 让孩子养成独立自主的习惯

点评 孩子年纪尚小，习惯依赖家人情有可原。但是如果想让孩子成为一个有理想、有作为的人，那么就必须让孩子养成独立自主的性格。在生活教育中，家长应该有意地减少对孩子的干涉，让他们依照自己的想法去做事，不要控制孩子的思想行为，而是在他们遇到挫折时给予鼓励。拥有独立的卧室，也是培养独立性格的一个好办法。

2. 鼓励孩子积极进取

点评 积极进取是一项良好品格。只有不断进取的人，才会对自己提出更高的要求，激励自己不断完善自我，不断超越自我，从而成就一个更好的自己。家长可以通过给孩子讲名人故事，观看英雄电影等方式，给他们树立榜样，让他们在榜样的激励下进步。

3. 培养孩子心理上的独立

点 评 随着年龄的增长，孩子也在慢慢长大。他们不再幼稚，变得成熟有担当，退去满身的戾气，言谈举止更加得体，从依赖别人逐渐变得信赖自己，能控制住自己的情绪；在遇到挫折时能冷静分析、合理解决，不再畏惧困难，学会站在别人的立场思考问题，更加贴近社会、走进社会，适应当下的环境。

第 5 章

警惕孩子的负面情绪

让生命自然成长，是一种自然的生命成长状态，是孩子在出生后对生命自然的理解。

> 孩子本不该被一件事情控制，他有很多机会要与外界抗争。

"造反精神"的孩子

在孩子长到 2~3 岁的时候，就会出现第一个叛逆期。这个叛逆期也被称为"宝宝叛逆期"；在 7~9 岁左右，则来到人生的第二个叛逆期，称为"儿童叛逆期"；在 12~18 岁，是人生的第三个叛逆期，这是大家最熟知的"青春叛逆期"。

小雨的父母都是老师，"知书达理、懂礼貌、聪明"是小雨日常受到的赞赏。小雨上了学后表现非常好，喜欢提问、爱思考、所有活动都会参加。但是最近老师发现小雨有点变化：像平时的阅读活动，明明时间到了他还是坐着一动不动，天天和老师唱反调……这样的情况持续一段时间了，虽然班级也有一些类似的学生，但是小雨的情况更明显。

前两个叛逆期的孩子以自我为中心，常用一些夸张行为引起别人的注意，以做对抗性为乐。这个时候的孩子突然觉得自己长大了，像个大人了，所以什么事情都喜欢亲力亲为，不喜欢别人帮助他。

> 2~3 岁的孩子经常会做出一些让家长崩溃的事情。

宝宝叛逆期

2~3 岁的孩子经常会做出一些让家长崩溃的事情，如穿衣服的时候发脾气、说谎，还学会了顶嘴。即使是一再提醒和引导，有些行为还是会出现。比如，丢东西、撕东西。这是因为 2 岁左右的孩子会出现第一次叛逆期，也就是第一个反抗期，这个时间会持续半年甚至一两年，是每个孩子都要经历的一个阶段。

这个阶段的主要特征有：有了自己的思想，开始有小秘密，会产生强烈的好奇心，会去尝试自己做一些事情。这个时候他们不希望受到家长的干涉，想有自己的自由空间和时间，如果被家长打扰就会闹脾气。如果孩子有这种情况，就是他们在用自己的行动告诉家长"我有自己的想法，不用你们教"。这就是家长在不尊重孩子的时候受到的反击。

在孩子 1 岁之前会认为和妈妈是一体的，1 岁以后就开始有了自主意识，就会明白自己并不是妈妈的附属品，而是一个独立个体。孩子会出现两种心理状态：第一种是焦虑，发现自己其实是一个独立的个体的时候就会慌，认为妈妈可能会随时离开，所以这个时候孩子是非常黏人的；第二种是自豪，成长中的孩子开始去探索附近的环境，开始学习走路，接触新鲜事物。这个阶段最担心的就是家长了，孩子还没有自我判断能力，所以需要家长随时跟着。

其实这对于孩子来说都是正常的，每个年龄段都会出现一些不同的特征，并且每个孩子的情况也会不一样。就像孩子扔东西，其实就是在锻炼手臂的力量，但是没有判断意识的孩子分不清什么可以扔，什么不能扔。而家长对这种情况可以用专门的训练方法，这样既可以不让孩子捣乱，也能锻炼孩子的思维：想要扔东西就把家里的小玩具、小零食放一个篮子里，让孩子扔到篮子中做分类，在这个过程中耐心地引导孩子什么东西可以扔着玩，什么东西是贵重的、不能扔的。

孩子经常会莫名其妙地闹脾气，其实是在发泄自己的不满，就是我们常说的对事不对人。家长不用急着去哄孩子或者阻止他们的这种行为，当然也不要去责骂或者惩罚，可以试着去和孩子沟通，弄清是什么原因造成的，该怎么去解决。等他们把情绪发泄完了，开始说话的时候，就是解决问题的时候了。不要让孩子感觉到挫败感，家长在无形中引导孩子的处事方式，这对他们来说非常重要；也能让孩子在成长的过程中感受到包容和理解的重要性。

　　比如孩子在哭闹、摔东西的时候，妈妈或者爸爸可以把东西先放在一边，坐下来告诉孩子："做一件事，结果虽然很重要，但是过程更重要，要享受中间的过程，即使做不好后面还能再去尝试，但是不要轻易放弃。"也要强调"爸妈看到你为了自己喜欢的事情这么用心地去做很开心，认真努力的孩子才是最好的"。但是有些家长可能不这么想，觉得孩子能明白这些道理吗？孩子们的理解能力可不比成年人的差，只是因为见识和经验比较少，持续一段时间这种教育方式就会发现，孩子什么都能懂。这个过程就需要家长耐心并且语气温柔地跟孩子聊天，以朋友的身份让孩子愿意从心理接纳、承认你这个做法，让孩子愿意把自己内心真实的想法跟你分享。

　　随着年龄的增加，孩子会开始慢慢知道什么事情是自己喜欢的、想做的，什么事情是别人安排的，但是自己不喜欢。对于别人的安排他们就会用明确的态度来拒绝，试图让家长明白他们并不喜欢，不愿意去做。时间久了就会和家长的思想背道而驰，就会出现上面说的反抗期。

　　年龄的增加让孩子的体力也开始变大，对周围的生活环境也感兴趣了，身体也出现了明显的变化，比如孩子在 1 岁的时候吃饭还需要家长喂，但是到 2 岁左右的时候就会自己尝试着去吃饭，但是因为力度和技巧都没有掌握就会出现狼狈的一幕。这个时候如果家长依然用以前的那种方式来对孩子，小孩子就会用反抗的方式来拒绝家长的行为。各位家长要清楚地知道，教育和引导孩子是需要和孩子一起学习成长的，这样才可以跟得上孩子的脚步。虽然与婴儿时期相比孩子有了自己的思想，但是还不全面，对任何事情还没有完全的认知，比如控制不了自己的情绪，有不满意就会直接发泄出来，哭闹、扔东西，甚至有些孩子会有打人等行为。而不了解的家长可能觉得孩子的这些行为就是这个年龄段的调皮，其实也是成长过程中的一部分，但是由于孩子不知道出现这种情况应该怎么样去和家长沟通，提出自己的问题，所以只会通过这种方式来表达。

幼儿时期的孩子都需要家长的照顾和耐心教导，基本上所有的孩子在这个阶段对家长都是非常依赖的，但是在上了幼儿园以后有了自己的交际圈子，学习了新的知识，就会向往大人的世界，渴望着自己有自由的时间和空间，并且会去尝试新的事物，但是由于遭受到家长各方面的阻碍，会让其出现反抗情绪。如果家长能站在孩子的角度去考虑，理解孩子的想法，以更宽容的方式去解决，那么孩子就会慢慢地转变自己的态度。但是如果家长只是一味地要求和强加，使孩子的自尊心受到伤害，那么孩子只能以更严重的拒绝方式来还击。幼时的教育方式会给孩子留下一生的影响，如果只有打击和拒绝，那么孩子的内心就会被封闭，长大了也会出现严重的心理疾病。

任何一个叛逆期都不应该"一刀切"地
来面对，需要家长的引导和交流沟通。

儿童叛逆期

有一些孩子在 7 岁左右就会迎来第二次叛逆期，但是也有一些孩子可能会直接进入青春叛逆期，也有的孩子会压抑控制自己，没进入叛逆期。

这个世界上任何一个人都是唯一的，不管是多么相似的两个人都有属于自己的性格，但是孩子们有一个共同的愿望，那就是快点长大。

孩子在这个阶段，尝试的新事物会更多，出现的错误就更不用说了，他们开始为自己辩解，知道自己错了也能主动认错了。但是这个年龄段的孩子对家长的教导基本上是左耳朵进右耳朵出，常犯同一种错误是很正常的，所以家长在两三次以后就没有耐心了，会有责备或者惩罚的行为，认为孩子是故意的。其实家长可以站在孩子的角度想一下，因为只有相互谅解，才能更好地沟通。

当孩子处在反抗期时，提出来的所有拒绝行为或者拒绝话语，就说明孩子并不满意这样的安排或者这个事情。这时候家长就要反省自己，是不是经常有这种情况出现，要学会让孩子自己思考，有独立的空间。

而这时候家长也不要沮丧，觉得孩子不需要我了，恰恰相反，家长应该为孩子有这样的举动而开心。可以尝试让孩子在你能看见的地方去做一些事情，不管是否有危险，只要家长做好保障工作，就不用特别担心；也不要因为自己担心就去阻止孩子，尝试过几次以后就会有经验了。但前提一定是孩子在做的时候家长要注意观察，让他待在你可以看得见的地方。

比起成长快速的孩子，更让人担心的其实应该是那些没有任何反抗的孩子。有些家长不管孩子几岁了，总觉得孩子没有长大，做任何事都不放心，所有的事情都是家长替他们做，这样就会导致孩子没有自主意识，对新鲜事物出现恐惧心理，就像是一副没有思想的躯壳，这就是从小家长对孩子干涉太多的结果。

在 7~9 岁这个阶段，家长们需要多注意两个方面：注重与孩子的情感交流；注意言传身教。

1. 专心倾听

点评　如果孩子与你分享他非常感兴趣的一些事情，家长需要专心地倾听，不要一边做自己的事情一边心不在焉地，敷衍孩子。如果家长在那个时候有不得不去做的事情，则需要跟孩子说清楚，并在有空的时候主动找孩子聊天。

2. 不着急反驳

点 评 在与孩子的意见发生分歧的时候，不要急着反驳孩子，专心地听完孩子说的话，委婉地跟孩子提出自己的意见，分析原因，告诉孩子为什么要反对他的意见，而不应该一味地对孩子进行说教。要知道，在我们小的时候，也很反感这种说教行为。

3. 尊重孩子

点 评 这个问题是老生常谈。我们都知道尊重是相互的，想要得到孩子的尊重，自然也需要尊重孩子。与孩子交流时，我们需要用尊重的态度。以长辈的身份来教训孩子，只会引起孩子的逆反心理，会起到反作用。

4．正确认识孩子的成长

点 评 家长需要正确认识孩子独立意识的提升以及认知能力的增强，可以给孩子指出他身上的稚嫩性、依赖心及在认知上面的单薄，并且帮助孩子明确地认识自己在这个年龄段的心态及状态的特点。

5. 让孩子参与家庭事件

点 评 让孩子参与家庭事件，表达自己的意见。当孩子的意见与家长的意见出现分歧，家长也要倾听孩子为什么会提出这样的意见，如果有问题可以跟孩子讨论他的意见有什么不足之处，这样不仅能让孩子在家庭中有存在感，而且家庭成员的关系会更好。

　　家长在生活中的行为会影响

到孩子，所以家长也要约束自己的行为。

1. 以身作则，为孩子树立榜样。

2. 孩子独立做事时，给孩子足够的发挥空间。

3. 让孩子拥有隐私权，给孩子一个存放自己隐私的空间，多理解孩子。

后记
关于中国儿童素质早教工程

2001年，我们开始组建"中国儿童素质早教工程"。迄今为止，"早教工程"已经出版多套图书，并且为家长们提供了线上线下联动的一整套育儿方案。

20年来，国内育儿领域顶级专家们将自己多年的经验和科学育儿知识进行了系统的总结，在百忙中笔耕不辍，为"早教工程"的发展搭建和内容的编写奉献了大量的时间和精力。在他们的指导下，"早教工程"现在已经形成了全国完整和权威的全程育儿记录、监测、呵护和指导体系。

在"早教工程"的组建和发展过程中，我们得到了原中国关心下一代工作委员会专家委员会严仁英主任、中国优生优育协会秦新华会长、北京师范大学林崇德教授等众多专家的关心和支持，在此深表感谢。同时还要感谢早教网——佩拉早教的大力支持和全体专家的辛勤工作，使得工程图书得以陆续出版。

中国儿童素质早教工程

关于佩拉早教

佩拉早教——早教网旗下品牌。成立二十多年的早教网是国内最早的专业育儿网站之一，同时也是"中国儿童素质早教工程"的重要组成部分，现阶段主要是通过佩拉早教新媒体平台，用更加有效的方式解决用户育儿过程中的难题，并为家长和幼教机构科学、系统、个性化的育儿计划提供开放的、一揽子式的参考和专业的指导。

从网站创立初期，我们就得到了国内众多的权威知名的儿科、妇产科、脑生理、心理、行为、营养、保健、学前教育学等多学科专家组的支持，他们大多都参与了网站的内容策划搭建工作以及工程的组建工作，除了参编审阅网站和工程内容之外，有的专家还担任了一本或者多本"早教工程"系列图书的主编。

作为二十年资质的母婴早教平台，早教网 —— 佩拉早教拥有：

顶级专家 拥有国内实力最雄厚的专家团队，目前有知名专家四十多名，均来自国内知名的儿科、妇产科、脑科学、心理行为、营养、保健、学前教育学等学科，在业界享有深远的影响力。

内容权威 网站和新媒体平台有十几个频道、数十个栏目、上万篇的专业文章,这些内容均来自早教网专家组专家的权威著作,从孕前准备、孕期呵护、胎教到婴幼儿的智力开发、营养、保健和心智培养等多方面,给准家长和年轻家长们的育儿生活提供全方位、专业的指导。

服务全面 拥有完善的会员服务系统,目前成熟的有:"孩子主页系统""体格发育监测系统""多元智能测查和培养系统""经典5大智能测评系统"和"育儿同步呵护系统"。

多维互动 人性化的家长网络社区、权威专家的在线咨询、免费同步指导的早教周刊,完整的科学育儿书系、全方位的模特孩子征集、妈咪育儿经验的文字出版、丰富的线下聚会活动等为家长的育儿生活提供全方位的,线上线下的互动交流与分享。

最后,衷心祝愿每个孩子都健康快乐地成长!

佩拉早教

PEiLA

图书在版编目（CIP）数据

儿童8个敏感期教养：全八册/桂圆妈妈组织编写.
－－北京：应急管理出版社，2020
ISBN 978－7－5020－7947－5

Ⅰ.①儿…　Ⅱ.①桂…　Ⅲ.①儿童教育—家庭教育
Ⅳ.①G78

中国版本图书馆CIP数据核字（2020）第019065号

儿童8个敏感期教养（全八册）

组织编写　桂圆妈妈
责任编辑　高红勤
封面设计　小红帆童书

出版发行　应急管理出版社（北京市朝阳区芍药居35号　100029）
电　　话　010－84657898（总编室）　010－84657880（读者服务部）
网　　址　www.cciph.com.cn
印　　刷　河北赛文印刷有限公司
经　　销　全国新华书店

开　　本　710mm×1000mm$^1/_{16}$　**印张**　64　**字数**　640千字
版　　次　2020年9月第1版　2020年9月第1次印刷
社内编号　20192913　　　　　**定价**　128.00元（全八册）

儿童8个敏感期教养

独立性敏感期

桂圆妈妈 组织编写

应急管理出版社

·北 京·

没有什么工作比
教养出生头三年的
婴儿更重要

2002/12/12

严仁英

严仁英

原中国关心下一代工作委员会
专家委员会主任
原世界卫生组织母婴保健
合作中心主任

儿童永远是
人类发展的明天和希望

愿全社会都来
关注伟大的育儿工程！

刘湘云
二〇〇四年

刘湘云

原上海医科大学附属儿科医院院长
中华医学会儿科学会副主任委员

顾问支持 - 早教网
佩拉早教
部分专家顾问（排名不分先后）

丁宗一

原中国医师协会儿童健康专业委员会主任。

鲍秀兰

北京协和医院儿科主任医师，中国协和医科大学儿科教授，兼任中国优生优育协会理事和儿童发育专业委员会主任委员等。

刘湘云

历任上海医科大学儿科教授、博士生导师、附属儿科医院院长、儿科研究所所长。曾任联合国世界卫生组织（WHO）总部妇幼卫生专家委员会委员。

丁 洁

北京大学第一医院原副院长、儿科研究员、博士生导师。

刘泽伦

原中国优生优育协会胎教专业委员会主任，"八五"攻关"胎教"课题主持人。

戴淑凤

北京东方圣童儿童发展研究中心创始人和总策划，北京大学第一医院妇产科教授，中国优生优育协会理事。

区慕洁

中国优生优育协会理事，主讲中央教育台"万婴跟踪"节目中的"成长日记"。

高振敏

原首都儿科研究所生长发育研究室主任医师，与全国12省市同仁合作，先后完成3项智能测验量表。

冯国强

北京大学医学部福康之家科学育儿专家委员会副主任。

丁 辉

北京市妇幼保健院副院长，世界卫生组织妇女健康研究和培训合作中心副主任。

王惠珊

中国疾病预防控制中心妇幼保健中心儿童保健部主任。

王丹华

北京协和医院儿科主任医师、教授、博士生导师。

牛建昭

北京中医药大学教授、主任医师、中西医结合基础专业博士生导师。

王书荃

中央教育科学研究所研究员，中国教育学会儿童教育心理研究分会学习障碍专业委员会副理事长。

单中惠

华东师范大学基础教育改革与发展研究所、教育学系教授，博士生导师。中国教育学会教育史专业委员会副理事长。

张海澄

医学博士，北京大学人民医院心内科主任医师、教授。

吴光驰

首都儿科研究所营养研究室研究员、中国优生科学协会儿童营养专业委员会委员。

邓静云

原南京大学第二临床医学院及儿童保健研究所主任医师兼教授、中华预防医学会儿童保健专业学会常委。

黄建萍

北京大学第一医院儿科主任医师、教授、医学博士，硕士研究生导师。

仇凤琴

原广州市妇婴医院儿科主任医师、广东省优生优育协会专家组成员。

刘 文

北京师范大学心理科学学院博士后、辽宁师范大学教育科学学院教授。

白文佩

医学博士，原北京大学第一医院妇儿医院副主任医师、副教授。

王素梅

北京中医药大学东方医院儿科主任、儿科主任医师兼教授。

赵惠君

上海附属新华医院、上海儿童医学中心副院长。

石效平

中日友好医院儿科主任医师、儿科教授。

金 哲

北京中医药大学东方医院妇科主任、北京市中西医结合学会妇产科专业委员副主任委员。

范 玲

北京妇产医院产科副主任。

秦 炯

北京大学第一医院儿科主任、儿科教授、儿科主任医师。

薛 红

深圳市妇幼保健院原儿保科主任、儿保主任医师。

感谢各位专家对早教网工作的大力支持！
感谢早教网对本套图书的大力支持！
感谢中国儿童素质早教工程的大力支持！

03

感谢王东华教授极力推荐和支持

王东华，男，1963 年 6 月生，安徽芜湖人。中国教育学会家庭教育专业委员会常务理事，《发现母亲文库》总编，华东交通大学母亲教育研究所所长，教授。其研究当代大学生的教育专著《新大学人》（40 万字）为 93 深圳（中国）优秀文稿公开竞价首部成交著作。其致力人类文化启蒙的另一教育专著《发现母亲》（80 万字），1999 年一经推出，即在全社会产生广泛影响。其主编及编著的《我们是这样教育孩子的》《超薄学习》，2001 年及 2003 年分别被选作为全国妇联活动用书。由于其在母亲教育研究及普及方面的突出贡献成绩，2001 年入选《中国青年》"可能影响 21 世纪中国的 100 位青年人物"。20 余年来更是不断行进，社会影响日渐深远。

母亲教育运动的发起人与倡导者，《发现母亲文库》总编。除《发现母亲》《新大学人》外，文库推出的原创、畅销书籍近百种，累计发行近千万册。

母亲教育培训行业的开拓者和典型家教案例的发掘整理者。对全国近千名杰出父母进行了长期跟踪研究，整理出版的国内外经典案例近 50

个，约 200 万字，举办的全国母亲教育研习班数十期，培养出了大批优秀父母。

中国幼儿识字阅读（简称幼读）王氏标准的提出者，即让学前幼儿用约一年的时间学完部编版小学 6 年语文全部 12 册教科书，熟识 3300 个以上汉字，掌握 10000 个以上汉语词语，细读近百万字课文……进入自主、自由阅读状态，从幼儿抓起，从而真正提高全体国民的阅读水平。此项大型实验，正在有步骤有计划的实施当中。

策划及参与中央电视台等各类电视节目百余场，应邀担任全国及各省市"杰出母亲"评委十余次，组织各类母亲教育报告会数千场。

在中直机关、全国妇联、北京军区、中央党校、清华大学、北京大学、大庆油田、IBM 中国总部等各大机构演讲千余场，其电视讲座在百余家电视台播出。

现任全国唯一一家母亲教育专业研究机构——华东交通大学母亲教育研究所所长。

王东华
华东交通大学母亲教育研究所所长，教授
中国教育协会家庭教育专业委员会常务理事

前言

儿童的 8 个敏感期

教育孩子就像是一道组合数学题，家长想要解开这道组合题就必须要花费许多的精力、体力。家长对孩子的爱是毋庸置疑的，父母为了孩子付出再多也不怕，可是怕就怕在力气用错了地方，不但没有起积极的促进作用，反而耽误了孩子的未来。

什么才是育儿的重中之重呢？作为家长又该怎么才能分清主次、明辨是非呢？怎么样才能抓住育儿的关键钥匙呢？

作为父母要想提前做好心理和生理上的两手准备，就必须事先了解孩子成长中各个关键时期可能遇到的问题，这样，当问题出现时家长就可以从容面对，而不是惊慌失措。

0～8 岁被我们划分为 8 个敏感期。每一个敏感期都对应了一项能力的关键发展时期，不同的孩子可能会有细微差别，但是，根据我们多年来育儿指导的经验，这个年龄段的孩子成长情况几乎是相同的。这样划分的前提是孩子的发展发育是正常的，当孩子的发展发育与同龄人有着明显差别时，家长就不能再以这个划分作为依据去教养孩子了，而是应该结合实际情况来正确地教育孩子。

目 录

contents

contents

第③章 孩子的自我和自由...........049

第④章 让孩子学会独立...........061

第⑤章 让孩子学会坚强...........095

后记——关于中国儿童素质早教工程
关于佩拉早教

第 1 章

安全感是独立的基础

安全感缺失的孩子总是会患得患失，尤其是从心理上难以独立起来。

> 缺爱的孩子长大后，可能一直都在追逐爱，心理永远无法独立起来。

给予足够的爱

所谓性格缺爱，本质是缺乏安全感。这样的孩子并不一定从小没有得到过家长的爱，而是家长的爱不合适，或用力过猛，或完全没有爱的付出。明明孩子因为缺爱而导致的表面安静现象，有些家长们却在心里暗自窃喜，觉得自己家的孩子比别人家的孩子懂事。

日本有一部电视剧——《被嫌弃的松子的一生》。其中女主人公松子，一辈子都在追逐爱。别人对她一点好她就掏心掏肺，明知是错又难以忍受离别，一直不顾自尊去寻求爱。像松子这样，就是明显的缺爱人格。

缺爱的孩子，小的时候会想要得到家长的爱、老师的爱、同学的爱，等到大了，在恋爱中，感性而敏感，总是想要从别人身上感受到偏爱，希望别人一直在意和注视自己。

而另一种缺爱的孩子，因为长时间被冷落，随着年龄增长会由最初期盼爱，变成失望，然后就可能转变成怨恨和排斥。不但对外界的反应冷漠迟钝，甚至不能忍受看见别人拥有爱，以至不能忍受其他人的快乐。长大后的他们就会变得冷漠无情。

根据调查发现，在充满爱的家庭中成长的孩子，长大之后在社交能力和处理事情上，比那些缺少关爱的孩子有优势。要知道每个人都喜欢和充满欢乐的人交往，而有爱的孩子对世界也会充满着正能量。

> 人在生活中有稳定的、不胆怯的感觉就是安全感。

安全感

什么是安全感?

人在生活中有稳定的、不胆怯的感觉就是安全感。安全感是一种感受、一种心理,是由可以信赖依靠的人带来的。而对于6岁之前的幼儿来说,获得安全感的唯一来源就是父母。

一个人安全感培养的最重要时期就是0～3岁,是心理健康发展的重要根源,这段时间将会影响人的一生;除了基本的生理需求之外,这段时期的孩子所需要的还有心理上的安慰。

孩子的情绪控制能力、认知能力、性格的养成,以及社会关系建立,都会由于安全感缺乏而产生负面影响。通常过分黏人、怯懦、畏畏缩缩、重度焦虑、情绪不稳定、拘束、缺乏自信的孩子都是因为缺失安全感,他们不敢接触新事物,环境适应力差,对其他人有不信任感。

　　成年后害怕做决定、不敢承担责任的人，大多都是幼儿时期未能获得足够的安全感；拥有稳定依恋关系的孩子在长大之后，会比婴幼儿时期安全心理没有得到满足的孩子更有独立性，在社会交际、学习、工作和家庭关系处理等方面也要成功得多。

　　所以家长要注意建立孩子的安全感，使孩子的心理得到健康的发展。3 岁之前，让孩子心理得到安全保障的必要条件就是父母的支持与信赖，这将在孩子探索外部世界时支持着他们，也更容易建立良好的社会交际关系。而无法得到依赖的孩子，通常会形成胆小、怯懦、多疑、自卑、等性格，情绪和行为也不稳定，难以与人建立亲密关系。

> 不愿意独立的孩子，究其原因就是缺乏安全感。

缺失的安全感

方方的妈妈十分苦恼，方方的老师常常打电话来说方方太过害羞，在幼儿园里不敢主动和小朋友说话，所以常常自己一个人待着，并不参与小朋友们的游戏。方方的妈妈每次带着方方出门时，遇到朋友，让方方打个招呼，方方也会害羞地躲在妈妈身后，不敢开口。过于内向的方方让爸爸妈妈都很着急，这要是进入了社会可怎么办呢？到底为什么方方会这么害羞呢？

孩子太过害羞，其实很大一部分原因是安全感的缺失。

1. 父母不当的行为所造成的后果

点 评 3 岁前的孩子总被父母误认为他们只有生理需求，却不知道孩子也有心理安全的需求。由于现代人的工作压力大及抚养孩子的麻烦，许多孩子一出生就被父母扔给家里的老人。由于父母不在身边造成安全感缺失，孩子就容易对周围环境产生不信任感。

2. 环境的变化

点评 一些孩子自出生后便由父母一直带在身边，但由于工作原因，孩子被父母交给爷爷奶奶或者姥姥姥爷抚养。处在一个陌生环境里，孩子没有做好心理准备，情绪受到刺激。这些新的刺激是出乎孩子意料并无法被他们掌控的，所以孩子产生了不安全感。还有的孩子刚上幼儿园，由于第一次离开熟悉的家和情感依恋的对象，在面对陌生的环境和骤变的生活习惯时，孩子产生了不安全感，心理产生焦虑。在孩子没做好心理准备时，生活环境的改变是很容易让他们产生不安全感的，比如频繁搬家、爸爸或妈妈出差等。这个转变的时期，孩子通常会长时间哭闹、睡眠产生问题、拒绝吃饭、拒绝别人的照顾，严重时还会产生生理问题。如果孩子出现不让父母离开半步、喜欢黏着父母、无理取闹以吸引父母的注意等行为，都是安全感缺失的表现。

3. 父母在孩子面前说出让孩子产生不安全感的话

点评 有些父母虽然懂得去培养和保护孩子的安全感，但无意中说出的话还是让孩子产生了不安全感。有的家长会在孩子不听话的时候假装抛弃孩子。认知能力较强的成人并不当真，觉得自己只是吓唬孩子，不算什么，但对父母完全信赖的孩子会当真，会产生不安全感，幼小的心灵就会被这样的行为所伤害。失去安全感会对孩子健康生理发展产生负面影响。

> 分离焦虑是因为孩子意识到自己是独立的人之后出现的现象。

缓解分离焦虑

芸芸从小就是妈妈一个人带大的。因为从小与妈妈朝夕相伴，所以十分依赖妈妈，一旦离开妈妈，就会大哭大闹。

芸芸这样的表现是很多小孩子，尤其是 3 岁前的小孩子普遍具有的现象，是典型的分离焦虑。简单来说，就是婴幼儿与依赖的对象分开时表现出的不安情绪和行为。这种对象并不一定是妈妈，也有可能是爸爸，对于他来说，只要是从小依赖的人，无论是哪个人，只要是朝夕相处的人，他就会产生这种依赖感。

这种依赖感带来的焦虑实际上是因为孩子意识到了自己是独立的人，正是因为这种独立，在面对分别的时候，才会有这种焦虑感，是因为缺乏安全感而产生焦虑情绪。

分离焦虑只是孩子成长过程中的一种正常现象，随着孩子慢慢长大，这种分离焦虑会逐渐消失。但是，如果孩子的分离焦虑比较严重，就会影响其健全人格的发展，比如会害怕陌生人，不喜欢跟同龄孩子玩耍，或是特别害怕某些事物等。

分离焦虑是孩子自我保护的一种方式，也是一种正常的成长现象，家长不必过于担心。但是分离时如果发现孩子的情绪波动很大，家长就要积极采取措施减少或是缓解孩子的分离焦虑，让孩子的内心强大起来。

1. 建立、巩固孩子的安全感

点评 孩子出现分离焦虑，很大程度上是因为缺乏安全感，所以缓解孩子的分离焦虑最好的办法就是帮助孩子建立安全感，并巩固它。需要注意的是，一些家长因为工作太忙而请长辈或保姆照顾孩子，这可能会让孩子产生双重焦虑，增加他的不安全感，从而加重他的分离焦虑。家长的陪伴是缓解分离焦虑的良药。比如，给孩子舒适的照料，及时满足他的生理需求，经常和孩子一起玩游戏，鼓励他、夸奖他，这样就可以让孩子对周围的世界产生信任感，从而让他的内心觉得安全。

2. 事先做好约定

点评 对于年幼的孩子来说，分离是一件痛苦的事，因为在他的潜意识中，你离开他就是抛弃了他，不回来了，所以他不安、焦虑、大哭大闹。如果事先和孩子做好约定，告诉他自己什么时候回来，那么会让孩子内心产生一种预期，不安、焦虑的情绪就会有所缓解。

> 不愿意独立的孩子，究其原因是孩子缺乏安全感。

给予孩子安全感

3岁以下孩子的父母经常抱怨说："宝宝真的很黏人，总烦着我，应该怎么办？"幼儿时期，孩子唯一信赖的人就是常陪伴自己的爸爸妈妈，这个时期的孩子心智还未发育成熟，判断能力弱，所以一到陌生的环境或见到陌生的人，就会没有安全感，会哭闹。

两岁的闹闹十分缠人，爸爸妈妈不堪其扰，有时候周末想清闲一下，把闹闹丢给爷爷奶奶或者外公外婆都不行，只要一离开爸爸妈妈，闹闹就哭个没完，谁都哄不住。睡觉的时候，闹闹中间醒过来，爸爸妈妈要是没在身边，又是一阵哭闹，邻居已经来投诉好几次了。尤其是现在到了上幼儿园的时候，闹闹根本不愿意离开家，爸爸妈妈可愁死了。

6岁之前，父母就是孩子的整个世界。一个人社交关系的源头就是亲子关系，3岁之前是孩子成长的关键时期，建立和保障孩子的安全感就是父母要做的最重要的事，孩子的安全感与孩子的生命安全是同等重要的，是孩子生理、心理发展发育最重要且最必要的基石！所以孩子这会儿黏着你，是很正常的现象。

等到孩子逐渐长大，进入幼儿园，就开始了人生的第一次"社会生活"，紧接着进入小学、中学，到了青春期，孩子日渐有了自己的社交生活，到那个时候，孩子可能还不愿意和家长亲密相处了呢。

在每个人的成长过程中，建立"首要幸福感"和"次要幸福感"是非常重要的。首要幸福感，是孩子能够明确感到父母对自己的爱，使孩子能够坚信父母将会无条件地爱着自己。3 岁时，这个幸福感将会完全建立。当一个人的首要幸福感牢固时，他的内心会充满阳光，就算遇到挫折也不会逃避，而是会勇往直前。

如果一个人的首要幸福感不牢固，次要幸福感也难以健全。他们太过依赖外在的条件来得到满足——是否能立马得到自己想要的东西、自己有没有受到别人的喜欢、成绩是否优秀、上级是不是欣赏我、有没有得到提拔、比赛是否拔得头筹等。一旦达成心愿，就欢欣雀跃；如果没有得到满足，就会感受到挫败感。

所以要经常向 3 岁之前的孩子表达爱意，给予孩子足够的爱。

1. 保持温和稳定的情绪

点评 孩子来到这个世界上，就需要被照顾、被关怀。孩子是否与外部世界建立安全感和信任感的根源就是当孩子出现各种需求时，家长能否及时出现，也是孩子的大脑能正常发育的条件和勇敢探索世界的重要因素。当孩子产生不安全感了，他们就会以各种方式来吸引家长的注意力，如哭闹不止等行为，这样下去，孩子的情绪可能会出现各种问题，比如哭闹、十分黏人、整日沉郁、难以集中注意力等，这些将对孩子心理和生理的健康成长产生负面影响。因此，婴儿的哭闹除了生理上的不舒服之外，还有可能是缺乏安全感导致的。

妈妈的陪伴对孩子的一生是很重要的。如果妈妈容易焦虑、爱抱怨、性格暴躁等，孩子也会受到这些负面情绪的影响，他无法分辨妈妈情绪波动的原因；这将会令孩子感到不安定，从而缺失安全感。

所以在孩子需要拥抱的时候要及时地给予；在孩子需要交流的时候，就耐心地与他聊聊天。不要随心所欲地对待孩子，不要将自己的不良情绪传递给孩子。这样，能够让孩子获得他所需要的安全感，对待陌生的环境能够产生信任感，从而不害怕分别，成为一个独立的个体。

2. 父母之间良好的关系

点评 孩子成功地建立安全感的重要条件就是家庭成员之间的关系和相处方式。家长如果经常用粗鲁的语气说话，则会令孩子感到困惑，仿佛这些冲突都是由于孩子的不懂事、调皮导致的，从而使孩子产生不安和内疚。

3. 父母的陪伴

点评 对于孩子来说最珍贵的是父母的陪伴。由于各种原因，不少父母会将孩子交给老一辈来带，想着有空了去陪陪孩子或者等孩子长大点要上学了再接回身边。这样长大的孩子与父母的感情往往不够密切，因为他们会觉得父母把他们抛弃了。

0～3岁时的孩子非常依赖父母，如果没有建立稳定的依恋关系，长大后，将难以对他人产生信任，难以与他人建立亲密关系的能力。而建立了稳定依恋关系的孩子长大后就比较容易与他人建立亲密关系，会更加自信。

4. 学会正面告别

点评 当需要和孩子分开时，许多父母害怕孩子哭闹，于是会哄骗孩子，再偷偷离开。其实这种做法对孩子的伤害是很大的。年幼的孩子发现父母突然失踪时，由于他们还无法正确面对这样的局面，从而失去安全感。

5. 保持良好的秩序感

点评 0～3岁的孩子需要一个有秩序感的生活环境。因为这个时期的幼儿生理和心理发展还不完善，当他们的生活环境发生变化时，比如搬家、家里有许多访客到来等，这些都会打破平时的生活秩序，从而让孩子产生不安感。

有规律的生活作息和生活环境，比如物品摆放的固定位置，定时起床和吃饭等，非常有利于孩子安全感的建立。因为秩序对于生命是十分重要的，满足了孩子的秩序感，他们便会感到安全和快乐。另外，有秩序感的生活也有利于孩子熟悉规则、适应社会生活。

6. 体会并解决孩子的不安

点 评 当孩子希望得到家长的安慰和帮助时，通常都会以无理取闹的方式来吸引家长的注意力。但是很多家长没有感知到孩子内心的不安，认为孩子不听话、调皮，便予以斥责，这会让孩子内心的不安感加剧。

哭泣等不受压抑的情绪表达能够帮助孩子增强情绪能力，并提升独自面对疑惑和恐惧的能力，最终建立安全感。

7. 尊重孩子的独立性

点 评 "安全感"与"独立"其实是不可分割的：一个人的成长首先需要的就是安全感，然后才是逐渐成长为一个独立的人，这是心理发育成熟的过程。有些家长认为孩子从出生时就要培养独立性，结果导致孩子缺乏安全感。因为对于3岁前的孩子来说，建立稳定的依恋关系和感受到安全感才是最重要。当孩子建立起稳定的依恋关系后，他才会拥有幸福感，他就能相信这个世界是安全的。而有的家长觉得安全感就是完全的控制，从而导致孩子没有独立的人格。

当孩子的安全感得到了满足，他就会产生自信，敢于独自面对困难，因为他有来自家长的爱而产生的安全感在支撑着自己。如果这个从安全到分离的过程做得不好的话，孩子就永远无法真正独立。

　　所以家长在不过分干预和过度保护的前提下应该做的就是耐心陪伴孩子，要给予孩子独立的空间，让孩子去尝试不同的事物。在安全的前提下，不要干扰孩子，使孩子培养解决问题的能力。如果对孩子过度保护，就会让孩子做事注意力不集中，从而失去了自信心，认为家长会一直提供帮助。

第 2 章

优秀的家长和孩子
一起成长

家长与孩子的关系像镜子，家长的一言一行
都会影响到在"照镜子"的孩子

> 家长必须谨言慎行，为孩子做好表率，让孩子能在镜子前正确地调整自己。

家长要做孩子"干净"的镜子

如何才能让孩子像自己所希望的那样健康成长，成为人中龙凤呢？这个问题是每一位家长的苦恼，孩子不听自己的话，就算是打骂也没有用，实在令家长伤脑筋。其实，塑造一个温暖、安全的生活环境比责骂要更重要且更有效。家长应当以身作则，给孩子做一个好榜样，这样孩子在潜移默化中被影响，逐渐就形成了优秀的品质。

有一则公益广告的内容是这样的：妈妈端来一盆水为奶奶细心地洗脚，这一幕被年幼的孩子看到了，于是，孩子也学着妈妈的样子端来一盆水想为妈妈洗脚，孩子对妈妈说："妈妈，洗脚！"这正是我们中华美德代代相传的表现，广告中的妈妈用自身行动让孩子明白要如何孝顺长辈，所以说，家长就是孩子最好的榜样。要想让孩子成长为一个有品德、有修养的孩子，家长就应当以身作则。

我们可以从上面的案例看出，家长与孩子的关系就像镜子，家长的一言一行都会影响到在"照镜子"的孩子，孩子会根据家长的举动来调整自己。虽然家长为了不给孩子带来负面影响会有意识地控制自己的行为，但是有时候家长会无意识地在孩子面前展现一些不良的习惯和不当的言语。

因此，家长要时刻自省，看看自己在孩子面前有没有无意识的粗俗举动。家长必须谨言慎行，为孩子做好表率，让其能在镜子前正确地调整自己，养成良好的行为习惯。

如果家长言行粗鲁，那么在家长的影响下，孩子又怎么能优雅呢？所以，家长除了给予孩子生命之外，还要教孩子一些生存规则和与人交往所需的良好行为。

通过抚养和教育孩子，家庭的其他成员也被亲密地联系在一起了，孩子就像纽带，加深了其他成员间的感情。在无意识中，家长在孩子的成长中也成长了很多。有一位著名的男演员说："是孩子把我和父母、甚至是祖父母连在了一起。自己有了孩子以后，才真正体会到了他们的心情，"让孩子在一个文明的环境中成长，要想让孩子有礼貌、有教养，就需要家长做好榜样，让孩子早早形成讲礼貌的好习惯。

家长对孩子的品行和人格的养成起着不可取代的作用。

家长影响着孩子的人格

一位父亲陪伴着他十三岁的女儿到心理咨询中心去进行咨询，下面是咨询师和女孩儿的对话。

"你遇到了什么问题呢？"

"我没有什么朋友，身边的人都不喜欢我。"

"当你和周围人相处的时候你感觉到什么？"

"当我和另外两个人一起走的时候，他们故意落下我，不和我一起去吃饭，我觉得他们不喜欢我。"

"爸爸妈妈和你的关系好吗？"

"不好，他们不相信我，总是用审视的目光看着我。"

"爸爸妈妈和他们的朋友关系怎么样？"

"我妈妈和她的一个朋友吵过架，因为那个朋友背地里说她的坏话。"

"你妈妈跟周围其他人关系怎么样？"

"不太好，她说现在的坏人很多。"

从上面的对话可以看出，女孩的人际交往并不顺利，主要原因就是她的家长多疑敏感的性格，首先家长不信任孩子，其次家长的不当行为和个性也影响到了孩子，使孩子也形成了不当的行为习惯，影响了孩子的人际关系。

从孩子出生起，家长就开始影响孩子了，除了保证孩子必需的生理需求外，更重要的是孩子心灵的成长发育，家长对孩子的品行和人格的养成所起的作用是不可取代的。家长的心情与表现也时刻影响着孩子，当家长心情愉悦时，孩子就轻松，家长焦躁不安时，孩子会感到恐慌，孩子与家长的联系是割不断分不开的。

所以，教育孩子最重要的信息是靠家长的言行举动而不是语言表达。孩子成长的过程中会将自己所感兴趣的别人的举动复制模仿下来，再在合适的时间里表现出来，不止是 3 ～ 6 岁的孩子会这样做，实际上整个成长期间的孩子都会去有意地模仿家长。因为在这个成长期间家长与孩子接触最多，在无意中，家长的一举一动都会或多或少地影响到孩子。因此，家长要时刻关注孩子的动态，仔细观察他们的行为举止，以此掌握孩子的心理动态；同时也要注意自己的言行举止，以身作则。这样能够及时地发现孩子身上存在的问题，培养良好的行为习惯，让孩子拥有一个优秀的人格。孩子健康成长的重要条件之一就是正确的教育方式。

1. 引导孩子养成良好的行为习惯

点评 是否拥有良好的行为习惯是今后获得成功的关键，所以，在孩子小的时候就要注意培养孩子的良好习惯，形成初步的秩序感。

2. 营造良好的生活氛围

点评 周围人对孩子的态度和家长的教育方式是时刻影响着孩子的人格塑造的，因为人格是后天养成的。家长对其他人的态度是孩子的第一模仿对象，比如父母对自己的长辈是否尊重、关心，父母之间是否相敬如宾、互相理解。想要孩子养成尊老爱幼、关心别人的美德，父母首先要以身作则，良好的生活氛围可以培养孩子积极、乐观的性格，让孩子积极主动地参与群体活动。同时，

家长也要恩威并重，孩子做错事时要适度批评教育，但不要太过严厉，这样一来，孩子就会分辨出什么该做什么不该做。在不和谐的环境中成长起来的孩子，往往性格暴躁，甚至有暴力倾向，这是因为他从小成长的环境中充满着争吵，这样的孩子缺少安全感，所以成年后就出现了这些不好的行为习惯。

3. 提高自信和自尊

点评 孩子虽然年纪小，但是他们也是一个独立的个体，有着自己的意愿和爱好。家长要学会洞察孩子的内心世界，要站在孩子的角度来考虑事情，而不是一味地将自己的意志强加给孩子。与孩子交流时要用商量、引导、激励的语气，而不是以为自己是

家长，就有权利对孩子随意斥责或辱骂。家长要特别注意，孩子也是有自尊心的，不要随意去嘲弄、讽刺孩子。这些都会对孩子的个性健康成长造成不利的影响。对于孩子的进步，哪怕只是一点点，都应该给予肯定，这样孩子的自信心会得到增强，变得更加自信。

4. 养成良好且独立的生活习惯

点 评 现在大部分家长都只有一个孩子，由于是独生子女，孩子在家往往都是被娇惯着的，家长尽力给孩子最好的衣食住行。也往往就是因为悉心照料和宠爱，所以家长觉得孩子的全部精力都应该放在学习上，学习以外的事情都由家长帮助完成，这样的行为也导致了孩子缺乏动手能力和

自理能力，孩子会缺失生活能力，养成依赖他人的性格。

5. 培养孩子的交往能力和爱心

点 评 从小要对孩子进行合理的指导，要在孩子能接受的范围内，不可操之过急。不做负面的教导，批评孩子要客观公正，不要去指责。注意引导孩子的感情，让孩子养成乐观开朗的心态。因为乐观开朗的孩子更容易与人交际。

> 孩子是一个单独的个体，他们有自己的世界，而家长要学会走进他们的世界。

走进孩子的世界

可能你无法相信，一个进入了叛逆期，学会了抽烟喝酒，还谈恋爱，经常通宵玩游戏的孩子在高考的时候考了672分，考进了清华。当时他的爸爸对于他的恶习，骂过也打过，不仅无济于事，还引发了他更强烈的逆反心理！为了不让他成绩继续下滑，家长给他报了不少补习班，效果都不明显。而孩子最终能考上清华，是因为后来他父母的教育理念发生了彻头彻尾的改变。

孩子需要的不是高压政策，也不是家长苦口婆心的规劝。孩子的世界真的很简单，只要我们给予他们想要的，他们就会快乐；只要我们和他们一起玩，他们就会知足；只要我们家庭和睦，孩子就会感到家的温馨。在面对孩子的时候，家长要学会走进孩子的世界，给他信任和信心，让他完成他感兴趣的事情。

如果想让孩子变得更优秀，就要先学会让自己的观念与时俱进。

1. 细心观察

点 评 观察孩子的一言一行、一举一动，从中窥见孩子那小小的但并不简单的内心世界的点点滴滴。

2. 善于发现

点 评 发现孩子的兴趣、爱好、特长，近期的情绪变化，这样在交流过程中才能有的放矢，才能更容易被孩子接受。

3. 共同玩耍

点 评 一次开开心心的小游戏胜过十次板着脸孔的怒吼。玩是孩子的天性，和他们一同玩耍也是走进孩子内心世界最有效的途径。

4. 宽容接纳

点 评 如果孩子不小心犯了点小错误，我们应当以宽容的心态去帮他找出原因，提出改进的方法，这样可以收到事半功倍的教育效果。

5. 及时表扬

点 评 孩子有了好的表现或新的进步，应当及时、适时地提出表扬，激励孩子上进的斗志，巩固已经建立的信心，孩子就会心生喜悦，从而取得更大的进步。

一直在被催促中的孩子会越来越迷茫，慢慢变成了只会执行命令的"机器人"。

家长要有足够的耐心

有位妈妈郁闷地说道："我就不知道为什么孩子书包里面会有那么多乱七八糟的东西，什么小玩具啊，看过和没看过的漫画书啊，还有一些被压得褶皱的卷子……可是真正需要的东西翻半天都找不着。"于是妈妈生气地叫来孩子，让他赶紧收拾一下自己的书包。孩子费劲地收拾了半天，终于觉得自己的把书包收拾得干干净净、整整齐齐了，甚至觉得重量都比之前轻了。这时候妈妈不仅没有夸孩子，甚至还在批评孩子。孩子开始也不说话，后来终于鼓足勇气说了声："你老是催促我，我每次都很着急，根本没有时间整理自己的书包。"

上面所说的孩子其实也是在为自己的失误找借口，同时他说的确实是事实，如果妈妈不催他，他也许完全有时间去收拾自己的书包。

这位妈妈的问题是很多家长都有的。因为没给孩子留足够的时间去做事情，孩子只知道慌慌张张地去完成，没有时间思考，也没有时间认真检查，往往都会选择糊弄了事。

很多时候，尤其是妈妈们，总是会向自己的孩子发出指令，比如"抓紧时间，赶紧的"，孩子也只是机械地遵从命令，长此以往，会渐渐地消磨掉孩子的自主性，时间久了，就会被这种环境"培养"成一个做事前不懂得思考，只知道服从命令的孩子。有的孩子还会产生逆反心理。

对于孩子，家长应该有足够的耐心，让孩子自己学着去尝试，而不应感觉孩子磨蹭，所以直接帮孩子做完了事。

家长们应该知道，真正爱孩子，就应该给他独立思考的时间，让孩子学会思考怎么去做事情，怎么做好事情。家长应该相信自己的孩子有足够的能力独立做好一些事情。孩子的潜力是无限的，只要你放手让孩子去做，孩子往往会给你意想不到的答案。每天只会唠唠叨叨、啰啰唆唆，孩子是不会成长的。也许放手，会让孩子更加独立、成长更快。每天追在孩子后面催促反而会让孩子失去思考的能力。

> 教育不是一个人的事情，在孩子的教育中爸爸不能缺席。

爸爸不可或缺

在大家的传统观念中，妈妈是孩子成长中比较不可或缺的角色，相较妈妈来说，爸爸就没那么重要了。甚至有些单亲妈妈，自己带着孩子，因为担心孩子无法适应自己的再婚，所以选择不再婚，独自照顾孩子。其实，这是不对的，爸爸在孩子成长的过程中也是很重要的角色。

在现实生活中，不只是单亲家庭会有这种情况，哪怕是完整的家庭，也会存在这种情况。有些爸爸经常因为事业而忽略了家庭，常不能在家陪孩子和家人。即使爸妈没有离婚，仅是爸爸常常不在家，也会对孩子有很大的影响。如果爸爸不在家，孩子就忍不住去想，我的爸爸去哪里了呢？这时候他就会去问妈妈，妈妈的回答对于孩子来说也是非常重要的。

如果妈妈笑着解释说："爸爸工作比较忙，所以没办法经常陪在我们身边，其实爸爸非常非常爱我们。"这样就会让孩子有被爱的感觉。但是如果妈妈带着怨气说："谁知道呀！不知道你爸爸死哪去了，老是不着家。"这样会让孩子认为爸爸不爱自己，自己是不被需要的。

如果孩子成长的过程中缺少了父爱，这将会对孩子未来的人格发育产生很大的影响。在缺失父爱的环境里成长，孩子日后将会对两性关系的认知产生偏差。

如果孩子在成长过程中缺乏爸爸的陪伴和爱护，男孩子就容易女性化，而女孩子则容易产生对男性的惧怕，不信任的心理，有些女孩子还会有喜欢年长男子的心理。甚至有些离婚的单亲妈妈会因为自己婚姻的失败而给孩子灌输对丈夫的怨念，这不仅将会给孩子幼小的心灵留下极大的阴影，还会影响他们长大之后的人际关系、择偶观念和婚姻生活。

妈妈要结合自己家庭的具体条件和情况，尽量让爸爸参与教育孩子。

即使爸爸在照顾和教育孩子方面不擅长，也要让爸爸参与到养育孩子的过程中来，而不要总是把教育孩子的事揽到自己身上，而让爸爸成为一个旁观者。合理地、有效地发挥爸爸的特殊作用，可以让孩子学会等候和忍耐。

过多的指令只会让孩子混乱。

一次只要一个指令

很多情况下家长让孩子去做事的时候往往会先说一句话，比如："桌子怎么可以乱成这样，赶紧收拾干净！"然后被呵斥的孩子就会开始忙碌地收拾自己的书桌，但是由于各种原因，孩子收拾的过程很慢，而且还可能不细致。这时候家长可能就会让孩子认真仔细一些。

对于孩子来说，"认真"和"赶紧"这是冲突的，孩子就会很迷茫，不知道自己究竟是要"认真"，还是要"赶紧"？对于家长来说，自己就是想让孩子赶紧把桌子收拾干净，可是孩子就会不断地想："'认真'做就要花很多时间，'赶紧'又是短时间完成，这可咋办呢？"

这样一次性发两个指令的家长并不少见，有的时候，性子急的家长可能还会接着说："别磨叽，快点快点！"

可是要知道，只有一个指令的话，孩子就会很清楚地知道自己该做什么。认真收拾，就是把桌子地板都收拾得干干净净。可是要认真收拾就需要一定的时间。家长自己其实也知道，这两个指令是无法同时完成的，可是往往家长总是不小心地就犯了这样的表达错误。

除了发出"快点快点"的指令外，家长还会在孩子做其他事情的时候不停地重复和催促，尤其是妈妈们，总是这样。

比如要出门时妈妈会不停地问："今天上课的书都拿了吗？作业带了吗？都放书包里了吗？检没检查过呀？刷牙了吗？洗脸了吗？快点穿衣服……"很快的语速和源源不断的要求总是让孩子慌慌张张，不知所措。

对于家长来说，自然了解事情的先后顺序，可是当把这些指令发给孩子的时候，孩子就会混乱。

因此家长要知道，不假思索的催促不仅无法让孩子集中注意力，反而会弄巧成拙。应该学着耐心一点，让孩子一件事情一件事情地完成。

面对孩子的错误，不要暴躁，不要打骂，有时候沉默比呵斥的效果更好。

把呵斥变为沉默

丽莎在上小学的时候，有一次也不知道自己是什么样的想法，明明自己口袋里面有钱，可是却非要偷同学一块橡皮。回到家之后，妈妈发现了，她本来以为妈妈会狠狠地骂她一顿，结果妈妈什么都没说，而是用一个特别难过的表情看着她。从这之后，丽莎每次想要做一些比较坏的事情时，都会想到妈妈的那个眼神，她不想让自己的妈妈感到难过和失望，于是就会放弃自己做坏事的念头。

家长在孩子犯错的时候，应该心平气和地用聊天的方式来谈话，而不应该每次孩子一犯错误就大声地呵斥。怒吼往往没有什么效果，在家长怒吼式的责骂下，孩子就算当场被震慑住了，但可能并不会记得这个教训，也许下次还会犯相同的错误。

还有一些家长，生气的时候控制不住自己的脾气，打骂完孩子之后也会后悔，然后反过来再补偿孩子。这种做法是最要不得的。

教育孩子最关键的一点就是应抚平孩子的情绪。抚平孩子的情绪，要求家长自己的情绪先平静下来，然后去了解原因，分析问题出在哪里，再教育孩子，引导孩子向正确的方向发展。如果孩子犯了错误，家长就直接开始打骂，等孩子稍大一点的时候，家长的这种行为则会引起孩子的逆反心理，不利于孩子的心理健康。

因此，家长在教育孩子的时候一定要注意方式方法，一定要控制好自己的情绪，孩子犯错误的时候，要心平气和地与孩子讲道理。

1. 应对"熊孩子"的时候

点评 很多家长都对孩子在公共场合哭闹表示非常头疼。在西方的很多国家，爸爸妈妈们都不会选择在公共场所去呵斥自己的孩子，因为这是非常尴尬的事。他们往往会在平时就培养孩子自我控制的意识，避免在公共场所哭闹情况的发生。

要避免孩子哭闹，关键并不在于孩子哭闹后如何去哄，而是应该学习如何预防并让孩子有自己控制情绪的能力，减少孩子在公共场所哭闹的概率。在孩子外出之前，应该明确地告诉孩子，这次外出的目的是什么？要去做什么事情？会发生什么样的事情？会有哪些情况发生？并且可以和孩子定一个规则，可能孩子刚开始时并不能很好地完全遵守这些规则，并不是每一次的不遵守规则都可以得到劝导的，等家长试着沟通仍旧无果后，就要告诉孩子："你如果不想回家，就要保持安静。"如果孩子真的没有安静下来，家长就要安排带孩子回家，让孩子明白，你并不是在开玩笑。孩子也会由此明白，以后想要跟家长一起出门就必须要遵守与家长之间约定的规则，如果没有遵守，那就要被送回家了。

2. 犯错反省的时候

点评 有的时候孩子犯了错误，他自己心里其实也是有些慌张的，

这个时候如果家长一直都不说话，孩子就无法集中精神并且感到紧张。这时候如果家长温柔地和孩子讲道理，孩子就会出于愧疚的心理，用心地去听你说话。这时候孩子会觉得，自己是受到尊重的，他就会更加记住你的教育。

3. 家长情绪不好的时候

点评 家长在情绪不好的时候千万不要去责备孩子，也不要把气撒在孩子的身上。因为这时人往往都是冲动的，哪怕你在克制，也可能会无意间伤害到孩子。也许你脱口而出的一些伤人的话，就可能引起孩子极大的逆反心理。

4. 公共场合或有其他人在的时候

点评 在公共场合或者有其他人在场的时候，如果家长当着其

他人的面呵斥了自己的孩子，这时孩子不仅会有反抗心理，而且还会伤害孩子的自尊心。但如果在孩子犯错之后，家长还能保持温柔的语气与孩子交谈，并且表示愿意尊重孩子的隐私，"这次谈话只有我们两个人"，就是说给孩子听的，孩子会觉得自己受到了尊重，就会真心感谢家长，而且会更加铭记家长的教训。

孩子要远远比家长想的聪明，在和家人对抗的过程中，有的孩子会从家长的情绪中判断自己的应对方法，他知道家长在生气的时候是什么样的情绪，自己用什么样的话语可以去安抚家长的情绪，会选择一种对自己最有利的方法，让自己免于责备。

沉默可以让家长有更多的时间去思考解决事情，也让孩子有了独立思考的时间，孩子会反省自己的行为。但是要注意，沉默只是孩子犯错误时家长的一个手段。在沉默后，家长要去了解孩子内心的想法。知道了孩子的想法之后，再对孩子进行教育引导。单纯地打骂和怒吼，并不能让孩子真正地反省，孩子以后还会犯相同的错误。

所以无论是孩子，还是家长，都应该学会和平相处，改变自己。

> 孩子是否优秀不应该是和别人对比得来的，家长不能把自己的意愿强加给孩子。

家长的意愿不要强加给孩子

家长总是会把自己的意愿强加给孩子，会给孩子安排各种各样的项目，把孩子的生活安排得满满的，生怕慢了一步自己的孩子就比不上别人家的孩子了。

3岁以后的孩子，会逐渐对一些社交活动感兴趣。这个时候的孩子往往会比较喜欢跟同龄人一起玩耍。当碰到自己比较喜欢的事情的时候，就会显得格外兴奋。这个时候家长要支持孩子，不要阻碍孩子去寻找其他的玩伴，不要限制孩子的自由活动。

等孩子到了5岁多的时候，他不再满足于跟自己的家人待在一起，而是更加喜欢跟自己同龄的小伙伴一起交往。在这个时候，家长就要注意给孩子良好的空间，让他们可以自己独自相处，或者是与他人相处，不要去管孩子，也不要经常地监控着孩子。

> 孩子有压力？实际上即便是幼儿园的孩子，也会有自己的压力。

帮助孩子疏解压力

孩子有压力？

这个问题看起来简直太可笑了！

孩子吃穿不愁，尤其是学龄前的孩子，作业和学习的压力基本上为零，每天更是受到家长细心地抚育，应该是这个世界上最无忧无虑、没有烦恼的人了！

很多家长都无法理解孩子身上的压力，但是即便是在幼儿园的孩子，都可能有压力。

孩子在幼儿园时，可能会发生一些矛盾，比如和其他小朋友之间打架拌嘴了、被老师批评了，这都是会造成压力的原因。但由于孩子表达能力的不足，在遇到一些困难时，他们往往不能很好地向家长描述他所遇到的压力，而且孩子的年龄太小，不明白怎么去缓解自己的压力。

孩子的压力在日常的行为中表现为，打闹、说谎、摔东西、睡梦中突然惊醒、咬手咬指甲、脸上的肌肉抽搐、注意力不集中等。

1. 孩子的压力

点 评 随着孩子的成长，他们的心里也会有一些自己的小秘密。当孩子的小秘密堆积得越来越多时，就会有一些不愿意向别人倾诉的事情。有些事情是孩子自己可以慢慢消化的，有些事情则是凭孩子自己的能力无法解决的。

这种超出孩子能力范围的事情越来越多，孩子的压力就会越来越大，久而久之就会形成比较严重的心理问题。

家长发现自己孩子压力很大的时候，应当尽可能地帮孩子去疏通缓解，耐心地陪伴孩子，与孩子玩耍沟通，寻找孩子压力的来源，协助他去缓解疏通。

2. 家庭的压力

点 评 除了孩子自己身边的原因外，家长有时候也会是孩子压力的来源。家长的态度也会影响孩子的心情，给孩子带来压力。

比如家长心情不好时家庭氛围就会格外压抑，孩子是十分敏感的，他察觉到家庭氛围的异常之后，就会封闭自己。这种情况在二胎的家庭中，发生得会格外多一些。因为弟弟妹妹的出生，会让孩子感觉家长不再爱他了，这会让他变得更加敏感起来。尤其是在家长一味让大孩子去迁就小孩子的情况下，孩子往往会做出很多异常的举动，比如突然间变得非常任性，突然间大吵大闹，突然间性情大变，有些孩子还会出现吃手指之类的行为。

在正常情况下，当孩子哭闹任性的时候都是提倡家长去管教的，但是在孩子压力过大的情况下是不提倡这样做的。孩子本身就承受了极大的压力，他的忍耐力远远不够承受自己的压力，如果这种时候家长不能体谅孩子，孩子便不再会愿意与家长沟通，这就是有些孩子突然变得叛逆的原因。

在孩子出现问题的时候，家长要反思一下自己是不是做错了什么，是不是最近对孩子的关心不够。如果有这种情况的话，应及时向孩子道歉并且改正自己。

家长平时也不要忽略孩子任何的一点努力，要对孩子及时鼓励，除了激励和催促外，也多给孩子一些鼓励和赞美。也许生活中多一些关心和细心，就可以把孩子从压力中解救出来。

> 尝试使用沟通来解决问题，你会发现一个崭新的世界。

沟通

改变对方的方法就是改变自己，我们的生活中经常会有这样的情况发生，无论怎样批评，孩子就是不愿意为自己所犯下的错误而悔过、反省。家长经常因为孩子这种顽固的态度而感到泄气，有的时候，往往是由于家长和孩子的沟通方式出了问题。

有一个孩子总是很晚的时候才回家，家长总是严厉地责怪他，可他仍然我行我素。有一天，这个孩子很晚还没回家，家长在生气之余，逐渐地担心起来，害怕自己的孩子出了什么意外。这时孩子终于回到了家，而妈妈并没有责怪他的意思，而是抱紧孩子哭了起来，并且说道："你总是这么晚才回家，妈妈好担心你。"

在家长坦诚地说出了自己的想法之后，孩子主动地向妈妈解释并承认错误。从此以后，孩子再也没有晚回家，即便是临时有事也会给家里打个电话，让妈妈安心。

　　当孩子犯错时，家长以公正公平的、温柔的方式来与孩子进行交流并交换看法和意见，可以让孩子发生巨大的改变，这比任何责备和惩罚效果都好。

　　面对孩子的拒绝和不配合，如果家长不改变自己的沟通方式，将会和孩子产生巨大的隔阂。

> 如果孩子每天听到的都是家长的谩骂和指责，那么他的自尊心和性格就很难健康发展。

掌握和孩子沟通的方法

一个人心里郁闷、烦闷时，总是很难控制自己语气不发生变化，尤其是跟人讲话时，往往带着自己的主观情绪。在这种情绪下去和孩子交流，语气总是会变得不好，说话间充满着贬低、指责孩子的态度。

如果孩子每天听到的都是家长的谩骂和指责，那么他的自尊心和性格就很难健康发展。面对家长的指责，他会不停地否定自己，缺少自信和信任，更有可能对社会和人生产生怀疑。

优优时常离家出走，也不和家长交流。原因竟是每次有矛盾家长都只顾阐述自己的想法，根本不给她表达自己想法的机会，优优所有的事都无法辩驳，便任由家长谩骂和贬损。而她存在的一些问题，家长也只是谩骂，并没有去疏解引导。

最初的时候，优优还有和家长交流沟通的习惯，但在被长时间地贬损后，优优也逐渐封闭自我，不愿把内心的想法告诉家长了，家长找她沟通她也不愿意张口，回家也尽量不和家长待在一起，总是一个人在自己的小房间里，时间一久，家长、孩子之间的距离渐渐疏远。

实际上和孩子的沟通说难也难，说简单也简单。在沟通的时候，家长如果将自己和孩子放在同一个起点，用自我的观点来表述，就比那种强硬高压的做法更容易被孩子理解和接受。

比如挑食，如果家长用讲道理的方式，说"妈妈辛辛苦苦才做出来的，你如果吃掉的话妈妈会很开心，而且你还会健康成长"。这样的方式就比强硬地让孩子不要挑食更容易被孩子接受。

1. 学会倾听

点评 有些时候，孩子想和家长交流，家长可能会边做事情边听孩子讲话，从而忽略了孩子的交流内容。比起这种敷衍和不走心的交流，孩子需要的是全心全意的对待，因此家长不妨让孩子等几分钟，自己忙完手头的事情，再好好地和孩子进行交流。

2. 注意说话的分寸

点评 交流主要通过语言文字，但是家长一些无意中的话可能就会使孩子的内心受到伤害，所以要注意说话的分寸。面对孩子天真的想法，家长不要总是怀疑冷漠甚至嘲笑，而是应该鼓励孩子大胆说出自己的想法，让孩子多交流。

3. 互相倾诉

点评 面对问题，家长不但可以倾听孩子的想法，也可以用一些客观的沟通方式去向孩子表达一些自己的想法，让孩子学会倾听和换位思考。

4. 肢体语言的表达

点评 一些肢体语言可以很好地帮助家长去和孩子进行沟通。家长可以用目光接触孩子或者轻轻地拍一下孩子的肩膀，身体略微倾向孩子的方向，做出认真听讲的状态，这些会很好地鼓励孩子说出自己的想法的。

5. 不要问没有营养的问题

点评 有时候家长关心孩子，总是会问千篇一律的问题。比如"今天学了什么？""你有没有

想我？""在学校有没有听话？"也要尽量避免问"为什么？"这些问题会让孩子自我形成保护，抗拒回答。在交流的时候可以尝试用一些孩子平时感兴趣的话题切入，提高孩子交流的欲望。

6. 肯定孩子

点 评 其实很多孩子内心都有自己的想法，和家长沟通也只是为了更加确认这个想法，家长则

应在确认孩子的想法后，去回复他、肯定他。

7. 表达对孩子的爱意

点 评 自孩子出生起，家长就应当让孩子感受到自己对孩子无私的爱意，并愿意接受接纳孩子的一切。

想一想，谁小的时候没有幻想过一个属于自己的秘密基地呢？

给孩子独处的空间

每个人都需要自己的空间，就连孩子也不例外。

对于孩子来说，拥有一个可以让自己自由玩乐、自己思考的空间是一件非常有意义的事情。在这个空间里，孩子可以天马行空地想象，用各种"废品"搭建属于自己的秘密基地，创建属于自己的世界。在这个世界里有海盗、怪兽、公主、王子……可以满足他的幻想和需求。

这种需要空间的行为，就是孩子的秘密，是孩子自我意识的一部分。孩子拥有这样独立的空间，有助于孩子形成自我的多个层次的心理空间，如亲密的我、困扰的我，甚至阴暗的我，从而形成自我认同和个性，以及构成人与人的关系，也有助于孩子更好地独立。

第 3 章

孩子的自我和自由

自由是这个世界上最美好的东西。家长应该
在保护孩子同时，给孩子探索世界的空间，让孩
自由成长。

> 自由并不是无拘无束，想做什么就做什么。

误解的自由

场景一

妈妈带着 2 岁的跳跳到别人家做客时，跳跳随意地在主人家里翻东西，妈妈注意到了，但是没有制止跳跳。

场景二

一岁半的点点喜欢到处跑。有一次，妈妈带点点去花园玩。点点很兴奋，完全不想坐在座位上，非要自己到处跑。妈妈就使劲拽着点点，哄着点点，不让他到处乱跑，生怕他摔倒或者跑太远。

这两个场景就是在讲关于自由和规则的问题。跳跳的妈妈对于跳跳的破坏行为没有阻止，跳跳就会觉得自己这样做是被允许的，这样的自由实际上是自由过度，是放纵，孩子会慢慢变成让人厌烦的熊孩子，对于孩子自身的成长是不利的。而点点妈妈对于正处在探索期的点点的生理和心理发展并不了解，限制了点点的天性。

　　实际上这两个场景的解决方式都是不正确的。家长总是以他们自己所认为的爱与自由，美好与快乐来教养自己的孩子，其实有时家长还不如干脆放手，让孩子自己管自己，仿佛孩子天生就知道怎么管自己一样。

　　提起自由这个话题的时候，很多人的脑海中都会想到无拘无束，想做什么就做什么。但是，社会需要规则，规则是为了更多的自由。想象中不受约束的自由是不存在也是不合理的。

　　自由对于孩子来说，就是在探索世界，发展想象力和创造力。家长应该在保护孩子的同时，给孩子探索世界的空间，帮助孩子成长。一个在行动上比较自由的孩子，生理和心理得到了发展，其内心是平静的，没有受到压制。这样自由的孩子就会更乐意遵守规则。所以家长应该鼓励孩子去自由探索。

　　当然也应该明确一点，自由要在遵守规则的前提下，每个孩子都需要知道他所做事情的底线。把规则用于保护孩子的自由，而不是限制自由，家长要结合孩子的年龄和心理发展特征帮孩子建立规则意识。

> 为孩子构建一个自由的边界，才能让孩子更好地成长，获得更多的自由。

为孩子构建规则

规则和自由，看似矛盾但又相辅相成。

如果只给孩子自由，而不给规则，那么在他想做的事情做完之后并不会感到快乐，反而会变得焦躁不安。失去了家长的指导，就等于孩子失去了方向。孩子会通过不停地搞破坏来获得认可，发泄自己的焦虑和恐惧，获得对自我的肯定和认识。可是不遵循孩子的天性和内心的规则，则会扼杀孩子的天性，让孩子变得畏首畏尾，不再对世界充满热情。

想让孩子遵守原则要有耐心，让孩子学会遵守规则，一定要把遵守规则变成孩子的认知。如果不严格遵守规则，只在需要的时候让孩子遵守规则，而其他时候对孩子放任不管，那么可能孩子只会在特定时间才遵守规则。比如有一些在学校看起来守规则又讨老师喜欢的孩子，长大之后反而不遵守社会准则。

有专家提出：有设计、有规划的生活更有利于孩子适应社会。没有规矩不成方圆，在人类的历史长河中，只要有人群就有规则。那么对于孩子来说，既要拥有自由，又不能太过放纵，这就是自由的边界。孩子长大成人要进入社会，那么就要遵守社会的规则，适应社会的节奏。比如朝九晚五的上班生活，得体的打扮……

因此，孩子自由的边界，最基础的就是要建立在以下几点上：

1. 待物接人的态度端正。

2. 没有不好的生活习惯。

3. 对他人财产的不窥视和不破坏。

4. 遵守道德规范。

5. 孝顺长辈，友好他人。

6. 不会危害他人的自由和安全。

让孩子自由，根源在于家长要学会放手。

有一种冷叫妈妈觉得你冷

网络上曾经流行一种吐槽，"有一种冷，叫妈妈觉得你冷"。这种吐槽无非就是天气冷了，别的孩子都还穿着短袖，可是自己的妈妈却非要你穿长袖，而且还总觉得你会很冷。

这种情形想必很多人都有感触，从小到大，似乎我们都经历过这种情形。有的家长觉得自己给予了孩子足够的自由，但是在孩子的生活上一手包办，从穿衣吃饭，到学科选择。看似给了孩子极大的自由，但是实际上却将孩子牢牢掌控在自己的手中。

用自己的感觉代替孩子的感觉，用自己的想法压制孩子的想法。这种爱，与其说是关心孩子，不如说是关心自己的想法是否得到落实，是否得到回报。这样的家长为自己的控制欲附加了爱的名义，将孩子禁锢在牢笼之中。

允许孩子犯错，放手让孩子自己去做、去决定，相信他有能力进行选择和决策。哪怕有些事情孩子做得很不顺利，也要平和地接纳孩子的失败。给予孩子选择和迈开步伐的自由，这才是孩子真正所需要的自由，而不是允许孩子在公共场合随便吵闹，回到家穿一件衣服都要自己掌控的自由。

自由不在于让孩子吵吵闹闹、不在于让孩子多玩一把游戏，也不在于让孩子吃自己喜欢的食物……自由在于对一个生命久远的呵护。自由从根源上讲，就是让家长学会放手。

关于让家长学会放手，实际上是贯彻了所有敏感期的阶段，家长只有相信孩子、相信每个孩子都是完美独立的个体，学会放手，才能让孩子拥有更大的发展空间。

> 包裹的爱不是爱，是会让孩子沉溺其中，无法独立的毒药。

拒绝包裹的爱

想要自己吃饭，想要自己穿衣服，想要自己选择衣服的款式……

孩子每一次的"想要"，都被家长用爱的名义拒绝，导致越来越依赖家长，很难走向独立。

诚然，在孩子还小的婴儿期，享受家长无微不至的照顾是应当的，但是进入幼儿期之后，随着孩子自我意识的产生和发展，他就想要尝试各种事情了。

可是就在孩子每一次想要尝试中，家长就用爱的名义拒绝了孩子的尝试。比如，拒绝孩子自己洗脸，理由是孩子洗不干净；不让孩子擦桌子，理由是怕弄脏了他的衣服；不让孩子自己穿衣服，理由是他穿得慢，还不一定能穿好……

在家长的面前，孩子就像是一块豆腐，颤巍巍的，或许叠一下衣服受到莫大的伤害。家长无微不至地用爱包裹着孩子，以为把自己全部的爱都给了孩子，替他包办了一切，孩子的成长就会一帆风顺。然而，这种的爱让孩子失去了许多尝试的机会，也失去了宝贵的成长经历，一旦离开了家长，他的成长之路可能会变得异常艰难。

　　家长不可能一辈子跟着孩子，他总要独自去面对生活中的各种挑战。因此家长要学着早放手，给孩子独立的空间，让孩子学着自己去面对问题，解决困难。

> 孩子长大离开家长这是自然规律，是孩子的本能。

家长要学会放手

家长要面临的一个很艰难的问题就是对孩子放手。

家长的本能就是爱孩子、保护孩子，离开孩子是完全违背家长本能的行为。家长总是希望自己的孩子能一直陪在自己身边，不要长大离开自己，但是孩子长大离开是自然规律，是孩子的本能。所以想让孩子离开家长，家长一定要做好充足的心理准备才行。

实际上跟孩子离不开家长比起来，家长离不开孩子的程度更深。因为不仅是孩子离不开家长，为人父母的也是很难离开自己的孩子的。如果想要孩子自然离开家长，那么家长就要能够下定决心离开孩子。

在一个孩子成长的过程中，和家长产生距离，拥有自己的小秘密，想要远离家长，这些都是正常的现象，是每个人成长的必经阶段。

不要把家长放手和孩子离开混为一谈，它们是有区别的，家长需要先主动离开孩子，孩子才可以顺利离开家长，真正独立。

让孩子学会管理时间，而不是家长去帮孩子管理时间。

让孩子学会管理时间

大部分孩子都没有自律能力，不可以很好地管控自己的时间。其实让孩子管理控制时间，最有效的办法就是让孩子和家长一起制订一个有效且可实行的时间计划表。

要注意，计划时间表要家长和孩子一起制订，而不是把家长的意愿强加在孩子的身上，不可以对孩子管控太严，但是也不要纵容孩子，让孩子养成懒惰的性格。

制订好这个时间表之后，要严格地监督自己的孩子遵守时间表的规定，按照时间表的计划去完成每一项任务。但这个时间计划表也不是一成不变的，可以根据孩子的完成情况和实际情况来进行调整，不仅要让孩子受到管制，还要让孩子体会到管制时间的乐趣。

第4章

让孩子学会独立

适当的时候，让孩子进行一次一个人的旅行。

> 从最初的工作开始，孩子将会越来越独立。

从工作中学会独立

孩子有什么工作？

看到这个标题，可能有的家长会觉得像是在说笑。实际上对于孩子来说，对世界的探索、玩耍中的学习……这都是他们的工作。

孩子正是通过这些工作，来学会各种生存技能，学会独立。

从孩子 3 岁时开始，就会自发地进行研究和思索，虽然说这种研究和思索在 3 岁之前就开始了，但是到 3 岁这个分界点，会显得尤为突出。

从工作中学会独立，就像初入职场的新人一样，孩子通过自己探索和学习，来启动自己的技能。但是那些被父母娇惯得不会工作的孩子由于经验不足，当他们准备动手时，总是发现无法实现他们的想法，就会放弃实践，渐渐地失去了执行力。有的孩子会变得像一个领导那样指挥别人做事情，有的孩子只愿意幻想不愿意动手，这些孩子都没有办法获得真正的独立。

学会选择，学会思考，在孩子还是幼儿的时候就要开始。

迈开分床睡的第一步

"孩子太小，一个人睡不安全。""试过和孩子分床睡，但总是坚持不久。""我家妞妞怕黑。""分床睡万一出现什么意外怎么办？"……

每当被问道孩子要不要和家长分床睡，什么时候分床睡的时候，家长总是有各种各样的理由。对于家长来说，孩子还那么小，就开始分床睡，简直太残忍了，不如等到上小学再说。

在中国，似乎和孩子睡一张床，或者妈妈和孩子睡，让爸爸自己睡，这是一件理所应当的事情。正因为如此，有的孩子面对爸爸和妈妈一起睡的时候，就会对爸爸拳打脚踢。

那么究竟要怎么面对分床睡这个问题呢？

确实，分床睡不利于家长照顾孩子，尤其是年幼的孩子，也不方便亲子的交流和沟通。但是难道亲子交流沟通就仅仅限于睡觉前那一小会儿吗？

实际上，如果孩子和家长睡在一起，虽然家长照顾孩子会方便一些，但是也可能会危害孩子的身体健康，比如家长不小心压伤孩子；家长睡眠时呼出的二氧化碳弥漫在孩子周围，影响孩子的睡眠质量；大人身上的病菌可能会传染给孩子，对孩子的身体健康造成影响。

但是要知道，迈开独立的第一步，就是分床睡。

孩子自己睡觉，就意味着他要自己学着照顾自己，比如穿衣服，脱衣服，叠被子，自己入睡……这对孩子独立生活能力的培养是十分重要的。而且分床睡还可以培养孩子的独立意识，强大孩子的内心，帮助孩子克服对孤独和黑暗的恐惧。

但是分床睡的时间不宜太早。在国外，有的家庭从孩子出生的时候就让孩子自己睡，这样实际上并不能给孩子足够的安全感，尤其是分床还分屋子，不能时时照顾孩子，在孩子身体不适或者会跑动之后，很容易发生意外。

而在孩子 3 岁左右，因为孩子正处于独立意识萌芽和迅速发展的时期，这时分床睡可以培养他的独立能力。另外，这个年龄段的孩子已经具备了一定的自理能力，能够自己大小便、穿衣服、脱衣服、洗漱、吃饭……因此 3 岁左右是分床睡的最佳时间。

有的家长不忍心让孩子自己睡，总是拖延分床睡的时间，殊不知，过了 3 岁之后，孩子会表现出一定的排他性，再加上秩序和执拗敏感期的到来，这时想要分床，真是难上加难。

对于大多数家长来说，和孩子分床睡是一件让人头疼的事，因为小家伙根本不听你的，哭着闹着恳求你，甚至半夜哭着跑过来跟你睡。其实，只要掌握了一些分床睡的妙招，分床睡就不再是一件难事。

1. 给孩子一些积极的暗示

点 评 睡觉之前给孩子讲一些有关独立的故事,培养他的独立意识。

2. 购买并精心布置小床

点 评 让孩子自己挑选自己的小床,然后和孩子一起把小床布置得精美一些,再通过言语和行为的诱导,增加小床对于孩子的吸引力。可以先从午睡开始,慢慢让孩子习惯小床,最终达到分床睡的目的。

3. 鼓励和拥抱孩子

点 评 最开始分床睡的时候,孩子可能会很不乐意,有的孩子即便是哭着睡着了,半夜醒来可能还会重新爬上家长的床。面对这种情况,家长不要着急,可以陪着孩子,将孩子接着哄睡,第二天再对孩子进行鼓励、拥抱,让他知道自己一个人睡觉是一件很了不起的事,增强孩子的自信心和独立感,让孩子逐渐接受分床睡。

> 自己的事情自己做。过多的娇惯会让孩子成为不能独立的菟丝花。

自己的事情自己做

自己的事情自己做，这是从小家长就教育我们的一句话。但是因为现在的孩子往往是两家人一起带，变得越来越娇贵。有的孩子不要说自己的事情自己做了，就连吃饭都是家长喂到嘴里的。

珂珂从小被家长娇惯大，不要说自己洗袜子，就连穿衣服，都是由家长代劳的。为了让珂珂取得好的学习成绩，不耽误珂珂的学习，珂珂的学习时间，妈妈总是习惯于包办珂珂的一切生活问题，一味地让珂珂读书、学习。

曾经有一个新闻，一个上了大学的孩子，竟然连鸡蛋都不会剥。这样的孩子，连基本的生活自理能力都不具备，不能适应社会，即便是上了大学，又有什么意义呢？

娇惯孩子，尤其是在孩子的自理能力上娇惯他，并不是一个聪明的做法。家长从小就要鼓励孩子自己的事情自己做，让孩子在鼓励中学会做自己的事情。

上了小学的晓晓第一天放学回家，就兴冲冲地和妈妈说自己长大了，以后要自己收拾物品和房间。虽然妈妈担心晓晓做得不好，但是却没有阻拦她。妈妈跟她讲解了一些整理要点后，就让晓晓自己动手了。在收拾屋子的时候，晓晓把自己身上弄得都是水，可是妈妈却很高兴，"晓晓做得真棒！比妈妈做得都好，妈妈要向你学习啊。"听到妈妈的夸奖，晓晓更高兴了，对妈妈说："妈妈，以后我自己房间的整理工作就归我啦！"

有时候，孩子并非缺少独立做事的能力，而是缺少实践的机会和家长的鼓励。家长有的时候娇惯孩子，有的时候担心孩子做不好，有的时候觉得孩子做完自己还要再做一次，太浪费时间，于是代替孩子做了他本来力所能及的事情。长此以往，孩子就会一直依赖家长，无法独立。等到长大成人，连洗衣、做饭这种简单的事情都不会，遇到问题就退缩。

所以家长要给孩子一个独立做事的机会，教给孩子一些具体的技巧和方法，鼓励孩子"你一定可以做得更好"，学着让孩子自己的事情自己做，让孩子在此过程中不断成长。

当然，孩子在做家务的过程中可能会遇到各种问题，比如，洗菜时把水溅得到处都是；拿碗筷时不小心把碗摔碎；盛饭时把饭菜撒到桌子上……面对"笨拙"的孩子，有些急躁的家长总是沉不住气，对孩子进行批评，这样会打击孩子做事的自信心和积极性，不利于孩子的健康成长。

因此，让孩子做家务家长要多一分耐心，耐心指导他先做什么，后做什么，怎样做最省时间、最省力气；多一些鼓励和赞美，肯定孩子的能力，让孩子从家务劳动中得到成就感和自信心。

> 让孩子进行一次一个人的"旅行"。

首次体验的魅力

让孩子进行一次一个人的"旅行"。

孩子刚进幼儿园的时候，第一次体验团体生活的时候，第一次自己上学的时候……有的孩子到了初中，甚至是高中，仍然需要家长每天叮嘱"今天你要做多少习题""要背哪篇课文""要主动完成作业""要认真一点"……

当今社会变幻莫测，环境复杂，处处存在危险，因此许多家长不愿让孩子独自生活或是离开自己的身边。对孩子进行过度保护，久而久之孩子就会失去适应社会的能力。

但正是因为社会复杂，竞争激烈，家长更应该对孩子进行危机、危险意识和判断能力的培养。

让孩子独自面对困难，并尝试解决困难，跌倒了就爬起来的深刻体验，只有这样才能够培养出独立自主且坚强的孩子。如果因为心疼、担心孩子，总是插手，甚至是一手包办，这将会夺走孩子独立思考、解决问题的能力。

日本有一位知名的小说插画家曾经提到，在他的小学开学典礼即将举行的时候，妈妈对他说："从今天起你就是小学生了，自己的事情自己要负责。"于是他一个人去了开学典礼。这句话对他的一生产生了极为深刻的影响，在他有了孩子后，也将这种教育方式延续了下去。

科学家经过多次实验的证实与论证，拥有较多首次体验的孩子通常会比缺乏生活体验的孩子更加积极，大脑更加灵活。

让孩子帮忙做家务、买东西、打扫房间、叠被子，或者是自己照顾自己及弟弟妹妹……这些都可以大大增加孩子大脑的灵敏度。在一定的范围内，可以让孩子去尝试任何在他这个阶段所能胜任的并且能完成的工作。尽可能地让孩子多尝试做一些没尝试过的新鲜事物，因为随着见识不断增多和年龄的增长，孩子的初体验也在不断减少。实际上可以经历的事物还有很多，只是家长有没有耐心去发掘。

当孩子打开新世界的大门时，会令善后的妈妈十分辛苦，因为孩子可能会把屋子弄得一团糟，可能身上全是面粉，可能浪费了一袋的盐……可是，失败是成功之母，只有在不停的尝试中，孩子才可以学会避开失败，迈向成功。

主动的孩子效率更高。

锻炼孩子的主动性

余敏是一个喜欢玩的孩子，不喜欢读书，也不喜欢上学。每次老师布置的作业都要妈妈多次督促才去写，更不要提复习功课，预习第二天要学的内容了。没有办法，妈妈只好每天用粗暴的手段逼迫他写作业。但是余敏就是学不进去，成绩也一直很差，妈妈对此觉得非常困扰，于是就让余敏自己制订学习计划，让他自己积极主动地来学习。

很多家长与孩子相处时都习惯把孩子当成一个不独立的人，觉得孩子必须要受管教才可以。因此就在孩子刚放学回家时很多家长让孩子抓紧时间写作业，抓紧时间去上课外辅导班，完全没考虑孩子的想法。

事实上，家长无时无刻地盯着孩子去完成作业，完成功课的效果完全比不上孩子自主安排的时间、自主学习的效果。强制性地要求并不会让孩子自觉主动地去学习和做事，只会激发孩子的逆反情绪，让孩子失去自主意识和自我判断的能力，事事都遵循家长指示。

　　家长可以给孩子一定的自主权和自由，让孩子自己去安排时间，规划好自己的时间，什么时间玩耍，什么时间写作业。而能够自己做出决定和承诺的孩子，会遵循着"不可以破坏约定"的信念，督促自己。

　　为了提高孩子的主动性，可以让孩子自己来制订一个规划表，家长可以提供合理建议，这样不仅能提高计划实行的效果，也能培养孩子的主动性。当孩子遵守了约定，家长就要及时称赞孩子。当孩子受到表扬，尝到了自主行为带来的成就感后，就会更加主动地约束自己。

　　如果孩子制订了计划和承诺，最终却没有完成承诺，家长就要严肃地指出孩子这种行为的错误，并提醒孩子，给他讲诚信的重要性，促使孩子反省。

> 学会选择，学会思考，在孩子还是幼儿的时候就要开始。

让孩子学会选择

妈妈正带着仔仔在玩具店购买玩具。

妈妈说："告诉妈妈，你喜欢什么样的玩具啊？"

"汽车。"仔仔兴奋地说。

"汽车有什么好玩！没意思。买就买益智玩具。"妈妈带着仔仔来到益智玩具专区，"你看这个多好玩呀！妈妈觉得你一定喜欢！"接下来，付了钱之后把玩具交给仔仔。

"看，这个积木好玩又锻炼脑子，仔仔最喜欢了！是吧？"妈妈边走边说，身后跟着拿着"喜欢"积木的仔仔。

生活中有很多家长，尤其是妈妈们总是喜欢帮孩子做决定。可是在孩子的一生中，不可能总是让家长帮自己做决定。

让孩子独立自主，学会自己选择，家长也要学着倾听孩子的想法和声音。日常生活中多给孩子选择的机会，以此来培养孩子自主选择、判断和取舍的能力，例如，让孩子自己选择今天穿哪件衣服，玩哪个玩具，看哪本书。只要不过分、不出格，就一定要尊重孩子自己的意愿，允许孩子做出自己的判断和选择，由他自己来处理他自己的生活。虽然这都是一些小事，可是会让孩子感受到自己被尊重、被信任，他们可以自己掌握自己的人生，这样就可以培养出他们的自信和成就感。

对于反抗期的孩子，家长提出的开放性的问题，例如"……好不好？""咱们……吧？"往往得不到一个满意的答案。这是因为这个时期的孩子往往会回答"不"。但是对 1 岁多的孩子提出此类问题的话，孩子则会对这个问题进行思考并答复"好"。

因此在孩子有自己想法的时候，家长一定要有耐心、有恒心地让孩子进行一些选择。在刚开始孩子没有回答出来的时候，也不要着急催促，留给孩子一些时间和空间，耐心等待孩子的答案。这会让孩子感受到家长尊重他的兴趣爱好。

1 岁多的孩子的注意力持续时间是十分短暂的，因此在一开始的时候一定会忘记自己在想什么，做什么，正因如此，家长更需要适当地重复问题所提供的选项。除此之外，在明确地说明问题和事情的时候也可以采用选择题的方式提出。当要求孩子做他们不喜欢的事情的时候，就可以尝试一下这个方法，相信一定会有不一样的收获，孩子会从中感受到非常大的乐趣，并且按照要求积极参与。经常让孩子进行思考和选择，慢慢地，孩子就有了独立思考的能力，有了判断力，自然也就从人格上独立出来了。

> 让孩子尽早地接触大人的生活形态，对于孩子来说很有必要。

让孩子接触外界

不管是哪一个孩子，心中都希望自己可以和大人一样。但是国内很多家长，总是觉得自己的孩子还小，不应该去接触金钱、社交，总认为这样会让孩子不再单纯。日常生活中我们经常可以听到家长说："大人讲话的时候，小孩子别插嘴。"这样的家长小时候也经历了这样的教导，长大之后他们有了自己的孩子也会这样教育。

尽管孩子跟大人的区别很大，但是这并不代表孩子和大人之间应该有隔阂。孩子总有一天会长大，要融入这个复杂的社会。因此让孩子尽早地接触大人的生活形态，对于孩子来说很有必要。

让孩子适当地接触大人的世界，不仅可以培养孩子的独立性，还有助于孩子情商的提高，可以让孩子更好地融入社会之中。但有个前提把握好度，不能让孩子在纷繁复杂的社会中迷失了天性，也不能让其一味地生活在象牙塔之中。

1. 0 ～ 3 岁的孩子

【点 评】这个年龄段的孩子需要多出门，多接触大自然的鸟语花香，让孩子融入集体的环境中去。

2. 3 ～ 4 岁的孩子

【点 评】这个年龄段的孩子刚上幼儿园，幼儿园就是他们最好的环境，与同学、老师相处的过程就是成长的过程。

3. 5 ～ 6 岁

【点 评】随着孩子慢慢长大，孩子面对的世界越来越宽阔，也就不可避免地有了矛盾和冲突。适当地引导孩子正确地面对矛盾和冲突，就可以避免孩子面对矛盾和冲突时的迷茫与不知所措。

近年来出现了很多无法独立的年轻人，尽管他们已经成年，但是在日常生活中依然无法独当一面。其实只要多给孩子一些接触大人的机会，那种心智不成熟的年轻人一定会以肉眼可见的速度成长。这些机会并不用刻意去创造，在生活当中处处都有。让孩子多接触这个世界，给孩子一个良好的生活空间与氛围；平时多积累待人接物的经验，鼓励孩子勇敢练习，这样就可以让孩子顺利地与社会接轨，让他们健康开心地成长。

> 拒绝"啃老族"，要从孩子小的时候就开始，不能因为孩子还小，就可以好逸恶劳。

从小拒绝"啃老族"

"啃老族"的出现，除了家长对孩子过于娇惯之外，根本原因还是出在"啃老族"自己身上，这些人好逸恶劳、不积极、不上进、没有最基本的自尊心、自信心。随着生活条件越来越好，"啃老族"也越来越多了，这些年轻人大学毕业后，不出去工作，而是窝在家中继续享受着家长的喂养。而拒绝"啃老"，则要从孩子小的时候就开始培养。

1. 劳动最光荣

点 评 家长不要因为孩子小，就不让他们做任何事情。让孩子从小适量做一些家务，不仅可以让孩子学会生活自理，更可以避免孩子成为好逸恶劳、懒惰的人。

2. 技多不压身

点 评 兴趣是最好的老师，根据孩子感兴趣的方面为孩子挑选一些课外辅导班，例如唱歌、跳舞、画画等，就算以后不能派上太大的用场，也可以充实孩子的课余生活，放松孩子的心情。

3. 培养孩子独立的精神

点 评 独自和自立是一个人必备的品质。当孩子遇到困难时，家长不要立刻帮助孩子解决问题，而是应该让孩子先学会独立思考，家长从旁协助，引导孩子往正确方向思考。一开始孩子可能做得不够好，但是坚持下去，孩子将会越来越独立，遇到问题时首先自己解决，而不是马上想着依靠家长。

4. 适度的竞争是有益的

点 评 在当今社会，除了学会合作之外，竞争也是不可避免的。故步自封的人不会进步，久而久之就会被社会淘汰，成为"啃老族"。适度的竞争也会刺激孩子不断完善自己，与他人共同进步。

5. 要敢于承担责任

点 评 在孩子尚小的时候，家长就要有意地培养孩子勇于承担自己的责任，因为有责任心是一个优秀的人的重要品质，有了责任心才会敢于承担属于自己的职责，没有责任心的人只会找借口来推卸责任。

6. 让孩子经历挫折

点 评 如果家长一味地帮孩子摆平困难，不让孩子独自面对挫折，这样的孩子虽然会十分安逸地长大，但是他的心灵肯定是不够强大的。想要孩子拥有坚强的个性，必须要让他经历挫折，学会自己面对困难。

> "让孩子学会独立思考和独立判断比获得知识更重要。"

让孩子独立思考

有的家长把一切事物都安排得十分妥帖周到，从来就没有想到什么是需要孩子自己去考虑、去想办法、去解决、去处理的，以爱的名义将孩子保护在怀中，这是错误的。爱因斯坦说："让孩子学会独立思考和独立判断比获得知识更重要。"由此可见，让孩子具备独立思考和独立判断的能力有多重要。

孩子不能一辈子都待在家长的身边，事事依靠家长，将来总是要独立生活和工作的。培养孩子独立自主的习惯，能够使孩子有自己的思想、观念、看法、为人方式和处世准则，这对于他将来步入社会具有极其重要的意义。

当孩子遇上困难时，家长常常不假思索就帮孩子解决困难。慢慢地，当孩子再遇上困难时，也不愿意思考，而是等待家长的帮助。长此以往就会扼杀孩子的思考能力，更谈不上解决问题的能力了。

在如今这个知识爆炸的时代，思考能力越强的孩子，竞争、学习和创造力越强，也更加能适应社会的发展和时代的变化。

思考能力是人类唯一能完全控制的东西，纵观世界上有杰出贡献的人，他们都有一个共同点，那就是善于思考。没有正确的思考，就不会有正确的行动。任何一个有意义的构想和计划都来源于思考，思考可以支撑起人生。但敏锐的思维不会从天上掉下来，而是需要严格的训练和培养的。所以，培养孩子的独立思考能力是孩子迈向独立的重要一步，只有这一步踏实了，孩子才能更好地独立成才。

有时候常常听到家长抱怨自己的孩子不爱动脑筋，懒得思考。可是这样抱怨的家长，有没有给孩子一个独立思考的机会呢？

1. 为孩子创造一个思考的氛围

点评 为孩子创造一个思考的氛围，对孩子形成独特的个性，表现有创新意识的思维、举动很重要。家长不能因为孩子太小而把他看成附属品，要受家长的支配。家长要知道，孩子也是一个完整、独立的个体，应该允许他有自己的世界、自己的空间。

2. 让孩子学会思考

点评 家长在与孩子相处和交谈中，要经常以商量的口气，进行讨论式的协商，留给孩子自己思考的余地，要给孩子提出自己想法的机会。家长可根据交谈内容经常发问，如："这两者有什么关系？""你觉得怎么做会更好？""你的想法有什么根据？"等问题，以锻炼孩子思考。对于已上学的孩子，

可采用启发式，诱导孩子逐步展开思考。当孩子在想问题时，家长不要太心急，应该留给孩子足够的思考时间，不要轻易把答案告诉他们。孩子答错了，可用启发性的问题帮助他们思考，引导孩子去发现和纠正错误。

3. 给孩子一个独立思考的机会

点评 孔子说过："学而不思则罔。"几乎所有的科学人才都有超出常人的强烈好奇心，如居里夫人、爱迪生、达尔文等，他们都是从幼年时期即有相当强烈的好奇心。当孩子头脑中有疑问时，他们便开始一连串地问："为什么？"家长如果正确引导，不压抑他的好奇心，孩子的求知欲必定会越来越旺，因为孩子的好奇正是探究新奇事物的开始。

> 最高级的独立，是孩子能自己解决问题。

让孩子自己解决问题

最高级的独立，是孩子能自己解决问题，这需要家长有意识地培养。

曾经看过一个泰国短片，短片中卖菠萝的妈妈说自己没读过书，不知道怎么教孩子，只懂得鼓励孩子自己解决问题。女儿不懂得怎么切菠萝，她没帮忙，而是在一旁切，让孩子学。女儿想去卖菠萝冰棒，她没有帮忙而是让女儿自己去卖。女儿的菠萝冰棒卖不出去，问怎么办？她没有帮忙，而是让女儿去市场看看别人怎么卖东西。最后女儿从市场上学会了售卖技巧，菠萝冰棒全部卖空。

当孩子向家长提问求助的时候，家长不要立即伸出援手，缓一缓，让孩子自己试着去思考、解决问题，孩子的独立能力就会慢慢提升。要想让孩子增长才干，家长一定要鼓励孩子做事，不要怕孩子失败，鼓励孩子按自己的想法去实践。

孩子从小会遇到各种各样的问题：比如数学作业不会做好，或者总是忘记带东西，或者没有小朋友愿意和他一起玩……这时家长需要指引孩子，让他可以一个人适应一些变化、处理一些突发的情况。

一个相信自己有独立处理问题能力的人，长大之后在生活方面更有可能培养出良好的性格，和更好的创新能力，往往在事业上更容易有自己的成绩。

1. 让孩子认识问题

点 评 当孩子遇到问题的时候，要让孩子认清和意识到问题是什么？可以让他自己讲出来，这会帮助他更清楚地认识自己遇到的是什么问题。详细地叙述出问题有助于头脑对问题进行梳理，所以，良好地表达出来对认识问题很有帮助。

2. 指引孩子思索问题

点 评 在孩子认识问题之后，还需要家长引导孩子去思考，但不是直接告诉孩子解决事情的办法和途径。需要让孩子经历动脑筋想办法的过程；思考未必就能很快有结果，但是这个思考的过程一定要让孩子自己去体验，而且无论孩子想的办法好还是不好，都要先让孩子自己提出解决方式。

3. 让孩子自己做决策

点 评 指引了大的方向，就可以根据孩子提出来的方法列出一个清单，总结这个方法的优点和缺点，让孩子自己做比较、做决策，经过了这过程，孩子就对这个方法到底好还是不好有了一定的判断。

承担以后自己有没有承担的能力？……然后继续换另一种方式去尝试。

4. 自己做尝试

点评 根据孩子自己做的决定，让他自己去尝试，这样孩子就会经历这个独自处理问题的过程，处理之后他就知道这样做的结果行还是不行、好还是不好？有没有什么后果需要自己承担？自己目前能不能承担？现在不能

5. 养成自己解决问题的习惯

点评 在孩子经历了处理事情的过程后，他就慢慢形成了一种习惯，遇到事情不会想到找别人，而是独立思考寻求解决方法，独立地去面对问题，然后从小问题逐渐过渡到大问题，很有助于孩子的成长新思维发展。

家长可以按照这种顺序来引导孩子，让其在面对生活中的问题时，不逃避、积极主动地思考和处理问题。

> 孩子从小就需要有控制和调节自己行为的能力。

培养孩子的自控能力

孩子从小就需要有控制和调节自己行为的能力。

这种自控应该是自发的行为，而不是家长逼迫的。虽说家长希望自己可以让孩子具有自控能力，但是这种能力在孩子6岁之前很难养成。

孩子在6岁之前，有很大的随意性和不稳定性，在很大程度上受外部事物的干扰与支配，不能进行系统的思考，也不会控制自己的行动。因此家长在孩子上幼儿园的时候就应注意培养孩子的自控能力，这样可以让孩子上小学后，在课堂上精力集中，专心听讲，下课后认真完成作业。

在生活中，家长可以通过做游戏或其他活动来提高孩子的自控能力，使孩子的行为具有自觉性、坚持性和自制力。

自觉≠自主

孩子的自觉性

自觉性，就是孩子可以清楚地看到行动的目的，并且积极地做出努力，以达到这个目的。我们常说一个孩子"自觉"，意思就是他不需要家长或者老师的提醒，就可以自动执行他们的意志。

要注意，自觉≠自主。

自觉的动力来自外界——外界权威者的意志；而自主性恰恰相反，其动力来自内在——当事人的自我意志。

幼儿的活动，通常是即兴的，没有确定的目的，因此，也很难排除干扰、克服困难、贯彻始终。为了提高孩子的自觉性，家长可以在孩子从事各种活动时，启发诱导他们树立明确的目标，并帮助他们自觉实现，如孩子想自己画一样东西，做一样事情，或者在游戏中扮演某个角色，这时家长要支持、指导，鼓励孩子去完成自己的计划。

有时候嘘寒问暖并不是一件好事。

孩子的自制力

自制力是排除外来干扰，是掌握自己的愿望、情感，从而控制自己行动的能力。自制力培养的过程，是孩子为实现一定目标而支持努力的心理过程，也是排除干扰、掌握自己愿望和感情的过程。

有的家长不懂得培养这些心理素质对孩子将来的学习和劳动的重大意义，因为心疼孩子，常常在孩子画画时递给孩子一块糖，或者在孩子看书时向他们嘘寒问暖。殊不知，这样会分散孩子的注意力，不利于提高孩子的自制力。

家长应当在培养孩子坚持性的同时，随时注意帮助孩子增强自制力。同时家长也要注意，不要去打扰专注的孩子。

1. 有计划规律

点 评 自制力差的孩子，很直观的表现是杂乱无章、东一下西一下、乱糟糟、效率很低。没有规矩不成方圆，家长要给孩子立下规矩、定下制度。具体做法上要和孩子多沟通，具体要求需得到他的认可。如果孩子认可了却没有完成，家长就可以采取处罚措施。

2. 尽可能排除一切干扰

点 评 作为家长，应想方设法排除可能的干扰，从源头杜绝对孩子的干扰。现在，对孩子自制力影响最大的自然是手机，只要解决了手机问题，一切也就迎刃而解。可以说，家长要把所有的精力放在引导孩子如何使用手机上。同时家长需要以身作则，在孩子面前不玩手机，在要求孩子时才会更有底气。

3. 家长要有耐心和策略

点 评 要培养孩子的自制力，家长也要行动起来。自制力差的孩子不能立竿见影，只持续几天很难有效，这是对家长耐心的考验。觉得孩子不争气、不听话、太叛逆，殊不知家长也并没有做到最好。

> 遇到困难，应该好好地思考，想出有效的办法，不可半途而废。

孩子的坚持性

坚持性是顽强地贯彻到底，锻炼克服困难的意志，孩子的这种能力只能在生活中不断克服困难，最终取得胜利的过程中逐步形成。

从小就要让孩子明白，不论做什么事情，都需要经过努力，才能得到良好的结果；遇到困难，应该好好地思考，想出有效的办法，完成预定的计划，不可半途而废。

因为 3 岁以前的孩子对自己行为的控制能力远远不够，并且还常常一转眼就忘记了家长的要求，特别是对于那些枯燥的任务，很难坚持完成，因此家长不能用大孩子的标准来对待他们。

在孩子 4～5 岁的时候，就会进入发展坚持性最为关键的时期。随着年龄的增长，孩子大脑皮质的抑制功能慢慢变得完善，因此他们开始能比较稳定、平静、坚持地做事。同时，孩子的自我意识逐渐发展起来，为孩子坚持性的发展奠定了基础。

> 成熟不是孩子长大后要学会的事情，而是从小就要开始培养。

让孩子学会成熟

随着社会的发展，人们所要承受的压力也越来越大，因为过于孤独而选择轻生的例子数不胜数。实际上，这些人轻生的真正原因是他们无法和周围环境融洽相处，所以才做了极端的选择，并不是因为自己孤独。真正的成熟，就算无法融入周围环境，也坚定地朝着自己的目标行进。所以，只有具备独自生存的能力才能在社会中立足。

不少家长因为孩子不善于交朋友从而担心孩子变得孤僻、认生。其实，除了和别人的正常交际、交往之外，孩子的独处空间也是非常重要的。

阳阳作为三代单传的独苗，家庭中的其他成员对他是有求必应、从不责骂。阳阳没有独自面对过问题，因此也从未受过挫折、打击。阳阳在家中呼风唤雨，从心所欲，养成了霸道的性格，当他长大进入学校后，很难与同学和睦相处。

1. 爱要足够但不要过多

点 评 中国有句古话："十根手指都不一样长。"家长对孩子的爱是毋庸置疑的，可是对不同的孩子家长给予的爱是很难统一的。

独生子可以占有家长全部的爱，所以，人们对独生子女的印象都是任性的，原因就是家长给予得太多，独生子女喜欢黏着家长，从而形成恋母、恋父情结。

2. 引导孩子换位思考

点 评 家长应该从生活的点点滴滴中教育孩子，让他学会换位思考。例如，当孩子和长辈一起吃饭时可以引导孩子"先让长辈动筷"；朋友生病了，叫孩子主动去探望朋友等。除此之外，在学校或是社会生活中，也要鼓励孩子去帮助身边有困难的人，关心同学和朋友。

3. 独立自立很重要

点 评 当今生活中，偶尔做家务的孩子仅占20％，而经常帮助家长做家务的孩子只有不到10％，由此可见，许多家长认为孩子只要学习就够了，而忽略了孩子的日常劳动习惯，这是不利于孩子成长的。自己的事情自己做，是一个人自立成长的标志，在孩子尚年幼的时候，家长就应该要求孩子做一些琐碎小事，例如自己穿衣服、吃饭等，让孩子逐渐学会自立。

4. 让孩子适当独处

点 评 家长对于孩子的独处不要太过担心。如果你的孩子学会独处、享受独处了，那么他也就可以从容地面对和适应自己的成长过程了。

　　但是要注意，孩子在独处的时候家长可以陪伴着他，可是一定不要去打扰他。孩子在独自玩耍的时候可能会需要家长给予安全感，比如他会偶尔停下来喊一声："妈妈！"当妈妈及时回应，让孩子得到安全感后，孩子就会放心地再次沉浸于独处空间中。

5. 保持健康的心理

点　评　人生在世，不免要面对风浪和挫折，是不可能一帆风顺的。所以，孩子是否拥有强大的心理素质是非常重要和必要的。家长应该教会孩子正确面对挫折，犯错后能够积极地承担错误，进行自我评价，正确看待他人错误。同时家长也要放手让孩子独自面对困难，经受考验。

第 5 章

让孩子学会坚强

做孩子坚强的后盾，让孩子学会坚强。坚强
的孩子才具有更好的独立性，才能更好地适应生
活和社会。

> 成功的人，会有一个共同的特性，那就是他们都非常善于忍耐。

孩子要学会忍耐

有一个著名的旅行家，一天，他到了一个非常寒冷的国家。他选择在户外搭帐篷露营。可是就在他搭帐篷的不远处就有一家酒店，价格合适，环境舒适，并且有很多他的国家的人在那边居住，所以很多人就很好奇，为什么他不选择住舒适的酒店，反而在冰天雪地里住。有一个非常仰慕他的人，决定去拜访他，并且问一下他的原因。

原因非常简单，他在野外露营就是为了想要看一下浩瀚的天空和璀璨的星光。只有在野外居住，才可以看到流星划过天际的那一束光；才可以体会到野兽在远山处嚎叫，奔跑觅食的感觉；可以看到别人看不到的朝阳、落日；可以看到更多的风景。只有付出更多的努力，才可以看到与别人不一样的风景。

在日常生活中总是会出现各种各样的问题，如果一个没有耐心的人，做出来的事情一定是比较糟糕的。

现代社会家庭环境越来越好了，在这种吃穿不愁的生活中，孩子反而变得越来越暴躁，越来越不知道何为知足，更别提什么叫作忍耐了。

而且随着生活水平的提高，很多家长对于孩子的要求，从来都是尽力去满足的。这样的宠爱往往会让孩子形成一种错觉，觉得自己只要想要什么就可以马上得到，完全没有忍耐的必要。这样慢慢地就会形成一个恶性循环，家长不停地付出，可孩子却永远不知道满足，反而越来越贪心。

在家庭中，这种不会忍耐看起来似乎没有任何问题，可是当孩子离开家庭走向社会的时候就会发现，社会上有各种各样的问题都需要自己去面对。

在社会中不会有人迁就你。没有忍耐性的孩子往往以自我为中心，做事情没有计划，想到什么就去做什么。有些孩子甚至无法忍受别人的批评，甚至是家长的批评，一旦有外界的批评或者挫折，就会用激进的方法去面对。但凡碰到一些不如意的事情，他们就会觉得事事不如意，会觉得整个世界都在与他们作对，心情会越来越暴躁，认为社会和世界都对自己不友好，自己受到了不公正的对待。久而久之，就会影响自己的耐性，失去适应社会的能力。

耐心的培养往往是从小就要开始的，家长要从孩子小时候，就让他养成一个好的习惯。不要总是溺爱孩子，也不要孩子提的要求都去满足。要让孩子懂得，不是所有的需求都可以被满足的。

很多家长觉得对孩子的疼爱就是给孩子买他想要的东西，或者给孩子吃他想吃的东西。其实不然，这样只会惯坏孩子。

对于可以轻易得到的东西，人们往往是不知道珍惜的，很快就觉得厌烦了。比如一个有钱人买了一辆高级轿车和一个穷人通过自己的努力终于攒钱买了一辆自行车，双方的喜悦感是完全不同的，并不会因为买了轿车就会比买自行车开心，反而是因为通过自己的努力，买自行车的人，会比买轿车的人更加开心。这是因为通过自己努力获得的东西，往往会让人更加珍惜、更加快乐、更加美好。

一味地宠溺，不会给孩子带来好的影响，只会让孩子变得越来越放纵。其实只要家长学会不听到孩子哭、孩子闹就按照孩子的命令去做事情的话，那么孩子慢慢地也会受到家长的影响而变得有耐心起来。试想一下，如果一个孩子只凭哭闹，就可以迅速得到自己想要的东西，那他一定不会有耐心的。要让孩子学会自己期待的东西在等待中得到，从而成为一个习惯。无论什么样的家境，无论是男孩子还是女孩子，都应该学会忍耐。

> 孩子的天性就是喜欢冒险，家长不应该将孩子禁锢在温室之中。

让孩子勇敢

有一只虫子，被关在一个透明的盒子里。这个盒子的上面压了一个重重的盖子。这个虫子刚刚被关进来的时候，它凭借自己的翅膀，老是想要尝试飞出去，可是每次飞到盒子口的时候，就会被盒子的盖挡回来。前几天它还会一直努力地尝试，到后来就算把盖子掀开了，这只虫子可以很轻易地飞出去了，但是它却不愿意尝试了，不愿意尝试的虫子只能永远待在盒子里了。

有一些人总是觉得现在的孩子娇气又软弱，总认为现在的孩子没有以前的那么勇敢。想想自己小时候，爬树、捉鱼、上山……相比之下现在的孩子就像是温室的花朵一样。

其实这样的想法是不正确的。因为时代在发展，环境也在改变，所以孩子们也会与之前有所不同。但无论怎么样，孩子的天性都是一样的，他们有很强烈的好奇心，天性就很喜欢冒险。无论什么时候，冒险对于孩子们来说，吸引力都是非常大的，他们经常在好奇心的引导下，去尝试一些家长不愿意让他去做的事情。不过现在的孩子被管得太严了，很多事情都不能去做，活动的范围变得越来越窄了。有些家长的口头禅就是"危险，这里太危险了""不要靠近水池""不可以玩鞭炮，太危险了"。

其实适当地提醒孩子注意自己的安全是很重要的，但是往往孩子根本没有做出什么危险的事情时，家长就把孩子做这件事情的路径给堵住了，而且一句一句"危险，危险，危险"，虽然让孩子得到了安全，可是却也扼杀了孩子喜欢探险、喜欢冒险的精神，并且扼杀了孩子的好奇心。

孩子刚刚想尝试一些新鲜的事物，就被家长喝止了，孩子就会自然而然地把自己的活动范围缩小在家长认为安全的范围内，长此以往，孩子就会丧失对外界的探索欲望。

> 自卑的孩子往往不能承受失败、挫折，也害怕面对独立。

消除孩子的自卑感

自卑感并不是天生就有的，而是后天形成的。家长们可能没有办法理解，为什么自己宠爱的孩子会有对自己缺乏信心、瞧不起自己、总认为自己什么都不行、无法赶上他人的自卑感。

自卑的孩子往往不能承受失败、挫折，也害怕面对独立。因为他们会觉得自己什么都做不好，拒绝成长，拒绝独立。自卑感，有的时候可能是孩子和别人的攀比而产生的，但更多的是家长在生活和教育中的不恰当行为而引发的。可是自卑就是一个摸不到的坏蛋，家长往往不好分辨孩子是否自卑，因为有的时候过度的自卑，反而会让孩子伪装成自信的样子。

1. 对待批评特别敏感

点 评 自卑感强的孩子，往往伴有不安、焦虑、恐惧等不良情绪。他们往往不能接受消极、过低的评价，呈现出一种病态的自我保护心理，对别人的批评做出过度的反应，如大哭大闹,极度消沉等。

2. 对表扬过度追求

点 评 自卑感强的孩子，总感到自己不如别人，但另一方面，又非常希望自己能有优秀的表现。所以，他们有着比一般孩子更强烈的获得赞扬的愿望，甚至会以不适宜的方式寻求他人的赞扬。因为这样可以在一定程度上减轻自卑的感受。

3. 对互动的回避

点 评 自卑的孩子在日常互动中，一方面想要表现自己，但是更多的又否定自己的能力，认为自己肯定不会成功，害怕招致别人的嘲笑，因此总是回避和别人的互动，更加抵触各种比赛。

4. 对别人的轻视、嫉妒

点 评 自卑感强的孩子虽然认为自己不如别人，但为了减轻心理压力，在言行中常常贬低别人，希望别人不如自己，表现出较强烈的嫉妒心理。

如果发现家中的孩子有自卑的倾向，一定要积极发现孩子的闪光点，鼓励和夸奖孩子，帮助孩子树立自信心，克服自卑感。

1. 善于发现孩子的闪光点

点 评 每个孩子都有他的长处，也都有他的短处。作为家长，在生活当中要注意并善于发现孩子的优点和点滴的进步，并不时失机地给予肯定和表扬。让孩子认识到自己有优点，也能取得一定的成绩，增强孩子取得更大更好成绩的信心和希望。

2. 不要贬低孩子

点 评 我们有些家长爱用大人或天才的标准去要求孩子，达不到要求就讽刺、嘲笑孩子，数落他的短处，故意贬低孩子。经常受到斥责的孩子自信心受到强烈冲击，时间久了，就会在不知不觉当中接受家长的暗示，承认自己的素质差，慢慢地就失去了信心。因此，要帮助孩子克服自卑感，家长首先要改变对孩子的看法，要用家长的信心去鼓舞孩子自信。

3. 不要给孩子乱贴"标签"

点 评 不管孩子表现如何，都不能随便做出"孩子没有出息""没前途""笨死了"等负面评价。因为这些负面评价非但起不到教育的作用，还会使孩子形成错误的自我认识，孩子的自尊心也会受到伤害，对孩子的健康成长十分不利。

4. 满足和引导孩子的表现欲

点 评 自我表现是孩子的主要欲望，也是天性之一，当孩子的自我表现欲受到压抑时，就会产生自卑感。但不要单纯抽象地用貌美、聪明、学习成绩好等来展现孩子的自我表现欲，而要尽可能地在具体的、不同层次的其他孩子身上让孩子看到自己特有的优势，从而满足自我表现欲。

5. 要重视孩子的每次成功

点评 教育孩子重视自己的每一次成功经验。成功的经验越多，孩子的自信心也就越强。同时也要注意教导孩子不要害怕挫折和失败，无论做什么事情都要量力而行，不可好高骛远。

6. 避免田忌赛马

点评 在生活当中具有多种才华和非凡能力的人有很多，但是人各有所长，又各有所短。不要拿孩子的短处和别人的长处来相比。要让孩子认识到人各有优缺点，自己既有缺点，但也有优点，有缺点并不可怕，可怕的是不能正视和改正自己的缺点。

> 让孩子坚强起来，和脆弱说再见。

跟脆弱说再见

有些孩子的心理很脆弱，有时一句再普通不过的话，对于他们而言，也如同惊涛骇浪一般，难以承受，继而大哭起来。孩子的这种一触即破的脆弱心理实际上并不是心胸狭窄，而是因为内心的脆弱，这种脆弱，也被称为"蛋壳心理"。

这种心理，更多的是因为平时家长对孩子百依百顺，有求必应；对孩子用尽赞美之词，舍不得批评……在这样的骄纵和溺爱下，孩子就像是温室的花朵，没有办法面对风浪。除此之外，父母本身缺乏面对困难的信心和勇气也是孩子产生"蛋壳心理"的重要原因。

一个内心脆弱的孩子是很难经受住成长过程中的种种挑战和磨炼的。因此，家长一定要注意让孩子学会坚强，和脆弱说再见。

困难和挫折就像弹簧，你弱它就强。

勇敢面对困难和挫折

有一群人，到一个地方去旅行，在中途的时候，他们到达了一个小镇，小镇上没有住的地方，他们需要乘坐镇上唯一的交通工具去寻找住的地方，可是他们错过了这种交通工具。到了晚上，他们又困又累，找不到一个休息的地方。他的朋友们都慌了手脚，不知道该怎么办了。

他们中有个年轻人，显然心理承受能力比较强，他用尽一切办法终于找到了一个可以暂时睡觉的地方。第二天早上他们乘坐交通工具离开了小镇。

人的一生难免有挫折，有些人遇到挫折就逃避，一蹶不振，而有些人却能够勇敢面对困难，越挫越勇，最后获取成功。孩子是会在不断的挫折中成长的，作为家长应该让他直面挫折，认清挫折，从而战胜挫折。

在生活中应该培养孩子积极地面对挫折，只有这样，孩子在今后人生路上遇到大挫败的时候才能勇于面对，战胜困难。

任何一个强大优秀的人，都会面对失败。

勇敢面对失败

失败是每个人人生中必须要经历的事情。任何一个强大优秀的人，都会面对失败。

一个人面对失败的态度，往往决定了他的人生高度。有的人接受不了自己的失败，一旦有一丁点的失败就会变得很沮丧，而有的人则往往觉得失败是成功的开始，会积极乐观地面对自己的失败。前者失败了则一蹶不振，后者则会越挫越勇。

在孩子成长的过程中，孩子的身体在成长，他的心理也同时在成长，他对于失败的态度，往往都是从家长这里学到的。因此，如何教会自己的孩子正确地面对失败是一个重要的课题。

1. 不要惧怕失败

点 评 让孩子养成不怕失败的习惯，要从小开始。有很多家长都不愿意看到自己孩子的失败，他们会让孩子在事前做好各种准备，尽量让自己的孩子避开各种失败，其实这样对孩子来说会缺失很多挑战的乐趣。一旦孩子进入社会之后，面对失败和挫折，往往就会承受不住。所以如何教好孩子面对失败是孩子人生中比较重要的一课。

不仅是孩子需要学习，家长也要懂得正确地面对失败，因为家长的态度会直接影响孩子。这样才可以在孩子碰到挫折、碰到失败的时候，给予孩子正确的指导。成功固然重要，失败和挫折也是人生道路中不可避免的，只有在失败中、在逆境中越挫越勇

才可以成为一个真正成功的人。

2. 失败时不要一味地指责

点 评 如果在孩子面临失败的时候，家长就只知道一味地指责孩子，那么孩子以后将会恐惧失败。所以当孩子遇到失败或者挫折的时候，家长应该积极地引导，而不应该是责怪，告诉孩子这次失败并没有什么，我们下次可以再来。得到家长的抚慰，孩子应该也会比较容易平静自己的心情，这样有利于孩子长大之后正确地面对失败和挫折。

家长要帮助孩子找到失败的原因，加以改善，并且培养孩子自己可以独立面对困难的能力。面对困难和失败，是否可以走出去并且克服是非常关键的。家长要学会放手，敢于让孩子尝试失

败，才会更好地成功。

一旦孩子养成了正确面对失败的意识，就会变得坚强起来，这将会成为一个良好的现象。在面对失败的过程里，孩子的智慧和生存技能将会得到提高，并且有助于孩子养成耐心和克服困难的能力。

3. 让孩子自己面对失败

点评 让孩子自己面对失败，才是爱护孩子。在现实生活中有很多家长，习惯把孩子保护在自己的身后，保护得严严实实的，不让孩子接触到一点可能失败的事情，所以每当孩子遇到了困难，就寻求家长的帮助，家长也一定会给予孩子支持，并且替孩子解决困难。孩子们自然而然也就形成遇到困难找家长的习惯。

不会有永远平静的海面，也没有一个人的一生永远都是一帆风顺的，每个人的人生中或多或少都会遇到一些挫折和困难。在遇到挫折的时候，如何面对挫折将是非常重要的。有忍耐力、心理强大的人，往往都可以很好地解决自己生活中，或者工作中所遇到的困难。而有些心理脆弱的人，则可能因为一次失败而一蹶不振。

4. 克服失败带来的痛苦

点评 失败是痛苦的，只有经历了痛苦，才可以蜕变成蝶。让孩子学会正视自己所遇到的困难，还有自己成长中所碰到的失败，在受到失败的打击时，不要因为痛苦而失去耐心。

5. 对失败有心理准备

点评 只有不断地在这些失败和挫折中，得到磨炼，才可以成长为一个更加完美的自己。才可以变得更加坚强、更加有耐心。在做每一件事情的时候，都应做好失败的心理准备，把每一次失败都当成是一次锻炼自己的机会，这样才能真正地成长。

6. 无论成败都不要过多回忆

点评 有一种人，无论是成功还是失败，都喜欢沉溺其中。适当地回首过去，可以激发自己的动力，但是一味地沉溺过去，就会影响自己的心智。无论是成功还是失败，都是宝贵而又独特的经历。牢记失败的经验和教训，并且立足于现在与未来，不要总是怀念过去。做好现在应该做的事情，规划好未来要走的路。

7. 勇于尝试

点评 坚定自己的内心，勇敢地去尝试吧！机会往往是稍纵即

逝的，其永远都留给有所准备的人。因此要鼓励孩子勇于尝试，不要畏

惧失败，碰到了好的机会，一定要好好地把握。

后记
关于中国儿童素质早教工程

2001 年，我们开始组建"中国儿童素质早教工程"。迄今为止，"早教工程"已经出版多套图书，并且为家长们提供了线上线下联动的一整套育儿解决方案。

20 年来，国内育儿领域顶级专家们将自己多年的经验和科学育儿知识进行了系统的总结，在百忙中笔耕不辍，为"早教工程"的发展搭建和内容的编写奉献了大量的时间和精力。在他们的指导下，"早教工程"现在已经形成了全国完整和权威的全程育儿记录、监测、呵护和指导体系。

在"早教工程"的组建和发展过程中，我们得到了原中国关心下一代工作委员会专家委员会严仁英主任、中国优生优育协会秦新华会长、北京师范大学林崇德教授等众多专家的关心和支持。在此深表感谢。同时还要感谢早教网——佩拉早教的大力支持和全体专家的辛勤工作，使得工程图书得以陆续出版。

中国儿童素质早教工程

关于佩拉早教

佩拉早教——早教网旗下品牌。成立二十多年的早教网是国内最早的专业育儿网站之一，同时也是"中国儿童素质早教工程"的重要组成部分，现阶段主要是通过佩拉早教新媒体平台，用更加有效的方式解决用户育儿过程中的难题，并为家长和幼教机构科学、系统、个性化的育儿计划提供开放的、一揽子式的参考和专业的指导。

从网站创立初期，我们就得到了国内众多的权威知名的儿科、妇产科、脑生理、心理、行为、营养、保健、学前教育学等多学科专家组的支持，他们大多都参与了网站的内容策划搭建工作以及工程的组建工作，除了参编审阅网站和工程内容之外，有的专家还担任了一本或者多本"早教工程"系列图书的主编。

作为二十年资质的母婴早教平台，早教网 —— 佩拉早教拥有：

顶级专家 拥有国内实力最雄厚的专家团队，目前有知名专家四十多名，均来自国内知名的儿科、妇产科、脑科学、心理行为、营养、保健、学前教育学等学科，在业界享有深远的影响力。

内容权威 网站和新媒体平台有十几个频道、数十个栏目、上万篇的专业文章，这些内容均来自早教网专家组专家的权威著作，从孕前准备、孕期呵护、胎教到婴幼儿的智力开发、营养、保健和心智培养等多方面，给准家长和年轻家长们的育儿生活提供全方位、专业的指导。

服务全面 拥有完善的会员服务系统，目前成熟的有："孩子主页系统""体格发育监测系统""多元智能测查和培养系统""经典5大智能测评系统"和"育儿同步呵护系统"。

多维互动 人性化的家长网络社区、权威专家的在线咨询、免费同步指导的早教周刊，完整的科学育儿书系、全方位的模特孩子征集、妈咪育儿经验的文字出版、丰富的线下聚会活动等为家长的育儿生活提供全方位的，线上线下的互动交流与分享。

最后，衷心祝愿每个孩子都健康快乐地成长！

佩拉早教

PEILA

图书在版编目（CIP）数据

儿童 8 个敏感期教养：全八册/桂圆妈妈组织编写.
－－北京：应急管理出版社，2020

ISBN 978 - 7 - 5020 - 7947 - 5

Ⅰ.①儿… Ⅱ.①桂… Ⅲ.①儿童教育—家庭教育
Ⅳ.①G78

中国版本图书馆 CIP 数据核字（2020）第 019065 号

儿童 **8** 个敏感期教养（全八册）

组织编写　桂圆妈妈
责任编辑　高红勤
封面设计　小红帆童书

出版发行　应急管理出版社（北京市朝阳区芍药居 35 号　100029）
电　　话　010 - 84657898（总编室）　010 - 84657880（读者服务部）
网　　址　www.cciph.com.cn
印　　刷　河北赛文印刷有限公司
经　　销　全国新华书店

开　　本　710mm×1000mm^1/$_{16}$　印张　64　字数　640 千字
版　　次　2020 年 9 月第 1 版　2020 年 9 月第 1 次印刷
社内编号　20192913　　　　　　定价　128.00 元（全八册）

儿童8个敏感期教养

创造力敏感期

桂圆妈妈 组织编写

应急管理出版社

·北 京·

严仁英

原中国关心下一代工作委员会
专家委员会主任
原世界卫生组织母婴保健
合作中心主任

没有什么工作比
培养出生头三年的
婴儿更重要

2002/12/12

严仁英

儿童永远是
人类发展的明天和希望
愿全社会都来
关注伟大的育儿工程！

刘湘云
二〇〇四年

刘湘云

原上海医科大学附属儿科医院院长
中华医学会儿科学会副主任委员

丁宗一

原中国医师协会儿童健康专业委员会主任。

鲍秀兰

北京协和医院儿科主任医师，中国协和医科大学儿科教授，兼任中国优生优育协会理事和儿童发育专业委员会主任委员等。

刘湘云

历任上海医科大学儿科教授、博士生导师、附属儿科医院院长、儿科研究所所长。曾任联合国世界卫生组织（WHO）总部妇幼卫生专家委员会委员。

丁 洁

北京大学第一医院原副院长、儿科研究员、博士生导师。

刘泽伦

原中国优生优育协会胎教专业委员会主任，"八五"攻关"胎教"课题主持人。

戴淑凤

北京东方圣童儿童发展研究中心创始人和总策划，北京大学第一医院妇产科教授，中国优生优育协会理事。

区慕洁

中国优生优育协会理事，主讲中央教育台"万婴跟踪"节目中的"成长日记"。

高振敏

原首都儿科研究所生长发育研究室主任医师，与全国12省市同仁合作，先后完成3项智能测验量表。

冯国强

北京大学医学部福康之家科学育儿专家委员会副主任。

丁 辉

北京市妇幼保健院副院长，世界卫生组织妇女健康研究和培训合作中心副主任。

王惠珊

中国疾病预防控制中心妇幼保健中心儿童保健部主任。

王丹华

北京协和医院儿科主任医师、教授、博士生导师。

牛建昭

北京中医药大学教授、主任医师、中西医结合基础专业博士生导师。

王书荃

中央教育科学研究所研究员，中国教育学会儿童教育心理研究分会学习障碍专业委员会副理事长。

单中惠

华东师范大学基础教育改革与发展研究所、教育学系教授，博士生导师。中国教育学会教育史专业委员会副理事长。

张海澄

医学博士，北京大学人民医院心内科主任医师、教授。

吴光驰

首都儿科研究所营养研究室研究员、中国优生科学协会儿童营养专业委员会委员。

邓静云

原南京大学第二临床医学院及儿童保健研究所主任医师兼教授、中华预防医学会儿童保健专业学会常委。

黄建萍

北京大学第一医院儿科主任医师、教授、医学博士，硕士研究生导师。

仇凤琴

原广州市妇婴医院儿科主任医师、广东省优生优育协会专家组成员。

刘 文

北京师范大学心理科学学院博士后、辽宁师范大学教育科学学院教授。

白文佩

　　医学博士，原北京大学第一医院妇儿医院副主任医师、副教授。

王素梅

　　北京中医药大学东方医院儿科主任、儿科主任医师兼教授。

赵惠君

　　上海附属新华医院、上海儿童医学中心副院长。

石效平

　　中日友好医院儿科主任医师、儿科教授。

金　哲

　　北京中医药大学东方医院妇科主任、北京市中西医结合学会妇产科专业委员副主任委员。

范　玲

　　北京妇产医院产科副主任。

秦　炯

　　北京大学第一医院儿科主任、儿科教授、儿科主任医师。

薛　红

　　深圳市妇幼保健院原儿保科主任、儿保主任医师。

感谢各位专家对早教网工作的大力支持！
感谢早教网对本套图书的大力支持！
感谢中国儿童素质早教工程的大力支持！

感谢王东华教授极力推荐和支持

王东华，男，1963 年 6 月生，安徽芜湖人。中国教育学会家庭教育专业委员会常务理事，《发现母亲文库》总编，华东交通大学母亲教育研究所所长，教授。其研究当代大学生的教育专著《新大学人》（40 万字）为 93 深圳（中国）优秀文稿公开竞价首部成交著作。其致力人类文化启蒙的另一教育专著《发现母亲》（80 万字），1999 年一经推出，即在全社会产生广泛影响。其主编及编著的《我们是这样教育孩子的》《超薄学习》，2001 年及 2003 年分别被选作为全国妇联活动用书。由于其在母亲教育研究及普及方面的突出贡献成绩，2001 年入选《中国青年》"可能影响 21 世纪中国的 100 位青年人物"。20 余年来更是不断行进，社会影响日渐深远。

母亲教育运动的发起人与倡导者，《发现母亲文库》总编。除《发现母亲》《新大学人》外，文库推出的原创、畅销书籍近百种，累计发行近千万册。

母亲教育培训行业的开拓者和典型家教案例的发掘整理者。对全国近千名杰出父母进行了长期跟踪研究，整理出版的国内外经典案例近 50 个，约 200 万字，举办的全国母亲教育研习班数十期，培养出了大批优秀父母。

中国幼儿识字阅读（简称幼读）王氏标准的提出者，即让学前幼儿用约一年的时间学完部编版小学 6 年语文全部 12 册教科书，熟识 3300 个以上汉字，掌握 10000 个以上汉语词语，细读近百万字课文……进入自主、自由阅读状态，从幼儿抓起，从而真正提高全体国民的阅读水平。此项大型实验，正在有步骤有计划的实施当中。

策划及参与中央电视台等各类电视节目百余场，应邀担任全国及各省市"杰出母亲"评委十余次，组织各类母亲教育报告会数千场。

在中直机关、全国妇联、北京军区、中央党校、清华大学、北京大学、大庆油田、IBM 中国总部等各大机构演讲千余场，其电视讲座在百余家电视台播出。

现任全国唯一一家母亲教育专业研究机构——华东交通大学母亲教育研究所所长。

王东华
华东交通大学母亲教育研究所所长，教授
中国教育协会家庭教育专业委员会常务理事

前言

儿童的 8 个敏感期

教育孩子就像是一道组合数学题，家长想要解开这道组合题就必须要花费许多的精力、体力。父母对孩子的爱是毋庸置疑的，父母为了孩子付出再多也不怕，可是怕就怕在力气用错了地方，不但没有起积极的促进作用，反而耽误了孩子的未来。

什么才是育儿的重中之重呢？作为父母又该怎么才能分清主次、明辨是非呢？怎么样才能抓住育儿的关键钥匙呢？

作为父母要想提前做好心理和生理上的两手准备，就必须事先了解孩子成长中各个关键时期可能遇到的问题，这样，当问题出现时，家长就可以从容面对，而不是惊慌失措。

0～8 岁被我们划分为 8 个敏感期。每一个敏感期都对应了一项能力的关键发展时期，不同的孩子可能会有细微差别，但是，根据我们多年来育儿指导的经验，这个年龄段的孩子成长情况几乎是相同的。这样划分的前提是孩子的发展发育是正常的，当孩子的发展发育与同龄人有着明显差别时，家长就不能再以这个划分作为依据去教养孩子了，而是应该结合实际情况来正确地教育孩子。

目 录

contents

contents

第③章 创造和学习的潜能…………031

第④章 孩子世界中的幻想与现实…………075

第⑤章 孩子的探索求知欲...........091

后记──关于中国儿童素质早教工程

关于佩拉早教

第 1 章

神奇的创造力

不要以成年人的标准去衡量孩子的创造力，
孩子的创造力是随着他年龄的增长而逐渐
成熟的。

作为家长，怎么样帮助孩子做好准备，取得成功？

快速发展的世界

随着科技的发展，世界也日新月异。以前只存在于科幻片中的人脸识别、虹膜验证……也越来越多地运用在我们的生活中。

现代社会之所以能以超出想象的速度发展，并且迈向全球化，其中科技的作用巨大。科技探索自然规律，将物质世界蕴含的力量向人类社会释放出来。可以说，科技是发展的决定性因素。

面对高速发展的世界，科技的发展究竟又对育儿产生了什么样的影响呢？美国的一位研究者把科技比作我们每天都在呼吸的空气。孩子未来怎样发展，也取决于怎样合理地利用这些信息技术。

作为家长，也应该思考，在这样快速发展的世界中，在育儿过程中，怎么样帮助孩子做好准备，取得成功？

固然，在现在的育儿环节中，家长要抛弃旧观念中的糟粕，做出相对应的改变，这有利于孩子适应高速发展的社会。但是同时家长也要注意，在这样一个信息大爆炸的社会中，比起单一地培养孩子的某项技能，全面发展的孩子更能受到社会的欢迎。

在之前很长一段时间内，我们一直处于应试教育之中，孩子的任务似乎只是学习。为了让孩子成绩好，家长和孩子疲于奔命于各种补习班，但是这样环境中的孩子，一旦脱离了学校这座象牙塔，就很难适应社会的需求。因此，全面发展人才越来越被重视，让孩子各方面均衡发展，更加有利于孩子的未来。之前被家长们抛弃的创造力、想象力也显得尤其重要。

> 人们往往有一个误区，那就是过分看重智力。

不能只盯着智力

曾经在面对孩子或者看一个成功人士的时候，人们往往有一个误区，那就是过分看重智力。

智力高的人固然学习能力更强，IQ 也成了测试智力的一种工具。但是现代社会，仅仅是智商高，并不足以预测一个人未来的成就。

《哈弗商业评论》中也指出："在拥有维基百科的时代，一个人能记住多少东西真的重要吗？更为重要的应当是一个人能够学会换位思考。从这点上说，同理心才是新时代应有的文化，它对于我们去沟通、合作及领导他人不可或缺。"

此外，我们今天还面临综合化与多元化的挑战，想要仅依靠个人能力就解决问题是非常困难的。所以传统意义上的智商高就起点高，比别人就有优势是片面的。

　　还有人预测，我们的孩子中，有 65% 未来将从事现在未出现的工作。尽管现在我们无法得知孩子将要从事的新行业是什么，可是能够预测的是，将来社会需要孩子具备可以帮助他们获得挑战的适应力、好奇心、创造力、批判性思维和执行力等技能。

　　因此，现在应该用长远的眼光来看待孩子的发展，不应该片面地、武断地认为孩子只有智商高，才能有所成就，更不能扼杀孩子的好奇心和创造力。

创造力不是发明家和科学家特有的产物，而是每个人都有的属性。

何为创造力

创造，顾名思义，就是首先发明制造出新东西。在《辞海》里，"创造"的解释是"创造前所未有的事物"。创造力是人类特有的一种综合性本领。

创造力是指产生新思想，发现和创造新事物的能力。它并不是漫无边际、天马行空式的创意，而是能提出问题，解决问题，创造新事物，帮助人适应环境的能力。创造力虽与智商相关，但不是由其决定。

长期以来，人们总是把创造想得太深奥、高不可攀、神秘，认为创造是有着"天才"属性的发明家、科学家才能做到的事情，不是一般人所能及的。但是实际上，每个人都具有创造力，单说幼儿，他们就具有让人惊叹的创造力。因此，想让孩子长大后富有创造力，这取决于家长在孩子小时候能够保护、指引好孩子的创造力。

孩子的创造力是不可以衡量的，家长应该给孩子更多的创造空间。

给孩子更多的创造空间

韵君是一个 4 岁的小朋友，他很喜欢画画。不过每次他画画的时候家长总是在旁边说："韵君，这个颜色不对，这个颜色应该涂在这里，这个应该涂在那里。"家长一边看韵君画画一边在旁边指导，这让韵君不能按照自己的想法和创意画画，每次韵君画出来的画家长都觉得很好看，但是韵君却对自己这样画出来的画感到不满意。

我们不能以成年人的标准去衡量孩子的创造力，孩子的创造力会随着年龄的增长而逐渐成熟，因为一开始孩子的知识水平和经验有限，所以抽象思维淡薄。同时孩子有针对性的想象力弱，而更多的是自发性较强的创造力。作为家长，应该给予孩子更多的自我创造空间。当孩子取得进步时，这都是创造性的表现，家长应该给予一定的肯定。创造能够让孩子的生活变得更加丰富，意识发展得更加成熟。

孩子的创造力和成年人的不同,家长在保护和引导孩子创造力的时候要注意。

孩子创造力的特点

在日常生活中,家长应当能感受到,孩子的创造力与想象力与成年人的不同,所以,如果以成年人的标准去断定一个孩子的创造力,是行不通的。

孩子的创造力和成年人的相比,有以下特点。

和知识经验的基础上，不同阶段的孩子创造力也有所不同。因为幼儿期的孩子处于直观动作和具体的形象思维阶段，抽象逻辑思维才刚刚萌芽，这使得孩子只能进行一些简单的、逻辑性不强的创造。当孩子上初中甚至高中时，他们的逻辑思维基本上已经成熟，并已达到一定的水平，也有了丰富的知识、经验。

1. 不断变化

点 评 成年人的创造力在经历多年的磨砺后，基本已经固化定型，变化和波动也不会很大。但是孩子则不同，他们就像是刚刚破土发芽的小树苗一样，根茎还没有完全施展开来。孩子的心理发展会随着年龄的增长逐渐变得成熟，经验变得丰富，创造力也会发生改变。

2. 逐渐成熟

点 评 孩子的创造力是不停发展和成熟的。在相应的心理水平

3. 具有自发性

点 评 大人的创造力有着明显的自觉性和针对性，而孩子的针对性较弱，但创造力自发性较强。因此，孩子可以表现的领域与场所是比较宽广的。幼儿所拥有的的创造力没有特定的行为模式，没有强烈的目的性，当然也不会受任何的约束限制，他们的创造

力基本上在他们所有从事的活动中都能够看出。随着年龄的增长，孩子的创造力自发性随着年龄的增长会逐渐向自觉转变。

4. 创造力的表现和创造性的现象

点 评 创造力的支柱是创造性想象和创造性思维，在孩子心理发展水平的基础上借助想象来创造。

想象可以在不受约束的条件下灵活地进行，孩子的想象力是能够成为创造性的。当孩子做出了之前不会的创造性活动时；当孩子在原来的基础上做得更好的时候，都是孩子创造性的表现。家长应该做的就是给予孩子创造力的空间，保护孩子的创造性思维，培养孩子的创造意识。

孩子的创造力会决定孩子的思考能力及动手能力。

孩子创造力的表现

越来越多的家长都已认识到保护和发展儿童的创造力是很有必要的。很多时候，由于家长对孩子的一些创造性表现不太了解，往往无意之间就压制了孩子创造性的发展。不要担心，下面就简单讲一讲孩子创造力的表现。

1. 总是好奇地发问

点 评 孩子经常会问一些问题，比如，蜻蜓为什么会飞？我是从哪里来的？

2. 对于权威的挑战

点 评 孩子会执着于我们认为理所应当的问题。比如，1+1 为什么等于 2？ 为什么 1+1 不能等于 3？

3. 对细节的观察和注意

点 评 孩子会特别专注一些小细节，比如，蚂蚁有几条腿？花朵有几瓣花瓣？

4. 把发现分享给他人

点 评 当孩子有了新发现的时候，他会迫不及待地想要分享给他人。

5. 将两个没有关系的事物相联系

点 评 孩子会将两个看起来没有任何关系的事物关联起来，比如飞碟是不是盘子变的？

6. 动手能力增强

点 评 因为好奇，孩子的动手能力会越来越强。当他对屋顶感到好奇的时候，有可能趁你不注意他就直接爬到屋顶；当他对水和面粉组合的形态好奇的时候，他可能会把厨房弄得一团糟。

7. 有做各种实验的习惯

点 评 你永远都不懂孩子的小脑袋瓜子里面的各种想法，比如，他会想把自己一直泡在澡盆里，只为看自己能不能变成美人鱼。

8. 忠实于自己的想法，并且有强烈的探求真理的欲望

点 评 比如，孩子会一本正经地跟你说为什么小孩子半夜也可以不用睡觉。

9. 有独立的行为

点 评 有的时候孩子会特别小大人地表示：自己只想静静。

10. 敢于提出新观点

点 评 比如在妈妈做饭的时候，孩子会一本正经地提议今天晚上应该试一试棉花糖炒鸡块。

11. 专注力提高

点 评 孩子会专心致志地注意自

己的事情，而且会意志坚定地拒绝扰乱他计划的诱惑。

12. 拆分组合能力增强

点 评 孩子会善于拆分，并且获得物体间的新组合。家里的闹钟、手表恐怕会难逃他的"毒手"。

13. 提出自己的新问题

点 评 孩子观察雪花之后，还会问家长："雪融化后，到哪儿去了呢？"

14. 富有创新的精神和行动力

点 评 孩子会乐于把一种事物开发成具有另一种功能的事物，比如，他会把一个旧皮鞋变成花盆。

15. 能自觉地独创性地学习

点 评 当家长没有办法回答自己的问题时，孩子会自己去学习，思考，寻找答案。

16. 喜欢脑筋急转弯

点 评 孩子会乐于思考或提出一些调皮的问题，比如脑筋急转弯。

第 2 章

家有好奇宝贝

好奇心是人类精神最崇高的特征之一。

——美国科学家阿西莫夫

人类最初的好奇心来自婴儿的探究反射。

你好，好奇心

好奇心是动物处于对某事物全部或部分属性空白时，本能地想添加此事物的属性的内在心理。好奇心并不仅仅是人类特有，动物也有好奇心。

丛林中的猴子，看见人之后会因为好奇而模仿人类的行为举止，甚至抢夺人类的物品；一只小狗可能会因为好奇心，将自己的头卡在窄小的洞口；一只小鸟可能因为好奇心，轻轻用喙敲打你的窗户。

好奇心是创造性人才的重要特征。爱因斯坦认为他之所以取得成功，是因为他狂热的好奇心。

从孩子出生的那一刻起，好奇心就随着他一起来到世界上。人类最初的好奇心来自婴儿的探究反射。观察发现，婴儿一旦发现新奇事物，就会用手触摸，用舌头品尝。到了幼儿期，好奇心更加强烈和明显，他们通过感官、动作、语言来表达自己对周围世界的好奇，这种好奇最初是情景性的，如果受到鼓励与强化，就会变成认知与情感的结合。我国教育家陈鹤琴指出："好奇心对于幼儿之发展，具有莫大作用，幼儿凡对于一切新的东西就产生出好奇心，一好奇就要与新东西相接近。"

美国学者希克森特米哈伊在谈到创造性人才的因素——好奇心的重要性时，也明确提出："通往创造性的第一步就是好奇心和兴趣的培养。"他认为，好奇心是需要保护的，所有的孩子都有好奇心，但好奇心能否保持，很大程度上依赖于早期生活受到的鼓励。

孩子的好奇心很强，这也许与他们知识经验贫乏有关。在他们看来，周围环境中的许多事物都是新奇的，很多都出乎他们的预期，他们想要观察、探索、询问、操作或摆弄这些事物。这些都是好奇心的外在行为表现。如果这些行为能得到鼓励与支持，就会逐渐内化为孩子的人格特征。相反，如果缺少鼓励与支持，这些行为便会逐渐消退，表现为对新奇事物的冷漠、回避等心理倾向，从而不利于创造性人格特征的形成。

> 不应该逃避孩子的问题，相反应该用赞美、微笑和宽容，多多鼓励孩子在生活中发现问题。

面对孩子的好奇心不要敷衍

白云为什么能在天上？

鱼儿为什么会游？

1+1 为什么等于 2？

世界上为什么会有男孩和女孩？

拥有好奇心对于孩子来说是很重要的，这说明他们有着一双善于发现问题的眼睛。不过有时孩子的好奇心会让家长很头疼。孩子对于这个世界还充满着未知，他们经常会问一些很奇怪的问题，而有些问题家长也不能给出正确的答案。

孩子从 3 岁起，就展开了对世界的追求和探索，此时正是孩子敏感的启蒙阶段，此时家长要耐心、细心地鼓励。当孩子长到 6～9 岁时，他的求知欲就会变得格外强烈。

连接不断的问题是孩子探索世界的开端，其中很多是大人不屑于回答或者根本找不到答案的问题。家长不能对孩子提出的问题毫不在意，不应该逃避孩子的问题，相反应该用赞美、微笑和宽容，多多鼓励孩子在生活中发现问题。

同时，在面对孩子提出的问题时，不能敷衍了事，应该细心地讲解孩子的疑问。当面对孩子提出的一些答不上来的问题时，家长也应该通过查询资料，最后告知孩子。也许有些问题是查不到的，这时可以跟孩子说：这个问题可以等你长大了，通过自己的努力寻找答案。

面对孩子的十万个为什么，家长不能感到厌烦，也不能敷衍，这是孩子好奇心的表现。

保护好奇心

一项调查结果表明：孩子 1 岁时，想象力、创造力高达 96%，可在 7 岁上学以后会发生逆转。到 10 岁时，孩子丰富的想象力、创造力只剩下 4%。

家长是孩子的第一任老师，最开始孩子所学习到的知识都是来源于家长，无论是知识、情感还是能力。孩子最初的学习是因为好奇心和兴趣，只有那些让孩子感兴趣的事情，才会使得他们投入学习当中。要想让孩子真正地学习到知识，家长首先要好好了解孩子的兴趣、想法和能力所在。

1. 言传身教

点评 家长是孩子的榜样，有许多事情都需要家长去引导。如家长可以多带孩子出去看看，去公园，科技馆等，既能帮助孩子增长知识，也会对孩子潜能的开发打下良好的基础。

2. 给予孩子同等的尊重

点评 兴趣对于一个人的学习来说是非常重要的，他们会对自己感兴趣的事情十分在意和认真，这一点对家长来说是非常重要的。家长要注意观察孩子在日常生活中的细节，特别是孩子感兴趣的事情。对爱看书的孩子，就给他多买几本有意义的书，鼓励他多看多记；对爱画画的孩子，就带他多出去看看大自然，鼓励他与自然接触。尊重孩子的兴趣，陪孩子一起成长。

3. 清楚明了地解决孩子的问题

点评 不同年龄段的孩子对于不同的问题会有不一样的回答。所以家长在给孩子解决问题之前要先想好如何能够清楚、简单地回答孩子的问题，又或者在解决问题之前先问问，看孩子的想法是怎么样的，他的思考方式是什么，也许孩子会给出家长意想不到的答案。之后，家长可以和孩子分享自己的看法，这无疑是一个锻炼孩子思考能力的好机会。

4. 给孩子提供适合的书本和绘画本

点评 对孩子的教育离不开书本，书本能够为我们提供知识，带来乐趣。书籍的类型并不是关键所在，重要的是能够引起孩子的阅读兴趣，给予孩子知识和技能。

5. 正视孩子的提问

点 评 开放式提问可以发展孩子的兴趣和爱好，真正地说出孩子的想法，这样的提问方式是家长了解孩子内心世界的好方法。

6. 给孩子营造环境

点 评 孩子的好奇心是十分强烈的，哪怕是一个瓶子也能让他玩得不亦乐乎，所以家长需要给孩子营造一个可以启发其好奇心的环境，给孩子准备好安全的、有趣的玩具，让他们自由探索。

7. 提供创意性工具

点 评 准备沙子、橡皮泥、杯子、铲子和一些可以制造东西的材料，和平常的玩具不一样的是，这些材料是没有固定玩法的，家长也不要教孩子怎么玩，让孩子自由发挥，激发灵感。

> 好奇心能帮助孩子拥有主动学习和创造的动机，因此满足孩子的好奇心非常重要。

满足孩子的好奇心

孩子一出生，就具备了强烈的好奇心。随着环境的改变和年龄的增长，孩子的好奇心也与日俱增。好奇心能帮助孩子拥有主动学习和创造的动机，但很多家长在不经意就将孩子的好奇心抹杀在萌芽状态中了。

其实，在我们的日常生活中，有许多方式都可以建立并满足孩子旺盛的好奇心。

1. 亲子共同学习

点评 在成长的过程中，孩子难免会遇到许多状况和问题。家长总是急切地想给孩子正确的解答，却忘记了很重要的一点，那就是孩子也需要从中学习、思考和判断，也需要培养自己解决问题的能力。"给孩子一个独立思考的空间，是培养好奇心的最佳方式。"当孩子兴致勃勃地开始提问时，请先别着急告诉孩子答案。家长可以多为孩子制造思考的机会，让他试着自己解决问题，并从中学习如何与他人达成共识。

就算家长已经知道正确答案，也可以先跟孩子"装傻"，抱持着共同学习的态度告诉孩子："妈妈也不知道为什么，我们一起看书，来寻找答案好吗？"通过这种沟通的方式，让孩子拥有独立思考的空间，对于亲子关系的发展也有很大帮助。

2. 游戏学习法

点 评 通过游戏，可以培养孩子敏锐的观察力。比如，在洗澡的时候，通过一些简单的洗澡玩具，就能教孩子认识浮与沉的概念。

另外，生活中还有很多良好的游戏设施可以作为学习工具。比如，公园里的跷跷板，能够让孩子学会如何在游戏中与人合作。在排队等待玩溜滑梯时，可从中了解遵守游戏规则和秩序的重要性。在孩子逐渐社会化的过程中，游戏对于累积经验起到非常重要的作用。正是通过这些游戏，孩子才懂得如何面对人群，并勇于尝试解决问题。

3. 观察与模仿

点 评 对于 2 岁以下的孩子来说，虽然还没有很清晰的"朋友"概念，但却会互相学习和模仿别人的游戏行为。他们会通过观察，跟着其他人唱歌、跳舞和律动，并且还会纠正自己的错误行为，尽量做到与他人动作一致。就算观察的对象年龄和自己并不相仿，孩子也会根据个人的能力来调整步调，做出适当的取舍。可以说，好奇心引发的观察和模仿，就是孩子学习的最佳动力。

4. 营造刺激性学习环境

点 评 孩子的感官能力需要有刺激性的媒介来帮助发展，在具备充足刺激的环境中生活，孩子能有机会见识各种各样的事物，并引起他的好奇心。家长可以常带孩子到公共场所，以有效刺激孩子的感官和肢体，增加他探索和认识外界的机会。

5. 适时提出建议

点 评 在孩子的成长过程中，家长也要培养自己良好的观察力，以便随时了解孩子究竟有什么样的需求，并对孩子解决问题的能力有一个持续、准确的把握。在不危及孩子安全的前提下，家长不要干涉孩子的思考和决策过程。在孩子面临问题时，应尽量避免给予负面、主观的意见，应该试着将指导者的立场转化为辅导者，站在客观的角度上给孩子提出建议："你要不要用这个方法试试看？"这样不但可以给孩子一个正确的方向，也能让他感受到父母对自己的尊重。

对待孩子的好奇心，一定不能简单地处理，而应该通过各种方式满足他们的好奇心，让他们在探索中更好地认识这个纷繁的世界。

> 当孩子有了自己的兴趣爱好，但由于种种原因我们又无法满足孩子时，替代品就出现了。

替代品满足孩子的好奇心

一位专家曾说："当孩子有自己的兴趣爱好时，做家长的当然会无条件地来支持孩子，但有时由于种种原因，我们无法答应和满足孩子时，替代品就随之出现了。"

家长要对孩子的好奇心适当地保护和支持肯定，在安全的前提下，当孩子遇到自己有能力解决的问题时，家长要学会放手，让孩子享受成果。两岁的"小叛逆"，总希望自己能够有所作为，所以只要是在合理的、安全的情况下，家长就要学会放手，这样也可以锻炼孩子的独立能力。

婴儿时期的孩子，是顽皮的、淘气的，虽然这是孩子正常的表现，但是孩子的这样顽劣行为会给生活带来不便，有时将一盒抽纸全部抽出，这会对资源造成浪费。所以我们对孩子的行为还是需要加以注意的，不可过度放松。因此面对这种情况，既要满足孩子的好奇心，又不愿意造成资源浪费，市面上就出现了系列替代玩具。这些玩具是专门为了让一岁左右的孩子玩个尽兴，这其中包括孩子在生活中最爱玩的"撕扯纸张""按打电话""用钥匙开门"……

孩子天生顽皮，好奇心和兴趣往往是孩子恼人行为的源泉所在。比如，孩子撕纸巾的行为就是因为其天生的好奇心。孩子从出生起，是他们第一次认识世界，认识电话、书、纸……一切的一切他们都是从未见过的，模仿是孩子的本能。

虽然孩子的这些行为有些烦人，但是禁止他们这么做，又是在阻碍孩子创造力的发展。所以，这个度还需要家长去把控，家长需要学会如何促进孩子好奇心的开发。

为了防止孩子出现危险情况，家长可以选择用没有危险性的事物，如同类型安全的玩具，去替代孩子的一些危险行为。当孩子的好奇心得到满足了，他也就不会再有这样的行为了。

> 挑战也是一种创造的表现，是孩子想要尝试打破现状、测试力量的表现。

喜欢挑战的孩子

随着孩子慢慢长大，家长会发现孩子总是喜欢挑战强者和权威。

比如，孩子总是觉得很多人对自己不好，同自己产生冲突。他回家后会向家长诉苦，比如老师罚他坐"反思角"了，却没有罚别人；某某老爱告状，老爱哭，讨厌死了；某某老是欺负他……

面对孩子这些问题，家长总是头疼不已。

实际上这时候孩子正处在成长期，随着他们渐渐长大，他们也会发现与不同年龄的孩子之间的身体差异。此时这些孩子身上所体现出来的优势，会让其他孩子感到羡慕和欣赏。其中又有一些孩子，他们非常有智慧，总是能想出一些特殊的点子，成为大家心目中的榜样，也会因此受到其他孩子的欣赏。

孩子处在这个年龄段，总是有着强烈的好奇心。他们对一切都充满强烈的好奇心，当某些孩子发现自己的身体比别人强壮，或者有一些特殊的优势时，他们会想要去表现。但是这种表现的对象，一般都是从年龄较小的孩子开始，渐渐地变化到年龄大一点的孩子，最后再去挑战和自己年龄相仿的孩子。

4 岁左右是孩子成长过程中的一个新阶段，随着孩子自我意识及各种能力的发展，他们会有很多新的行为表现。一些孩子可能会经常与别的小朋友发生冲突，甚至产生暴力行为，心里充满不满、委屈或愤怒等负向情绪。笔者认为，孩子出现此类行为可能是正在挑战强者和权威，测试自我的力量。

当孩子感觉到自己也有一些力量时，就会去试验这个力量。一般情况下，在男孩子身上出现试验力量的情况比较多一些，他们会从比自己年龄小的孩子试起，慢慢地去惹那些大一点的孩子，然后去挑战年龄跟自己相仿的，接着再去挑战那些身体和各方面都比自己强的。

这种挑战行为实际上也是孩子创造行为的一种，是试验力量的表现。他们希望通过一些方式改变这种状态。

这个年龄段的孩子还没有反思能力，所以还不能进行这种关系联结的思考。面对孩子的挑战行为，家长要注意引导孩子，不要当面指责或者批评孩子的错误，这会造成孩子对群体和其他孩子的敌意，并加重孩子的不友好行为。

第 3 章

创造和学习的潜能

在成长过程中，孩子所能表现出的远远超出
自己的想象。

> 越是把自己禁锢在知识里，思维越是萎缩，最终成为不敢想、不敢说的人。

早教不是扼杀创造力

每个家长都希望自己的孩子拥有光明的未来，一帆风顺。随着生活水平的提高，家长们也不甘落后地纷纷带着自己的孩子去上早教课。对比十年前中国的早教事业，现在的早教事业可谓是蓬勃发展。

但是夜深人静的时候，家长们应好好想一想，让孩子从懵懂时开始，就去上各种条条框框的早教课，把孩子禁锢在一个盒子里，真的好吗？没有想法、没有创造力、没有热情的孩子，长大后即便是考了高分，又能做什么？

中国的家长和学生，都以考取名校为荣。而名校录取的标准，就是高分。分越高，越受欢迎，如果是状元，则成香饽饽，被各大名校争来抢去。但奇怪的是，国外的许多名校，对高分者则似乎不太重视。

2004 年，哈弗大学拒绝了 164 个 SAT（满分 2400 分）考满分的中国学生。有家长质问学校："为什么不录取我女儿？"哈弗解释道：您女儿除了满分，什么都没有。

2010 年的中外校长论坛上，有人问哈弗校长陆登庭：哈弗青睐什么样的学生？

答曰：哈弗需要知道，一个学到了很多知识的学生，是否也具有创造性；他们是否有旺盛的好奇心和动力去探求新的领域；除了学生本专业的领域，学生是否关心其他领域的东西，是否有广泛的兴趣……

一部电视剧中有这样一个情节：老师在黑板上画了一个圆，问这个圆像什么？幼儿园里的孩子讲出了几十种；小学学生讲出十几种；中学生讲出八九种；大学生讲出两三种；社会上的人一种也讲不出，因为不敢讲。

虽然这个电视剧中的情节有些夸张，但这不就是我们"通过学习"后的结局吗？越学越不敢想象，越把自己禁锢在知识里，思维越是萎缩，最终成为不敢想、不敢说的人。

在孩子小的时候，适当地采用合适的方式进行早教，无疑可以让孩子站在起跑线的前面，但是却扼杀了孩子的创造力和好奇心。因此禁锢孩子天性的早教，是孩子完全不需要的。

> 　　一个童年丰富而且幸福的孩子，他往往是阳光、自信、富有激情的。

早教不是抹杀孩子的童年

　　一个童年丰富而且幸福的孩子，他往往是阳光、自信、富有激情的。孩子的童年应该是被悉心呵护、无忧无虑的。但是现在的一些家长往往为了制造神童、小天才，让孩子去掌握许多与童年无关的技能。

　　早期教育是人生的启蒙教育，具有奠基的意义。婴幼儿期是孩子大脑发育最快的时期，如果这时能够丰富孩子的生活，针对孩子的年龄特点给予正确的教育，就能加速孩子智力的发展，为良好的行为习惯和个性品质的形成奠定基础。

　　比起8个月就开始走路，1岁不穿纸尿裤，关注孩子每个阶段的发展，引导孩子更好地成长，才是家长更应该关注的事情。

　　养育孩子需要漫长的时间和经历，并不是一蹴而就的事情，仅仅妄图通过一些课程培训，将孩子的教育之路缩短成急行军，是非常不可取的。

另外现在还有一种家长，被称为"虎妈""鹰爸"，他们用严苛的教育方式，扼杀了孩子的童年，让孩子失去了施展的空间，失去了梦想，失去了创造力，这也是不可取的。

在人漫长而又短暂的一生中，家长和孩子共享的亲子时光，对于孩子的未来是极其重要的。家长要知道，养育孩子并不是培养傀儡，也不是将自己的梦想加诸在孩子身上，不是去侵害或者污染孩子的童年，而是要利用孩子的潜能和家长所拥有的机会，帮助孩子茁壮成长。

孩子其实比我们想象的更加成熟。

创造力的培养

有一间绘画教室，开始上课之前，老师就会告诉孩子，"如果你今天想要画的画很多，需要很多张画纸才能表现出来的话，那么你就可以把这些画纸粘贴在一起"。老师并不会教孩子今天画什么，而是让孩子自己去发挥创意。真正的绘画，不应该是把所有的东西都放进一个被局限的范围里，而是需要去思考如何把我想画的事物都画进画里。

随着时代的发展，社会的进步，科技水平的提高，家长也越来越重视对孩子的创造性思维的培养。

富有创造性思维的人热情、兴趣广泛、善于思考、独立性强，这样的人才会处处受到人们的喜爱。在孩子上课的过程中，如果他能够发现不同于教材的方法，自己能够独立思考，用自己现有的知识对老师课堂上所讲解的知识有新的理解，这也是他们的创造力。

孩子其实比我们想象的更加成熟。从 4 岁半起，他们就拥有自己的思想，自己的表达，自己的规划，例如：周末全家应该一起去哪里；当家长分配给自己零用钱时，该怎么去合理使用……

大人的思维和孩子的并不相同，孩子的世界里一切都很简单。孩子的想象力总是天马行空，创造力总是不可估量。有想象力的孩子，他常常会和家长分享一些自己知道或者想到的故事，总是会有无限的想象力。

在面对孩子的创造力和想象力的时候，家长不能用自己的主观意识随意定断孩子将来的行为，其实这是非常不正确的。这不仅会扼杀孩子创造力和想象力，也会使孩子对自己的将来毫无期望。

对于孩子的创造力和想象力，家长正确的回应应该是表扬和称赞，在有限的空间中，让孩子无限地发挥创意，不受拘束、自由自在。

家长要支持孩子所喜欢的事情，让孩子做自己真正想做的事情，这是非常重要的。

> 不要因为怕不安全，就扼杀孩子放学路上的乐趣。

欣赏沿途的风景

孩子的好奇心是旺盛的、天生的。因为一切对他来说都是陌生的、未知的。他们想要探索，想要明白，所以会更加渴望。

在平时上下学的路上其实就是让孩子观察创造的好时机。不用着急回家，可以在路上适当地停留，观察路上的小花小草，奔驰的汽车……这些都可以引发孩子的好奇心。

回家的路上也总是充满学习的惊喜。记得在上小学的时候，和朋友一起回家，小伙伴们走在回家的路上，彼此照顾，尽情玩耍，拥有许多美好的记忆。即使是每天都在走的放学路，也可以成为孩子的快乐源泉。

幼儿时期的孩子，他们身上有着无尽的好奇心和想象力，即便每天走着一样的路，却依然可以在同样的旅途中发现不一样的乐趣和幸福所在。如路边五彩缤纷的野花；和朋友一起分享零食；下过雨后出现的彩虹等。虽然对于家长来说这些事情是微不足道的，但却能给孩子留下美好的记忆。

固然，外界环境纷繁复杂，家长的担心也不是没有原因的，因为随着时间的发展，孩子的安全问题确实是非常值得关注的。一旦孩子没有按时回家，家长就会十分担心，害怕孩子出现什么意外。可是实际上，在日常生活中，家长更多的应该是教导孩子如何去自我保护、自我防卫，告诉他们正确的安全防范意识，这比禁止孩子出门更为有用。

另外，家长可以给孩子购买一些安全防范的书籍，陪着孩子一起看，一起讨论，如当遇到问题时应该如何应对，遇到特殊情况时应该去哪里躲避。

家长如果想确保孩子上学路上的安全性，可以选择给孩子购买一些"防身武器"，例如，防身笛、警报器、儿童手机等。这样，当孩子出门在外遇到危险的时候，可以第一时间用"防身武器"向家长、警察求助。家长要明白，一味地阻止孩子出门其实解决不了什么问题，要做的是教会孩子防身的意识和手段，从小事做起，从日常做起。因为培养孩子的能力，教会孩子成长比帮助孩子成长更有用。

> 大自然是孩子成长过程中最健康、最丰富的营养品。

让孩子在自然中学习

大自然是美好的，是世界的馈赠。美丽的风景、明媚的阳光、汹涌的海浪……这些自然场景不但可以震撼孩子的心灵，也是孩子成长过程中最健康、最丰富的营养品。

带孩子与大自然多接触，感受大自然的独特魅力，开拓视野，增长见识，这些都是家长应该做的。

如果家长一味地去阻止孩子接触自然，观察自然，不让孩子在路上停留，也不让孩子去山上、湖边玩耍，反而会引起孩子的反感，扼杀孩子的好奇心与自由空间，失去原本能够拓展孩子好奇心和创造力的好机会。

让孩子接触大自然，不仅能够让孩子的各个器官与大自然亲密接触，接受到丰富的感官刺激，促进孩子大脑和各个器官的发育，同时能够让孩子接受丰富的自然信息，拓宽视野，不断形成对事物的认知。

在孩子与自然相处的过程中，孩子的大脑会一直处在工作的状态。在这个时候，哪怕出现了一个不起眼的事物，大脑也会对它产生深刻的印象。心理学家在研究中得出结论，大脑会对人潜意识中看到的事物产生长期的影响。

大自然是神奇多变的，在丰富的大自然环境中，孩子的大脑中会不断地被输入信息和有用的知识，然后大脑就会下意识地把这些画面保留下来。所以，家长应该多带孩子感受大自然。

> 真正接触用具能够让人体会到物品的价值所在。

实物教育更能激发创造力

在日常生活中，家长要潜移默化地给孩子提供一些包括味觉、视觉、听觉、触觉等各个方面胡实物教育。

在周末家庭聚餐时，取消塑料餐具，取而代之的是有质感、颜色鲜艳、造型独特的餐具，孩子们对于这样的餐具是毫无抵抗力的，他一定会开开心心，自觉地去吃饭，家长也可以减轻一些吃饭时的苦恼。家长是孩子的引导者，在平常生活中，要多带孩子去大自然中走走，感受大自然的无限魅力，相信孩子也一定能够从中发现独特的存在，对孩子的潜能发展和创造力的提高也是极有帮助的。

据多数人的经验，学会一项技艺的开头都是模仿，模仿优秀的作品，学会事物基本雏形，也就拥有了创造的能力。

有一位知名的表演大师在一次采访中提道，他在幼儿时期去学艺，也是从模仿开始。艺术是精细的，动作的位置、幅度，表演时应该有的状态、表情等都需要注意。也正是他从小的学艺经历，培养出了他的创造能力，也给他带来了精湛的表演技能，获取了更多的锻炼机会。

现在越来越多的儿童创意被社会，市场承认。在商场里面经常会碰见那种体验店，虽然店很小，但是却"五脏俱全"。里面有孩子玩耍、制作、创造、学习和锻炼的各个空间。孩子在里面可以尽情地玩耍，体验不同的职业。有面包制作间，孩子可以自己制作面包，但是成年人只会按着画册上面的去制作，而孩子却可以做出无限的创意。让孩子真实地去接触用具是非常重要的,面对这些真实的材料,孩子可以发挥出无限的创意,他们的大脑中有无限的潜能等待开发。

> 孩子创造力的培养基础和条件是家庭环境。

家庭环境和创造力

孩子创造力的培养基础和条件是家庭环境。家长是创新力量中最重要的因素，这是德国教育学家纳海特提出的教育观点。

在孩子的成长历程中，家庭教育、家庭环境是至关重要的，良好的家庭氛围会给孩子的创造力提供欲望和兴趣、能力。与此同时，也有利于孩子积极性和主动性的发挥。

1. 提供儿童成长过程中所需的物质环境

点评 家长应该给孩子提供一个良好的环境。首先，孩子健康成长所需要的营养是一定要的；其次，还有孩子的身心健康，如看电影、看书、锻炼、兴趣爱好……这些在帮助、锻炼孩子的同时，也对家庭氛围的调节和孩子天赋的发挥提早做好了准备。

2. 营造和谐温馨的家庭氛围

点评 营造和谐温馨的家庭氛围是非常重要的。据研究表明，有创造性的家长，他们的性格与态度绝对不会是独断，蛮横的，反而是非常温和、民主、善良的。孩子在这样的家庭氛围中成长，会更有勇气去做事情，遇到不懂的敢于去问、去说、去干，潜能也会在不知不觉中被开发。在孩子的成长过程中，家长要做到的就是引导、鼓励孩子，教导孩子学会做事，学会说出自己的看法，勇于创新，敢于提问。这些在今后对孩子的帮助是非常重要的。民主的家庭氛围给每个家庭成员的感觉都是非常良好的。

从孩子出生起，他就是一个独立的个体，不是任何人的附属品，他也需要被尊重和理解。

在孩子幼时，家长对孩子说的话会影响孩子的内心。

所以，家长应多鼓励，赞美孩子，给孩子自信，尊重孩子，这样他长大后才会真正具有自信心、勇气和不气馁的精神。

3. 营造良好的家庭氛围

点评 家庭是孩子的小世界，其潜移默化地影响着孩子的成长。良好的家庭氛围会使得孩子在耳濡目染中吸收知识，养成好的生活习惯。在日常生活中，家长要学会培养孩子思考的能力，要教导孩子养成一种认真的态度，引导孩子去思考，去解决问题，懂得换位思考。

> 敏锐的观察力是发现问题的关键，是孩子感知能力和思维能力的重要体现。

观察力的培养

众所周知，敏锐的观察力是发现问题的关键，是孩子感知能力和思维能力的重要体现。

孩子从小对世界就有着强烈的好奇心，想要去探索、认识这个世界。这是一种本能与需要，是获得创造性思维的基础。对于外界，孩子是毫不了解的，他们会以最轻松、最简单的方式去看待事物，获取他们独特的认识。

家长应该保护好孩子的好奇心，并且守护他们心目中的美好；要注意培养孩子的兴趣爱好，尽可能地回答孩子的问题，开发孩子的思维思考能力；调动孩子的感官，提高孩子的兴趣，让学习不枯燥。同时，这也是一个培养孩子观察力的好机会。

观察可以有许多种方式，如分解观察法、顺序观察法……那么孩子经常会东看西看，发现很多大人没有注意到的细节，这是不是说明孩子的观察力就很强呢？

实际上不是的。没有经过刻意的培养、有效的训练，是很难培养出系统、持久的观察力的。家长可以在日常生活中注意指导孩子养成良好的观察习惯，明确观察目的。

在家里带孩子外出时，可以随时确定观察对象，进行有目的的观察。比如，观察山水、树木、花草、建筑……为了提高观察效果，家长还可以边观察边用语言描述。

1. 让孩子懂得主动观察

点 评 应该教会孩子去主动观察事物。在日常生活中，对于见到的一些新鲜事物，家长要指导孩子应该怎样观察，找出它们别具特色的地方。在对一些事情进行描述时，家长可以指导孩子看一些对事物的介绍，也可以看一下别人是怎样描述的，或带孩子亲自去看一下，身临其境地进行指点。这样既能调动孩子的积极性，又能使孩子掌握观察的方法。

2. 让孩子注意细节

点 评 因为孩子在观察的时候，可能不会太专心，不知道从何做起，细节方面很容易被忽略，所以一定要让孩子注意对细节的观察。应该注意给孩子讲解如何观察事物的细节。观察物品时，不仅要从整体上看，还要从每个细节上看；在观察事物时，要让孩子做到眼看，耳听，手摸，多种感官协调活动，使孩子对事物观察得更加全面准确。

3. 帮助孩子归纳

点评 在孩子观察了事物之后，应该和孩子一起去归纳，让事物的特点能够准确地反映出来。观察不仅是看看，还要和别的物品比较着看，找出不同，找出独特点，这样给予指导，才能让孩子掌握观察要领。

想象是创造力的源泉。

拓展孩子的想象空间

想象是创造力的源泉。有一句话说得好："想象力比知识更重要，因为知识是有限的，而想象力却概括着世界上的一切，并且是知识进化的源泉。"在从事创造性活动过程中的一个必不可少的环节就是创造性地想象。

当我们还是孩子的时候，是我们的想象力最丰富的时候。孩子的想法千变万化，儿童探索活动和创新活动的基础就是想象力，想象力是一切创新活动的起点。

作为家长，要学会培养孩子的想象力。

1. 提供机会，丰富孩子的生活经验

点 评 带孩子多出去走走，多看，让孩子的脑海中对生活中的事物有基本的概念。

2. 带孩子多参加活动

点 评 认识同龄孩子的机会对儿童来说也是其人际交往能力,自信的提升机会。在游戏中丰富孩子的想象力,也是不错的选择。堆积木、堆雪人、玩泥巴等游戏,会对孩子的创造性、想象力、动手能力有一个良好的提升和培养。

3. 参加艺术类活动

点 评 艺术类的活动对孩子的创造性想象培养也是非常有效的。如果孩子喜欢听故事,就多给孩子讲故事;爱朗诵,就帮助孩子去学习并提供机会让他去表演、展示;爱舞蹈、爱音乐,就给孩子机会去尝试。

家长要注意,在日常生活中发现孩子的兴趣爱好,要鼓励并支持他。

> 创造力的培养其实并不像想象中的那样高深复杂。

创造性思维的训练

创造力的培养其实并不像大家想象中的那样高深复杂。正如陶老师所说的那样："处处是创造之地，天天是创造之时，人人是创造之人。" 这话说得非常有道理，在我们平常的生活中，创造力也可以通过创造性思维训练来培养。

人们在创造性活动中的特有思维方式就是所谓的创造性思维，思维是人类创造性活动的支柱之一。

对于大人来说，对很多事物都已是习以为常了，并不会再去仔细推敲，由此形成了许多思维上的定式，甚至是"误势"。有些时候，谁能克服这种生活的习惯和思维的定式，谁就是强者。

在早期教育过程中需要培养孩子的发散性思维。发散性思维，又称扩散性思维、辐射性思维、求异思维，它是指从多种角度去思考探索问题，寻找多途径解决问题的思维。发散性思维的特点是，充分发挥人的想象力，突破原有的认知圈，从一点向四面八方扩散，并通过知识、观念的重新组合，寻找更新、更多的设想、答案或方法。发散性思维和聚合性思维彼此存在相同点又有不同点，它们互相促进，互相磨合，互相沟通，互相补充，共同推动创造性思维的不断发展。

从小培养孩子的发散性思维，能使其长大后更好地学习知识和应用知识，提高解决问题的能力。

3 岁以前的孩子还不具备深层思维的能力，在这一阶段，主要是协调孩子的动作，为今后的思维发展打下基础。家长可以通过给孩子创设一个轻松、有趣、愉快的游戏环境，让他萌发思考的兴趣，并尽量让他自己动手操作，使孩子处于积极活动的状态之中，在娱乐中帮助孩子形成发散性思维。

1. 一物多形的扩散

点 评 可以让孩子观察水装在圆形杯子里和方形杯子里形状有什么不同，想想冰块放到热水里会发生什么变化？把手放到冒着热气的杯子上会有什么现象，为什么拿下来后手上会有小水珠？

2. 一形多物的扩散

点 评 让孩子尽可能地说出同一形状的物品，如圆形的东西有哪些，正方形的东西有哪些，等等。这种练习可以结合家里的器具和摆设进行，可以先教孩子认识一些简单的形状，如圆形、三角形等，然后让孩子看看家里哪些东西是圆形的，哪些是三角形的。也可以先让孩子随手涂鸦，然后在孩子"画"的基本图形上进行加工，添改成为一个比较明显的图案，如小兔、小鸭、帆船等。这样不仅能让孩子有成就感，更重要的是，通过这种画画游戏，可以锻炼孩子的发散性思维。

3. 一因多果的扩散

点评 带孩子玩"如果……将会……"的游戏。比如，你可以让孩子想想："如果世界上的花朵都是白色的将会怎样？""如果你会飞，将会发生什么？""如果大家都穿一样的衣服，将是什么情形？"再如，"小鱼在水里游，还有谁也在水里游？""小鸟在天上飞，还有谁在天上飞？"鼓励孩子开动脑筋。

4. 一物多变的扩散

点评 让孩子把东西变换一下，他们会更喜欢去思考，如什么东西小点儿更好看、什么东西跑快点儿更有意思、什么东西大些能使人感到愉快等。也可以利用橡皮泥的可塑性让孩子动手做各种各样的小东西。因为橡皮泥的还原性，可以放手让孩子自由地发挥、大胆地创造。必要时给孩子提供一些辅助性材料，让孩子自己动脑筋捏出小鸟、冰箱、汽车……当孩子在获得成功的同时，会更积极地去创造，从而培养他的发散性思维。

5. 一题多法的扩散

点评 启发孩子对一个问题想出多种解法，锻炼他的发散性思维。比如，让孩子回答："手帕有什么用？""迷路以后怎么办？""筷子的用途有哪些？""水可以用来做什么？"另外还可以设计一些具有多种解决方法的生活趣味题，让孩子思考。比如，准备颜色、形状、大小不完全相同的 10 个左右的瓶子，让孩子试着给瓶子分类，想想共有多少种分法。比如按颜色不同，红色的放一起，绿色的放一起；按大小不同，大瓶子归为一类，小瓶子为一类；按形状不同，有的是圆形，有的是方形；还可以根据敲击发出的声音不同进行分类。

> 创造力发展的基础是大脑左、右半球的互相协调、配合。

促进左右脑的开发

人类的大脑分为两个半球，被称为左半球大脑和右半球大脑。两个半球大脑有着不一样的功能。

左半球大脑是抽象思维，分析、聚合思维的中枢所在，其主要功能是语言处理；右半球大脑是具体形象思维控制，直觉、发散思维的中枢所在，其主要功能是表象处理。

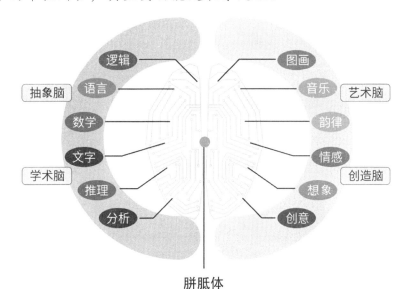

胼胝体
左脑理性　　右脑感性

创造力发展的物质基础是左半球大脑和右半球大脑两者互相协调、互相配合。培养孩子创造力的重要途径和任务就是教育。教育能够促进孩子左右大脑的开发和挖掘。

也有专家指出，人类的创造性活动与右半球大脑有着密切的联系。这样的结论是因为右脑的主要作用是想象、直觉和整体的感知。那些创造性特别强的、具有高度创造力的人，他们的左右脑都格外发达，并且两者配合得默契而融洽。

因此若想要锻炼孩子，充分挖掘孩子的潜能，一定要格外注意孩子左右脑的开发。

左脑和右脑的开发并不需要去阅读枯燥乏味的书籍，而是在日常生活、在游戏和活动中进行开发。

1. 0～1 岁（启蒙期）

左脑开发

`点 评` 每天抽出 20 分钟，进行"亲子共读"。让孩子从小听读儿歌和故事，虽然他还不太懂，但这些语言信息会在他脑海中留下印象，为日后的语言发展打好基础。

右脑开发

`点 评` 家长可在孩子面前先把东西藏起来，再让他去找。捉迷藏是开发右脑最有效的游戏。同时，还可以用音乐熏陶孩子，训练他的听觉。

2. 1～3 岁（活跃期）

左脑开发

`点 评` 可利用益智图卡，教孩子看图识字，同时教他分类、排序，锻炼他的逻辑思维；提问时，可多出现名称、动态的词汇，培养他的语言思维。

右脑开发

`点 评` 鼓励孩子绘画及多用左半身，如用左手拿东西、扩大左视野等；并用和谐悠扬的乐曲激发他的右脑；用右脑记忆法训练他的记忆，培养他对图形的认知。

3. 3～6 岁（学前期）

左脑开发

`点 评` 培养孩子独立阅读的能

力，家长可以一面教他背成语，一面锻炼他用自己的语言讲故事；还要加强他对数字的应用。

右脑开发

点 评 拓展孩子视野，多带孩子到大自然中去，培养孩子的观察能力；有意识地训练孩子的左手左脚，如左手写字、左脚踢毽子等；还可鼓励孩子唱歌、跳舞；学习棋类活动，活化右脑。

虽然说左右脑游戏和锻炼可以促进孩子全面发展，但是在训练的时候也有一些事项要注意。

1. 左右脑开发不可偏颇

点 评 人的左右脑有着十分明确的分工，即左脑主要从事逻辑思维，右脑主要从事形象思维，那么偏重其中任何一个都会导致大脑的不均衡发展。

2. 左右脑开发相互促进

点 评 对于正常人来说，大脑左右两半球的功能是均衡和协调发展的，既各司其职又密切配合，二者相辅相成，构成了一个统一的控制系统。若左脑功能开发不充分，右脑功能也不可能完全开发，反之亦然。

> 想要创新，当然不能只停留在口头上，付诸相应的行动很重要。

动手能力和创造力

想要创新，当然不能只停留在口头上，而应付诸相应的行动，将思维结果具体化。这个过程中会用到许多种能力和技巧，但这些技巧的获得需要经过多次的实际操作。

培养孩子的动手能力可以直接促进孩子视觉、触觉、动觉及感知觉的发展和相互间的协调。在通过玩玩具及操作日常生活用品的过程中，孩子可以掌握使用物体的方法，然后在此基础上，慢慢掌握大人使用工具的方法和经验。

动手能力的培养更重要的一点是，通过实际操作，可以进一步认识同一类物体的共性，因而使知觉更加具有概括性，并为概括表象和概念能力的形成做准备。

因此在日常生活中，应及时为不同年龄的孩子提供合适的动手操作的机会。

技巧包括形成方案、选择方案、操作技能、解决方案……家长是孩

子最好的引领者，不但需要多多鼓励孩子，具体应做到以下几点：

1. 让孩子在日常生活中学会自理，自己的事情尽量自己完成。

2. 要善于称赞孩子。

3. 鼓励孩子力所能及地帮助别人。

4. 给孩子自主的空间或是专属的空间。

5. 要为孩子树立榜样，做到"举手之劳"和"物归原处"。

6. 把握时机，尽量陪孩子一起做。

7. 多赞美鼓励、少批评，肯定孩子的努力。

> 运动不但可以强身健体，而且还可以强
> 化思维，使人富有创造力。

运动和创造力

如果说创造力和动手能力分不开，大家也许可以理解，那么说运动和创造力有关，可能有的人就会觉得迷茫。因为运动和创造，完全是两个不相关的概念。

实际上，运动不但可以强身健体，而且还可以强化思维，使人富有创造力。

著名的日本作家村上春树写出了全球销量高达数百万册的图书。他的名字长期出现在众多重要的文学奖项的获奖名单里，并且被视为诺贝尔文学奖的热门人选。2008 年他写的自传《当我谈跑步时，我谈些什么》一书中，详细地描述了他的创作过程：当需要写作时，他凌晨 4 点起床，一直工作到上午 10 点。然后在午饭后跑 10 公里，接着游泳。当天剩下的时间里，他会听音乐和阅读，接着在晚上 9 点左右就寝。村上春树会在需要写书的 6 个月内每天遵循这样的规律，直到这本书写完。他认为，体力对于写作和创造力都很重要，所以他需要从锻炼中获得体力。

实际上，认为锻炼对创作有难以估量的效果的人远远不止村上春树。许多富有创意的人也通过他们自己的例子，讲述了运动如何奇迹般地成就了他们的创造力。

据说阿尔伯特·爱因斯坦是在骑自行车时想到了相对论；贝多芬在白天会走一段长路来寻找灵感。

更现实的例子是苹果公司已故的联合创始人兼首席执行官史蒂夫·乔布斯。他会定期举行步行会议，因为他觉得这样比在会议室围绕着桌子开会更有效率。他的做法似乎也激励了硅谷的许多精英，比如脸书创始人马克·扎克伯格和推特的创始人杰克·多尔西，他们也做过同样的事情。

家长要知道，在日常生活中，适当的运动不仅可以让孩子强身健体，还可以让孩子的大脑达到最佳的状态。哥斯达黎加儿童教育学家和心理学家加夫列拉·马德里斯曾在《国民报》上撰文指出，运动、玩耍是儿童学会观察、认识、理解、说话和活动的最佳"工具"，能促进儿童大脑智力的开发。

而科学实验证明，2～5岁的儿童中，爱玩耍孩子的大脑比不爱玩耍孩子的大脑至少大30%。

这是因为在运动和玩耍的过程中，孩子要完成几十种与大脑和思维活动有关的动作，如掌握平衡、协调心理、处理问题等。通过玩耍和运动，孩子能提高识别物体的能力、语言表达的能力和思维想象创造力，还能消除心理压力和恐惧感等。

因此，家长不要忽视对孩子运动、动作能力的发展和训练，要尽量为孩子创造适宜的环境、条件，鼓励孩子去活动、运动，从而促进其智力和心理的发展。

孩子的运动和成年人不同，孩子的运动应以游戏为主，强调活动的趣味性。在游戏过程中掌握走、跑、跳、游泳、滚翻、抓握、投掷等基本技能。家长可以让孩子参加跳绳、跳皮筋、拍小皮球、踢小足球、打小篮球、游泳等体育运动。

但是要注意一点，由于孩子肌肉、韧带、骨质和结缔组织等均未发育成熟，因此不宜过早进行肌肉负重的力量锻炼。

> 音乐教育对培养孩子的思维力、记忆力、
> 想象力与创新能力起着至关重要的作用。

音乐和创造力

说起音乐，很多人都觉得音乐细胞应该是天生的，包括创造力也是。莫扎特能写出那么多伟大的作品，因为他是天才；霍洛维茨能演奏出那么美妙的音乐，因为他是天才。

虽然说人和人之间无论是学习速度还是对音乐的敏感程度，天然就存在差异。但无论是作曲还是演奏，源源不绝的创造力并非凭空得来，而是需要学习和积累的。

另外在学习音乐的过程中，与其他学科相比，音乐教学对开发孩子的右脑功能，培养孩子的创造能力均具有更大作用。大量事实证明；音乐教育对培养孩子的思维力、记忆力、想象力与创新能力起着至关重要的作用。

研究发现，从人的大脑结构看，左半脑进行的是逻辑思维，右半脑进行的是形象思维、创新思维。观赏绘画、欣赏音乐、凭直觉观察事物都是右脑的功能，因此音乐能促进右脑开发，从而提升大脑创新能力。

在日常生活和学习中，通过音乐活动能够激发孩子丰富的想象力，提高审美力，并逐渐形成良好创造的心理素质。

平时可以让孩子多听音乐，让其沉浸在音乐的环境中。在这样的环境中，孩子会产生创作灵感。比如家长发现，当孩子听到自己特别喜欢的儿歌时，会跟着音乐做不同动作，时而快，时而慢，时而激昂，时而舒缓，甚至有的孩子还会自己编舞，扭扭屁股，扭扭腰。这正是音乐激发了孩子创造的欲望，是音乐的环境赋予了他们创造性表达的激情和空间。

孩子创造性的表现往往是若隐若现、自然流露的，这就需要家长仔细观察，敏感地捕捉孩子创造思维的"闪亮点"，并加以引导和培育，以引发他们更多的创造性。

每个孩子都会用自己的耳朵听音乐，随后根据自己的已有经验加以想象和创造。家长要为孩子提供创造的契机，为孩子的创造过程提供支撑，让他尽情表现，表现创造个性。

创造力发展的物质基础是左大脑半球和
右大脑半球两者的互相协调、配合发展。

绘画和创造力

我们身边最了不起的创新发明是什么？不是电脑、手机，而是笔。笔用来书写，用来记忆，用来传承，更被用来创作。在没有毛笔的时代，我们的祖先就用自然界的颜料画出斑斓多彩的壁画，记录他们的生活，祭祀着他们信奉的神明。

"为啥有的孩子画的太阳是火红火红的，而有的孩子画的太阳却是什么颜色都有？"因此有人说："前者缺乏想象力和创造力。"

想象力和创造力是每个人都有的，但也是最容易被扼杀的。比如说画画，当孩子画了一个正方形的太阳时，家长可能就要指正孩子，说："太阳应该是圆形的。"还有的家长为了让自己的孩子以后成为一个大画家，过早地将孩子送到绘画班进行培训。

要知道，孩子眼中的世界和大人眼中的世界是完全不同的，大人总以规整的评判标准去看待孩子的作品，比如"画得像不像""色彩协不协调""真实度高不高"。更有的家长直接斥责孩子："你这是画的什么啊？""看看，一张画纸被你弄得乱七八糟。"在面对孩子的绘画作品时，家长往往很容易忽视孩子画中最本质的东西——孩子的想象力。

毕加索曾说："我在 14 岁时就可以画得和拉斐尔一样好，而我终其一生，都在努力回到童年时的状态。"连毕加索都渴望能够像孩子一样作画，可是很多大人却对孩子的画指手画脚。这样想一想，是不是有一些羞愧？

苏联教育家苏霍姆林斯基说："在人的心灵深处，都有一种根深蒂固的需要，这就是希望感到自己是一个发现者、研究者、探究者。而在儿童的精神世界中这种需要则特别强烈。"家长应该多给孩子提供探究的机会，并让他们感受到成功的喜悦，这将激励着他们不断地去探索，从而走上成功之路。而绘画，正是孩子探索世界，表达情感最直白的方式之一。

日本研究幼儿美术活动的专家长坂光彦认为：美术活动的目的不在于教会幼儿画成一张画或制成一件工艺品，不是为了培养未来的画家，而是把它当成开发智力、培养创造意识、创造才能和高尚情操的手段。

艺术创作活动对孩子的创造性思维发展，乃至创造力的培养都很有帮助。孩子可以通过艺术创作，发挥他们天马行空的想象力，帮助他们轻松自如地表达。在这个过程中，大人要注意避免两件事：一是评判、二是教授。

日本著名的画家鸟居昭美建议：如果想让孩子上绘画班的话，最好在九岁以后。因为九岁后的孩子开始热衷对各种绘画技巧的研究，这个时间的孩子开始洞察事物真实的状态，开始在绘画中表达事物真实的存在。

九岁前的孩子，并不需要太多绘画的技巧，家长应该承担起培养他们艺术感受力、创造力的责任，以培养他们的想象力、创造力和表现力为主。在生活中，家长培养孩子的创造力，首先要做的就是管住自己"不评判""不教授"！

> "孩子是天生的艺术家。"

舞蹈和创造力

毕加索曾经说过：每一个孩子都是天生的艺术家。问题在于他们长大之后能否继续保持着艺术家的本性。而随着年龄的增长，孩子的创造力并非与日俱增，反而与日俱减，这又是为什么呢？

曾执导歌舞剧《猫》和《歌剧魅影》的舞蹈家Gillian当年在学校的表现糟糕透顶。学校没办法，写信给她父母说"我们认为Gillian有多动症"。她在学校无法集中注意力，总是坐立难安，后来妈妈就带着她去看专科医生。

医生坐在Gillian身边，对她说："Gillian，你妈妈和我讲了你所有的事情，现在我要和她私下里谈谈。你在这儿等着，我们很快就回来。"然后他们就留下她出去了。

就在他们离开房间的时候，医生拧开了桌上的收音机。走出房间后，医生对Gillian的妈妈说："就在这儿吧，看着她。"后来Gillian回忆起当时的情景说，他们刚离开房间，她就从椅子上站了起来，随着音乐移动着步伐。

在外面观察了几分钟后，医生转向 Gillian 的妈妈说道："Lynne 夫人，Gillian 并没有生病，她是个舞蹈家，送她去舞蹈学校吧。"妈妈听了医生的话，送 Gillian 去了舞蹈学校。在舞蹈学校的时光，Gillian 感觉非常美妙，她说只有在身体跳动时大脑才能思考。

后来，她考上了皇家芭蕾舞学校，接着成为一名独奏演员并在皇家芭蕾舞团具有出众的表现，甚至成立了自己的舞蹈公司，有着数百万的资产。

如果当年那个医生开的是一个让 Gillian 平静下来的药方，教导 Gillian 要安静，那这个世界将会失去一位舞蹈天才。

"孩子是天生的艺术家。"这是因为孩子具有创造力，他们天生好动，喜欢新鲜、变化的事物，善于幻想，舞蹈在这方面给他们提供了良好的条件。孩子在学习舞蹈的同时，身体形态也得到训练，这是其他艺术形式所不能替代的。如手臂波浪、脚尖步等动作，孩子经过一段时间的学习、练习后，四肢动作协调、优美，这是对孩子产生的最直接、最显著的美育功能。此外，舞蹈还可以培养孩子的团结协作精神，及勇敢、不怕困难的进取精神，使孩子变得活泼、开朗、自信。

此外，在孩子学习舞蹈的过程中，会接触了解许多故事，这还会让他增长知识，陶冶情操，开阔眼界。

> 游戏是孩子的天性，运动是孩子的本能。

游戏和创造力

游戏是孩子的天性，运动是孩子的本能。

孩子年幼时，运动和游戏是他们锻炼身体的客观需要，也是他们探索客观环境，获取知识的便捷有效的途径。

无论是在生活中，还是在幼儿园中，低龄孩子都需要通过游戏来感知世界，也需要通过游戏来积累经验，从而为他们的心理发展打下基础。

心理学家认为，在体育活动中，孩子能够以自由变换动作的方式来对待物体，他们可以对同一物体做出不同的动作，或对不同物体做出同一动作，尝试动作与物体、手段与目的之间联结的多种可能性，扩大了其与物体间互相作用的范围，从而养成了乐于探索、勇于探索的态度和精神，为今后的学习准备丰富的感性知识、兴趣和创新能力。

从孩子心理发展的特点来看，幼儿期的他们正处在创新心理觉醒时期，强烈的好奇心和尝试欲望形成了他们人生中最执着的创新精神，驱使他们敢想敢做。

无论是在生活还是学习中，家长要对孩子在游戏中表现出来的"让我自己来""我来试一试""我能行"这类行为给予充分的肯定和鼓励，要表现出有极大的兴趣，想了解他是怎么做出来的，以鼓励孩子继续创造、乐于创造，从而点燃创新火花。

另外对于孩子乐此不彼的角色扮演游戏，家长也要给予支持。

角色游戏是孩子的一种以想象为特质的创造性游戏，它是孩子眼中的社会生活。在孩子玩游戏的时候，他们会对游戏的环境、角色、情节进行设想，是孩子充分展开创造性想象的过程。家长只要在一旁保证孩子的安全，适时进行引导即可，让孩子在游戏中发展想象力和创造力。

第 4 章

孩子世界中的幻想与现实

孩子的内心或许都有些奇妙的超能力。

> 幻想是孩子成长过程中的一种自然表现。

孩子的幻想

差不多每个孩子小时候都有些稀奇古怪的想法，他们总是爱幻想，而且乐此不疲。如每个女孩儿心中都有个公主梦，男孩也总会幻想自己是个英雄。

成年人的世界里已经被很多条条框框束缚，反而小孩子的世界大多是自由王国。他们常常脑洞大开，除了爱模仿、爱发问，幻想也是他们的一大特质。这包含了孩子对未来世界的向往之情，以及对当下境况的一种"虚幻"的本能反应。

有的家长将孩子的幻想当作童言稚语，有的家长则认为孩子的幻想会影响孩子健康发展，认为是胡思乱想，就打算制止。其实，孩子的幻想中有相当一部分是"正向幻想"，如果家长没有看到幻想背后的动机，一味压制，对孩子的成长是不利的。

幻想，一般集中发生在孩子的幼儿期，即 2 ～ 4 岁之间，是孩子成长过程中的一种自然表现,而且对孩子的人格成长起着积极、重要的作用。而在孩子长到 4 岁左右时,单纯的幻想便很少光顾孩子的精神世界了,取而代之的往往是更为理性的想象。所以家长应该理智地对待孩子的幻想,鼓励孩子张开想象的翅膀。

美国的一些儿童心理学家认为,幻想对幼儿的人格成长有如下好处。

1. 帮助培养想象力

点评 幻想是想象的基础,善于幻想的幼儿长大后往往会拥有较丰富的想象力。众所周知,想象力对培养一个人的形象思维、能力、艺术才能、科学才能是至关重要的。

2. 丰富情感体验

点评 在幻想世界中,孩子可通过扮演各种各样的角色,来体验喜怒哀乐,以及遗憾、嫉妒、惊恐等种种在现实生活中难以体验到的情感。由此对人的情感世界便可能拥有更为真切、感性的认识。

3. 增强交际能力

点评 孩子在幻想世界里,可以有机会扮演形形色色的人物,同时也可与形形色色的角色相遇、相处,由此孩子便可能在真实世界以外的另一虚拟世界学到如何与形形色色的人物交际或交流的本领。

4. 提高分析、解决问题的能力

点 评 别以为孩子幻想的世界荒诞不经，其实那是帮助孩子提高分析问题能力和解决问题能力的大课堂。要知道，正因为孩子的幻想世界可能无所不有，他们才可能遇到比现实生活更为丰富多彩的问题或难题，而通过对假设问题或难题的解决，他们分析问题和解决问题的能力也可获得提高。

5. 保持心理平衡

点 评 2～4 岁的孩子已开始了解到世界不是围着自己转的。面对这些无望、无助的消极感觉，幻想世界却是绝好地帮助他躲避的港湾和发泄情绪的渠道，由此心理便可获取新的平衡。

6. 加深亲情和友情

点 评 在孩子幻想世界中出场最多的一般是亲密的家人、要好的小伙伴和自己，所以在幻想游戏中，亲情和友情在下意识中获得了加深。

家长需要对孩子的幻想从内容到方式给予合理、科学的引导，一旦发现孩子的幻想过于荒诞不经，可帮助分析其不合理性，从而诱导孩子步入一个更为健康的幻想世界；帮助孩子了解幻想世界毕竟与现实生活有着巨大区别。

此外，家长还可为孩子提供可供幻想的优秀童话和故事书，并由此创造出一个更为引人入胜的幻想世界来。

孩子的想象不会是天马行空、毫无根据的。

面对孩子的魔幻现实

悠悠平时很喜欢看一些魔幻的故事书和动画片，然后在家里就经常会做出一些奇怪的举动。比如她玩完玩具，妈妈会说："悠悠你把玩具收拾一下！"悠悠会很爽快地回答："好的！"可是接下来她又会说："乌拉乌拉——变。妈妈我收拾好了！"这让妈妈哭笑不得！

孩子的内心或许都有些奇妙的超能力，当孩子很喜欢那些魔幻的东西时，家长不能总是给孩子泼冷水，因为孩子内心中的这些"魔幻"在这一时期也是一个非常重要的正能量。同时，当孩子过度迷恋这些"魔力"，以至于在生活中给家长带来了很多困扰时，家长也要和孩子进行耐心的谈话，让他明白那些东西是虚幻的，并不是真实存在的。

2 岁以后，孩子就开始学会运用大脑去收集万千事物的表面现象了，即运用大脑中积存的印象做事情，当这些事物的真相都不存在的时候，孩子依旧可以能够看到它们。在孩子独自玩耍的时候，他就会运用想象力，思考妈妈是如何细心照顾他的，然后用同样的方式去照顾他的布娃娃。无论是男孩子还是女孩子，家长都会发现他们在这个年龄段喜欢照顾娃娃，并且乐此不彼。

孩子的想象不是天马行空、毫无根据的。

在刚刚 2 岁的时候，孩子已经能比较准确、合理地模仿他们大脑中有印象的行为，孩子的年龄越接近 3 岁，他们就越会把这种已经熟悉的印象行为和动作神态加以改造。在改造行为尚未真正完成的时期，这叫想象。所以孩子的想象一定会是建立在对实际生活的改造和经验的基础之上。

面对孩子的幻想，家长的反应决定了孩子对表象的认知和利用是成功的还是失败的。当孩子在吃饭时还不忘喂自己的小玩偶，家长的态度应该是容忍的还是不耐烦的，或者是肯定的呢？

有的家长会敷衍了事，有的家长会直接否定，还有的家长会认同孩子。这三种回答方式会使孩子的发展方向完全不同。

但要注意的是，与完全否定相反的是不恰当的肯定。当一个 2 岁的小孩指着一条很像小狮子的小狗，说："看小狮子！"这时家长如果说："呀，你真棒，真的是小狮子啊。"这样错误的肯定就会给孩子带来概念混乱。家长应该说："这条小狗真的像小狮子。"

有时我们会发现，孩子会跟一个和虚拟形象相差甚远的物品来玩耍，并且沉迷于自己创造的虚幻之中乐此不疲。有的家长对此很迷惑，实际上这是锻炼孩子表象思维发展的一个重要阶段。

因此，当孩子拿着筷子交叉说这是飞机，家长如果回答"很像飞机"，这样的表述可能会更好一些。这样既给孩子输入了正确的概念，又肯定了孩子的发现。

孩子出现了想象的行为，或大脑中出现想象的工作，都是很自然的事情，不是家长能够阻拦得住的，也不是家长能够帮助他们创造出来的。

孩子在这个阶段会深入探索事物的空间关系和因果关系。面对孩子的魔幻现实，家长要用平常的心态去对待，尽量为孩子提供可供他们探索的环境和材料。比如，和家长一起学习劳作的快乐时光等。

> 　　4 岁左右的孩子撒谎，有的时候是因为无法区分现实和幻想。

混淆现实的孩子

　　有的家长会发现，孩子在 4 岁左右就学会撒谎了。明明没有的事情，硬是被说成是真实发生的事情。这实际上是对于孩子的误解。

　　人们给 4 岁多的孩子叙述一件真实的事情，经过几次重复后，如果讲述的方式是诱导孩子将自己听到的说成是自己亲眼看到的，那么孩子的思路，就会把听到的说成是自己看到的。

　　有时候，孩子还会在这种暗示之下把想象的说成是实际发生的。这是因为孩子还不太注意去区别哪些是实际发生的，哪些是想象的，孩子不太在意把想象的说成实际的有什么不好。所以，把想象的事情说成真实的，对孩子来说是一个模糊的界限。

　　因此，面对孩子分不清楚是现实还是幻想的情况，孩子是需要被家长理解的。家长要保护孩子的自尊心，不要随便将撒谎的帽子扣在他们头上。

> 在温馨的家庭氛围和生活环境中，孩子基本上不会存在沉迷于幻想的情况。

沉迷于幻想的孩子

很多家长担心如果孩子小的时候看了太多的幻想故事，将来沉浸在不切实际的幻想中，走不出来怎么办？对于家长的担心，固然可以理解，但是要知道，在温馨的家庭氛围和生活环境中，孩子基本上不会存在沉迷于幻想而不愿接触现实社会的情况。

沉迷于幻想中的孩子，往往是为了逃避或者追求，有可能是家庭氛围不好，缺少关爱，导致他沉迷于自己的幻想世界中不可自拔，也有可能是其他原因。

对于沉迷于幻想中的孩子，不能用同样的方法来应对，每个孩子的沉迷原因不同，也就需要家长有针对性地解决它。

无论是哪种幻想的沉迷，家长的陪伴都是最好的良药。对于孩子，家长要有耐心，不能急躁，更不能用打骂等生硬的手段来解决问题。

> 不要惊慌，大部分的孩子都会有一个幻想中的朋友。

幻想中的朋友

在 20 世纪 80 年代有个有名的情景喜剧——《成长的烦恼》，剧中就有关于幻想中的朋友的故事。有一集小女儿克丽丝有一个"想象中的朋友"，她经常跟想象中的朋友"麦克老鼠"说话玩耍，搞得妈妈对此忧心忡忡。面对这种情况，剧中作为心理学家的爸爸说，这没什么，很多成功人士在儿时都会有想象中的朋友。

学龄前儿童都有着丰富的想象力，大部分的孩子都会有一个幻想中的朋友。他们可能有着不同的个头、性别和个性，甚至有些是某个小动物或动画人物。

对于孩子来说，"想象中的朋友"并没有什么不对，更何况，想象出来的朋友完全是自己喜欢的模样，就是自己百分之一百满意的好朋友。比如这个朋友可以是幻想世界中的超级英雄、拥有魔法和超能力；这个朋友还有可能是一个有魔法的小仙女。除了帮孩子打发无聊时光外，想象中的朋友也可以真正帮助到孩子，可以一起倾诉生活中的烦恼。如孩子不想去上幼儿园，他可能会借口"假想友"不想去，这让孩子的情绪有个表达的渠道。

对于家长来说，不要将孩子有幻想中的朋友问题想得过于严重，不要认为孩子有了幻想中的朋友，就是有精神方面的问题。不用担心孩子会因为这个幻想中的朋友而不能建立正确的社交关系。

有研究表明，与没有朋友的人相比，有假想朋友的孩子更有合作精神，更有创造力，也更独立。

一般来说，随着孩子慢慢长大，这个想象中的朋友也会消失在他的生活中。

> 每一个孩子从小都有自己的梦想、对美好事物的憧憬和与生俱来的无限想象力。

梦想的设计师

孩子是天生的设计者，他们的梦想是多种多样的。

"妈妈，我希望我长大了可以做科学家！"

"妈妈，我想环游世界！"

"爸爸，我一定要像你一样，为祖国勘测石油！"

"姥爷，我想发明一种药，让你吃了可以变年轻，和我一起去跳绳。"

小孩子的梦想与成年人的梦想相比可能会不太切合实际，有时听起来甚至会很幼稚，不过家长也不要嘲笑他，而是要问问他为什么要有这个梦想；同时更不能打击孩子，因为孩子有自己的梦想是一件好事，说明他有自己的目标；也需要对孩子进行多多的鼓励，进行悉心的引导。

每一个孩子从小都有自己的梦想、对美好事物的憧憬和与生俱来的无限想象力，他们都有自己的世界，这是大人无法涉及的私密领域。当问及孩子梦想的时候，孩子眼中那种神采飞扬、无限憧憬和期待的眼神令人羡慕。

梦想对于孩子来说，就好比是天上的风筝，是美好的、令人向往的。梦想推动着孩子不断前进，让他们不断进步，即使遇到了阻碍，他们也会努力去想办法解决。丁尼曾经说过："只要梦想能坚持得久，相信就能成为现实，我们每个人都在为梦想坚持，我们都生活在梦想中。"现在还有一句话非常流行，"人生总是要有梦想的，万一不小心就实现了呢？"

梦想不但是孩子童年中一个绚丽多彩的梦，而且还会陪伴孩子成长，成为他们奋斗的目标，直到真的有所成就。反之，一个没有梦想的孩子，他的未来是不会有大作为的。

> 每个人都为自己的梦想奋斗、努力过，家长请尊重孩子的梦想。

尊重孩子的梦想

每个人都是从孩童时期过来的，每个人都有自己的梦想，也都为自己的梦想奋斗、努力过。正因为我们有过同样的经历，家长更应该尊重、理解孩子的梦想。

琪琪是一名一年级的小朋友，她的学习在班级里并不是很突出，但是琪琪平时对画画非常感兴趣，她的梦想是以后能够当一名画家，而且只要是她看到的、想画的她就能够很好地画出来。不过她的爸爸妈妈却不是很注重她的画画，总是想提高她的文化课成绩，所以给她报了很多的补习班来帮助琪琪学习。这让琪琪很苦恼，她非常喜欢画画，可是爸爸妈妈并没有给他留下画画的时间，几乎所有的时间都被学习填满了。

孩子的梦想有的通过努力可以实现，但有的则是天马行空的想象。无论是哪一种梦想，家长都不应该打击孩子。

有一些家长听了孩子的梦想，不但不支持，反而还会恶意打击，扼杀孩子的梦想。这比无视孩子的梦想，将孩子当作提线玩偶更过分。

有一个三年级的小男孩在放学的时候，对着妈妈说："妈妈，等长大了，我要当船长。"但妈妈的回答却给孩子泼了一盆冷水："你看看你现在连学习都学不好，你怎么还好意思说你以后想当船长呢，连船你也登不上吧。"

这个妈妈的话杀伤力实在是太大了，成年人听了都受不了，更何况是一个孩子。也许这一句话就会毁了孩子的梦想，并且打击孩子的自信心。

孩子有梦想是一件好事，家长应该高兴、应该理解，并且为孩子有了自我意识和理想而自豪。在面对梦想的时候，家长的尊重和理解是对孩子最大的帮助。家长要给予孩子自信，教导孩子可以在追求梦想的道路上找寻一个目标、一个偶像，向榜样学习，努力进步。在孩子怀疑自己的时候，家长一定要鼓励孩子，帮助孩子学会坚持，让孩子坚定信念。

受到家长的鼓励和尊重，孩子会受到极大的鼓舞，便会努力向自己的目标前行。

第 5 章

孩子的探索求知欲

孩子带有天生的好奇心和想象力。

> 保持孩子问"为什么"的特质，将会让孩子更加富有探索精神和创造力。

孩子的"为什么"

涵涵从小每天都要围着家长问"为什么"。在现实生活中，这样的情况并不少见，有一部分孩子总是喜欢问为什么，有些稀奇古怪的问题，常常会把家长问得不知所措。

对于孩子来说一切都是崭新的，他会怀抱着极高的热情来面对世界，不停地发现问题。有一些孩子提出的稀奇古怪的问题，家长通常不懂得，也不太愿意去解答，因为孩子总是爱刨根问底，一个问题后通常跟着一连串的问题，但越是这样未知的答案，对于好奇心极强的孩子来说就越有吸引力，就越想去探个究竟。长此以往，孩子会变得越来越具有研究和探索精神，同时也能提高孩子的思考能力和动手实践的能力。

对于爱问为什么的孩子，家长千万不要不耐烦、不重视，比起以前只能通过书本来寻找答案，发达的互联网已经为家长回答孩子的"为什么"提供了太多的便利。

　　在这样方便的互联网世界，孩子拥有我们以前未拥有的机会和资源，同时他们也面临 24 小时全天候不间断的信息冲击。在这样的信息冲击下，孩子可能会失去"为什么"。这是因为孩子认知发展的动力是好奇心，维持孩子对事物的兴趣，最关键的是允许他自己思考，不要过快地把结论告诉他。

　　可是便捷的网络不但方便了大人，同样也方便了需要答案的孩子。当答案得到得如此简单的时候，孩子就会失去进一步思考的兴趣。

人类了解世界是从探索物质开始的。

探索欲

　　人类了解世界是从探索物质开始的。在探索物质的时候，人的感官会受到非常丰富的刺激。之后大脑的树突就会开始连接，然后会形成带有环境特征的元素，在发展心理学中这种模式被叫作心智模式。

　　每个孩子从小的生活环境都不同，生活状态也不同，因此，孩子内在的神经元模式也就不同。神经元形成的模式，决定着一个人的心智结构。环境元素影响着心智结构，心智元素越丰富，环境元素也就越丰富。两个心智结构完全不一样的人是无法沟通的。当你对环境产生不适的时候，其实是因为你的心智结构和环境没有产生共鸣，也就无法处理来自环境的信息。

　　比如在干旱地区，只有充足的水源才能够保证一个人的生存。这时候给这个人提供一些获得水源的方式，如打井取水、用植物取水等，并给予他良好的环境和必要的条件，让他成长为能够持续完成任务，并且拥有力量、体魄和心理的人。这样人们就可以去弥补自身所有的缺陷，当需要力量的时候，他会去练习自己的体魄，让自己有体力；当需要知识的时候，他会想尽办法获得所需要的知识，并且从中获得快乐。这其实就是探索。

探索其实是一种极好的思维方式，可以让孩子有方法、会思考。但是，怎样培养孩子的探索欲，正是我们需要关心的问题。

> 孩子从出生后睁开眼睛那一刻起，对一切都是好奇的，就充满探索外界的欲望。

保护孩子的探索欲

孩子从出生后睁开眼睛那一刻起，对一切都是好奇的，就充满探索外界的欲望。

到了 3 岁左右，孩子的性格差异会越来越明显。有的孩子仍然双眸明亮如星，对于冒险充满热情，跃跃欲试；有的孩子，却变得胆怯而退缩，双眼中没有火花，明显对世界失去了好奇。

那么为什么有的孩子会变得退缩又胆小，对世界缺乏好奇呢？原因也许不止一个。但可以确认的一点是，家长从根源上伤了孩子探索世界的好奇心。如果孩子好不容易对家长打开心扉，却得不到理解，反而受了伤，那么下一次孩子当然会选择封闭自己的心,隐藏自身的情绪和感受。

0～2 岁处在敏感期的孩子，他们对这个世界的好奇是最明显的，对身边的事物比对人更加有兴趣。孩子小的时候，家长应尽量多带他们去感受身边的一些事物，这样更有益于孩子对外界环境、对世界的认识。

当他们开始抓住物品的时候，其实就是已经开始在探索自己的这个世界了。他们的世界很简单，不像大人的世界那样变化多样。他们无法对身边人的丰富的变化产生理解，多变的情绪反而会让孩子感觉到非常害怕和焦虑。

家长不良的教育方式，对孩子任何方面的发展都是没有意义的。让孩子自己动手，从探索物质开始，其实就是对孩子最好的保护。

很多孩子都有着一颗想要探索世界的心。

鼓励孩子探索

很多孩子都有着一颗想要探索世界的心，他们的心里住着很多问题，有着一双能够发现世界的眼睛。

苗苗是一名很特别的小朋友，她的特别之处就在于问题非常多、自己动手探索得非常多，其实这正是她探索的精神表现。

家长应该培养孩子的探索能力，要让孩子多动手。通过实际行动找出自己问题的答案，家长可以陪同孩子一起寻找答案，不过不要一直帮助孩子，应该在一旁给予指导，传授孩子解决问题的办法。家长要知道，让孩子自己动手动脑探索远比家长和孩子讲一次，或者让孩子看一次给其带来的影响大。自己动手会让他们记得更清楚，掌握得更牢固。

孩子对那些奇形怪状的物体会感到非常好奇，特别是圆弧的、大块的、细小的物体。两岁之前的孩子，他们大都先探索对事物表面的感觉，之后再用手去触摸。孩子的成长是一个循序渐进的过程。

从 9 个月到 1 岁半再到两岁这几个阶段，孩子开始探索物品之间的关系，有时甚至会去尝试，是否能够旋转，弄乱或者发出声响。更了不起的是他们会在有能力的时候尝试着组装或者更改。

在孩子的探索过程中，他们全身每个细胞都处于感知和思考的状态，他们的感知器官为他们的大脑搜集了有力的信息，之后他们的器官就会被高效地利用起来，大脑也会积极地工作，肢体和大脑产生配合的工作状态，这也是孩子一种独立的锻炼方式。这能够为他们今后的工作和学习打下基础。

> 孩子在不同阶段的思想认知都不相同，因此探索也是有差异的。

不同年龄段孩子的探索是有差异的

亮亮在刚出生几个月的时候，如果把他放在床上，就会发现他总是会用自己的手在脸上抓来抓去，还会一不小心抓到自己，然后他就会哇哇大哭起来。还有就是亮亮刚开始打防疫针的时候，看到针头时还不会哭，直到针扎到他的时候他才会哭。后来亮亮逐渐长大了，他就再也不用自己的手抓自己的脸了，因为知道自己会受伤。当他走进医院看到医生拿着针的时候就会哇哇大哭，因为知道被针扎很疼。

孩子在不同阶段的思想认知都不相同，因此探索也是有差异的。

1.0～1岁

点评 刚刚出生的孩子还不能够很好地了解自己周围的环境。比如很多大人看到一些可怕的动物都会非常惊慌，但是可能孩子就不会怕，他们不知道这些动物能带来的伤害，这也就是我们俗话说的"初生牛犊不怕虎"。在这个阶段的孩子就需要家长进行很好的监护，因为他们还没学会识别外界的危机。

2. 1 ～ 2 岁

点 评 2 岁以后孩子会逐渐开始了解外面的外界，家长便可以多多带孩子感受外界的环境。这个时期的孩子对身边的任何事物都有着强烈的好奇心和探索欲，但是他们不知道哪些东西具有危险性，因此探索要固定在家长相对熟悉的小范围内，对孩子或是身边人会带来危害和威胁的东西是不能让 1 ～ 2 岁的孩子去探索的。因为这些东西不仅会对孩子的身体和生命带来危害，更有可能影响到他人。如菜刀、剪刀、针线、电梯的按钮……对孩子不合时宜的探索行为，尤其是在公共场合时，家长一定要制止。

这个年龄段的孩子，能听懂的道理很少，所以在讲道理的时候，一定要带有身体语言和情绪，以便让孩子更好地理解。孩子太小，他的语言系统构建得不是很完善，经验感受和体验都还不够，家长对着孩子空讲一堆大道理，孩子是无法理解的，只会让他觉得恐惧和不安。

3. 2 ～ 3 岁

点 评 在孩子 2 ～ 3 岁的时候，他们进入了对物质的功能探索时期。在 2 岁后，孩子的研究和探索会逐渐地从探索物质的表面转到探索关系。比如探索自己和事物的关系，事物和事物之间的关系，自己和其他人的关系。拿着自己探索到的物品和别的物品，看看是否能够找到联系。大的瓶盖是不是可以盖在大的瓶子上面，小的是不是可以盖在小的瓶子上面？诸如此类的问题，他们会不停地探索。

4.3 岁以上的孩子

点评 3 岁以上的孩子基本上就可以跟他讲道理了。但是由于孩子的思想还没发育成熟，所以对于大人世界的某些法则还不能理解。这时候周边环境是孩子最好的老师，孩子在生活中，不得不去接触大人世界的法则，在这个过程中，孩子会感到不适，担心自己会失败，会得不到自己想要的结果。因为在从前的生活中，他们是家的中心，想要什么就有什么，随心所欲。但是在他们进入了大人的世界后，他们发现哭闹不再有用了，他们会探索适合自己的道路。

对待孩子要因材施教。

对待孩子要因材施教

世界上没有完全一样的东西，同样也没有两个完全一样的人，即便是长相非常相似的双胞胎，他们还是会有差异。

欢欢和丽丽是一对双胞胎，他们今年已经 4 岁了，虽然他们长相几乎一样，不过他们却有着非常大的区别。欢欢性格比较开朗、比较调皮。而丽丽则比较容易害羞，相对于欢欢来说也比较听爸爸妈妈的话。并且欢欢更喜欢蓝色的东西，而丽丽更喜欢粉红色的东西。

不同的孩子对环境和材料有着不一样的需求。

比如爸爸比较喜欢吃美食，经常会买一些好吃的，这样家里的孩子对食物的需求就会比其他孩子更高；有的妈妈喜欢在有空的时候看书，虽然孩子还不能够看懂，但是他有的时候也会拿本书在那里有模有样地翻来翻去。

其实家长平时的言行举止时刻影响着孩子，所以家长要当好孩子的第一任老师。同时也尽量不要强迫孩子接受一些不在他们承受范围的事物。如更早地要求孩子接触学习，或许也不是一件好事。家长最好能让孩子多与自然环境接触。

孩子对世界的探索是从物质开始的，除了对物质的探索之外，孩子还会经历各种敏感期。

不同的孩子探索物质的特征也是不同的，他们所能探索到的现象也是不同的，那么我们就可以说由于孩子天生气质类型的不同，所以也会导致他们的爱好不同。这是非常正常的现象。

研究表明，将三个孩子放在相同的环境中，他们可以探索出不同的材料。吴小明可以发现鞋子，其他人就可能会选择雨伞，窗帘等物品。家长作为孩子的第一任老师，作为养育孩子的人，有义务、有责任去观察和发现孩子的兴趣爱好，为他们的未来打下良好的基础。

　　家长要充分观察孩子的行为，让孩子自己做想做的事情，培养他的兴趣爱好，有方法、有效率地去帮助孩子成长。

　　如果家长懂得孩子在敏感期要探索什么，就会通过孩子的行为和孩子对物品的利用情况，知道孩子在探索什么，知道孩子需要探索什么时，就知道应该怎样去帮助孩子。这是一个循序渐进的过程。

> 只有当孩子认真用心去观察时，才能发现问题，才能促进孩子探索求知欲的发展。

观察力和探索求知欲

有一天，伟伟抓到了一只带着翅膀的蚂蚁。他兴奋地跑到爸爸身边问："爸爸，你看我捉到了什么？一个带着翅膀的蚂蚁！爸爸，你看，这个蚂蚁和蜜蜂一样，都有六条腿！""是的。"爸爸微笑着回答。这时候伟伟又问了，"爸爸，你说蚂蚁和蜜蜂都有六条腿，都有翅膀，这个有翅膀的飞蚁是不是蜜蜂的亲戚呀？""爸爸也不知道呀！"爸爸摸了摸伟伟的头，接着说道："不过我们可以一起去查一查，看看这个飞蚁和蜜蜂是不是有亲戚关系！"

孩子天真无邪，他们总会提出许许多多的问题。

只有当孩子认真用心去观察时，才能发现问题，才能促进其探索求知欲的发展。

比如当孩子想要向家长询问某一个词语意思的时候，家长不要直接将词语的意思解释给孩子听，而是应该先让孩子自己开动脑筋，猜测这个词语的意思，然后再陪同孩子一起查询词典，通过这样的方式，让孩子学会获取知识的方法。长此以往，孩子就会在不知不觉中学习到求知态度。孩子会明白，在遇到问题时，首先应该开动脑筋，积极地寻找解决的方法，这样获取的知识比直接询问有意义得多。

　　孩子的世界是简单的，他们的需求也是简单的，他们需要的是鼓励和赞美，特别是来自家长的鼓励和赞美。不管孩子有多细小的观察成果，家长一定不要吝啬，要给予孩子赞美与肯定："你真棒，竟然能够注意到这么细小的地方！"这么简单的一句话会增加孩子的自信心，还会激励孩子继续努力，并且可以让孩子在每一次有新发现的时候都乐于和家长分享，这样也保持了孩子对学习的那份热情。

良好的观察力对孩子的成长是非常重要的。

观察力的锻炼

观察力就是人在观察的过程中表现出的能力和品质。

观察的过程属于一种高级形态，同时也是一种有目的、有计划，而且持久的知觉过程。并不是说孩子随处看一看，就说他在观察。另外观察还是智力的主要成分之一，观察力也是智力发展的基础。

良好的观察力对孩子的成长非常重要。在对孩子进行观察力锻炼的时候，家长要注意孩子的以下几点特性。

1. 缺乏稳定性

点 评　孩子很容易受到外界的影响。因为年龄的关系，孩子很少为某一特定目的而去特意观察。常常是好奇心驱使，他们会在观察的过程中不停地变换观察对象，频繁地忘记自己的观察目的和观察任务。所以，在孩子进行观察时，最好的做法是给孩子设定好观察时间、观察目的、观察方式、观察手段。

2. 持续时间短

点 评　据研究数据表明，3 岁左右的孩子，他观察图片的时间大概只有 5～6 分钟，随着年龄的增长，这个时间也会随之增长，大概在孩子 6 岁的时候就会达到 12 分钟。但若是孩子不感兴趣的对象，他的观察时间有时甚至不到 2 分钟，因此对孩子观察力的训练，更是为了能够更好地锻炼他的耐力。对观察事物的选择是非常重要的，家长可以优先选择那些鲜艳的，孩子特别感兴趣的事物。

3. 缺乏概括性和系统性

点 评　幼儿因为年纪过小，在观察事物时，眼球运动的轨迹不符合

图形的大致轮廓，但是随着孩子的成长，从 5 岁开始，孩子眼动轨迹就开始逐渐符合图形的轮廓了。经过对比可以发现，4 岁的孩子在观察时缺乏概括性和系统性，因此难以将事物的本质特征和内在联系显露出来。因此家长可以帮助孩子，教孩子一些好方法。帮助孩子找到更简单、直接的方式去观察，寻找线索，如：找不同。将两幅类似的画放在一起，首先告诉孩子不要随意比较，应按着一定的方法去观察、去寻找，也可以通过做标记来完成。

"假如……会怎么样呢？"

"假如"的出现

"假如……会怎么样呢？"

当孩子发出这样的疑问的时候，就意味着他的创造力又迈开了一大步。

"假如"最显著的关注点就是创造力，这是孩子好奇心、想象力、开发行为相结合得到的问题。它还会让孩子通过"如果……会怎么样""还可以怎么样""为什么不……"这样的方式来看待世界。

"假如"技能的出现，让孩子的想象天马行空，无边无际，它不会把孩子固定在"眼见为实"的框中去行事。相反，"假如"是一种去发现机会和可能的能力。

家长总是希望孩子长大后可以做老师、医生、律师、设计师……可是如果加上"假如"，那么孩子想象的就不是一个职业是什么样子，而是这个职业介入的世界是什么样子，他们可以憧憬一个美好的世界，并且努力将这个世界变成现实。

也许有人觉得"假如"和"为什么"是相似的，但是两者最大的区别在于"为什么"是提出问题，并且尝试找到答案；而"假如"则是提出设想，然后得到自己想要的答案。

当孩子向家长提出"假如……会怎么样呢"的问题时，家长完全可以鼓励孩子继续提问、继续设想，加深孩子的思考和创造。正是因为这些凭空设想出来的，以前所没有的东西，才使得社会不停地发展变革、科技不断地进步。因此家长也要积极培养和发展孩子的"假如"技能。

后记
关于中国儿童素质早教工程

2001 年，我们开始组建"中国儿童素质早教工程"。迄今为止，"早教工程"已经出版多套图书，并且为家长们提供了线上线下联动的一整套育儿方案。

20 年来，国内育儿领域顶级专家们将自己多年的经验和科学育儿知识进行了系统的总结，在百忙中笔耕不辍，为"早教工程"的发展搭建和内容的编写奉献了大量的时间和精力。在他们的指导下，"早教工程"现在已经形成了全国完整和权威的全程育儿记录、监测、呵护和指导体系。

在"早教工程"的组建和发展过程中，我们得到了原中国关心下一代工作委员会专家委员会严仁英主任、中国优生优育协会秦新华会长、北京师范大学林崇德教授等众多专家的关心和支持，在此深表感谢。同时还要感谢早教网——佩拉早教的大力支持和全体专家的辛勤工作，使得工程图书得以陆续出版。

中国儿童素质早教工程

关于佩拉早教

佩拉早教——早教网旗下品牌。成立二十多年的早教网是国内最早的专业育儿网站之一，同时也是"中国儿童素质早教工程"的重要组成部分，现阶段主要是通过佩拉早教新媒体平台，用更加有效的方式解决用户育儿过程中的难题，并为家长和幼教机构科学、系统、个性化的育儿计划提供开放的、一揽子式的参考和专业的指导。

从网站创立初期，我们就得到了国内众多的权威知名的儿科、妇产科、脑生理、心理、行为、营养、保健、学前教育学等多学科专家组的支持，他们大多都参与了网站的内容策划搭建工作以及工程的组建工作，除了参编审阅网站和工程内容之外，有的专家还担任了一本或者多本"早教工程"系列图书的主编。

作为二十年资质的母婴早教平台，早教网 —— 佩拉早教拥有：

顶级专家 拥有国内实力最雄厚的专家团队，目前有知名专家四十多名，均来自国内知名的儿科、妇产科、脑科学、心理行为、营养、保健、学前教育学等学科，在业界享有深远的影响力。

内容权威 网站和新媒体平台有十几个频道、数十个栏目、上万篇的专业文章，这些内容均来自早教网专家组专家的权威著作，从孕前准备、孕期呵护、胎教到婴幼儿的智力开发、营养、保健和心智培养等多方面，给准家长和年轻家长们的育儿生活提供全方位、专业的指导。

服务全面 拥有完善的会员服务系统，目前成熟的有："孩子主页系统""体格发育监测系统""多元智能测查和培养系统""经典5大智能测评系统"和"育儿同步呵护系统"。

多维互动 人性化的家长网络社区、权威专家的在线咨询、免费同步指导的早教周刊，完整的科学育儿书系、全方位的模特孩子征集、妈咪育儿经验的文字出版、丰富的线下聚会活动等为家长的育儿生活提供全方位的，线上线下的互动交流与分享。

最后，衷心祝愿每个孩子都健康快乐地成长！

佩拉早教

PEiLA

图书在版编目（CIP）数据

儿童 8 个敏感期教养：全八册/桂圆妈妈组织编写.
－－北京：应急管理出版社，2020
ISBN 978－7－5020－7947－5

Ⅰ.①儿… Ⅱ.①桂… Ⅲ.①儿童教育—家庭教育
Ⅳ.①G78

中国版本图书馆 CIP 数据核字（2020）第 019065 号

儿童 8 个敏感期教养 （全八册）

组织编写　桂圆妈妈
责任编辑　高红勤
封面设计　小红帆童书

出版发行　应急管理出版社（北京市朝阳区芍药居 35 号　100029）
电　　话　010－84657898（总编室）　010－84657880（读者服务部）
网　　址　www.cciph.com.cn
印　　刷　河北赛文印刷有限公司
经　　销　全国新华书店

开　　本　710mm×1000mm¹/₁₆　印张　64　字数　640 千字
版　　次　2020 年 9 月第 1 版　2020 年 9 月第 1 次印刷
社内编号　20192913　　　　　　定价　128.00 元（全八册）

儿童8个敏感期教养

能力敏感期

桂圆妈妈 组织编写

应急管理出版社

·北 京·

没有什么工作比
起婴儿出生头三年的
婴儿更重要

2002/12/12

颜仁英

严仁英

原中国关心下一代工作委员会
专家委员会主任
原世界卫生组织母婴保健
合作中心主任

儿童永远是
人类发展的明天和希望
愿全社会都来
关注伟大的育儿工程！

刘湘云
二〇〇四年

刘湘云

原上海医科大学附属儿科医院院长
中华医学会儿科学会副主任委员

王惠珊

中国疾病预防控制中心妇幼保健中心儿童保健部主任。

王丹华

北京协和医院儿科主任医师、教授、博士生导师。

牛建昭

北京中医药大学教授、主任医师、中西医结合基础专业博士生导师。

王书荃

中央教育科学研究所研究员，中国教育学会儿童教育心理研究分会学习障碍专业委员会副理事长。

单中惠

华东师范大学基础教育改革与发展研究所、教育学系教授，博士生导师。中国教育学会教育史专业委员会副理事长。

张海澄

医学博士，北京大学人民医院心内科主任医师、教授。

吴光驰

首都儿科研究所营养研究室研究员、中国优生科学协会儿童营养专业委员会委员。

邓静云

原南京大学第二临床医学院及儿童保健研究所主任医师兼教授、中华预防医学会儿童保健专业学会常委。

黄建萍

北京大学第一医院儿科主任医师、教授、医学博士，硕士研究生导师。

仇凤琴

原广州市妇婴医院儿科主任医师、广东省优生优育协会专家组成员。

刘 文

北京师范大学心理科学学院博士后、辽宁师范大学教育科学学院教授。

部分专家顾问（排名不分先后）

丁宗一

原中国医师协会儿童健康专业委员会主任。

鲍秀兰

北京协和医院儿科主任医师，中国协和医科大学儿科教授，兼任中国优生优育协会理事和儿童发育专业委员会主任委员等。

刘湘云

历任上海医科大学儿科教授、博士生导师、附属儿科医院院长、儿科研究所所长。曾任联合国世界卫生组织（WHO）总部妇幼卫生专家委员会委员。

丁 洁

北京大学第一医院原副院长、儿科研究员、博士生导师。

刘泽伦

原中国优生优育协会胎教专业委员会主任，"八五"攻关"胎教"课题主持人。

戴淑凤

北京东方圣童儿童发展研究中心创始人和总策划，北京大学第一医院妇产科教授，中国优生优育协会理事。

区慕洁

中国优生优育协会理事，主讲中央教育台"万婴跟踪"节目中的"成长日记"。

高振敏

原首都儿科研究所生长发育研究室主任医师，与全国 12 省市同仁合作，先后完成 3 项智能测验量表。

冯国强

北京大学医学部福康之家科学育儿专家委员会副主任。

丁 辉

北京市妇幼保健院副院长，世界卫生组织妇女健康研究和培训合作中心副主任。

白文佩

医学博士，原北京大学第一医院妇儿医院副主任医师、副教授。

王素梅

北京中医药大学东方医院儿科主任、儿科主任医师兼教授。

赵惠君

上海附属新华医院、上海儿童医学中心副院长。

石效平

中日友好医院儿科主任医师、儿科教授。

金 哲

北京中医药大学东方医院妇科主任、北京市中西医结合学会妇产科专业委员副主任委员。

范 玲

北京妇产医院产科副主任。

秦 炯

北京大学第一医院儿科主任、儿科教授、儿科主任医师。

薛 红

深圳市妇幼保健院原儿保科主任、儿保主任医师。

感谢各位专家对早教网工作的大力支持！
感谢早教网对本套图书的大力支持！
感谢中国儿童素质早教工程的大力支持！

感谢王东华教授极力推荐和支持

　　王东华，男，1963 年 6 月生，安徽芜湖人。中国教育学会家庭教育专业委员会常务理事，《发现母亲文库》总编，华东交通大学母亲教育研究所所长，教授。其研究当代大学生的教育专著《新大学人》（40 万字）为 93 深圳（中国）优秀文稿公开竞价首部成交著作。其致力人类文化启蒙的另一教育专著《发现母亲》（80 万字），1999 年一经推出，即在全社会产生广泛影响。其主编及编著的《我们是这样教育孩子的》《超薄学习》，2001 年及 2003 年分别被选作为全国妇联活动用书。由于其在母亲教育研究及普及方面的突出贡献成绩，2001 年入选《中国青年》"可能影响 21 世纪中国的 100 位青年人物"。20 余年来更是不断行进，社会影响日渐深远。

　　母亲教育运动的发起人与倡导者，《发现母亲文库》总编。除《发现母亲》《新大学人》外，文库推出的原创、畅销书籍近百种，累计发行近千万册。

　　母亲教育培训行业的开拓者和典型家教案例的发掘整理者。对全国近千名杰出父母进行了长期跟踪研究，整理出版的国内外经典案例近 50

个，约 200 万字，举办的全国母亲教育研习班数十期，培养出了大批优秀父母。

中国幼儿识字阅读（简称幼读）王氏标准的提出者，即让学前幼儿用约一年的时间学完部编版小学 6 年语文全部 12 册教科书，熟识 3300 个以上汉字，掌握 10000 个以上汉语词语，细读近百万字课文……进入自主、自由阅读状态，从幼儿抓起，从而真正提高全体国民的阅读水平。此项大型实验，正在有步骤有计划的实施当中。

策划及参与中央电视台等各类电视节目百余场，应邀担任全国及各省市"杰出母亲"评委十余次，组织各类母亲教育报告会数千场。

在中直机关、全国妇联、北京军区、中央党校、清华大学、北京大学、大庆油田、IBM中国总部等各大机构演讲千余场，其电视讲座在百余家电视台播出。

现任全国唯一一家母亲教育专业研究机构——华东交通大学母亲教育研究所所长。

王东华
华东交通大学母亲教育研究所所长，教授
中国教育协会家庭教育专业委员会常务理事

前言

儿童的 8 个敏感期

教育孩子就像是一道组合数学题，家长想要解开这道组合题就必须要花费许多的精力、体力。父母对孩子的爱是毋庸置疑的，父母为了孩子付出再多也不怕，可是怕就怕在力气用错了地方，不但没有起积极的促进作用，反而耽误了孩子的未来。

什么才是育儿的重中之重呢？作为父母又该怎么才能分清主次、明辨是非呢？怎么样才能抓住育儿的关键钥匙呢？

作为父母要想提前做好心理和生理上的两手准备，就必须事先了解孩子成长中各个关键时期可能遇到的问题，这样，当问题出现时，家长就可以从容面对，而不是惊慌失措。

0～8 岁被我们划分为 8 个敏感期。每一个敏感期都对应了一项能力的关键发展时期，不同的孩子可能会有细微差别，但是，根据我们多年来育儿指导的经验，这个年龄段的孩子成长情况几乎是相同的。这样划分的前提是孩子的发展发育是正常的，当孩子的发展发育与同龄人有着明显差别时，家长就不能再以这个划分作为依据去教养孩子了，而是应该结合实际情况来正确地教育孩子。

目 录

contents

contents

后记——关于中国儿童素质早教工程

**　　　　关于佩拉早教**

第 1 章

值得重视的家庭教育

培养孩子如同建一所房子，
家庭教育好比地基。

地基不牢靠，房子自然也不会牢靠。

培养孩子从重视家庭教育做起

洋洋和君君是表兄弟，都出身于条件优渥的家庭，但是他们父母的教育方式却截然相反。洋洋的父母务实，信奉的家庭教育理念是靠自己努力取得的成就才是值得骄傲的。因此洋洋父母鼓励洋洋参与到家庭的责任当中，洋洋也成为一个努力上进的青年。君君的父母虚荣心较强，追求物质享受，溺爱孩子，为孩子包办衣食住行。如今家里经济下滑，君君却逃避家庭责任，只顾自己潇洒。

家庭教育，简称家教。在社会认知里，家教指的是家中长辈对孩子进行教育，开展教育的环境大多是与孩子共同生活的时候。

家长培养孩子，应当从长远来考虑。培养孩子如同建一所房子，家庭教育好比地基。地基不牢固，房子建得再好，也会坍塌。

家长应当重视家庭教育，孩子最初的是非观、人生观都来自家庭教育。好的家庭教育能让孩子树立责任感，更容易被社会接纳，也更能在人生中取得一番成就。反之，如果父母不重视家庭教育，孩子便容易形成不正确的价值观，这样也不利于家庭关系，更加不利于孩子以后的发展。但是要注意，在孩子成长过程中的每个阶段，都应采用不同的家庭教育理念和方式，例如，婴儿阶段的家教不一定适合于幼儿阶段，以此类推。

家教不是为了让家长成为孩子的奴隶。

值得反思的家教现象

20 世纪 60 年代以前，家长对孩子的教育重点是保护孩子的安全，但是却很少与孩子进行沟通，这不仅仅是父母在家教上花费的时间问题，而是一种意识问题。奇怪的现象出现了，在那种母亲等长辈对孩子家教上介入的程度如此低的情况下，反而培养了孩子的独立性，而且亲子关系也是相当和谐的。那时的孩子在 3 岁以后，就能够独立地学会处理很多的事情了，例如自己玩耍、做作业、做家务、解决生活和学习中出现的不少问题等。

而现代的孩子在长辈的过度关注下，依赖性越来越强，同时在一定程度上也引发了亲子关系的紧张。20 世纪 70 年代初，美国当时著名的心理学家托马斯·戈登提出，现代家庭教育方式应该从低介入性向高介入性发展，引领了新的育儿理念趋势。他当时提出的育儿新潮流，得到了整个心理健康研究群体的认可。在他的理念里，健康的家庭应该是以孩子为中心，而且贯穿孩子的整个成长过程，才能够有效建设孩子心理健康和自尊心。

在戈登育儿理念的影响下，家长在家教方式的变化主要有：高度关注孩子、替孩子处理大部分的事情、经常积极称赞孩子、与孩子一起完成事情、陪伴孩子等。

虽然这些新潮流育儿方式并没有得到年长一辈的认可，但已经被当今一代践行。不可忽视的是，现在的孩子更加依赖父母和家人，与此同时也助长了孩子以自我为中心的习惯，以致孩子的婴儿阶段结束后，会突显很多问题。

> 孩子最初的技能便是模仿，所谓言传身教，家长的一言一行就是他模仿的对象。

家长是孩子的第一任老师

从孩子呱呱坠地开始，他就进入了家庭这座学校，家长便是他的第一任老师。孩子最初的技能便是模仿，所谓言传身教，家长的一言一行就是他模仿的对象，也是他学习的榜样。你必须时刻注意自己的言行，尽量给孩子树立正面的形象，因为这将对孩子的人生产生深远的影响。

明涛在班里的成绩一直名列前茅，但让他苦恼的是，他的成绩总是比不上他前面的那几位同学，带着这个疑问，他向父亲求教："为什么那几名同学的成绩总是在我之上呢？"看着苦恼的儿子，父亲并没有马上说教，而是把儿子领到书桌旁，在桌上的白纸上简单用笔画了一条很长的直线。"你有办法让这条直线变短吗？"父亲看着一旁的儿子问。几分钟后，明涛仍然对这道题目一头雾水。父亲二话不说就直接拿笔在原来的直线旁又画了一条更长的直线。这时候，满脸愁容的儿子终于露出笑颜，看着父亲说道："一山还比一山高，只有一直努力，才能有机会越过高山，我一定会继续努力的。"

宇轩是明涛的同学，他也有着相似的烦恼。对于他来说，成为班级的中队长一直是他的愿望，有一次他向自己的父亲说到了这件事。"下棋跟做人一样，想要达到目的，必须要把敌人打倒，而且要讲究策略。"这是父亲对宇轩说的道理。在他看来，为了升上中队长，就要给其他的竞争对手制造障碍，这样才能争取到这个位置。

不同的家庭教育理念和方式直接影响孩子的成长，孩子的价值观很大程度上源自父母，并且基本上是在童年的时候形成的，这时候父母担任的角色就显得非常重要，如有差错，就可能毁了孩子的一生。

家长是孩子的第一任老师，自然是要背负着教育孩子成长的重任，这就是家庭教育的不可取代性。优秀的家庭教育必然来自优秀的家长，孩子的教育如在优秀的环境进行，日后的成长路径才会朝着优秀的人生方向发展，这是一种规律。所以，家长的榜样作用是会直接体现在孩子的身上的，家长优则孩子优，反之亦成立。

第 2 章

影响深远的敏感期

敏感期对于儿童的成长发育影响深远。 如果我们对孩子的敏感期进行压抑，就有可能让他们丧失某方面的能力。

> 抓住敏感期使教育事半功倍，更会在孩子的人生中留下浓墨重彩的一笔。

抓住孩子敏感期

　　三岁半的轩轩在幼儿园里经常与小朋友吵架，也不服从老师管教，这令轩轩家长头疼不已。尤其是轩轩的妈妈，对当初做出的决定后悔不迭。原来在轩轩刚出生的时候，轩轩的家长工作很忙，常常顾不上照顾孩子，于是孩子被送到爷爷奶奶家。爷爷奶奶观念比较老旧，同时也宠溺孩子，眼看着乖巧懂事的轩轩变成了一个不讲道理的"小霸王"。等到轩轩父母有时间教育孩子时，轩轩已经该上幼儿园了。现在，轩轩家长正在帮孩子改正坏毛病，却受到了轩轩的强烈抵抗，这个过程将是漫长而艰难的。

　　孩子的成长是有规律可循的，抓住这个规律不仅会使教育事半功倍，更会在孩子的人生中留下浓墨重彩的一笔。孩子的幼年到儿童时期是奠定孩子一生性格和习惯的时期，也是影响孩子一生的关键时期。这个时期孩子从对周围事物浑然无知到开始认识这个世界的一草一物，家长在这个阶段帮助孩子建立正确的人生观、价值观，形成良好的行为举止，将会令孩子受益终身。

家长必须要把握好孩子成长中的最佳时期，这是孩子一生中最重要的时候，决定着孩子的未来。每个孩子都具备相应的潜能，但孩子的潜能发展会受到年龄和教育等情况的影响。一般来说，孩子的潜能发展是呈递减规律的。假设孩子生来就有 100 度潜能，从一出生就受到了理想的教育，那么孩子就可能成为一个具有 100 度能力的人；假设孩子直至 5 岁才开始接受教育，那么孩子可能成为一个具有 80 度能力的人；如果把孩子的受教育年龄再推迟到 10 岁，那么孩子或许只能成为一个具有 60 度能力的人，以此类推。这种假设告诉我们，孩子的受教育年龄越往后，能够被开发的潜能就越少。

实际上不只是人类，不同的动物也有不同的发达期，只有在发达期发展，才能有开发足够潜能的可能性。就像小鸡一样，它出生后拥有一种叫作"追随妈妈的能力"，这种能力的发展期是在出生后 4 天内，如果小鸡在这 4 天内不在妈妈身边，那么这只小鸡就会丧失这种能力。同样地，小鸡"辨别妈妈声音的能力"发展期是在出生后 8 天内、小狗"把生育食物埋在土里的能力"有一定期限，这些能力都要在合适的发展期内去开发，否则就会丧失潜能。对于人类而言，孩子的教育越早开始越有利于其潜能的发展。

孩子在幼年，尤其是 0～3 岁这段时间，很容易模仿家长的言行举止，例如他们说的每一句话、做的每一件事等。这是孩子性格塑造最关键时期，这时候形成的性格特点、习得的各种技能，会持续影响孩子的一生。

有科学数据显示，开发孩子大脑的最佳时期在 3 岁前，孩子的脑组织发育极其迅速，其脑体积约为成人的 60%，这时候他们表现出来的学习能力甚至远远超过了成年人。所以孩子的大脑开发时间越早，脑部发育和潜能开发就越完善。

不同年龄段的孩子其脑部神经突触的数量不一样，随着脑部的逐渐成熟，会影响孩子的大脑发育，随之影响孩子的脑部活动，这些变化都会直接表现在孩子的肢体行为上。例如，孩子变得好动、孩子的饮食喜好开始变化等。根据科学数据发现，初生婴儿大脑有 1000 亿个神经元，不会随着年龄变化而变化；而神经突触则会随着年龄增长而增加，初生婴儿只有 50 亿个神经突触，0 ～ 1 岁的孩子会增加约 20 倍，3 岁的孩子约达到成人的 80%，4 岁后的孩子将达到成人的标准。

美国曾有相关科学研究发现，婴儿脑细胞之间建立联系的速度非常迅速，在出生后，他们会瞬间接收到海量的视、听、触觉等信号，直接刺激脑细胞的活动。

3 岁孩子与 3 岁前孩子的脑部发育最大的区别是，脑组织是否发育完全及其功能影响。3 岁孩子的脑组织基本发育完全，随着年龄的增长，其脑部功能基本能够正常运行，且将不断地完善。

以上研究表明，婴幼儿时期的家庭环境，在一定程度上可以影响孩子脑组织的发育。在爱和包容的家庭环境下成长的孩子，自然地培养起与周围环境和谐共处的能力，从而刺激脑部额叶前循环，增强孩子的抗压能力，对日后可能会出现的精神疾病等产生较强的抵抗力。而在问题家庭成长的孩子，一般来说其为人处世能力较一般，会影响孩子的脑组织和与人交流相处的能力。

孩子的教育敏感期非常重要，这也是孩子学习的"黄金期"，一旦错过，后果将无法预料。处于这个时期的孩子在生活技能掌握和行为动作训练等方面都能快速成长。这时候，家长对孩子的家庭教育就需要给予适当的支持，帮助孩子的成长实现质的飞跃。就像印度"狼孩"卡玛拉一样，即便他是人类，但由于他 7 岁前都在狼群中成长，所以在他身上也找不到任何人类孩子的特征，比如说话、直立行走等。在专业人员对他进行了 6 年的人类训练后，17 岁的卡玛拉仍然不能达到该年龄的智力水平。

不只是狼孩，其他归于人类社会的，如猴孩、狼女等，也都证明了孩子的教育敏感期的重要性。

大多数"新手"家长在这个阶段往往会不知所措，因为这是他们崭新的生活体验。

甜蜜迷茫的0～1个月

仔仔妈妈前不久完成了一个重大的身份改变——从妻子升级为妈妈，身份突然的改变让她很不适应。一方面是因为身体的变化，更重要的还是因为她身边突然多了一个嗷嗷待哺的婴儿。仔仔隔一两个小时便是一阵哭闹，有时候是饿了，有时候是拉屎、撒尿了，甚至有时候不知道是什么原因。看着眼前可爱的小肉团，仔仔妈妈心里充满了温暖，同时又有着深深的忧愁——该如何照顾他呢？

"新手"家长在这个阶段往往会不知所措,因为这是他们崭新的生活体验。他们面对的是一个不会说话、无法交流并且十分脆弱的婴儿,不间断地照料可能已经让他们身体疲惫了,他们根本没有精力思考什么才是正确的喂养方式、方法。虽然说有的家长会向过来人取经,以及从育儿书籍里获得方法,但是在实际操作中却往往手忙脚乱。因此,家长对孩子身心状态的了解,可以让他们更好地照顾孩子。

对于孩子和家长来说,都要面临孩子成长的最艰难时期——出生不足一个月的时期。处于该时期的孩子最明显的表现是缺乏安全感。

众所周知,妈妈们都要经历分娩后一个月的"坐月子"。在这个熬的一个月里,妈妈们要面临各种挑战:喂奶、孩子哭闹、换尿布等,在解决孩子各种情况的同时,妈妈们还要调养恢复身体。

孩子在出生后的一个月内会极度缺乏安全感,这时候就特别需要家长尤其是妈妈的关怀。如在这一个月内,孩子从妈妈身上获得安全感,他就会开始信任周围的环境,有了自信心。妈妈也能在养育孩子的同时慢慢地恢复身体。

在妈妈敏感和艰难的一个月内,也是孩子的敏感期。由于刚来到这个世界,对周遭都充满了各种敏感和好奇,这时候是最容易影响孩子的。家长的关怀直接影响孩子的行为,所以需要家长最大限度地给予保护,为孩子营造一个安全的生活环境，帮助孩子顺利度过适应期。如能顺利度过这一个月，将会为孩子建立起对生活的信心，相反，孩子日后的人生将会受到不同程度的负面影响。

这时候家长的角色非常重要，一方面是需要给予孩子更多的关心和保护，培养孩子对环境和家长的安全感；另一方面是建立起家长对养育孩子的自信心。

作为"新手"家长，需要调整自己的心理状态，尽最大能力帮孩子度过这个时期。喂奶、换尿布、安抚情绪等这些都是要关注的事情。如果遇到孩子的各种突发状况，一定要找到原因并及时解决。

但是在教育孩子的时候要记住，孩子的成长不是千篇一律的，要根据孩子的实际情况来调整养育方式，只有这样才能真正帮助其成长。

> 这个阶段的孩子已经慢慢学会爬行，有了更宽广的领域。

手忙脚乱的 1 ~ 6 个月

转眼间仔仔妈妈已经坐完了月子，而仔仔也获得了除了吃、睡之外的技能。仔仔的清醒时间在逐渐变长，学习新本领的机会也越来越多了。从 3 月龄起，仔仔开始不安分了，他已不满足于平躺着看世界了，他想做出一些改变。小家伙越来越活泼，开始会笑，会玩，甚至会日夜不停地学翻身。当他学会了翻身，他的精力也更加充沛了，经常连环翻滚，逗得妈妈哈哈大笑。

这个阶段的孩子，不再是懵懂无知的了，他开始用好奇的眼光打量这个世界，会用嘴、手和脚去探索周围的世界，甚至还会对某些刺激做出一些反应。家长应当与孩子多些互动，特别是玩一些适龄的游戏，比如抚摸不同材质的布料，增强触觉感知能力；比如用黑白卡刺激视觉的发育；比如制造声音让孩子辨别来源，锻炼听觉能力。这些游戏会促进孩子的大脑发育，增强孩子的认知能力，对孩子今后的发展非常有利。

孩子度过刚出生的第一个月后，随之而来还会有更多的挑战。对于处在1～3个月的孩子来说，他会有更多的表现，例如本来安静的孩子因为饥饿、尿裤子等开始哭闹，挥拳头怪叫，努嘴等。

其实这是孩子独特的表达方式，还不能掌握语言的他们，只好通过这些方式传达自己的意思，以获取家长的关注。这时候，面对孩子的各种行为，家长需要冷静观察，然后根据孩子的表现及时给予适当的回应，例如情绪、换尿布、喂奶等，在眼神和身体上进行交流，帮助孩子恢复到正常的状态。

随着孩子年龄的增长，身体发育和行为表现也会变化，尤其是与家长互动的频率，也会随之增加。3个月的时候，孩子和妈妈的亲密关系已经基本建立，这种关系的建立能够增强妈妈养育孩子的能力，使妈妈能够更加容易地处理孩子的各种状况。

孩子在3个月的时候，睡眠习惯就会比3个月前更加正常，相比之前的昼夜不分，妈妈这时候就会变得更加轻松，处理孩子这种状况的时候，负担就会相应减少。

随着孩子的成长，不同表情、动作等行为都有着其不同的讯息，例如孩子在睡觉的时候会不时露出笑容，有时会在睡眠中无意识地肌肉拉扯，随着频率的增加，后来就会变成一种自我意识的传达，无论是笑声还是哭声，都成为孩子与社会交流的一种行为。虽然孩子的表达方式与成人不一样，但这却是专属于孩子的交流方式。

当我们谈到孩子与家长各方的关系时，不少人都表示孩子和妈妈的关系会比与爸爸的关系更加亲密，直接原因是由于生育孩子的是妈妈，孩子在出生前就已经与妈妈共为一体了。但是爸爸也不需要太担心，孩子与家长的关系走向其实也取决于相处的时间，只要爸爸在孩子成长的过程中愿意付出时间和精力，相信孩子自己也是能够感受到这种父爱的，自然而然地两者的关系也会越来越融洽，就像孩子开始具有语言能力的时候，也有可能是从先学会叫"爸爸"开始的，这就是最好的证明。

对于刚出生 3 个月的孩子来说，吸引大人的关注会有他们自己的表达方式。这时候，家长需要及时关注孩子的动作表现，并给予孩子适当的回应，而不是爱理不理，或者不能理解孩子行为的真正意思。正确的回应其实对于孩子的健康成长非常重要，它直接影响着孩子对家长的态度。

例如，孩子在盯着家长看，并且发出声音、挥手等，当家长给予回应时，孩子也会随之有高兴等情绪变化。如家长不理会或理解错误，久而久之，孩子就会减少这种动作表现，甚至不再有这种表现。那是因为在孩子看来，既然家长都不理会或不理解我，我做这些就没有意义了，我在家长心里的地位也就如此。

这种心理变化不仅表现在当下，还会影响孩子以后对家长的态度，长期发展下去，就会使孩子在青春期发育时，出现不听家长的话等情况，这是值得各位家长警惕的。

孩子除了善于表现自己以外，还善于观察周围，这大概就是我们成人世界所说的察言观色吧。例如，当家长在吵架时，孩子也会感受和观察到他们的情绪变化，当其发现家长在吵架后心情会变得不好时，孩子就会调整自己的情绪和行为习惯，适应家长的情绪，也就是我们所说的"讨好"，顺着大人的意思，其中叛逆的行为就会比平时少。作为家长一方，这时候其实并没有感到开心，而是开始焦虑，思考孩子的行为为何如此反常，是不是身体不适等。这一点又反映出孩子与成人思维方式不同的特点。

　　家长不仅要充当一个照顾者的角色，更要做好一个观察者的角色。在给予孩子照顾之外，还需要多与孩子沟通交流，在交流过程中学会观察孩子的行为。当家长真正能够理解孩子行为的意思时，交流才是有意义的。孩子独有的笑声、哭声等行为，家长要学会理解，然后不断引导他做出更加合理的表现，久而久之，孩子就会越来越愿意与家长分享和表达情绪。

　　3～6 个月的孩子行为会更加地活跃，游戏欲和求知欲更加旺盛。这个时期需要注意的是，孩子虽然喜欢玩游戏，但是其游戏的技能还处于发展阶段，需要家长不断地引导，增强其游戏技能，家长更应注意对孩子游戏感的培养，孩子在玩游戏中收获的快乐很重要，这一点无论是对他以后的学习还是生活都极其重要。

　　游戏不仅仅体现玩具的使用上，也可以应用在孩子生活技能的培养上。这个阶段的孩子大多会出现嗜睡问题，这时候很多家长可能会只关注如何解决孩子的这些问题，而不是去找到孩子出现这种问题的原因。要做到有效解决孩子的嗜睡问题，最佳的处理方式是做游戏：一方面增强孩子的生活技能，另一方面在游戏中增强孩子的快乐感，而不仅仅是为了游戏而游戏。

　　通过游戏的方式，可以逐渐调整孩子的行为习惯，尤其是哭闹问题，这就是增强孩子快乐感的好处。孩子不再只是使用哭的方式自我表达，接踵而来的是开始学习更多的动作。这个阶段家长要更加注重孩子能力的发展。随着孩子行为的改善，家长会有更多的精力去关注孩子能力，而不再是停留在处理情绪等各种状况上。

孩子的模仿能力非常强，在做游戏方面也是如此。作为孩子，他们都喜欢与人互动游戏，当家长与其游戏时，孩子更多的是在模仿家长的动作，长期以往，孩子就会从家长身上学到更多的技巧，能力也随之增长。

每个孩子的个性都不一样，文静的、活泼的……不同个性的孩子其与家长相处的时候所表现出来的行为也不一样。活泼的孩子总是对生活中的各种事物充满兴趣，例如被爸爸举起来就会开心得蹦蹦跳跳的，当看见、听见爸妈沟通时就会跟着做出各种表情动作。文静的孩子则相反，即便是与他人相处，也会享受自己做游戏的乐趣。

3～6个月的孩子，在做游戏方面，更加注重的是怎么玩，而不是玩什么，这一点家长必须高度重视，以免本末倒置。当孩子在家长的引导下能够养成良好的游戏习惯，那么他自然能够在游戏中学会怎么玩。不可否认的是，当代很多家长都很重视孩子的教育，于是就会花费大量的时间去研究如何让孩子更好地游戏和学习，每天变着花样为孩子提供丰富的游戏。值得思考的是，即便家长真的花费了很多时间、心思研究这些，但是却忽略了花费时间陪伴孩子游戏，根本没有思考如何让孩子玩游戏，而只是思考游戏本身。

有研究表明，爸爸在引导和陪伴孩子玩游戏方面，会比妈妈扮演这个角色更加出色，也就是说基于这个因素，爸爸们很有必要花更多的时间陪伴孩子。

不能本末倒置的是，这个阶段的孩子更注重的是良好游戏习惯的建立，而不仅仅是游戏本身。这个时候，家长发挥着非常重要的作用，引导孩子游戏的过程，也是一个教育和传授知识的过程，这直接影响着孩子日后的学习和生活。当孩子在这个阶段所表现出来是非常热情和喜欢玩游戏的，那么很有可能他日后的学习成绩就会很优异，因为这是强烈求知欲的表现。当孩子在玩游戏的过程中受到来自各方的要求、规则等限制，那么他在日后的学习中就容易被压力所影响。

> 历史性的时刻终于要到来了，那就是孩子真正从爬行发展为直立行走。

调整行为的 7 ～ 12 个月

仔仔变化可真快，前一个月才会坐，过了两个月之后就会爬了。在整个屋子里爬来爬去，还学会了"翻箱倒柜"，他把里面东西全掏出来，家里人又好气又好笑。又过了两个月，小家伙又有学走路的趋势了——他扶着沙发站的时间越来越长了，甚至还会挪两步。为了孩子的茁壮成长，仔仔妈妈每天给仔仔做各种营养的辅食，但是仔仔有时候并不买账，仔仔奶奶便想尽办法让仔仔吃下去。

随着孩子运动能力的迅速发展，接触周围世界的能力也在提高。他的一些行为和反应大多是出于本能，因此具有随意性。家长在惊讶于孩子的变化时，也要注意培养其良好的行为习惯。例如用餐习惯，切不可依赖食物以外的东西来诱惑孩子进餐，这会分散孩子对食物的注意力，从而失去对食物的兴趣。应当鼓励孩子去尝试自主进食，避免以后出现"喂饭难"现象。例如睡眠习惯，也应当培养孩子自主入睡。这些良好的行为习惯都有利于孩子的身心健康，有利于孩子日后的发展。

在这个阶段，孩子的脑组织将会进入发育的非常时期，其气质特征和个性特点都表现得很鲜明，这时候家长的引导和培养起着至关重要的作用，适当的行为模式调整引导对孩子的成长有很大的帮助。

就如前文所说的，孩子天生模仿能力非常强。家长日常的行为表现和情绪会直接影响孩子对自身行为模式的思考，所以家长日常要有意识地为孩子提供一个正面的榜样参考。另外，游戏的类型和技巧很多，但不一定都适合自己的孩子，如何挑选游戏、如何让孩子融入游戏当中，是值得每一个家长思考的。孩子的喜好和性格是挑选游戏的参考值，只有让孩子养成良好的游戏习惯和心态，才能够影响其日后的行为模式，这是一个非常重要的阶段性教育任务。

心理学上对孩子的气质类型进行了分门别类，当然这只是一个评判孩子的参考值，并不是唯一的标准。一般来说，孩子的特征倾向包括以下几个方面：反应阈限、分散度、坚持性、活动性、规律性、适应性、趋避性、反应强度、心境。

孩子究竟是属于哪种类型的个性特点，通过专家的专业测评可以确定。当然还有一种更加直接的方式，就是家长在日常生活中，可以通过观察孩子的行为模式来发现，最明显的就是文静和活泼这两种个性表现。

事实上，孩子的气质并不是只有好坏这两种评判标准的，当然良好的性格还是普遍受到追捧和认可的。在培养孩子气质方面，家长更需要做到的是扬长避短，在孩子本来的气质基础上，通过适当的训练和引导来调整孩子的行为模式等，当然这是非常困难的，是一项艰难的教育任务。

当孩子处在这个阶段时，家长最重要的任务就是发现和积极适应孩子的个性特点。发现并没有什么困难，但是适应以及积极适应才是最困难的地方。家长在对待孩子的时候，一般会出现两种极端的方式，这就是大家所说的没有掌握好教育孩子的"度"。第一种方式是迎合孩子的各种需求。当孩子想要得到什么东西时，家长就会想方设法提供给孩子，在这种教育方式的影响下，孩子就会逐渐形成一种"唯我独尊"的个性，一旦他没有得到想要的东西时，就会通过一些负面情绪变化来向家长发出警告。第二种方式是过分严格要求孩子。持这种教育理念的家长因担心自己的孩子会养成娇纵的性格，所以就会时刻严格要求孩子，不轻易满足孩子的需要，但在这种环境下成长的孩子，容易形成自卑的性格，因为其日常承受的压力过大，总是处于一种战战兢兢的状态。

家长在与孩子做游戏的过程中，顺着孩子的个性才能培养孩子的游戏习惯和心态，这也是尊重孩子的一种表现。

在与孩子游戏时，要注意两个方面：

1. 在孩子的个性和游戏习惯的基础上给孩子挑选合适的游戏；

2. 家长除了要陪伴孩子游戏外，更重要的是引导孩子形成良好的游戏习惯，而不只是单纯地让孩子执行游戏规则。

虽然说这个阶段孩子的各种能力和情绪表现渐入佳境，但是并不代表这时候家长可以放心让孩子自我表达了，这仅仅是孩子成长的一个阶段，后面还有很多困难需要家长去应对。路漫漫其修远兮，吾将上下而求索，教育孩子从来都不是一份简单的"工作"，而且会伴随家长和孩子终身。家长还是要及时观察孩子的行为和情绪变化，找到合适的方式引导孩子。

这个时期的孩子会经历一系列的成长变化，包括生理方面的和心理方面的。家长们更要时刻提高警惕，关注孩子的各种小变化，孩子每天都在成长，这些微小的变化，最后会聚小成多，一段时间后孩子呈现出来的变化估计就会天翻地覆了。

当有些观察力强的家长发现孩子的变化时，就会认为孩子天赋异禀，于是想方设法为孩子"量身定做"各种教育方式，却忽略了孩子真正的需要，这并不是合适的教育。

　　家长主要的任务是对孩子生活技能的培养，这一点家长一定要有共识。孩子的行为模式其实是天生创造的，作为家长，需要做的是顺势而为，而不是拔苗助长。当孩子发育到开始有自我意识时，家长需要重视思考能力的培养，孩子自然能够逐渐有行为上的变化。当孩子训练到一定程度时，他的行为模式就会更上一层楼，各种摸爬滚打，并对周遭环境开始进行大胆的探索。家长需要放手让孩子探索世界，培养他对环境的好奇心。为了更有目的地培养孩子的方向感和思考能力，家长还可以通过让孩子寻找不同空间的物体来让孩子亲身体验。当孩子经历了一系列的方向感体验后，就会逐渐形成自己的思维模式：原来我也可以通过自己的努力达成目标。

　　游戏作为一个训练孩子潜能的工具，发挥着重要的作用，其中包括面对游戏的心态、遵守规则、游戏能力的培养。

　　对于孩子和家长来说，历史性的时刻终于要到来了，那就是孩子真正从"爬行生物"进化为"直立行走的灵长类生物"。当孩子实现了这一重大改变时，他的生理能力进入了一个新的阶段，双手被解放了，终于可以站得更高去看这个世界了。迎面而来的除了孩子的喜悦之外，不可避免的还有家长的焦虑，因为孩子刚开始学会走路，肯定要面临各种挑战：磕磕碰碰、跌跌撞撞……作为家长，自然也是担心的，为了让孩子的伤害最小化，家长巴不得天天把他捧在手心。但是这样很不利于孩子的成长，当家长真正能够意识到适当的放手才是对孩子最大的保护时，孩子才能拥有更多的自由去自己克服这些难关。

孩子的培养需要把握一个"度"，这点家长必须学会处理。当孩子到了需要发展运动能力和创造力时，适当的放手才是积极有效的教育方式。其实，无论是哪个阶段，孩子在成长中多少是要经历各种挑战的，即便是真的受到了皮肉之苦，也不失为一种正面的经验教训，这为他以后的人生带来了正面的影响，在当代被称为"挫折性教育"。

孩子自信心和意志力的培养，并不是天天被捧在手心里能够养成的，相反，当经历一定的困难和失败后，他才能拥有思考的能力。当然还有一些负面的教育方式，例如过度放任孩子。这样的教育方式是不利的，当孩子在完全不受控制的情况下，各种不良的行为和状况就可能会陷入失控的状态。孩子的各种能力发展，家长的适当引导具有重要作用，家长必须把握机会，在合适的阶段给予合适的教育，才能有效激发孩子的潜能。

家长应该观察孩子在这个阶段中的变化，积极配合孩子的变化做出相应的游戏策略调整，这样才能最大化地发挥孩子的潜能。当孩子对游戏和家长不感兴趣时，这时候家长就要及时发现，当然一开始家长也会一脸茫然、不知所措，一段时间后，才会思考为何会出现这种状况？孩子怎么就突然不喜欢和我玩耍了呢？对于这些疑惑，有相关研究表示：

孩子发育到这个阶段后，自我意识开始突飞猛进，他们可能已经开始想接触除家长以外更多的玩伴。出现这种状况后，家长不要着急，顺着孩子的变化，然后挖掘其他更有趣的游戏，重新引起孩子的注意，当孩子再次出现厌倦的时候，再继续去适应他们的变化。

家长的作用不仅仅是为了给孩子挖掘兴趣点，更重要的是引导，在孩子天生的潜能基础上，做出适应的教育，这对于潜能的开发非常有益。亲子游戏作为孩子自我意识萌芽的一个引导工具，培养孩子的游戏感并且维持这种感觉是家长教育工作的首要任务。

9个月后的孩子自我意识开始萌芽，在学步的过程中，开始探索周围的世界，这时他就会自然而然地产生很多关于世界的想法，意识到自己和世界的区别，这与9个月前他所理解的"天人合一"思想是有区别的，可以说是思想意识实现了质的飞跃。

伴随着孩子年龄的增长，随之而来的还有孩子行为模式的迅速变化，这种变化必不可少也会带来一些负面的影响，屡见不鲜的是以下这些坏习惯：睡觉不"老实"，各种折腾；情绪就像六月的天气，说变就变；吃饭不守规矩；自以为是地尿裤子、尿床等。

虽然这些是坏习惯，却是孩子成长的必经之路。一般来说，当孩子出现这些行为时，家长的第一感觉就是孩子做错事了，这时接踵而来的可能是各种打骂，这种盲目粗暴的处理方式是不利于孩子成长的。正确的应对方式应该是冷静处理，理性对待孩子的这些行为，学会欣赏他们——其实这也是成长的一部分，引导孩子思考自己的行为，然后给予他们更多的宽容，皆是凡人，孰能无过。

当孩子自我意识萌芽时，玩伴的重要性就越来越明显了，除了家长以外，还应该有年纪相当的小伙伴共同陪伴、玩耍，这样才能更好地激发他们的潜能，还能互相学习，家长理应对孩子"放权"，给予他们更多的自由，顺便观察他们的行为。

> 孩子正处于行为活跃和反叛的时期，往往让家长大为恼火。

活跃与反叛的 1～2 岁

仔仔会走路了！这让仔仔探索的世界变得更广阔了，他现在更喜欢在室外活动了，看看花，摸摸叶子，捡捡石头都让他高兴。随着年龄的增长，他变得像个"小捣蛋鬼"了，他有时候会恶作剧，或者故意违背大人的意思，然后观察大人的反应，然后露出"奸计得逞"的坏笑；他有时候脾气很大，只要有一点不顺心就马上生气，一旦生气，无论是采取转移注意力的方法还是好言相劝都无法让他停止哭闹。他不像以前那么听话了，更多时候他有了自己的想法。

1 岁多的孩子正是好奇心旺盛的时候，因为语言沟通不畅，有的时候家长看到他们的"恶作剧"和"捣乱"行为，心中难免会有怒火，甚至会责罚他们。

这其实是错误的做法，这种做法会让孩子感到委屈，让亲子关系变得紧张。反之，家长应当感到欣慰，这是孩子自我意识发展的标志，是他们成长的正常阶段。他们这样做更多情况下是因为无法正确发泄自己的求知欲和情绪。当他们犯错或者发脾气时，我们应当理解和安抚他们，耐心地帮他们明辨是非，并用恰当的方法安抚他们的情绪。

经历了学步的初期后，孩子的直立行走能力已经进入了关键时期，这又是孩子自我意识的进阶体现，他们通过走路来建立自信。作为孩子开始独立行动的初期，一般家长都会下意识地去干涉孩子的行为，例如限制孩子活跃的行为能力等。其实，最好的方式还是适当地放权，让孩子自由探索世界，即使是跌跌撞撞，也不需要太过担心，这是一种成长经历。同样地，当家长发现孩子开始不那么遵从自己的意愿和听从自己的意见了，也是不需要担心的，自我意识发展到了这个阶段，自然是要学会独立思考的。

孩子天生就是模仿的高手。当家长在处理家务的时候，充满好奇心的他就会模仿大人的行为，这时不妨让孩子也亲身经历一下，一方面让孩子开始学做家务，另一方面也让孩子意识到帮助家长做家务是理所应当的，这样在以后的成长中，邀请孩子一起处理家务事也就不再是难事了。

这个阶段的孩子正处于行为活跃和反叛的时期，相比以前，各种行为和情绪更是进入了一个难以控制的阶段，例如发脾气的时候不再像以前那样容易哄，对游戏的新鲜度和耐性也不如从前，总是喜欢尝试新的东西，当情绪冷静下来后，他们又开始想着如何再次捣乱了。

伴随着孩子的成长，他很多行为和情绪都变得不可控了，家长会感到非常头疼，这也是孩子自我意识进阶的体现，越来越多古怪的想法充斥着孩子的脑袋，非要发泄出来不可。为了寻找更多新鲜和刺激的事情，孩子开始对家中的各种东西"下手"了，例如妈妈的化妆品、爸爸的清洁用品、家里的电器等，每一样都逃不过孩子的魔掌。更令人头疼的是，家中的危险品也被孩子盯上了，然后他就开始各种捣蛋，还非常自豪和骄傲。面对孩子的这些"恶行"，家长一般是两种处理方式，要么是严厉训斥孩子，要么就是顺从孩子的意思，教育难题开始萦绕着家长。

对于家长来说，更多的是溺爱孩子。即使孩子有各种恶劣的行径，家长还是会习惯性地选择原谅，并且心甘情愿地为孩子"擦屁股"，也难怪，孩子是父母的"心头肉"。所以，当大家看见家长和孩子的这些相处瞬间时，千万不要感到惊讶，这是大部分家庭的常态，例如家长苦口婆心地哄孩子进食，时刻盯着孩子是否尿裤子、尿床，等等。对于家长来说，这是一场漫长的苦战，但也是无可奈何，孩子还是要捧在手心。

当然，也有一些理性的家长懂得采取更合适的处理方式，既不能严厉批评孩子和限制孩子的行为，也不能完全顺着孩子的意思，而是在合适的环境中做出合适的教育引导。这时不妨让孩子与年纪相仿的小朋友互相接触交流，互相学习，或许能够让孩子学到一些正面的经验。即便是这样,孩子的反叛期也是难以避免的,家长还是要时刻关注孩子的变化,并且做出适当的引导。

既然孩子独立意识增强是成长的趋势，那么家长就该做两手准备。当家长需要孩子遵循规则的时候，就要直接地对孩子发出行为指令，但是不能随意发指令，这跟狼来了的故事道理是一样的。另外，当孩子对家长有需求的时候，反过来家长也要尽可能地满足，这是一种家长和孩子之间平行相处的规则。

随着孩子行走能力的不断提升，他的独立意识也会越来越明显，用脱缰野马来形容一点都不夸张。站在孩子的角度，面对接下来的各种生活挑战，他可能会积极跨越，如果尝试成功了，那么就会增加孩子的自信心，相反，就会开始一点点毁掉他的心理建设。

孩子的学步过程或多或少会遇到一些困难甚至是身体伤害，家长一般都是特别心疼的。为了尽可能地将孩子的伤害最小化，家长们恨不得时刻把孩子捧在手心，其实这样做很不利于孩子成长，"一朝被蛇咬十年怕井绳"，说的就是家长的这种心态。

既然是学步，磕磕碰碰肯定是在所难免的，与其把孩子捧在手心，不如适当放权让他自己去探索，说不定会有什么惊喜在前面等着你呢。

除了学步中存在很多困难以外，孩子好奇心的膨胀也是一种表现。面对孩子旺盛的探索欲，家长通常会直接告诉他事情的真相，例如哪些物品不能进食、哪些物品不能随意触碰等，这在孩子的理解中无疑是一个黑洞，所以家长应该做的是通过一种孩子能够理解的方式来让他更深刻地理解这些事情，就像讲故事、做游戏一样。

孩子基本上从学会走路起，就会有更多的欲求，刚学会走就想跑，踮脚走路、快步走等变成了他们生活的常态。值得家长高兴的是，这说明孩子又长大了，与其把孩子捧在手心约束他的行为，不如另辟蹊径鼓励孩子大胆尝试——为孩子更进一步学步提供辅具的帮助，常见的有球类、拉车等小玩具，既可以做游戏，又可以锻炼孩子的能力，两全其美。尽管孩子已经学会平稳走路，但不是说家长真的可以完全放心当"甩手掌柜"，当孩子学步时，还是要时刻跟在身边，防止意外的发生，要在伤害最小化情况下鼓励孩子尝试。

特别需要注意的是，孩子的一些更加恶劣的行径也有可能在这个阶段养成，例如咬人、乱拆东西、揪头发、戳眼睛等，家长不要等到孩子已经出现这些行为时才想方设法纠正，正确的做法是在行为出现之前就开始教育，否则后续的负面影响不可估量。

如果说1岁是孩子的反叛期，那么1岁半到2岁的孩子更是反叛升级了。他们所表现出来的反叛无非就是开始使用一些"不"

的语言和行为去表达自己的意愿，这就是孩子自己理解的长大。昔日可爱的小孩如今却跟家长对着干，家长要崩溃了。其实，孩子每个阶段都有自己的成长需要，学会一种表达方式也不是一件坏事，只是家长还不能及时跟上脚步去适应这种变化而已，多给大家一点时间，相信还是可以和谐相处的。

为了让双方可以和谐共处，家长应该积极鼓励孩子开发潜能，当孩子意识到家长的配合时，也会相应地给予"回报"——尽可能地遵循家长的规则。当然这个过程肯定不是风平浪静的，不良行为肯定会出现，当出现的时候，家长要积极面对，例如通过冷处理或转移注意力的方式，尽量不要严肃地批评孩子。

孩子的自我意识发展更上一层楼时，他就想到处"逞英雄"和"炫技"，来满足他的"虚荣心"。从前他被家长各种指挥，但是现在他长大了，就想冲破这种限制。

孩子的这些任性的行为，其实也是他生活技能提升的表现，是一种进步。当孩子开始学会自己处理各种事务时，对家长的依赖性开始减少，并且还有冲撞家长的意思，家长应该理解，并做出引导，久而久之，才会帮助孩子建立起独立生活的意识。

教育孩子向正确的方向发展，永远都是一个难题。既不能过于溺爱，也不能过于控制，如何把握这个度真是要看家长的智慧了。

好奇心越来越重的孩子，慢慢地演变成"执拗"，以为自己是一个探险家，每一样东西都要尝试才罢休。家长也是很辛苦的，时刻都要盯着他们，防止搞破坏。

孩子搞破坏后，家长首先想到的是跟孩子磨嘴皮子，但是这样我行我素的他怎么会听家长的话呢，于是家长的处理方式就要升级了，文的不行，就来武的，这种方式是不提倡的。

当孩子被打后，不同个性的孩子可能会出现几种情况：老实的孩子被打后就会害怕了，以后可能会变得胆小怕事；大胆一点的孩子被打后，以后可能会很圆滑，因为他心有不甘；更胆大的孩子被打后，还会还手，这种孩子就可能会变成"小霸王"或有暴力倾向者。

对于家长来说，要积极应对孩子的反叛期，在尽可能地让孩子尝试的同时，也不忘纠正孩子的不良行为，学会引导孩子形成正确的行为模式，才能帮助孩子顺利度过这个阶段。

2 岁后是孩子好奇心的高峰。

渐入佳境的 2 岁后

2 岁后的仔仔开启了说话的新技能，虽然发音不太清晰，但是还算流利。他最常说的一句话就是"这是什么呀"。他看到高高的大楼会问，看到路边的小草也会问，不论是过去他曾见过的，还是刚刚看到的新事物，他都要问一遍。他对身边的一切都充满了好奇心。有时候除了问问题，他也会亲自去探索，比如朝水里扔石头，看着鱼儿受到惊吓逃走。这个世界的一切都令他着迷。

2 岁后是孩子好奇心的高峰，他会不厌其烦地询问自己看到的东西，也会不顾一切地去探索自己感兴趣的事物。家长应当尽量耐心地解答他的问题,并反问同样的问题以加深他的理解,这样不仅使孩子获得了知识,也加深了亲子间的联系。

但要注意的是，因为孩子是没有危险意识的，当他在好奇心的驱使下做出某些危险的举动时，家长应当制止并进行教育。同样地，这种教育制止不是粗暴的喝止，而应该解释其缘由。

终于迎来了 2 岁，孩子不再局限于 2 岁前视野，他还想继续探索世界，发现更多好玩的事情，"十万个为什么"估计就是孩子的生活常态了。自我意识也随着年龄继续发展，当然也会引发一些难题。

对于孩子这时期表现出来的求知欲，家长需要积极配合，切勿打击。这里说的打击不是完全顺从孩子的意思，而是应合理地配合积极的求知欲，而不良的行为要适当约束。家长的积极配合不仅是支持孩子单方面的求知欲，更要做的是通过增加与孩子的互动来刺激孩子的求知欲。至于如何去把握教育的"度"还需要家长自行去摸索，孩子的行为模式和求知欲的发展是否良好，取决于家长的能力。

处于反叛期的孩子，大多会有以下行为：有时很调皮捣蛋，有时又很乖巧可爱，常常在两者之间切换。作为家长，总是希望孩子按着自己的意愿去行动，但事与愿违，孩子有他的个性，想任性时任性，想安静时就安静。当孩子经历了这一系列的变化后，就会慢慢地形成下一阶段的个性，变得懂事、学习能力增强等。家长与其沟通时，也会变得顺畅。

既不过度溺爱，也不过度约束，是孩子任何阶段都应该遵循的教育理念，处于 2 岁的孩子也不例外。这时候家长的教育策略就要更加地直接明了，告诉孩子当成长到 2 岁时，就已经是大哥哥、大姐姐了，要给其他低龄小朋友做出榜样。对于孩子的成长，家长的积极鼓励作用，是培养孩子自信心和成就感的有效方式。

孩子天生的模仿能力不容置疑，家长应该紧抓孩子的这个良好天赋，在日常生活中要注意言行，必要时言传身教授予孩子更多关于常识和沟通的要领。除了技能的培养，还要注意加强亲子间的沟通频率和质量，久而久之，孩子也会增强对家长的信任感。

随着孩子自我意识的逐渐成熟，好奇心也会随之增强，对于孩子的不断探索和提问，家长要耐心地进行回答，积极培养孩子主动学习的能力。

如何回答孩子的问题及如何向孩子发问是一门大学问，可以说在教育上占了一定的比重。当孩子提出问题时，家长也要注意答案的质量，既要帮助孩子理解到相关的知识，也要适合孩子现阶段的认知水平。为了考验和测试孩子对生活或知识的理解程度，家长也可以反问孩子，引导孩子进行思考和反思，这也是培养孩子创新意识的重要过程。

第 3 章

空间和智商发育

孩子不断地在成长，经历了爬行、行走等时期，在他的世界里，活动的空间不断拓宽，好奇心自然也会增长。

> 孩子经历了爬行、行走等时期，他的世界和活动空间不断拓宽，好奇心也在增长。

空间敏感期

孩子喜欢探索世界，幼年时期表现更是明显，如扔东西、翻东西、乱碰各种危险物品、到处蹦蹦跳跳、来回爬楼梯、在家具中乱窜等。因为孩子不断地在成长，经历了爬行、行走等时期，在他的世界里，活动的空间不断拓宽，好奇心自然也会增长，尽管家长无法理解。

空间敏感期就能解释孩子以上的行为，家长还是要积极了解孩子的变化，这是一个相互学习、成长的过程。

琴琴的行为越来越多样化了。她喜欢上了捉迷藏，她经常拉起窗帘躲在后面一边转一边喊"躲猫猫，躲猫猫"。如果这个时候有人过去掀开窗帘，她就会非常高兴。高兴过后，她会再一次躲进窗帘，等待下一次被找到。她还喜欢搬东西，经常将小凳子从一个地方搬到另一个地方，并乐此不疲。家长看到她可爱的样子，笑得合不拢嘴。

所谓空间敏感期，指的是孩子在发育阶段，会通过不同的方式来探索和认识世界，最开始的方式是口和手，后来随着爬行和行走能力的提高，他们就会运用身体。不要小看孩子的探索行为，这有助于构筑起孩子以后对空间的理解能力。

孩子对空间的探索，有利于他对三维立体世界的感知，有利于空间感的建立。当孩子进行空间探索的时候，家长往往很紧张，因为孩子有时候看起来好像是在危险的边缘，或许下一秒就要发生危险，于是往往在孩子还没迈出下一步时就被家长拉了回来。过分的紧张其实破坏了孩子对安全范围的掌控力，也使孩子产生了压力，让他在下一次探索时过于犹豫。家长应适当地让他自由地、尽情地去探索。

孩子自己的空间概念可以通过不同的媒介来认知，物体的位置、物体的运动、弯曲的视界等。孩子对空间有自己的理解方式，尽管方式花样百出，也会让家长各种头疼，但为了培养孩子的空间感乃至帮助他建立对空间概念的认知，家长还是要积极引导的。

1. 空间探索需要丰富的媒介

点评 孩子会在日常的各种行为中进行空间探索。在保证安全的前提下，家长应该为孩子的探索提供丰富的媒介，例如适当的空间距离、合适的行为表现等，最重要是让孩子大胆尝试，只有尝试得多，才会尽快建立空间感。

2. 要引导孩子感知空间大小、方位等变化

点评 尽管各种物体、玩具等可以帮助孩子构建空间感，但家长的引导才是重要的。比如通过抛扔、转圈、滚动等方式，引导孩子感知物体的大小、手感、形状等特征，孩子在观察中就会形成自己的认知。

3. 引导孩子参与家务

点评 孩子天生喜欢模仿，跟着家长做家务也是一种行为模仿，家长要适当给予机会让孩子尝试。让孩子参与劳动，这些可以是日常常见的生活场景：为家长拿鞋、自己折叠衣服、打扫等，在锻炼孩子空间感的同时，也培养了生活技能。

4. 探索自然环境

点评 大自然作为一个富有教育意义的场景，非常容易让孩子感受空间变化，这些场景可以是小鸟飞翔、鱼儿游泳、树叶飘落等，孩子自然而然就会被它们吸引。

5. 在户外感知空间

点评 户外场所相对于家中来说，空间感更加强烈。孩子可以在户外活动时感受各种变化，如

走到分岔路口时让孩子学会辨认左右前后等方位、玩滑梯让孩子感受上下滑动，久而久之，孩子就会学以致用。

远都是尝试，而不是约束，这一点家长要有共识，当然也要时刻注意安全。家长要积极鼓励孩子探索，然后在探索中及时跟孩子沟通，分析总结，并吸取经验教训。

6. 建立自信心

 开发孩子潜能的方式永

积极鼓励引导才是正确的家教方式。在孩子学习成长的过程中，家长的保护是必不可少的，只要是在安全的前提下引导孩子参与，家长就不用担心。孩子的成长需要自己去经历，而不是家长代为成长，要给予孩子更多的理解和信心。

如果总是否认和约束孩子，孩子无论是在自信心还是探索欲方面都没有办法取得进步，甚至会影响到积极个性的发展，比如胆小怕事、多动、焦虑等。

孩子的空间敏感期是从出生开始一直到6岁。

空间敏感期的阶段表现

孩子的空间敏感期是从出生开始一直到 6 岁。孩子从识别物体的移动至自行变换到不同空间，经历了漫长的探索。每个阶段，孩子的关注点都是不同的，这是由该阶段的认知水平决定的。家长可以根据年龄特点在不同的年龄段去引导孩子探索，比如购买相关的玩具，陪孩子做游戏等，以便帮助他获得空间体验与认知。

有一盒儿童积木是在笑笑 7 个月时买的，到现在他还会断断续续地拿出来玩。但是每个阶段他都有不同的玩法。7 个月大时，他喜欢把手里的积木一个个地扔到地上，看它们掉落的样子，听他们掉落的声音；12 个月大时，他喜欢把积木塞到洞里，看它们是如何从洞里出来的；现在他喜欢把积木堆得高高的，然后一把推倒，看它们是怎样散落一地的，散落时哗啦啦的声音也让他高兴。

1. 0 ～ 1 岁是孩子最早期的空间探索

点 评 这时候要做的是开拓孩子的视野。孩子有的时候喜欢把玩具往地上扔，并不是捣乱或者破坏。通过扔玩具这样的抛接玩耍，孩子可以通过视觉观察物体的变化。孩子从用手和口过渡到用爬行和行走来感知空间，当他的行动能力提升后，抛扔玩具等就是一项很好的活动方式。所以，家长应该放手让孩子尝试多种活动。

2. 1 ～ 2 岁是孩子行走能力提升的阶段

点 评 这时候孩子已经开始建立起对空间的敏感度了。因为已经学会了直立行走，孩子就开始不停地秀自己的能力了。对于孩子来说，表现自己的时候到了，他们除了来回跑动，还会为了拿到想要的东西不惜"铤而走险"爬上桌子，闲不住在沙发上上蹿下跳。孩子的这些调皮行为其实是他自己在探索空间的表现，他要亲自去证实一些事情。所以，家长也应该引导孩子建立对空间的敏感度。

3. 2 ～ 3 岁孩子随着活动空间增加，对空间敏感度更上一层楼

点 评 处于这个年龄阶段的孩子，各种活动能力都发育迅速，对空间的好奇心促使他不断加强活动，所以家长会看见孩子出现各种看似危险的行为：上蹿下跳、衣柜里躲猫猫、喜欢挑战危险的路段、草地上摸爬滚打……家长不要担心，在确保安全的前提下，

应该继续引导孩子尝试。

4.3～6岁是孩子生理和心理全面发展的阶段，对空间的认知基本形成

点 评 随着孩子智力的发育和对知识的吸收，孩子会逐步对空间形成全面的认识。3岁时基本对体积大小、上下方位等认知形成；4岁时远近等方位基本认知形成；5岁时前后等方位基本认知形成；6岁时左右等方位基本认知形成。这就是前面提到的空间敏感期有助于孩子形成对数学概念的认识。

综上所述，孩子在不同的年龄段都会有自己对空间的理解方式，然后就会出现相应的探索行为，建立对空间的敏感期。方位、大小等空间乃至数学的概念认知升级，都是孩子的自我认知系统的开发和进化，有助于构建起他

> 孩子在经历敏感期时，各种调皮的行为层出不穷。

无敌"破坏"王

在没有认识空间敏感期的时候，很多家长会认为前面篇章行为中的孩子是有问题的，甚至有的家长会担心自己的孩子是不是有多动症。孩子的正常空间探索行为，被家长误解为"搞破坏"，实在冤枉啊。家长应该多理解和思考，而不是只看表面行为。

好动的跳跳将抽纸盒里的纸一张张抽出来，然后用手揉成一团扔在地上。过了一会儿，他将玩具汽车上的轮胎都抠下来放在了地上。又过了一会儿，他去阳台溜达了一圈，看到奶奶养的花开得正好看，便忍不住把花摘了下来。奶奶看到满地狼藉的样子，又看到阳台上七零八落的花，忍不住抓住了跳跳的手说，你真是个"破坏王"。

其实这只是孩子的正常发育表现，孩子在经历敏感期时，各种调皮的行为层出不穷，反复抛扔东西、上蹿下跳、攀爬、乱抠等动作屡见不鲜，也会喜欢躲猫猫、玩旋转木马、转圈圈等。这说明孩子正在成长，而且是健康地成长。孩子出于对空间的好奇心，自然就会通过各种动作来进行表达，在行为举止中，获得对空间的感知。

1. 推倒积木是学习不是破坏

点 评 孩子喜欢反复地推倒积木，在家长眼中这是一种"破坏"行为，其实对于孩子来说这是一个学习的过程。当孩子每一次推倒时，他会看到一种游戏的乐趣，而且每一次孩子推倒积木用的方法、力气等可能都不一样，这样一来孩子也会学习到不同的游戏方式，寓教于乐。

2. 扔积木可以锻炼专注力

点 评 扔积木这件事其实恰恰可以锻炼到孩子的专注力。孩子并不是单纯地做扔积木这个动作，而是在这个过程中会有自己的思考，采用什么策略、力量等都是孩子在反复验证自己的想法，这就是一种游戏专注力的体现。家长更应该给予孩子更多的尝试机会，帮助他们建立专注力。

在日常生活中要注意，孩子的破坏力会随着其能力的增长而增强，家长往往不分青红皂白地制止。其实我们应当先观察孩子的破坏行为，判断他是出于什么原因去破坏，不同原因应当有不同的处理方法。

如果是因为好奇，则首先应当鼓励，再进行温和教育，告诉他不能这样做的原因；如果是因为发泄情绪，则应问清具体缘由加以安慰，并告诫下次不许再犯；如果是因为模仿，家长则应当反思自己的行为是否给孩子做出了不好的榜样。

家长需要注意的是，当孩子的空间敏感期受到约束时会产生负面影响。当孩子反复抛扔受到家长的阻拦时，孩子会因为这样逐渐变得胆小，自信心更难以建立，日后在学习中，可能也很难激发他对学习的兴趣。更严重的是，一些严重的症状或疾病也会随之而来，例如自闭、焦虑、多动等。家长要引以为戒、提高警惕，尽可能地满足孩子的探索欲望，让孩子释放自己的潜能。

第 4 章

需要尽早开发的潜能

人与人刚一生下来并没有什么不同，仅仅是
后天的环境，尤其是幼儿时期所处环境的差异，
致使有的孩子长大后成了天才，有的则变成了凡
夫俗子甚至蠢材。即使是平凡的孩子，只要教育
得法，将来也会成就非凡。

—— 爱尔维修

> 孩子的教育必须从出生前就开始进行。

教育从出生前就要进行

总有家长依赖于父辈的教育经验，以为不费心力孩子也会长大，于是便忽视教育的重要性，这其实是缺少责任感和前瞻性意识。科学研究表明，出生头两年接受良好教育的孩子具有更大的潜能和更健康的心理状态，将会有更好的处理事物的能力。这是因为家长的重视往往伴随着关爱和知识传授，孩子因此获得了安全感和更多的知识，这些教育为他以后的发展奠定了基础。

斌斌妈妈在怀孕的时候就阅读了许多科学育儿的书籍。斌斌一出生，她就坚持科学喂养。从抬头训练、翻身训练、爬行训练到走路训练，斌斌很好地度过了运动发展期。同时斌斌妈妈也注重孩子的智力开发和潜能开发，她经常与孩子交流，并注意培养孩子的良好习惯。2岁的斌斌如今是小区里有名的乖宝宝。

孩子的教育必须从出生前就开始进行，这一点是值得被认可的。但是这一点让很多家长表示疑惑，胎儿和刚出生的孩子并不具备受教育的可能性，他们连最基本的沟通能力都没有，又怎么可能掌握知识呢。这就是教育的神秘所在，教育不仅局限在传授知识，还应该有着更加深远的内涵。

如今很多专门针对儿童心理活动和发展的研究，有研究显示，孩子2 岁前的活动会直接影响孩子的一生。这些都是观察和重视孩子心理的结果。孩子的潜能应该值得被作为一项独立的研究来进行观察和分析，这一阶段更应该注重对孩子进行教育，而不是固守孩子的这个阶段并不具备学习的能力这种观念，一旦错过孩子的阶段性教育，就错过孩子更多潜能开发的可能性。

孩子后天教育的重要性并不亚于先天禀赋。

天才也可以后天教育而成

孩子后天教育的重要性并不亚于先天禀赋，家长在教育孩子时要因材施教，一切从孩子的需要和兴趣出发，孩子在这种有针对性的教育下，定能获得出乎意料的收获。

谈到家教的奇迹，著名的案例有爱因斯坦，刚出生的他因先天生理条件即后脑头骨异于常人，其发育过程落后于常人，2 岁时仍不能像正常孩子一样牙牙学语。这种情况延续到 3 岁，他的"特殊性"并没有让家长放弃对他的教养。爱因斯坦喜欢听妈妈弹奏小提琴，于是妈妈凭借他的这个爱好和专注力，开始教授他弹奏，在这种教育下，后来他也能独自进行弹奏了。爱因斯坦后来的成就一部分要归功于家长后天对他的培养。

同等教育水平下，孩子的命运取决于天生禀赋的差异水平。可是，这种前提条件一般不成立，孩子大多都是在不相同的教育下成长的，这就直接影响了他们本身禀赋的发展。

毋庸置疑的是，先天禀赋高的孩子在后天优秀的教育和环境作用下，定会变得非常优秀，所以，先天和后天缺一不可。

一位专家学者提出了橡树理论，现在我们通过一个简单的例子来阐述橡树理论的观点。橡树在理想状态下生长，可以达到 30 米的高度，我们就说这棵树具有长到 30 米高的可能性。当孩子在理想状态下成长，可以成为一个 100 度能力的人，我们就说孩子具有 100 度的可能性。

一般来说，橡树是很难拥有那种理想的生长环境的，假设橡树有长到 30 米高的可能性，但真正能够达到这个结果的少之又少，大部分只能长到 12 ～ 14 米，如果生长环境不佳，就只能长到 6 ～ 9 米了。但是也有这种可能：如果提升橡树的生长环境，例如施肥等，它有可能长到 18 ～ 21 米，甚至达到 27 米。

孩子也是一样，假设孩子有 100 度的天赋，如果后天教育环境不佳，他就有可能成为只有 20 ～ 30 度能力的人。相反，如果后天教育环境适宜，孩子也有可能成长为具有 60 ～ 90 度能力的人。这就是后天教育的重要性。

> 婴儿时期是孩子记忆力发展的黄金时期，有效的教育可以提升孩子的记忆力。

尽早开发孩子的记忆力

人的大脑记忆能力，相当于 1500 亿台 80G 电脑的存储量。一般来说，记下的事物可能会随时间而生疏，但不会遗忘，当人们觉得记忆力衰退时，可能是当时出现了精神不佳等原因。

记忆是人类生活和工作的必需品。有研究表明，人的记忆力其实有好坏之分，也就是所说的记忆的质量，这跟个人的情况有关系。

婴儿时期是孩子记忆力发展的黄金时期，有效的教育可以提升孩子的记忆力。家长在这个阶段可以通过反复向孩子灌输相同的词汇，因为来刺激孩子记忆力的发展，但是在这个教育的过程中，一定要注意方法，灵活有趣的方式比机械训练更有效。

　　妈妈发现妮妮在学习和记忆汉字时有障碍，通过观察发现，虽然她在学校能够很好地学习汉字，但是在家中和考试时却总是出现错误。原因是妮妮回到家练习汉字时，妈妈总是严厉要求她直至完成为止，这种过度约束的方式不但没有让妮妮迅速锻炼记忆力，反而产生了严重的排斥心理，这就是教育方式的不当所造成的后果。

　　芝加哥心理学教学、研究院凯瑟琳博士发现："提高孩子的记忆力需要家长长时间的努力，在这个过程中需要不断向孩子提出问题，或者讨论过去发生的事情的一些细节。"

1. 记忆游戏

点评 记忆游戏多种多样，可以利用卡片等工具。给出一些相关的卡片，让孩子观察并向其提问，问题要跟卡片内容紧密联系，再结合生活场景，例如去野餐要带什么等问题，家长和孩子要一起互动，才能有效训练孩子的记忆力。

2. 暗示性语言或行为

点评 在训练记忆力时，设计暗示性语言或行为能事半功倍。可以是身体语言、肢体动作等，当在训练中，孩子不能及时反应的，家长可以适当进行表达来唤醒孩子的记忆力，久而久之，孩子就能越来越快地在无提示的情况下完成训练。

3. 积极的鼓励

点评 孩子的记忆力训练过程是漫长的，要让孩子对这种训练感兴趣并坚持下去，家长也需要积极地鼓励孩子，让他建立学习的自信心和毅力。

4. 逐个击破

点评 面对孩子背诵长篇文章时，与其一口气全文背诵，不如把全文拆解为几个段落，逐段攻破，然后就能够把全文背诵下来。

5. 让兴趣变成孩子的记忆力的驱动

点评 一直都强调孩子的兴趣就是最好的学习动力，同理，记忆力也是。激发孩子锻炼记忆力的兴趣，往往会有意想不到的效果。尤其是孩子，对于枯燥的东西很难能够坚持下来时，兴趣就显得尤为重要了。

6. 重复刻意练习

点评 记忆力的训练避免不了重复练习，这种练习必须是刻意的。家长要引导孩子不断地去复习、背诵相同的内容，直到他们能够完全掌握，那么在之后一段时间内，都能够很好地掌握这些信息而不至于遗忘。例如在训练孩子新学习到的词汇、算术等时，就要多次重复书写、计算，然后不断提高难度，这样，孩子久而久之就会形成一种记忆的思维。

7. 丰富生活环境

点评 生活场景是孩子训练记忆力最直接且接触最多的环境，孩

子的生活环境越丰富，就会产生越多的兴趣和好奇心，那么留在他们记

忆中的事物就越多，这些都会帮助孩子以后的记忆力形成和发展。

> 当一个国家不重视想象力的教育时，以后必将会为此付出代价。

尽早开发孩子的想象力

所谓想象力，指的是在已有记忆的基础上，创造出新形象的能力。例如，当大家谈到汽车时，就能联想到其他类型的汽车等。想象虽然是凭空出来，但也是在一定事物的记忆基础上延伸的。

有研究表明，大多数孩子普遍呈现出学习成绩突出但却缺乏想象力的问题。但是这种情况在家长眼中并不是什么问题，他们依然认为学习成绩凌驾于想象力和创造力之上，孩子在学习的各个阶段，拼的就是成绩，成绩才是实实在在的。

孩子的想象力是教育的重要组成部分，除了灌输学科知识以外，还必须要注重想象力和创造力的培养，这既要顺从孩子天生禀赋的发展，也要积极发掘和培养，其重要性不容忽视。当一个国家不重视想象力的教育时，以后必将会为此付出代价。

培养孩子的想象力，要积极鼓励他们去主动思考、主动发问等，当孩子能够做到这些时，家长要积极给予回应，在孩子表现很棒时也要积极称赞，鼓励他们保持这种想象力。

想象是一种能力，那么幻想就是一种更高级的能力，是想象的延伸。孩子的婴幼儿和儿童时期是想象和幻想能力发展的黄金时期，这时候要引导孩子合理地建立幻想的能力，例如大胆想象未来的世界、未来生活的事物和场景。

1. 多途径开发想象力

点 评 想象力的开发途径是多样化的，不仅有美术、音乐等形式，还可以通过其他渠道开发。例如常见的积极主动思考、解决问题等。

2. 拒绝一成不变

点 评 一成不变是想象力发展的大敌。生活是多变的，例如回家的路不是只有一条，多角度思考和行动有助于想象力的开发。

3. 小事着手

点 评 孩子的想象力开发不是说一定要做一些大事，生活中的各种场景和事情就是最好的训练，与其每天为如何设计新餐刀、新轮子等事情烦恼，还不如先做好眼下能够完成的事情。

4. 开阔眼界

点 评 想象力的发展是要有大量的记忆基础的，这些记忆来源于你的基础，越是多接触新鲜的事物，大脑记忆越是丰富，想象力也就越丰富。这些记忆和想象力的丰富，还能够提升智力和解决问题的能力。

少了对孩子作品的思考，其实可以向孩子进行发问，在发问中引发孩子的思考，后续他们就会主动思考。

5. 尊重孩子的想象力

点评 家长习惯性地建立标准去评判事物，对于孩子的教育也是。孩子的想象力是一个观察和思考过程的结果，当中自带他们自己的逻辑，正确的方式应该是尊重他们，给予他们充分的理解和时间。

7. 玩新玩具不如创造新玩法

点评 新玩具对孩子来说固然是有吸引力的，但也有一种弊端，就是会养成孩子不断要新玩具的心态和行为，这时候不如转换方式去刺激他们的想象力，例如，玩玩具盒，在原有物品的基础上设计新的玩法，也能起到同样的作用。

6. 积极向孩子发问

点评 孩子想象力的激发有很多方式，家长的积极发问就是一种很好的方式。例如，当我们看见孩子的绘画作品后，一般家长都是直接观赏并称赞，但是却缺

8. 适度地夸奖

点评 家长很多时候会对孩子的进步夸大其词，虽然这是在积极鼓励孩子，但是要注意把握"度"，适当地进行夸奖既能达

到鼓励的作用，也能让孩子意识到还有空间。

9. 始终保持开放的思想

点 评 家长要主动创造更多开发孩子想象力的途径、工具、方式等。

10. 过程比结果重要

点 评 孩子的行为过程比结果更重要，家长要引导孩子认识到过程的重要性。

创造力在孩子身上随处可见，孩子的创造力要尽早开发。

尽早开发孩子的创造力

孩子具有先天创造力，但是并没有得到家长的重视，他们总是认为孩子应该听从家长意见去做"合适"的事情，希望培养出来的是一个听话的孩子。

原来很喜欢拆装玩具的文文，现在已经不玩了，原因是当文文拆装新玩具时，总是受到妈妈的呵斥，甚至被妈妈威胁说不再买新玩具了，这一点让文文很伤心和害怕，在这样的环境下，文文的创造力被扼杀了。

创造在孩子身上随处可见，孩子比别人先想到的，属于创造；孩子学会的东西，也属于创造；孩子比原来进步了，同样属于创造。这恰恰就是陶行知提出的一个观点："处处是创造之地，天天是创造之时，人人是创造之人。"

孩子在中规中矩、没有创新意识的教育环境下成长，其创造力会慢慢被扼杀，而且会影响到他们以后个性的形成和发展。如听话、顺从等，其实并不是一件好事，创造力的低下也会影响学业的发展。

在日常生活中，家长要注重孩子想象力的培养，给予孩子更多的理解和空间，对于孩子表现出来的行为，要正向鼓励和引导，保护他们的自信心和想象力。创造力和想象力是一体的，它们不可分割，互相影响，只有孩子建立并丰富想象力，才有可能发展创造力。

在孩子的儿童时期，就是他创造力发展的最好阶段，那时的他们没有太多的约束、固化的思维，对一切都非常感兴趣，这些都是培养孩子创造力的黄金时期。

家庭教育是否有效，在于他对孩子是否产生了积极的引导作用，这一点也包括创造力的培养。孩子在不同的家庭教育影响下，会成长为具有不同潜力的人。家长需要保证孩子拥有一个适合创造力培养的环境，并鼓励他们积极发展，孩子如果在过度限制的环境下，创造力只会被慢慢扼杀。当孩子逐渐失去了创造力，以后无论是在生活中还是学习上，都只是会机械地模仿别人的行为和能力，失去自我是迟早的事情。

1. 营造氛围，创设环境

点 评 家庭环境是家庭教育的基础，直接决定着孩子日后的成长质量，良好的家庭环境可以为孩子创造力的发展提供基础。所谓的良好的家庭环境，一般指的是家长与孩子关系融洽和谐，家庭意识表达相对民主和自由，对孩子的教育适度。孩子如果在这种质量的环境下成长，将会有助于其创造力发展。

家长除了精神上积极鼓励和支持孩子发展创造力外，还要有实际的行动，例如，为孩子创造力发展提供丰富的材料，制造优质的培育环境及输出平台，这样孩子才能进行超越自我的创意表达。

2. 丰富知识，开阔视野

点评 丰富的生活经历一直都是孩子创造力的来源，主动为孩子提供合适的环境，引导孩子观察周围的事物，从而在脑海中形成相关的记忆，这样孩子才有发展想象力的基础。

除了带孩子接触大自然外，还可以通过阅读等形式丰富孩子的知识体系，积累更多的外来知识，也是孩子发展想象力的基础。

3. 奇思妙想，智慧翅膀

点评 孩子想象力的发展程度其实体现的是孩子的智力发展，孩子创造力越是丰富和发展迅速，越是能够超越自我，从而获得实现自我和表达自我的快乐。

4. 画

点评 想象力的表达有多种媒介，绘画就是其中一种，这是一种体现孩子思维活动的渠道。通过绘画把他联想到的都能呈现出来，家长应该注重的是孩子创造力的表达自由，而不是直接去评判孩子绘画作品的好坏。

5. 编

点评 讲故事和听故事无疑是最受孩子欢迎的活动了，在与孩子一起进行这些活动时，除了通过讲故事来丰富孩子的知识和想

象力外，还需要引导孩子发挥想象力去延伸孩子对故事的理解。不妨引导孩子去续编故事，让孩子去思考故事后续发展的可能性，这也是孩子创造力发展的一种途径。

6. 游戏

点 评 游戏作为一种轻松且充满乐趣的工具，可以更好地培养孩子的创造力。通过模仿游戏，孩子可以想象出其他角色并进行表演；孩子在闯关等游戏中也可以尝试去解决一些虚拟的生活问题；孩子可以通过游戏与其他人一起进行角色分工、角色互换等，体现协作的乐趣。孩子在游戏的基础上延伸出自己的想象，就是一种创造力。

7. 训练思维，开发潜能

点评 牛顿因为一个苹果而提出了万有引力定律，这个著名的案例就是证明。孩子的思维能力来源于思考，当孩子开始主动思考生活中的事物时，他就慢慢地为他的想象力积累了无数的素材。

孩子的思考和答案不一定要有对错之分，而是注重思考的过程，家长对于孩子提出的答案、问题等，首先要关注的是他的思考来源和过程是怎样的，然后根据他的情况给予正确的引导，相信孩子会发展到更多不同的思考模式和角度。

第 5 章

在游戏中成长

孩子的学习也要讲究天时、地利、人和。

孩子天生就有接受教育的能力。

重视孩子的早期教育

孩子天生就有接受教育的能力，他们吸收知识的能力甚至超出了我们的想象。

俗话说："三岁定八十。"说的就是孩子的人格、心智等特质在 3 岁的时候已经基本形成了，也预示着这时候孩子需要接受正规和全面的知识了。有相关信息表明，3 岁孩子的学习能力完全超越了成人，甚至是成人的好几倍。

孩子 2 岁前所表现出来的学习能力并不只是对知识的吸收，还是对智慧和社会情感的学习，这一点并不是从家长身上能够直接学习到的。2 岁前的他们，其实已经从身边的人和事物获取了信息，这些信息成为他们成长的养分。孩子这个阶段的学习方法，并没有受到家长过多的干涉，更多的是通过他们自己的习惯和喜好去学习和接触，慢慢地构建起属于他们自己独特的心理构架。

蔡元培为了研究环境和教育对孩子的影响，在不同的国家进行了 40 年的实验。实验发现，教育不仅仅只是传授具体知识，也是一个刺激孩子全方位能力发展的行为和手段，不管是学龄前儿童，还是年龄更大的儿童，都遵循这个规律。

后来蔡元培进行了更加深入的实验，也同样证明了这个观点：孩子天性是否得到自由发展，直接影响孩子成就的大小，当孩子的天性和心理未被约束时，他的人格和心智才是健康的。

教育和教育变革都要建构在人格的基础上，教育的重点是人，凌驾于知识和技巧之上。

孩子 3 岁前的自我教育非常重要，这是从出生开始到目前的所有知识、心智、情感等积累。孩子在天生禀赋的驱动下，能够进行学习，并且养成良好的学习习惯，这就是大家所说的规则意识，逐渐成为一个完整的人。当孩子心智等方面越来越成熟，就可以成为自己人生的导师，规划自己的未来。

> 学会倾听孩子的声音，鼓励孩子说出自己的想法，并尊重孩子。

鼓励孩子提出问题和学习

教育的方法和切入点非常重要，家长要掌握教育技巧，其中之一就是学会倾听孩子的声音，鼓励孩子说出自己的想法，并尊重孩子，实现家长和孩子之间的平等交流。就如苏霍姆林斯基所说的："尊重被教育的对象，是教育的实质和精华。"

今年上二年级的小坤有一天早上起床后，跟妈妈分享了自己昨晚的一个梦，但是小坤话音未落就受到了妈妈的打击。于是，小坤就很落寞地吃完早饭去上学了。

放学后，小坤还是忍不住要和妈妈分享那个梦，但又遭到了妈妈同样的对待。妈妈并没有耐心和兴趣听小坤讲故事，而是直接地拒绝了并训斥小坤，小坤非常地伤心。

妈妈后来发现小坤变了，以前话痨的他，现在却变得不爱说话了，连学校的事情都不和妈妈分享了，甚至小坤连妈妈的话都不听了。伤心的妈妈感到很懊恼。

家长对待孩子的态度会直接影响孩子的自我认知和人格的形成。当家长懂得赞赏鼓励孩子时，孩子就会从中获得满足感和自豪感，当家长一味地贬低和无视孩子的自尊和需要时，孩子就会受到伤害。这些伤害会伴随着孩子的成长，更坏的结果是造成孩子的人格往自卑、胆小等方向发展，愈演愈烈。难怪爱德华教授说：

"家长的手应该充满关爱与温暖，而不是让孩子感到陌生和恐惧。"

孩子与成人的思维模式并不一样，孩子的所有表达都有自己独特的习惯、方式和逻辑，而成人却总是要求孩子按着自己的标准和规则来执行，这明显是在扼杀孩子的天性。这就证明了皮亚杰的观点：成人与孩子最本质的区别就是，孩子的思维与成人的思维存在质的不同。

鼓励孩子自信地自我表达，是培养孩子能力的一种表现。很多时候家长总是习惯性地使用否定的语气和语言跟孩子沟通，这是不尊重孩子的表现。只有当家长意识到尊重孩子的重要性，且真正做到了与孩子平等、真诚地交流时，孩子才会敢于表达自我，并期待与家长进一步地沟通交流。孩子出现自我表达的偏差时，家长不妨先认真倾听，然后再做出行动。

> 填鸭式教育就是不管孩子的感受和需要，家长强行把他们认为孩子需要的东西塞给孩子。

填鸭式学习是在摧残孩子

填鸭式教育就是不管孩子的感受和需要，家长强行把他们认为孩子需要的东西塞给孩子，结果不仅使孩子的能力没有得到提升，还伤害了孩子认知。就像喂孩子吃饭这件事一样，孩子吃多少是由孩子的生理能力决定的，家长不顾孩子的身体，硬性给孩子吃更多的食物，最终造成了孩子的负担，得不偿失。

有一次，胡适带着小儿子看了场音乐会。在途中，小儿子突然对某歌词感兴趣，并向爸爸提问："爸爸，这既不是法语也不是意大利语，这是拉丁语。"爸爸就顺着小儿子的提问引导他思考："不错，那么你想想看，它是什么意思？"小儿子开始陷入思考中，并回想自己熟悉的法语和意大利语，很快就猜出了意思。于是很开心地向爸爸说道："如果拉丁语这么容易，我很想早点学。"

家长应该参考胡适的教育方式，他是根据孩子的兴趣点进行引导的，而不是填鸭式教育，他摒弃传统教育的刻板、僵硬，通过让小儿子亲身接触周围的事物来进行学习。这样一来，小儿子逐渐形成了对该事物的兴趣，自然就愿意通过书籍来进一步丰富自己的知识体系。

1. 营造快乐的学习环境

点评 孩子的学习也要讲究天时、地利、人和。如果在学习过程中，各种外在条件、环境、方法都不利，自然就会影响孩子的学习热情。例如，枯燥的学习方法、难度在孩子能力之上的教学内容等，这些都会影响孩子的自信心，让孩子认为自己攻破不了这些难关。

环境也是同样的道理，老师的上课方式很死板、学习环境压抑、老师的教学态度严肃等都会让孩子容易失去兴趣。

孩子有自己的学习倾向，性格不一样的孩子倾向也不一样，就像活泼的孩子会喜欢热闹的氛围等，这就要求家长和老师千万不能硬性要求孩子参加其不感兴趣的学习，不然就会直接导致孩子对学习产生厌恶，甚至会影响师生和亲子之间的关系。

2. 正向鼓励孩子

点 评 孩子对于事物的兴趣表现不一定都是即时的，有时候他会马上参与，有时候就会选择观察。家长也是，要耐心观察孩子的表现，不要马上做出判断。

当家长观察一段时间后，发现孩子出现哭闹等严重的厌恶和抵抗情绪时，就要理解孩子，与其逼迫孩子参与，不如让孩子先暂时离开这个学习的环境，等到合适的时机再继续进行。

3. 创造多元学习环境

点 评 孩子的兴趣永远都是学习的出发点，让他们多进行尝试，不断试错，才是好的教育方法。如今都强调孩子的多元发展，环境也是，尊重孩子的选择，提供多元的学习环境，让孩子有更多选择和尝试的机会。

　　孩子对于学习和兴趣有自己的意识，家长要观察和尊重孩子的选择，当孩子出现抵触情绪时，最好的方式是让孩子暂时脱离当下的状态，给孩子一个缓冲的时间，等孩子调整过来后，自然会恢复到原来的学习状态了。

> 现今社会更需要的是全面发展、综合素质佳的人才。

学习成绩不代表一切

每个家长都希望自己的孩子成才，以至于分数成为了家长衡量孩子的唯一标准，这是一种教育的误区。

高考是一件全民关注的大事，有的家长为了孩子的成绩很是努力和拼命，甚至不惜放弃自己的工作，寻求各种方法来帮孩子找到合适的学校。

学前的小莹有很多学习的兴趣，例如跳舞、弹琴、数学等。进入小学后，妈妈则把注意力全放在小莹的学习上，为了督导她学习，更是在旁陪伴。但是妈妈却认为小莹学习能力并不佳，没有达到妈妈的要求，而且还出现了考试成绩下降的情况，这在妈妈看来就是孩子学习能力有问题。

学习成绩并不代表综合素质。如今的时代，寒窗苦读的孩子将来并不一定有所成就，而课外能力强的孩子，也有可能会获得更高的成就，现代社会更需要的是全面发展、综合素质佳的人才。

1. 尊重孩子

点 评 孩子天生具有多种本能，学习就是一种，学习能力也与遗传有关，一般来说，在正常的后天环境下孩子都能好好学习，但如果后天环境、教育方式不利，则会毁掉孩子的这种本能。

2. 不要只盯着学习成绩看

点 评 家长应该做到对孩子公平和宽容，孩子的学业成绩并不代表他的全部能力，只凭孩子的成绩就去评判孩子是不合理的，孩子的综合素质才是最终的考量标准。

> 自然界的变化能够丰富孩子的知识体系，帮助孩子认识因果关系，锻炼逻辑思维。

大自然是广博的老师

大自然是广博的老师，从自然界中能够学习到更多生动的知识。家长应多带孩子走进大自然，因地制宜地向孩子灌输相应的知识，例如放风筝、认识四季的交替等，让孩子身临其境学习和观察这些真实的自然变化。

自然界的变化能够丰富孩子的知识体系，帮助孩子生动地把知识和自然联系起来，认识因果关系，锻炼逻辑思维。

幼儿园曾经有这样一个学习安排：老师让孩子们在书本中找"春天开放的花"，很多孩子都不能找到或不能准确地找到，对于孩子来说，他们不懂得分辨花朵的生长周期。

孩子宝贵的好奇心是学习的驱动力，当孩子学会带着"这是什么花？""花什么时候开？"等问题进行观察和思考时，学习的时机就来了。

为了满足孩子的好奇心，同时让孩子学到更加直观的知识，家长不妨通过与孩子种植花草等，来了解花草的各种播种情况、生长环境、采摘等过程。通过观察和动手操作，孩子自然就会收获到关于花草的答案。

除了培育植物外，很多孩子还喜欢动物，例如小狗、小猫等，当孩子喜欢上这些可爱的小东西时，就会愿意付出自己的时间和精力去照顾它们，并与它们一起游戏互动等，这是一个动态的学习过程，孩子既可以学会照顾除自己以外的生物，还能够激发自己的爱心和情感。在养育小动物时，让孩子主动去观察这些动物的特征、行为等，这是一个学习的过程；让孩子分享与小动物相处的时光，还能锻炼孩子的表达能力。

在带孩子去户外之前，应该和孩子一起商量，选择踏青的地点，即要选择适合当下时节的地点。

在出发前和孩子一起收拾外出的物品。提前想好踏青的地点可以进行哪些好玩的活动，把需要的工具等都带上，以便到时候可以参与到这些活动中，例如钓鱼、打球等。

外出过程中，家长要把握好教育的时机，遇到不同的事物时，要鼓励孩子去观察和思考，从自然界中学习。例如让孩子观察不同时节不同生物有什么变化等。

外出回来后，可以引导孩子做个分享，谈谈在外出过程中看到的事实、听到的声音和感觉等，这样既锻炼了孩子的语言组织能力，又能激发孩子的创造力，让孩子通过手工制作等方式，加深其对活动的印象和理解。

行万里路，破万卷书。

进行旅行教育

知识是可以学来的，但智慧是一种体验，旅行是增长见识的好方式。常言道"行万里路，破万卷书"，可见旅行和读书一样，可增长人的见识和阅历，旅途中的所见所闻所感就是真实的现实。当我们看到感受到名山大川的雄伟、大海的深广、草原的一望无际，还有动植物坚强生存生长时，也会心胸开阔并体察到大自然的可敬可畏，从而潜移默化地改变我们的性情，影响我们的人生格局！

马云说："不让孩子去体验、去玩，我可以保证：30 年后孩子们找不到工作。"英国哲学家约翰·洛克认为，教育的最后一部分通常是旅行。

八十多年前，教育家陶行知发起了我国第一个儿童旅行团——新安儿童旅行团，轰动上海。陶行知为之写诗："要把眼睛儿打开来看呀！在山上看看，在水上看看，在社会里看看。看一看，中国有多少宝藏？要把脑袋儿拿出来想呀！对中国想想，对全世界想想。"

胡适同样认为，真正的学者要走出书本外去学习。在日常生活中，他为了拓宽小儿子的视野和知识面，带着他到处去参加各种购物、走访亲友、音乐会等活动。

胡适对小儿子的教育，除了让他学习书上的知识以外，还学习了很多的课外知识，例如看到外面的建筑物时，就会让他知道关于建筑的形状、历史等逸闻趣事。

生活水平的提高，网络的发达，给我们带孩子旅行提供了很多方便，也为旅行教育提供了诸多素材。但是家长要注意，带孩子出去旅行并不是简单的去走走看看，而是通过旅行，增长孩子的见识，让孩子自己有所感悟和学习。比如说可以让孩子通过查阅旅行的路径、交通、目的地的特点、文化等了解一些知识，做到不盲目旅游。

1. 旅行途中要多与人交流，了解各地风情特点，了解并遵守当地规则。

2. 游览时注意把听到的、看到的、感觉到的与网上查阅的进行比较。

3. 游完后能根据学到的知识和观感，写一些文章或游记。

4. 不同年龄段的孩子，在选择旅行目的地时，要区别对待，教育内容要与年龄和成长阶段相结合。

如果一个人只懂得学习，丧失玩的意义和乐趣，那么注定是无趣的，甚至是呆板的。

在玩耍中锻炼孩子的能力

玩是孩子的本能，也是孩子的兴趣所在。利用孩子爱玩的特质，来培养他们的创造力和想象力是最合适的，这叫因人而异。孩子不应该丧失童真，可以从小培养这些玩的爱好，以后这些爱好可能就会成为他的学习、生活和工作中的亮点。如果一个人只懂得学习，而丧失玩的意义和乐趣，那么注定是无趣的，甚至是呆板的。

魔方是乐乐喜欢的玩具，因为玩魔方，他的逻辑思维非常强，但是乐乐的爱好却不被家人理解，还被家人严格约束，从此以后，乐乐就放弃了玩魔方，久而久之，他对其他事情也失去了兴趣。

学与玩是可以同时进行的，只有达到这种境界，才能称得上拥有一个好的人生。玩就是一种能力，跟你会做事、会说话是一样的，都需要发展，所以家长要给孩子机会玩。

孩子独立玩耍有自己的逻辑，一般来说，孩子可能会突然开始跟玩具说话，自娱自乐。这时，家长要给予孩子游戏的自由，让他享受这个时刻。

训练孩子独立玩耍是个漫长的过程，家长要有心理准备，耐心是必不可少的。孩子不可能一开始就能完全脱离家长自己玩耍，前期肯定是断断续续的，玩了一会儿又开始找妈妈，如此反复。

孩子的独立是发展的一个必然方向，只有孩子真正做到独立，才能够建立起自信心和创造力，这对他们人格的构建相当重要。

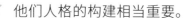

1. 创造合适的独立玩耍空间

点　评 合适的玩耍空间很重要，当然要注意安全性和舒适度。孩子喜欢在地板上玩，家长就要提前处理好地板的卫生，并检查安全情况，确保孩子拥有一个安全的玩耍环境，尤其是家中的各种电器开关等，务必检查清楚。

2. 选择合适的玩耍时间

点　评 训练孩子独立玩耍要注意时机，家长要根据孩子的情况进行选择。一般来说，饭后孩子的心情会更好，这时可以考虑让孩子独立玩耍，当孩子出现生病、饥饿等情况时，就不适合训练独立玩耍。家长要注意，切忌盲目。除了要看孩子的情况，家长自身的情况也很重要。当家长情绪不佳时，千万不要与孩子游戏或硬

性要求孩子独立玩耍，这都不是明智的选择。

3. 适当延长孩子独立玩耍的时间

点　评 孩子总要经历一个独立玩耍的阶段，开始时家长可以陪同一起玩，根据孩子的玩耍情况慢慢地抽离，然后观察其表现。慢慢地，家长再离孩子的距离远一点，如果孩子仍然可以愉快地享受游戏，那么再远一点，逐渐离开孩子的视线范围。

4. 加强孩子独立玩耍的能力

点　评 孩子的独立意识需要加强，独立玩耍的能力也是。家长总不能时刻陪着孩子一起玩游戏，总有些时候是孩子独立玩耍的，所以要引导孩子掌握这种能力，让孩子理解和享受独立玩耍的乐

趣。当孩子开始学会独立玩耍时，家长要积极鼓励和肯定，并不断强化

这种意识。孩子学会独立玩耍后，家长就会有更多的时间去处理家务，

也会拥有更多自己的时间。

第 6 章

关注孩子的精神领域

在成年人眼里无忧无虑的儿童，也是有可能
患上抑郁症的。

孩子需要被尊重，需要一个独立的成长环境。

尊重孩子

孩子需要被尊重，需要一个独立的成长环境。孩子迟早是需要独立成长的，提供给他一个独立的成长环境，是孩子建立和发展个性的重要基础。孩子只有不再过度依赖家长了，才能获得真正意义上的成长。

妈妈的朋友来小小的家里做客，因为今天下雨，阿姨拿了一把伞来，进门之后把伞放在门口鞋柜的上面，小小觉得伞上的水会弄脏鞋柜，就走过去让阿姨把伞放在卫生间里。妈妈觉得很尴尬，就呵斥了小小，然后对朋友说不好意思。小小觉得很委屈，因为小小认为卫生间才是放伞的地方，难道自己做错了吗？

其实，小小的做法是出于她的秩序感，也就是她的本能。就像有些孩子习惯把自己的书放在某一个地方，但是家长挪动了他们的书，孩子就会不高兴、发脾气。这是孩子的本能而不是矫情，家长应该尊重孩子和满足孩子，因为过了这段时期，孩子的秩序感可能就会消失，如果家长轻易打破孩子的秩序感，孩子以后有可能会变得消极、被动。

那么家长在日常生活中应该如何做到尊重孩子呢？

1. 学会倾听

点评 家长要先倾听孩子的想法，然后再与孩子进行沟通。

2. 交流

点评 要像朋友一样相处，互相交流自己的想法，不能独断专制。

3. 引导

点评 孩子有错误想法时，要

通过沟通交流来告诉孩子正确的思路，引导孩子独立思考，形成一个正确的判断。

4. 放手

点评 要学会放手，给孩子自由的空间，让孩子自己动手做事，多体验生活，积累经验。家长也要多多鼓励孩子。

> 工作是成人塑造自我的一个过程，对于孩子来说也是。

遵循孩子的"工作"本能

孩子都要经历断奶的阶段，这是他开始逐渐脱离妈妈而独立成长的一个标志性的事件。

工作是成人塑造自我的一个过程，对于孩子来说也是。孩子需要通过"工作"来表达自己的意愿和智慧，同时征服外在环境，这是一种生命的本能，所以它具有不可取代性。家长需要引导孩子发展这种本能，而不是任由其"自生自灭"，否则后果将不堪设想。

但是，现在孩子通常被溺爱，家长并不愿意让孩子进行劳动，导致孩子在这种过度保护下也不愿意劳动了。个人通过劳动可以获得自信心和成就感，无论对于成人还是孩子都是这样。工作可以帮助个人超越自我，尤其是当处于一种更有利的工作环境下，就会迸发出热爱工作的本能，这也是一种自然规律。因此家长不要阻碍孩子自己动手的需求，应该让孩子多劳动。

> 孩子天生是具备本能的，这些本能需要在成长过程中得到适当的发展。

遵循孩子本能

孩子天生是具备本能的，这些本能需要在成长过程中得到适当的发展。孩子必须接受正常的教育，才能有助于孩子向着优秀的方向发展。当孩子的发展偏离了轨道时，就会出现各种问题，甚至会影响到他们的人生目标。

随着生活节奏的加快，家长的工作和生活更加繁忙，孩子的自由和活动空间也会受到影响，家长花在孩子身上的时间越来越少，没有办法给予孩子更多的陪伴。但是为了孩子的健康成长，家长即使再忙，也要多带孩子走出家门去接触外面的环境。

家长和孩子在日常相处中，会出现各种问题。首先，家长除了要承担养育孩子的责任，还要处理自己的工作和生活琐事，所以精力有限。其次，复杂的生活和工作也不是孩子感兴趣的事情，同时也不能够理解和适应。

要知道父母替孩子做太多的决定，孩子长大后很容易责任心缺失，而父母的决定太强势，就会淹没孩子自己内心的声音，久而久之自信心也会不足。

> 我们应当关注孩子的心理健康，不要给孩子过大的压力。

关注孩子的内心

"虎妈""鹰爸"望子成龙、望女成凤的心情是可以理解的，家长竭尽全力地教育孩子，给孩子创造良好优越的学习环境和条件，是希望他们在以后的竞争中具有优势，但是我们应当关注孩子的心理健康，不要给孩子过大的压力。因为在成年人眼里无忧无虑的孩子，也是有可能患上抑郁症的。

小虎的爸爸妈妈对小虎的要求十分严格，放学后小虎就要去上补习班，学唱歌、学英语、学架子鼓，忙得团团转。回到家就要开始写作业、背英语单词。如果小虎的成绩倒退了或者没有拿到第一名的话，爸爸妈妈就会很严厉地责备、批评他，甚至罚站和打手心。看到同龄的小朋友每天都可以玩游戏，小虎很是羡慕。

孩子在成长过程中，不仅要面对生理上的变化，还要面对心理上的影响。当家长、学校给予了孩子更多的学习和生活压力，就容易导致孩子出现厌恶学习、神经衰弱等情况，扼杀了孩子的自信和快乐。

值得注意的是，孩子出现的这些负面行为和情绪并没有引导家长和老师的重视，对于他们来说，相比孩子自己的感受，学习成绩更为重要，毕竟这些才能直接体现孩子的价值。

1. 情绪变化大

点 评 和成年人的抑郁症表现不相同，孩子的抑郁症表现一般是易怒、成绩下滑、离家出走等。

2. 哭泣

点 评 哭泣是一种减轻压力的方法。孩子释放情绪的方式很少，哭泣很可能是他们的唯一方法。

所以，当孩子哭泣的时候不要一味地去阻止，而是应该静静地等待他哭完，再询问和安慰。

3. 睡眠不稳定

点 评 孩子的睡眠需求比成年人多，当孩子失眠时，家长应当关注孩子的心理活动，在睡前陪伴孩子来改善他的睡眠质量。

让孩子远离抑郁的最佳途径就是让孩子阳光、自信。

1. 让孩子学会独处

点 评 安全感不是依赖感，要培养孩子的独处能力，让孩子知道就算家长没在身边，自己也是安全的，爸爸妈妈也是爱着他的。

2. 冷处理孩子的暴躁情绪

点 评 当孩子生气发火的时候，家长可以暂时忽略孩子，去做自己的事，没有人关注他的时候，孩子就会慢慢冷静下来。

3. 学会说"不"

点 评 对孩子不合理的要求不能一味地接受和满足，在满足孩子之前可以适当拖延一段时间，让孩子学会等待。比如吃饭前孩子要吃零食，不要只说"不"，而是要和孩子解释为什么不行，这样孩子能够感觉到你对他的耐心和尊重。

孩子对自己的人生拥有自主选择权。

教育不需要暴力

　　一直以来，教育都被社会所误解，无论是家长的教育还是学校的教育，都是倾向于按照他们自己的标准来进行培养，而不是去适应孩子真正的需要和发展规律。尤其是当孩子出现违背他们意愿的生活习惯和学习行为时，就会倾向于采用暴力手段来惩罚孩子，"棍棒底下出孝子"在人们的心里已经根深蒂固了，面对这些惩罚，弱小的孩子根本没有办法反抗，只能默默地忍受。

随着社会对教育有了新的认知和理解，孩子的这些情况慢慢得到了社会的重视，于是一些相关的教育和保护政策陆续出台，更加注重发现和保护孩子的健康，这些保护政策对日后孩子的成长、社会的发展等都会产生积极的影响，国家和社会的重视正是补偿孩子损失的标志。

孩子对自己的人生拥有自主选择权，社会、学校和家庭要尊重他们，还要为他们的健康成长提供更好的条件。教育的重点应该放在孩子本身，为了保护孩子的健康成长，各方要积极呼吁尊重孩子权利，给予孩子正确的教育和对待。

家长虽然是生育孩子的人，但孩子并不是家长的私有物品，而是一个独立的个体，家长需要监护孩子健康成长，做到一个保护者的角色。所以保护孩子权利和不受伤害，才是家长真正要做的事情。

成人有人权，孩子也有人权，而且必须要受到尊重和保护，当社会、家庭和学校承认孩子的权利，并给予保护，孩子才能够从中学习到更多积极的东西。

孩子的天性发展需要一定的条件给予支持，这些条件包括令人愉悦的环境、家长或老师的表现。

首先，孩子在一个健康愉快的环境下成长，所有的一切都是那么干净、舒适，教室、桌子、大草坪等都能够吸引到孩子的注意力。

其次，作为教育者老师，要尽可能地去理解孩子，这是一种教育该有的特质，既包括性格上的理解，也包括行动上的理解，当教育者以一种平静、理智的心态对待孩子时，就会影响孩子也做出相应的表现。

　　最后，孩子的教育也需要借助一些媒介，孩子的各种感觉是天生的，当外来的物品刺激到孩子的感官时，孩子就会被其吸引并产生兴趣，与此同时也会帮助孩子锻炼到他们的注意力、集中力和运动力，所带来的效果胜于其他教育方式。

孩子对自己的人生拥有自主选择权。

精神和食欲

人能消化和吸收的营养是有限的，所以不能让孩子暴饮暴食，因为孩子吸收不了的成分可能会转化成脂肪囤积在体内，这会导致孩子脾胃失调、消化不良。孩子食量过大，家长应逐渐减少孩子的每餐摄入量，当然，也不要突然降低，这样会引起孩子的身体不适，引起其他疾病。家长应在孩子吃饱的前提下注重营养和荤素搭配，同时鼓励孩子多运动，不要变成小胖墩儿。而食量过小的孩子，家长可以带他去医院查一查是不是缺少微量元素，在生活中多给孩子准备新鲜蔬菜和水果，带孩子多参加一些户外活动，在食物上琢磨一些花样，比如把饭团捏成小动物的形状以引起孩子兴趣等。上幼儿园的孩子正处于身心发展的重要阶段，补充营养是极为重要的，家长应该给予重视。

幼儿园的老师发现，等等每天都闷闷不乐的，不爱和别的小朋友一起玩耍，吃饭的时候也只吃一点点，所以特别瘦。而坐在等等旁边的维维，每天都活蹦乱跳的，食量很大，已经是一个小胖墩儿了。老师每天劝等等多吃一点，劝维维少吃一点，可惜收效甚微。

人类生理和心理真的会互相影响吗？

这是肯定的。

人的精神状态会直接影响生理反应，严重者会引发各种疾病。举个例子，很多孩子都会有消化不良的症状，主要是孩子不能控制自己对食物的欲望，从而容易出现暴饮暴食的情况，这样一来就会导致肠胃出现各种不良的症状。

再举个例子，人类和动物都自带一种敏感性，这是精神上的一种感受，贪吃这种行为呈现出来的是人身上敏感性的退化，害处是显而易见的。而这种敏感性，可以掌控对食量的摄入程度。

孩子也有精神上的敏感性，当这种精神敏感性退化时，就会给他们的饮食习惯带来负面的影响，这些影响直接体现在他们选择食物的方式上。

孩子自己会调整饮食习惯，我们会看到有时孩子吸奶时中途停下来了，其实不是因为孩子已经吃饱了，而是孩子在调整自己的饮食节奏，待他休息过后，就会继续恢复原来的节奏，家长这时候应该多点时间观察他们，而不是直接打断他们的自主行为。

也有另外一种负面的情况，就是孩子是真的饮食欠佳，然后影响到他们的精神和身体状况，这一点家长要注意。这时候为了帮助孩子重新恢复精神，应该为孩子提供一个新的环境，去调动他的积极性。这一类孩子一般都会过度依赖身边的人，这时也应该给予孩子适当的自由，改变原来的环境。

　　孩子的贪吃行为是因为他的心理状态不正常，这时要采取合适的方式去分散孩子的注意力。学校有一种常用的方法是让这些孩子在吃饭时去承担一些工作，例如摆餐具、上菜等，在这个过程中，孩子就会把注意力放在处理这些事上面，对自己过分的食欲就会稍微减少关注。当然，前提是孩子喜欢做这件事，而不是被迫去做这些事。

　　孩子有自己的饮食习惯和喜好，家长不能一味地要求孩子尽快吃完饭而不顾孩子本身喜好，这是本末倒置。如果孩子的习惯受到干扰甚至被强迫，孩子就会容易做出对抗的行为，例如对事物产生厌恶感，拒绝进食等，这会严重影响孩子的身体健康。在孩子看来，你们逼迫我做不喜欢的事情，那我偏不听。虽然家长为孩子进食慢、拒绝进食等行为感到苦恼，但是任何时候都要心平气和地去和孩子沟通，观察他们的行为，不妨试试通过赞扬的方式来达到引导孩子进食的目的。

　　有些生理疾病其实是由于心理引起的，当一个人主观上认为自己身体不佳，身体或许真的呈现这些症状。

　　心理学上也有对此做出解释：一个人的潜意识会支配他的生理行为，当你认为你生病了，你就会觉得自己的身体开始出现你想的这些症状，但其实不是真的生病了，而是一种臆想，更多的是由于你精神上的不适所造成的，你会把压力转移到身体上，让它为你承担，生理治疗并不能解决这些"病痛"，需要从根源上解决了心理上的问题才能痊愈。

> 孩子是具备本能的，这些本能需要在成长过程中得到适当的发展。

榜样的力量

古语有云："三人行，必有我师焉。"只要你去发现，生活中到处都是值得学习的榜样。孩子也可以从自己喜欢和崇拜的人身上学习，例如爱因斯坦、林肯、毛泽东等都是很好的榜样。

家长要引导孩子找到更多优秀的榜样。这些榜样还可以帮助家长减轻教育压力。同时帮助孩子树立榜样，使其成为孩子追随的目标。所谓"近朱则赤，近墨者黑"，孩子要向积极正向的人靠拢，学些他们擅长的知识和技能，让自己也成为一个阳光上进的人。

当孩子确定榜样后，就可以进行模仿和学习了，这些方法可以是座右铭、阅读人物传记、搜索人物故事、角色扮演等，都是非常有效的方式。当孩子掌握越来越多的榜样信息后，"上身法"就开始作用了，孩子开始想象自己就是这个榜样，然后会深入思考人物的更多特质，完善自己人生观和价值观。

幼小的孩子通常是以自我为中心的。

让孩子建立自己的人际关系

幼小的孩子通常是以自我为中心的，所以他在家中会想独占母亲、独占玩具，不能和兄弟姐妹和平相处；再大一点又开始对不同性别感兴趣，开始注意异性；也希望得到老师的注意，不希望被人批评，开始结交朋友。这一切都属于人际关系，都需要大人一点点教导。

在孩子学习人际关系的技巧时，必须有"设身处地"为他人着想的胸怀。由于幼小的孩子在认知发展上是以自我为中心的，所以要他能替别人着想并不容易，所以在指导时需要以定规则的方式进行，例如玩具的使用是谁先拿到谁先玩，用别人的东西要用借的方法，别人替你做事要道谢，不小心踩到别人的脚要说对不起，当孩子被大人带出家庭或学校，或者单独到附近的社区买东西，或到公园与邻近的小朋友玩耍时，就可能面临一些其他人际关系的问题了。

　　美国儿童教育家查里斯·史密斯 (Charles a.Smith) 曾说，儿童的经验世界有三：第一种是"人以外的世界"，如昆虫、动物和大自然等；第二种是"和他人的关系"，就是人际关系；第三种是"个人的经验世界"，指孩子要发现自我，对自己的发展与成长希望了解更多。这三者是互相影响的，虽然我们强调个人与社会经验颇具意义，也是各行各业人土所不能缺乏的，但不能否认，社会行为仍需以良好的认知与人格特质为基础，而这两方面的发展与学习，是基于良好的家庭教育与幼儿园教育的。因此，培养孩子的社会人际关系能力，仍需以家长、老师为主配合完成。

后记
关于中国儿童素质早教工程

2001 年，我们开始组建"中国儿童素质早教工程"。迄今为止，"早教工程"已经出版多套图书，并且为家长们提供了线上线下联动的一整套育儿解决方案。

20 年来，国内育儿领域顶级专家们将自己多年的经验和科学育儿知识进行了系统的总结，在百忙中笔耕不辍，为"早教工程"的发展搭建和内容的编写奉献了大量的时间和精力。在他们的指导下，"早教工程"现在已经形成了全国完整和权威的全程育儿记录、监测、呵护和指导体系。

在"早教工程"的组建和发展过程中，我们得到了原中国关心下一代工作委员会专家委员会严仁英主任、中国优生优育协会秦新华会长、北京师范大学林崇德教授等众多专家的关心和支持。在此深表感谢。同时还要感谢早教网——佩拉早教的大力支持和全体专家的辛勤工作，使得工程图书得以陆续出版。

中国儿童素质早教工程

关于佩拉早教

佩拉早教——早教网旗下品牌。成立二十多年的早教网是国内最早的专业育儿网站之一，同时也是"中国儿童素质早教工程"的重要组成部分，现阶段主要是通过佩拉早教新媒体平台，用更加有效的方式解决用户育儿过程中的难题，并为家长和幼教机构科学、系统、个性化的育儿计划提供开放的、一揽子式的参考和专业的指导。

从网站创立初期，我们就得到了国内众多的权威知名的儿科、妇产科、脑生理、心理、行为、营养、保健、学前教育学等多学科专家组的支持，他们大多都参与了网站的内容策划搭建工作以及工程的组建工作，除了参编审阅网站和工程内容之外，有的专家还担任了一本或者多本"早教工程"系列图书的主编。

作为二十年资质的母婴早教平台，早教网 —— 佩拉早教拥有：

顶级专家 拥有国内实力最雄厚的专家团队，目前有知名专家四十多名，均来自国内知名的儿科、妇产科、脑科学、心理行为、营养、保健、学前教育学等学科，在业界享有深远的影响力。

内容权威 网站和新媒体平台有十几个频道、数十个栏目、上万篇的专业文章，这些内容均来自早教网专家组专家的权威著作，从孕前准备、孕期呵护、胎教到婴幼儿的智力开发、营养、保健和心智培养等多方面，给准家长和年轻家长们的育儿生活提供全方位、专业的指导。

服务全面 拥有完善的会员服务系统，目前成熟的有："孩子主页系统""体格发育监测系统""多元智能测查和培养系统""经典5大智能测评系统"和"育儿同步呵护系统"。

多维互动 人性化的家长网络社区、权威专家的在线咨询、免费同步指导的早教周刊，完整的科学育儿书系、全方位的模特孩子征集、妈咪育儿经验的文字出版、丰富的线下聚会活动等为家长的育儿生活提供全方位的，线上线下的互动交流与分享。

最后，衷心祝愿每个孩子都健康快乐地成长！

佩拉早教

PEiLA

图书在版编目（CIP）数据

儿童 8 个敏感期教养：全八册/桂圆妈妈组织编写.
－－北京：应急管理出版社，2020
ISBN 978－7－5020－7947－5

Ⅰ.①儿…　Ⅱ.①桂…　Ⅲ.①儿童教育—家庭教育
Ⅳ.①G78

中国版本图书馆 CIP 数据核字（2020）第 019065 号

儿童 8 个敏感期教养（全八册）

组织编写	桂圆妈妈
责任编辑	高红勤
封面设计	小红帆童书

出版发行　应急管理出版社（北京市朝阳区芍药居 35 号　100029）
电　　话　010－84657898（总编室）　010－84657880（读者服务部）
网　　址　www.cciph.com.cn
印　　刷　河北赛文印刷有限公司
经　　销　全国新华书店

开　　本　710mm×1000mm$^1/_{16}$　印张　64　字数　640 千字
版　　次　2020 年 9 月第 1 版　2020 年 9 月第 1 次印刷
社内编号　20192913　　　　　定价　128.00 元（全八册）

儿童8个敏感期教养

细节敏感期

桂圆妈妈 组织编写

应急管理出版社
·北京·

没有什么工作比
抚养出生头三年的
婴儿更重要

2003/12/12

颜仁英

严仁英

原中国关心下一代工作委员会
专家委员会主任
原世界卫生组织母婴保健
合作中心主任

儿童永远是
人类发展的明天和希望

愿全社会都来
关注伟大的育儿工程！

刘湘云
二〇〇四年

刘湘云

原上海医科大学附属儿科医院院长
中华医学会儿科学会副主任委员

丁宗一

原中国医师协会儿童健康专业委员会主任。

鲍秀兰

北京协和医院儿科主任医师，中国协和医科大学儿科教授，兼任中国优生优育协会理事和儿童发育专业委员会主任委员等。

刘湘云

历任上海医科大学儿科教授、博士生导师、附属儿科医院院长、儿科研究所所长。曾任联合国世界卫生组织（WHO）总部妇幼卫生专家委员会委员。

丁 洁

北京大学第一医院原副院长、儿科研究员、博士生导师。

刘泽伦

原中国优生优育协会胎教专业委员会主任，"八五"攻关"胎教"课题主持人。

戴淑凤

北京东方圣童儿童发展研究中心创始人和总策划，北京大学第一医院妇产科教授，中国优生优育协会理事。

区慕洁

中国优生优育协会理事，主讲中央教育台"万婴跟踪"节目中的"成长日记"。

高振敏

原首都儿科研究所生长发育研究室主任医师，与全国 12 省市同仁合作，先后完成 3 项智能测验量表。

冯国强

北京大学医学部福康之家科学育儿专家委员会副主任。

丁 辉

北京市妇幼保健院副院长，世界卫生组织妇女健康研究和培训合作中心副主任。

王惠珊

中国疾病预防控制中心妇幼保健中心儿童保健部主任。

王丹华

北京协和医院儿科主任医师、教授、博士生导师。

牛建昭

北京中医药大学教授、主任医师、中西医结合基础专业博士生导师。

王书荃

中央教育科学研究所研究员，中国教育学会儿童教育心理研究分会学习障碍专业委员会副理事长。

单中惠

华东师范大学基础教育改革与发展研究所、教育学系教授，博士生导师。中国教育学会教育史专业委员会副理事长。

张海澄

医学博士，北京大学人民医院心内科主任医师、教授。

吴光驰

首都儿科研究所营养研究室研究员、中国优生科学协会儿童营养专业委员会委员。

邓静云

原南京大学第二临床医学院及儿童保健研究所主任医师兼教授、中华预防医学会儿童保健专业学会常委。

黄建萍

北京大学第一医院儿科主任医师、教授、医学博士，硕士研究生导师。

仇凤琴

原广州市妇婴医院儿科主任医师、广东省优生优育协会专家组成员。

刘 文

北京师范大学心理科学学院博士后、辽宁师范大学教育科学学院教授。

白文佩

医学博士，原北京大学第一医院妇儿医院副主任医师、副教授。

王素梅

北京中医药大学东方医院儿科主任、儿科主任医师兼教授。

赵惠君

上海附属新华医院、上海儿童医学中心副院长。

石效平

中日友好医院儿科主任医师、儿科教授。

金 哲

北京中医药大学东方医院妇科主任、北京市中西医结合学会妇产科专业委员副主任委员。

范 玲

北京妇产医院产科副主任。

秦 炯

北京大学第一医院儿科主任、儿科教授、儿科主任医师。

薛 红

深圳市妇幼保健院原儿保科主任、儿保主任医师。

感谢各位专家对早教网工作的大力支持！
感谢早教网对本套图书的大力支持！
感谢中国儿童素质早教工程的大力支持！

感谢王东华教授极力推荐和支持

王东华，男，1963 年 6 月生，安徽芜湖人。中国教育学会家庭教育专业委员会常务理事，《发现母亲文库》总编，华东交通大学母亲教育研究所所长，教授。其研究当代大学生的教育专著《新大学人》（40 万字）为 93 深圳（中国）优秀文稿公开竞价首部成交著作。其致力人类文化启蒙的另一教育专著《发现母亲》（80 万字），1999 年一经推出，即在全社会产生广泛影响。其主编及编著的《我们是这样教育孩子的》《超薄学习》，2001 年及 2003 年分别被选作为全国妇联活动用书。由于其在母亲教育研究及普及方面的突出贡献成绩，2001 年入选《中国青年》"可能影响 21 世纪中国的 100 位青年人物"。20 余年来更是不断行进，社会影响日渐深远。

母亲教育运动的发起人与倡导者，《发现母亲文库》总编。除《发现母亲》《新大学人》外，文库推出的原创、畅销书籍近百种，累计发行近千万册。

母亲教育培训行业的开拓者和典型家教案例的发掘整理者。对全国近千名杰出父母进行了长期跟踪研究，整理出版的国内外经典案例近 50

个，约 200 万字，举办的全国母亲教育研习班数十期，培养出了大批优秀父母。

中国幼儿识字阅读（简称幼读）王氏标准的提出者，即让学前幼儿用约一年的时间学完部编版小学 6 年语文全部 12 册教科书，熟识 3300 个以上汉字，掌握 10000 个以上汉语词语，细读近百万字课文……进入自主、自由阅读状态，从幼儿抓起，从而真正提高全体国民的阅读水平。此项大型实验，正在有步骤有计划的实施当中。

策划及参与中央电视台等各类电视节目百余场，应邀担任全国及各省市"杰出母亲"评委十余次，组织各类母亲教育报告会数千场。

在中直机关、全国妇联、北京军区、中央党校、清华大学、北京大学、大庆油田、IBM 中国总部等各大机构演讲千余场，其电视讲座在百余家电视台播出。

现任全国唯一一家母亲教育专业研究机构——华东交通大学母亲教育研究所所长。

王东华
华东交通大学母亲教育研究所所长，教授
中国教育协会家庭教育专业委员会常务理事

前言

　　教育孩子就像是一道组合数学题，家长想要解开这道组合题就必须要花费许多的精力、体力。父母对孩子的爱是毋庸置疑的，父母为了孩子付出再多也不怕，可是怕就怕在力气用错了地方，不但没有起积极的促进作用，反而耽误了孩子的未来。

　　什么才是育儿的重中之重呢？作为父母又该怎么才能分清主次、明辨是非呢？怎么样才能抓住育儿的关键钥匙呢？

　　作为父母要想提前做好心理和生理上的两手准备，就必须事先了解孩子成长中各个关键时期可能遇到的问题，这样，当问题出现时，家长就可以从容面对，而不是惊慌失措。

　　0～8岁被我们划分为8个敏感期。每一个敏感期都对应了一项能力的关键发展时期，不同的孩子可能会有细微差别，但是，根据我们多年来育儿指导的经验，这个年龄段的孩子成长情况几乎是相同的。这样划分的前提是孩子的发展发育是正常的，当孩子的发展发育与同龄人有着明显差别时，家长就不能再以这个划分作为依据去教养孩子了，而是应该结合实际情况来正确地教育孩子。

目 录

contents

contents

第③章 心理细节敏感期…………031

第④章 习惯细节敏感期养成…………069

第⑤章 "性"细节敏感期…………093

后记——关于中国儿童素质早教工程

关于佩拉早教

第1章

不吼不叫帮孩子度过
细节敏感期

大吼大叫并不是良好的教育方式，这样的教
育不但起不到好效果，还可能将孩子推向反方向
发展。

> 家长要控制自己，了解孩子，和孩子一起共同学习发展。

走进孩子的心灵

早在一百多年前，蒙特梭利就发现，0～6岁的孩子在发展过程中受到内部独特潜能的影响，会对某些东西与动作特别敏感，表现出浓厚的兴趣，自发地去做特定的动作，专注而且重复地做，直到心里完全满足为止。这就是敏感期。这一时期，孩子有更强的学习能力。然而这一时期是短暂的，这需要家长足够了解孩子，意识到孩子的敏感期，把握住这一阶段的特质，关注孩子心理与生理各个方面，从而促进孩子身心共同发展。

雅雅是个学习能力非常强的学生，她自己很喜欢学习，并且有着较强的自尊心。她每次都能考到班级里的第一名。不过在一次数学考试中因为马虎，丢了分，最终她只是考到了第二名。雅雅非常伤心，回到家里哭着和爸爸妈妈说了自己这次考试的成绩，爸爸妈妈对此很不理解，并且对她进行了严厉的批评，这让雅雅非常委屈。

对家长来说，这种现象很常见。近乎所有的家长都说过：孩子不听话，所以我打过、骂过、吼过，但是打骂过后我就后悔了，我知道这是不对的，我不应该打骂孩子。但是等到下一次孩子调皮捣蛋的时候，我还是打骂他，陷入了一个怪圈。

事实上，大部分的家长都知道不应该打骂孩子，因为这不利于孩子身心健康地发展，还可能影响孩子今后的行为处事方式，如脾气暴躁、行为处事不受控制等。然而，在过于调皮的孩子面前，家长并不能完全控制自己的情绪，工作压力越来越大，孩子却调皮捣蛋不听话，这让家长忍无可忍。

家长应当把学习控制自己的情绪，作为一门非常重要的课程。这是因为不管孩子被家长以任何原因打骂，都会令他们难以接受。但正因为每个人都有脾气，所以如何控制情绪就成了一个"老大难"的问题。即使是开朗、乐观的孩子，刚进入社会也很难适应。因为孩子会觉得自己无法和社会融合，从而变得沉默、不爱与人亲近。而当孩子进入一个陌生的生活环境时，性格也会随着环境的变化而变化。

但是早期的家庭观念、思想习惯、处事方式，都会慢慢塑造孩子的性格。所以要进行好的早期教育，才能培养孩子的优良品格。

> 细节敏感期是珍贵而又脆弱的，家长的一些"暴行"可能会打断孩子的细节敏感期。

什么是细节敏感期

细节敏感期，是孩子在发育过程中出现的诸多敏感期中的一个，表现为突然对细小的物体产生浓厚的兴趣，一般出现在 1～4 岁的孩子身上。

处于细节敏感期的孩子，他们眼中仿佛有一个"显微镜"，他们能看到家长所不能看到的"微观"世界，并且总能发现事物细小的差异。这个敏感期对于孩子以后的学习会大有帮助。

有的孩子进入小学后，常被家长抱怨"很聪明，就是太粗心"，因为孩子总是把 72 看成 27；乘号看成加号；英文字母 b 和 p 总是分不清；把 4000 看成 400……这些情况有的家长会说孩子太粗心，可是在孩子粗心的背后，重要的是孩子对于细节的观察力不够，从而影响孩子在学习上的进步。除此以外，对细节敏感也有助于人际交往。有些情商高的孩子会特别擅长留意对方的肢体语言、细微的表情变化，而这些恰恰也是对细节敏感的能力。

由此可见，孩子出现的这些特别奇怪的爱好是好事，我们要做的是顺势引导，抓住他们的细节敏感期，好好地发展孩子观察细节的能力。

细节敏感期的到来，代表孩子智力视野的开启，也是培养专注力、想象力、创造力的大好时期。孩子在细节敏感期会喜欢观察蚂蚁、小虫；会把床上、地上的头发捡起来；去公园玩，会蹲在地上捡小石头、扒草丛；对地上的小孔、小洞、墙上的裂缝非常感兴趣，不厌其烦地去观察它们；在路上会去捡烟头、小纸屑、烂树叶等细碎的东西……而大一些的孩子还会在看绘本的时候发现很多家长都没注意到的细节，如小小的花朵、蝴蝶、忽略的白云……在这些细节中，孩子对于小似乎格外有兴趣。

孩子的观察在他自己看来，其实也是一种工作，一种值得他聚精会神去做的工作。当孩子对于那些细小的东西感兴趣时，家长千万不要粗暴地制止或干扰。就算他在旅途中只对旁边的花草、蚂蚁感兴趣，家长也不要打扰他，而需要让他一个人静静地琢磨。这种观察的本身就是孩子自发地在锻炼自己的专注力和观察力，是非常难能可贵的。

> 家长应该把"理解孩子并与孩子友好沟通"放在第一位。

理解和沟通

在与孩子的沟通中，家长应该把"理解孩子并与孩子友好沟通"放在第一位，这能使家长与孩子的关系平等，使家长能够更好地控制情绪，做情绪的主人。

家长都希望与孩子有良好的沟通，可是说起来容易做起来难。我们认为好的沟通技巧，就是把想法转换为语言的能力，然而，沟通的最高艺术不在于表述，而在于理解谈话对象。

如果要孩子健康成长，就要与孩子交流他感兴趣的事。如果我们能理解他，他就愿意谈；不理解他，他就排斥与我们交流。但这不代表他不会交流，他可能要与他们的大哥哥、大姐姐交流。他长大了，完成了与家长的分离，使他的社会功能渐渐强大。

家长要体谅、理解孩子，当他在学校里受到挫折时，能感到家人是理解自己的。尤其是在孩子处于儿童叛逆期和青春叛逆期的时候，家长最容易有失控感。面对这种失控感，有的家长会调整自己的心态，可是有的家长害怕或不愿知道孩子的想法，怕一旦更了解孩子，就不得不调整自己的期望。家长只有不断学习和完善，使自己的心灵成长，才能成为孩子健康快乐成长的合格的引导者和陪伴者。

当孩子做错事时，不要还没搞清楚原因就怪孩子，对孩子进行打骂，那样孩子很难对你敞开心扉，只会导致孩子不敢和你说他的事情。当孩子成绩突然下滑时，不要急着质问孩子，或和别人家的孩子做比较，应该认真和孩子谈一谈，让孩子自己总结这次成绩下滑的原因，是什么影响了成绩，在以后的学习过程中应该以什么样的方式去努力。当孩子为自己成绩下滑非常苦恼时，家长也要及时对孩子进行疏导，和孩子耐心地谈话，拉近与孩子的距离。如此一来，家长就能对症下药，使得孩子的一切行为正常化。

> 对于孩子的疑问，家长要有耐心的回答和引导。

耐心引导孩子

随着孩子语言能力的加强和认知能力的提高，孩子在 3～4 岁这个时期，会形成非常宝贵的"逻辑思维敏感期"，也就是我们常会碰到的"提问题"。孩子会不断地追问"为什么"，比如"为什么有昼夜交替""为什么月月有哥哥，我却没有"，等等，而且通常是打破沙锅问到底，常常会令家长措手不及。孩子正是通过这些问题的解答，在认识世界的同时，也发展了自己的思维能力。所以家长一定要耐心对待孩子的每一个问题，在家里准备一套百科全书，或和孩子动手做些科学小实验，这些方法都可以有效提高孩子的探索力。

在生活中，我们要积极引导孩子去发现和观察相同与不同，以培养他们观察的意识。如给孩子两辆款式一样、颜色不同的玩具车，或者颜色一样、款式不同的玩具车，引导孩子比较："红色的汽车比蓝色的汽车大；蓝色的汽车比红色的汽车小。"这样的做法可以延伸到平时生活中，有意识地多使用这样的比较句式，引导孩子关注细节。

关注早教的家长对于蒙特梭利教具并不陌生，在蒙特梭利教具中，就包含了多种属性的教具，比如形状、重量、大小、颜色、粗细等，在设计上，并不是将所有的属性呈现在一套教具上，而是根据每套教具的目的，仅呈现一种属性，突出一个感觉点来吸引孩子的注意力，循序渐进地让孩子观察、发现。

如粉红塔是由 10 块粉色的立方体组成的，每个立方体除了大小不同以外，其他特征如颜色、形状完全相同，这就促使孩子把注意力集中在大小这个特征上，并促使孩子专注地探索大小的关系，避免注意力分散。

和老师不同，在这段特殊的时期，家长需要做的是尊重孩子、信任孩子、了解孩子，因材施教地跟随孩子的内心需求和渴望，为孩子的发展创造良好的生长环境。

这种因材施教的环境既包括生活、学习环境等硬件设施，也包括孩子的正常活动和家长正确的育儿观、价值观，比如良好的亲子关系、视野和胸襟、生活态度、爱的能力等软件设施。那么当这种良好的环境能最大限度地激发孩子的潜能，孩子在加速前进的时候，所爆发出来的激情和学习能力是任何一个家长都没有办法想象的。

第 2 章

行为细节敏感期

每个孩子都是不同的个体，不要妄图将每个
孩子都固定在一个模板内。

> 孩子会遵循自然的成长法则，不断使自己成长为更有能力的个体。

尊重孩子的个体差异

在孩子成长过程中，家长更应按照孩子的节奏，引导他去发现、去感受成长道路上的美好事物，多一些宽容，多一些耐心，多一些期待。

每个孩子的学习方式和发展速度各有不同，所以在不同学习与发展领域的表现也存在明显差异。孩子年龄越小，个体差异就越明显。家长不要将自己的孩子和别人家的孩子进行对比，每个孩子的敏感期出现的时间并不相同，天性和能力发展也各不相同。

孩子是有能力的学习者，孩子是有天生能力的个体。他们会循着自然的成长法则，不断使自己成长为更有能力的个体。孩子的进步不取决于年龄，而取决于能否自由地观看他周围的一切。

1. 细心观察，全面了解，陪伴成长

点 评 世界上没有完全相同的两片叶子，同样也没有完全相同的两个孩子。每个孩子，每个阶段的发展都是不同步的，有些阶段发展快些，有些阶段发展慢些，这些都是孩子发展过程中的正常现象。我们必须尊重孩子发展过程中出现的这些特点，通过有目的、有意识的观察，获得大量具体、真实的信息。关注学龄前儿童的个体差异就需要家长和老师细心观察、充分沟通，全面了解学龄前儿童的个性，倾听这些孩子的需求。当孩子遇到困难、挫折时，及时给予支持与鼓励，让孩子感受到我们对他的爱。

2. 识别优势，分析弱势，寻求突破

点 评 当孩子找到了他所擅长

的领域时，他将乐于探索，并逐步建立良好的自我感觉，成功的体验会让他有信心迎接另一个难度更大的领域。因此家长需要了解孩子、关注孩子，帮助孩子找到他所擅长的领域和闪光点。

家长要有信心和耐心，相信孩子迟早会表现出真正的天性。对于进步慢的孩子要有耐心，对他的成功要表示热情的赞美。当发现孩子的发展缓慢时，家长不要代替孩子完成一切活动，这样就将成为孩子主动发展的最强障碍。比如，替孩子盥洗、穿衣、喂饭等。孩子需要发展自己的独立性，自己选择志愿，自己选择工作，并且坚持下去，尽最大努力，不知疲倦地工作着。

3. 用心琢磨，解读孩子，满足需求

点 评 每一个来自不同家庭环

境的孩子，他们的个性也截然不同，有的活泼开朗、有的内向文静、有的善于表达、有的沉默寡言……对于学龄前儿童在学习与发展过程中，由于个体先天的或后天的、环境的或自身的原因所带来的个体差异，我们必须予以尊重。我们必须了解每个孩子的个性，通过循序渐进的教育，帮助他们树立信心。

因为每个孩子的发展阶段是不同的，我们要顺其自然，绝不能强迫他过早地去达到下一阶段的目标。有时要等一等，有时要推一推，只有这样，我们的孩子才会在原有的基础上得到一定的发展，并且真正感受到成功与快乐。

尊重孩子的独立性，培养孩子的个性。

尊重孩子的独立性

理解孩子在秩序敏感期对秩序和规则的需要，同时还要培养孩子独立解决问题的能力。

孩子也拥有独立的思想，特别是在秩序敏感期期间，孩子对于解决问题都有一套自己的想法和方式，对此家长应该尊重孩子的想法，试着去理解他们，这有助于孩子养成好习惯和建立规则意识。孩子哭闹是因为秩序遭到了打乱，这时家长一定要理解孩子并帮助其寻找回归正常秩序的方法。如果孩子要求重来一遍，只要行为合理家长就应该帮助孩子实现其对事物原有秩序的追求。

家长不应该阻止孩子自己独立地完成某件事，不要担心孩子自己做得不好，相反应该鼓励他，因为每个人都是由不会做——做得不好——会做——做好的。

在孩子独立完成某件事的同时，家长不要因担心孩子做不好而介入，当孩子做完以后，效果如果没有那么好，家长要引导孩子在过程中寻找经验。家长要注意，对孩子提出合理规则的同时自己也必须遵守，只要这样，才能让孩子学会与人交往之道，从而做到尊重、理解他人。

培养孩子的独立性和独自解决问题的能力必须要在安全的前提下进行，切不能过多地干涉孩子，这有助于孩子建立良好的秩序感。在这个过程中孩子很有可能会将规则内化于心，成为一个自律的人。比如当孩子吃完饭后自己收拾餐桌，然后再走出厨房进行下一项事情。孩子和其他玩伴产生矛盾后，家长给孩子做了良好示范后，要让孩子自己解决矛盾。

无论是家庭还是学校，都应该为孩子创造一个公正有序、轻松愉快、自由平等、充满爱与希望的学习生活环境，让孩子时刻能感受到被尊重，并学会与家人、朋友在不破坏规则的基础上和睦相处。

观察力和专注力相辅相成，不可分割。

观察力和专注力密不可分

观察力是指大脑对事物的观察能力，就是我们通常所说的：人们在观察和发现新奇的事物时，在观察过程中对外界的声音、气味、温度等有一个新的认识。

专注力又称注意力，指一个人专心于某一事物或活动时的心理状态。众所周知，人的注意力会受多方面因素的影响，而注意力缺陷也是许多成绩不好学生的共同原因。

张女士的儿子 2 岁了，原本张女士打算在家里教儿子一些简单的知识，但是张女士发现儿子很难安静地配合她，每次注意力都很难集中，张女士对孩子不断受到外界干扰苦恼不已。

观察力和专注力可以说是同生同长的，只有观察力得到提高，才能

让孩子的专注力显现出来。

观察力的提升，是大脑对外界事物有了细致的认识，在多方位的观察中，孩子会对新事物有自己的判断，正是在这个过程中，孩子的注意力才会集中，他们渴望去观察、去发现，从而调动自身的注意力，以更好地探索世界。对于观察力和专注力不高的孩子，家长可以通过一些游戏来训练加强。

> 保护孩子的注意力，尊重孩子的细节观察行为。

保护孩子的注意力

在细节敏感期里，即使是细小的事物在孩子的眼里也是无比新奇的，总能给他带来数不尽的乐趣。细节敏感期里，家长要理解孩子，不要刻意阻止孩子对细小事物的关注，要有足够的耐心去欣赏孩子的可爱举动，在保证安全的前提下，给他一定的自由。

1. 给孩子创造适当的观察机会

点评 家长可以为孩子创造观察机会，比如带他一起寻找路边的小蚂蚁洞，陪着他一起观察。这个过程中，家长也可以给孩子做一些讲解，让他既能体会到观察的乐趣，又能从中学到知识。

2. 别打扰孩子的观察工作

点评 观察对于孩子而言，其实也是一种值得他聚精会神去做的工作。家长不要打扰孩子的"观察工作"，完全可以给他一些时间，直到他自己主动离开。不要去破坏他的认识过程，因为这也是在培养孩子专注的品质。

3. 不要强制性地培养孩子的观察能力

点 评 有的家长有这样的认识：既然观察细小的事物可以培养孩子的观察能力，那就直接将许多小东西摆在他面前，一个一个让他认，强制性地培养孩子的观察能力。

4. 多带孩子到大自然去观察

点 评 对于刚刚开始认识世界的孩子来说，大自然是他最好的老师。家长应多带孩子到户外，亲身体验并观察事物。在让孩子接触大自然的时候，家长不要提

前就给他设定目标，也不用一定要让他去认识什么，这样会阻碍他体验大自然的乐趣。

5. 别随意丢弃孩子收集的小玩意

点 评 当孩子对一些小东西格外感兴趣的时候，他就会去收集。孩子的这种收集行为是他心智发展的需要。遇到这种情况，家长不要随便丢掉孩子的收集品，可以专门给他找一个小盒子让他存放，以此来保护他的收集行为和心理。

6. 为孩子"创造"一些小玩意儿

点 评 像小线头、小纸屑等一类东西对孩子来说是不具有什么危险性的，而孩子又对它们感兴趣，所以家长可以为他创造一些类似的小玩意儿，让他自由地去

玩耍。

7. 适当对孩子的细心予以肯定和表扬

点 评 孩子跑过来，像哥伦布发现新大陆一样告诉你，蚂蚁有六条腿，你可不要漫不经心地表示这是常识。表扬对孩子来说，便是对他"工作"的肯定。下一次，他对其他物种的观察，就会更加仔细和彻底，适当的表扬能强化孩子的意识和行为。

成语"见微知著、明察秋毫",说的就是我们的观察力。

训练观察能力

孩子观察力快速发展的敏感时期就是幼儿期,而观察又是孩子认识世界的重要途径,是智能的重要组成部分,所以我们要重视培养孩子的观察力,点燃孩子智慧的火花。

观察说起来简单,实际培养起来并不容易。中国有成语"见微知著、明察秋毫",这些说的就是我们的观察力。观察力可以发现细微变化、事物的发展及不同之处。在对事物进行观察的过程中,事物的多少,事情的程度、事态发展和走向等,都在观察范围内。因此通过观察和探索事物,就能发现事情的规律。观察力优秀的人,都会有很高的成就,比如艺术家、科学家、生物学家等。

明明在幼儿园的看图说话比赛上又获得了第一名。这已经是明明获得的第 10 个第一名了。同班的小丽一直都羡慕他,因为小丽自己的看图说话能力很差。小丽的家长向明明的家长请教。原来，明明的家长每天都会对明明的看听说的能力进行专门的训练。

家长要教会孩子观察的基本方法，让孩子根据事物的特征，有顺序、有系统地去观察，即要根据事物的不同特点，从左到右、从上到下、从整体到局部地去观察。

可以在房间里或屋外找一样东西，比如表、自来水笔、台灯、一张椅子或一棵花草，距离约 43 厘米，平视前方，自然眨眼，集中注意力观察这一件物体。默数 100 下，即 1 ～ 1.5 分钟，在默数的同时，要专心致志地仔细观察。闭上眼睛，努力在脑海中勾勒出该物体的形象，应尽可能地加以详细描述，最好用文字将其特征描述出来。然后再细看一遍，如果有错，加以补充。

熟练后，逐渐转到更复杂的物体上，观察周围事物的特征，然后闭眼回想。重复几次，直到每个细节都看到。可以观察地平线、衣服的颜色、植物的形状、人们的姿势和动作、天空阴云的形状和颜色等。观察的要点是，不断改变目光的焦点，尽可能多地记住不同部分的特征，记得越多越好。这样，不仅可以改善观察力、注意力，而且可以提高记忆力和创造力。因为当孩子在建立新的心中的形象的过程中，就可以吸收大量清晰的视觉信息，并且把它储藏在大脑中。

　　家长要积极创造条件，让孩子对所要认识的事物看看、听听、摸摸、捏捏、嗅嗅、尝尝。如，在自然界中，家长可以选择合适的地方种上小种子，让孩子观察种子是怎么发芽的；摸一摸玻璃的厚薄；捏一捏麦茎的空实……通过这些活动，孩子的外部感官得到了训练，且能锻炼孩子的大脑机能。孩子通过各方面的感受，对事物的认识会更为深刻。

> 给孩子最好的学习方法就是让孩子聚精
> 会神地去学习。

提高孩子专注力

蒙特梭利曾经有一句经典的话："给孩子最好的学习方法就是让孩子聚精会神地去学习。"

暖暖从来没有集中注意力去完成过一件事，做什么事都断断续续的，因为总是难以集中精力，家长甚至以为他患了多动症，带暖暖去看医生，然而没有任何异常。后来在幼儿园老师的帮助下，家长才知道暖暖只是精力不容易集中，于是每次只交代暖暖一件事情，让暖暖专注于一件事情，渐渐地暖暖集中注意力的时间变长了，暖暖的专注力越来越好了。

注意力不佳主要集中在男生，但也有少部分是女生，男生常常好奇心强，对新事物感兴趣，所以常常坐不住，很多家长便给他扣上"多动症"的帽子，在欧美等西方国家开放式的教育模式下，好奇心强的孩子是很受欢迎的。还有些孩子虽然在安静地听课，认真地看着黑板，但是早就走神儿了。其实男孩主要表现坐不住，静不下心来学习，而女孩则可以静下心来，但表现的是发呆和幻想。不管怎样，这些都是注意力不集中的表现，造成学习效率低下、成绩无法得到提高。

.

1. 不要打扰孩子

点 评　有的家长过于关心或者担心孩子没有自制力，总是在孩子学习或者游戏的时候用各种借口过去查看。本来孩子专心致志地在做事情，就是因为家长总是不停地打扰，才难以维持自己的专注力的。

平时多鼓励，不干扰孩子做他喜欢做的事情。当孩子专注于做他的小手工或观察小动物而忘记了吃饭时，父母切记不要干扰孩子，而是要耐心地等他把工作完成。要知道，孩子沉浸于他的兴趣的同时，就是在无意中培养他的注意力呢。

2. 对于幼儿有着过多的专注力期望

点 评　有的家长发现自己孩子专注力低，这可能是因为孩子年龄小，因为专注力是随着孩子的年龄增长而提高的，并且孩子天生的性格也会影响专注力。性格安静内向的孩子就比性格活泼外向的孩子专注力更高，更容易静下心来。

3. 保持利于集中注意力的家庭学习环境

点评 孩子的书桌上，只能放书本等相应的学习用品，不可摆放玩具、食品；文具要简洁。孩子都喜欢颜色鲜艳、图案精美、功能多样的铅笔盒。其实功能应该越简单越好，铅笔和橡皮也要造型简单、功能单一，避免孩子把它们当作玩具来玩；孩子的书房也要收拾得简洁明快，幼年的玩具要收起来，不要放在显眼的地方；孩子学习的时候，更不要有电视机、电话等声音干扰；父母也尽可能不在孩子学习时进进出出，大声干扰。此外，室内的光线也是一个容易被忽视的环节，光线柔和适度有助于孩子集中注意力。

4. 教育孩子一心一意

点评 人的精力是有限的，如果一次做很多事，会分散大脑的专注力。要让孩子一次只做一件事，看电视的时候不要玩游戏，写作业时不要听歌等。

5. 从玩游戏中提高专注力

点评 玩益智游戏是一项很好的选择。比如找不同、走迷宫、连连看、找东西等小游戏都能够锻炼孩子的专注力及眼力。

6. 给孩子买玩具和图书不要一次买很多

点评 给孩子买书籍、玩具等时，不要一次买很多，一两个就足够。我们经常看到这样的情形，家长给孩子买了很多的玩具和书籍，可是孩子往往是这本书翻两页，那本书翻两页，玩具也是，一会儿玩这个，一会儿玩那个。太多的书籍和玩具只会让孩子注意力分散。

7. 让孩子感觉到他是时间的主人

点评　要尽量减少对孩子唠叨和训斥的次数，让孩子感觉到他是时间的主人，教孩子学会自己分配时间。当他在相对短的时间内集中精力做完功课，便有更多的时间做其他事情。孩子能自己掌控时间，有成功的感觉，做事会更加自信。

8."大声读书"有利于训练注意力

点评　大声读书有利于训练注意力。每天安排一个时间（10~20分钟）让孩子选择他们喜欢的小

文章大声朗读，这是一个使孩子口、眼、脑相互协调的过程。孩子在读书的过程中，尽量不读错、不读漏、不读断。他的注意力必须高度集中，把这种训练一直坚持下去。

9. 一次只做一件事

点评　让孩子一次只做一件事，人的注意力是有限的，分配在性质不同的事情上面，会严重消耗注意力。尤其是孩子的注意力正在发展过程中，同时进行多件事情，会导致注意力不集中。所以，哪怕当孩子玩玩具的时候，也要关掉电视机；做作业的时候，不要放音乐。

10. 坚持做必要的练习

点评　可以买一些智力训练

的书，像一些锻炼观察力、注意力、记忆力的图文，如走迷宫，在一大堆图中找某样东西，找错误，找异同（同中找异，异中找同），比大小、长短等。时间不可过长，但可适当延长练习时间，一定要每天坚持练习。另外还可以有意识地设置一些情境，帮助孩子增强自我约束的能力，遵循循序渐进的规律。

第 3 章

心理细节敏感期

心理发展和发育是最容易被家长忽略的细节，如果心理出现不良变化和发展，将会影响孩子的一生。

> 孩子通常从 2 岁开始，会逐步分化自我意识和他人意识，进入执拗敏感期。

注意孩子的执拗敏感期

孩子有一些在家长看来任性的行为，实际上是孩子执拗敏感期到来的表现。

随着自我意识的增强，孩子通常从 2 岁开始，会逐步分化自我意识和他人意识，表现为不听父母的命令和意见，变得执拗与固执，还有可能出现反抗等现象，这就是心理学家所认为的执拗敏感期。

3~4 岁是孩子执拗敏感期的高峰期，这一段时间，他们会有自己的想法，喜欢按自己的意愿做事，并且大多行为都不容置疑。

在这一阶段，孩子们想当然地按照自己的喜好做事，最显著的特征就是不配合家长，甚至和家长反着干。其实，这只是孩子执拗敏感期的本能排斥，而不是真的和家长作对。这是孩子自我意识发展的表现，是自我意识在作祟。为了与这一阶段的孩子和谐共处，父母们需要了解这一时期形成的原因。孩子的自我意识随着生活范围的变化和探索能力的提高而萌发和发展，自己逐渐发现，他们可以控制的东西越来越多，喜欢挑战家长并且从中感受到自我力量的强大。

年轻的父母对孩子这一时期的心理特点不够了解，当孩子提出无理要求或是出现反抗行为时，会采取错误的方式来应对孩子，这会让孩子的身心受挫。

执拗敏感期是孩子成长中不可避免的时期，是不以人的意志为转移的阶段，它的存在与孩子的身心发育密切相关。家长如果采取错误的应对措施，没有做好接受孩子的执拗与度过这一阶段的思想准备，就会让孩子身心受挫，不能甚至无法顺利度过这一阶段。孩子的内心会因父母打破了他的意愿与秩序而感到痛苦，因此作出反抗。设想一下，孩子的内心常常被痛苦包围的话，他们的身心健康又怎能得到保障？

孩子还小，他们的行为不像成人一样理性且自制。当处于执拗敏感期的孩子提出要求时，父母应该主动地站在他们的立场上，去理解孩子的内心世界，尽量满足那些合理的或非原则性的需求，这样会使家长更好地把握孩子的执拗敏感期。而当孩子提出一些不能满足的原则性的要求时，为了使孩子不那么痛苦，家长应该理解孩子，拥抱他们，和他们讲道理，为他们寻找替代目标。

在养育孩子的过程中，最让家长头疼的问题或许是孩子的执拗与固执。家长需要在爱和理解的基础上适当变通，帮助孩子更好地度过执拗敏感期。如果变通得好，问题就缓解了，家长就能更加得心应手地处理孩子不可理喻的"胡闹"了。

虽然很多时候孩子会做出一些在家长看来"不可理喻"的举动。这种时候，如果成人拒绝或干涉孩子的意愿，孩子的内心就会产生强烈的不安感，使得他们急躁不安、大哭大闹，也使得家长气愤不已。

孩子的这些表现是遵循自然法则的体现。但很多时候，很多父母一意孤行，把讲道理、好言相劝、硬碰硬作为对待孩子的方式。实际上，这种做法明显违背了孩子成长的规律，使孩子更加抗拒，加深了孩子与父母的矛盾，使双方内心都不好受，两败俱伤。

1. 强行逼迫不可取

点评 这会使孩子抗拒，产生抵触心理，甚至使孩子的心理受到严重伤害。

2. 应当转变教育方式

点评 试着把握孩子的执拗敏感期，给予变通，缓解问题。

3. 理解和尊重孩子

点评 用心去揣摩处于执拗敏感期孩子的行为，对他们表示足够的尊重和理解，帮助孩子顺利快乐地度过这段时期。

> 0~4 岁是孩子养成规矩意识的黄金时期，也是孩子形成秩序感的敏感期。

秩序敏感期

家长们有时会抱怨自己的孩子不会有效地安排时间，学习生活习惯较差，甚至不会自己整理衣服。而这正是因为家长没有意识到这些坏习惯也与孩子的秩序敏感期相关。

孩子的世界也有秩序，而且他们也需要秩序。孩子对秩序有着天生的敏感，秩序的生活和环境会让孩子感到快乐并且变成有秩序、愿意遵守秩序的孩子。

0~4 岁是孩子养成规矩意识的黄金时期，也是孩子形成秩序感的敏感期，因此它也被叫作金不换的秩序敏感期。孩子在自我构建秩序环境的同时，也构建发展了他们的智能，如果父母不能给孩子一个有序的环境，孩子便"缺乏一个建立对各种关系知觉的基础"，他们的认知会变得混乱而无所适从。

在 0~4 岁这个阶段能够及时养成良好的秩序感，这将使孩子受益终身。他们会安排好自己的学习与生活，工作上能够抓到重点，生活上有条理，这些学习生活上的良好品质与习惯会伴随孩子一生。

孩子的秩序和成年人不同，在孩子秩序敏感期通常会发生这些情况：孩子突然无理取闹，哭喊着不是这样应该那样；或者孩子突然变成家里的"小管家"，忙碌并认真严谨遵循家中物品的顺序和做事的程序，比如碗筷用完后要归位，自己睡觉的房间不能改变，外出路线要保持不变，衣食住行和娱乐都有固定的一套程序。

1. 对位置的要求非常严格，他们所熟悉的位置一经破坏就会引起不安

明明父母的衣服平时都是放在较高的柜子里，而明明的衣服则放在较小的柜子里，这样明明自己拿衣服穿就很便捷。有一次明明妈妈把自己的衣服晾干后放到了小衣柜里，和明明的衣服挂到了一起，这让明明感到了不适，明明坚决让妈妈把衣服放到她的大衣柜里。

2. 对"所有物"有着严格要求。孩子自己认定的所有物被别人拿走就会感到不安

明明认识自己家的物品，所以当明明爸爸的朋友要帮他们拿这些物品的时候，明明不开心了，因为在明明的认知中，自家的物品应该自己拿，别人不能随便动，这些物品都有各自的"所属"。

3. 对"习惯"有着严格要求，习惯一经改变，孩子们就会处于不安的状态

　　明明已经习惯了老师教的"红灯停，绿灯行"的规则，同时他也会严格遵守这一交通规则。所以当爸爸在过马路时违反这一规则时，他会阻止爸爸的行为。

4. 对和家长之间的约定有严格要求，这包括约定好的时间和事物等，当家长失约后，孩子就会变得焦躁不安

　　爸爸答应明明，下班回家后带明明出去玩，不巧他有工作上的事情要做，就把这件事给忘了。但是明明没有忘记，于是他就去提醒爸爸。成年人和孩子的约定一定要严格兑现，否则就不要随意和孩子做出约定。

5. 对"场所"有严格要求，一旦所处的场所发生变化，他们就会变得焦躁不安

　　明明从未去过兴趣班，当妈妈第一次带他来这里的时候，明明对这个新的环境很不熟悉，一刻也不想待在这里。

　　在孩子心中，秩序是一种安全感。当秩序被打破时，孩子的安全感也会被打破。面对被打破的秩序，有的孩子会变得暴躁甚至大哭大闹，而家长面对孩子失控的情绪时，往往感到很生气。脾气好些的家长就是说一说孩子，有些脾气较差的家长还会打自己的孩子。可是这样的批评和训斥只会让孩子更痛苦，不利于他们的身心发展。

　　事出必有因，所以家长在遇到以上种种的时候必须仔细思考原因：孩子是否适应新环境；是否因时间变化而导致现在做事的顺序与原来不同了；孩子做某件事的顺序是否与之前存在差异；家中的物品是否进行了更换；父母外出了；未经孩子许可，父母整理其房间等。家长要想和孩子愉快相处就必须在秩序敏感期下功夫，认真了解孩子的需求，了解秩序敏感期的主要表现，进一步理解孩子的行为。

　　在平时，只要按照孩子心中的秩序运行，家庭中就会保持一种和谐稳定的状态，如果孩子说不是为了维护秩序，也就可以判断孩子处于秩序敏感期，家长要理解孩子，及时沟通。

培养孩子的秩序感不仅要有秩序的生活氛围，家长也要做孩子的榜样。

培养孩子的秩序感

培养孩子的秩序感，要在家庭生活中尽力营造一种有秩序的生活氛围，同样家长也应该起到引领与榜样的作用。在生活中，家长要有规律地做事，家里东西的摆放要井井有条。当孩子因心中所想象的规则被破坏而发脾气时，家长要认真地考虑和倾听孩子的想法，更好地了解孩子内心对规则和秩序的要求，同时也应该及时帮助孩子调整自己的情绪。

孩子建立规则体系的黄金期就在秩序敏感期，但是家长也不能在没有了解的前提下就强调爱和自由，不能认为这个时期就是放开孩子，充分让孩子享受自由。在公共场所看到的那些熊孩子、熊父母，除了溺爱，也是不了解自由的表现。

无论在任何社会和环境中，规则和自由都密不可分。自由不是绝对的，而是相对的，在尊重自己、不轻视自己的生命，尊重他人、不打扰和伤害他人的前提下，才能实现自由。做到这些后，孩子才感知到秩序感，同时也能够构建自己的内在纪律，即由成人给予的他律转化为主动的自律，并且获得自我约束和自我相信的能力。

家长只有做到以下几点才能真正帮助孩子建立规则。

1. 家长必须具备规则意识，以身作则

点评 家长是孩子的镜子、是孩子最好的老师，要为孩子做出榜样，摒弃平时生活中的陋习，比如不随地吐痰、吃饭不大声喧哗、脚不上桌；爱老敬老并使用礼貌用语等，这样会激起孩子的自尊自爱心，守礼重道，家庭也会变得更加和睦。

相反，家长如果一味强迫孩子遵守秩序而自己却经常违反规则的话，当孩子看到家长违规的一面，就会学习家长的言行举止，也就无法达到家长所期望的要求了。因为从家长的行为举止中孩子无法理解规则的意义，所以家长如果看到自己的孩子不懂规矩、无理取闹的时候，就应该反思一下自己是否给孩子创造了清净规范、自由自在、规则合理的家庭环境。

2. 培养孩子良好的规律感和作息时间

点评 家长每天和孩子按时作息，休闲娱乐，定时吃饭，周末举家外出或做运动，给孩子安排一个规律的生活，有利于孩子好习惯的养成，形成良好的规律感，获得安全感，保证孩子能够遵守规则，强健体魄。

家庭规则制定出来是让所有成员遵守的，如果家长不能有效地约束自己的行为，那么孩子也不会遵守规则了。家长能够合理遵守并成为孩子的榜样，就会帮孩子安全度过敏感期。家长不自我约束就会让孩子无法理解规则，会让孩子不守规律，骄横跋扈，野蛮无理，自私自利，最终把家庭弄得不得安宁。

3. 要保证在安全的环境中活动，为孩子建立自己的生活学习空间

点 评 安全常识就是一道金护栏，它能够让孩子明白什么该做什么不该做，哪里安全,哪里危险。比如，远离水库，不能触电，防止烧伤等，这些都能帮助孩子在秩序敏感期建立良好的规则意识。孩子有了自己的空间后，就能自己安排生活学习用品，以及摆放位置，有助于孩子秩序感和安全感的满足,能让孩子更快建立规则体系。

热爱学习

人类最喜欢的就是探索和尝试新事物。

尊重孩子的好奇和探索天性

能够对世界进行不断的开发和利用，是因为人类的探索精神在反复作用，正因为人类有了探索，才会创造出灿烂的人类文明。

按照达尔文的进化论，某种动物具有某种基因都是由于生存选择的，正所谓"物竞天择，适者生存"，环境更倾向于留存那些具有很强探索精神和好奇心非常强烈的人。这些具有强烈好奇心的后代，他们的记忆里面就留存有这种具有非常创新性的精神。所以直到现在，我们人类才具有不断探索进步的天然特质，从而被编写到了人类遗传密码中，成为流传到现在的基因。且这种基因是我们人类能够继续生存下去的重要法宝。

如果一个人说他不再需要尝试了，那么他就失去了天生的探索精神。尝试新鲜的事物，会给人类带来未曾体验过的新鲜感和比较强烈的刺激，增加生活的乐趣。当家长失去了探索和创造的精神之后，很有可能会扼杀孩子的天性。这是因为在一个没有探索和创造的环境中，孩子无法抵抗抑制他们的环境，这时候他们就会去选择适应环境，探索的本能就会暂时被遏制，如果孩子超过 6 岁，也不再使用这个本能的话，这个天性就自动被大脑遗忘。

鑫新是一个比较爱动并且性格开朗的小朋友，可以比较快地适应集体生活，同时也会很主动和其他小朋友交往。但是经过长时间的观察老师发现，在集体活动中，她更多表现的都是模仿别人的能力，而且她也很喜欢模仿别人，完全不想创新和探索。

鑫新可能就是在小的时候被家长扼杀了探索和创造的积极性，因此只想模仿而不想创造。因此在生活中，家长要多多给孩子创造独立思考、发现问题的机会，让孩子自己独立地探索。

无论孩子年龄是大还是小，家长都可以在探究过程中适当地加以引导，帮助他们发现问题，并把问题留给他们自己，让他们在自己的实际生活中得到答案。在带领孩子做游戏的时候，也可以适当地对他们提出一些问题，例如一个人玩一个球都可以用哪些方法去玩呢？以此来达到创新目的。

> 对幼儿选择固定的学习方式，这本身就是一种扼杀潜能的事情。

孩子的探索欲是与生俱来的

孩子具有非常强烈的探险欲望，他们的基因里天生存在这一特性。孩子一出生就在家长所能及的地方探知周围的世界，和他们身边发生的一切，恰恰正是这样的探索，让孩子拥有了在这个世界生存下去的基本能力。

可是，家长教育孩子的方法更多的是从长辈那里继承来的。这就面临一个很严重的问题——如果上一代的教育方法是错误的，那么情况就严重了。孩子依据此种教育方法可能会遭到极其不科学的对待。

家长每天热衷于把幼小的孩子送到各种兴趣班学习下棋、舞蹈、音乐、绘画……通过系统的学习，想要让孩子站在起跑线上，领先别的孩子。

虽然这种初衷是好的，可是这种固定模式的学习无疑扼杀了孩子的探索精神，其实是在无形地扼杀孩子的本能。

对于幼儿，把天然的学习方式摒弃，而去选择各种固定的学习方式，这本身就是一种扼杀潜能的事情。

家长要想培养孩子的创造性就不能伤害孩子的天性，不要以保护孩子的名义给孩子报各种补习班，这其实是在无形的压制孩子的想象力。当这种想象力得不到发展，孩子就会变得脾气火爆，或者形成心理上的冲动。

国家幼儿园教育指导纲要明确提出，幼儿园不应该为孩子提供灌输式的教育，必须要让孩子在玩耍中成长，这样才能使孩子的天性得到保护，孩子才能提高创造力和生存能力。

> 让孩子去尝试，不要害怕伤害和失败。
> 家长要做的仅是给孩子一个安全的保护。

给孩子自我施展的空间

每个人都是不同的生命体，探索的品质也是人类本能的体现，人类进化过程中选择了探索就说明了探索的重要性，这种特质就是用来保护人类的生存本能。

如果看管孩子的人，把孩子在家里的探索行为看作异常凶险的活动，那么一定会不遗余力地制止孩子的探索行为。孩子的这种探索行为一旦被人不断地阻碍，孩子就会放弃这一探索，然后就会变得脾气火爆、怒气冲冲，将探索变成心理上的欲望，变成无目的的行为，孩子可能就会患多动症。当孩子的探索行为长久地被阻碍，探索欲望和行为就会完全丧失。

保护孩子是需要科学的方法和手段的，不是说你一直抱着孩子，不假思索地就禁止孩子接触任何新鲜的却可能有一定风险的事物，就算是保护了孩子。你担心孩子的身体却去扼杀孩子的探索精神，这是互相矛盾的，前者是尽可能限制孩子的行动，后者是必须带孩子在自由活动中完成。作为孩子的家长，必须要权衡利弊，为孩子选择最正确的那一个。

失败是成功之母，探索可能会产生失误，但是探索过程中，孩子会学到更多平时学不到的知识，孩子受到伤害、失败、挫折，这是成长的必然。

孩子的探索精神需要一定的空间来帮助孩子完成，家长要做的是尽可能为孩子创设一个可以探索的空间和事物，并且在这方面给孩子一定的自由，这样才能够保护好孩子的探索精神和尝试的欲望。

当一个孩子在童年时表现出的探索性被遏制后，孩子就会变得焦虑不安，如果家长在这时候稍加注意，孩子就会感到满足，这是因为他们的天性得到了释放，这个天性是让他们健康成长的重要力量。

从孩子出生起空间敏感期便开始了。

空间敏感期

空间敏感期会从孩子出生一直持续到 6 岁，他们会通过对空间的不断体验和探索，逐步把自我跟现有的物质世界完好地结合在一起。

空间敏感期随着孩子年龄增长会有不同的表现：

1. 孩子首先会发现物体之间是彼此分离的，所以喜欢把东西从高处扒拉到地上，找到后再拿到高处扒拉下来，如此循环，感受空间的概念。

2. 孩子会发现一个空间有里外的概念，里面的能抖出来，外面的能塞进去。所以家长总是会头疼地发现，孩子总是喜欢把玩具和食物往柜子下面、沙发下面塞，似乎那里就是他们的基地。有的孩子还对积木箱特别感兴趣，他会把积木全部倒出来，然后再塞回去，这样一个简单的事情，他们往往可以玩一个小时都不烦。

3. 孩子开始喜欢不断垒高，推倒，再垒高，再推倒，这个对空间的感受过程是儿童智能发展的关键所在。

4. 接着孩子会对一个狭小的空间非常感兴趣，比如钻到大衣柜里、桌子下面，躲猫猫是这个阶段最受欢迎的游戏。

5. 再往后孩子便开始对爬到高处有兴趣。他们喜欢爬窗台、爬桌子、爬楼梯、爬栏杆……而且会琢磨出一套先用手试探再用腿尝试的方法。只要保证孩子的安全，家长就不要过多阻止孩子这种攀爬行为，这都是孩子在运用身体感知空间过程。

6. 爬高阶段过去后，孩子的能力得到很大的提升，便会开始喜欢从高处往下跳。通过不断挑战和征服新的高度，孩子对于空间的感知和把握变得越来越强。不过也要注意，孩子们对于高度往往没有一个准确的认知，有的孩子只是从桌子上往下跳，但是有的孩子会从一楼窗户往下跳，当他们觉得自己可以胜任这种跳跃工作后，大胆的孩子还会尝试从二楼或者三楼往下跳。

在空间敏感期的一次次探索和体验，是孩子自我创造、突破极限的过程，可以为他们未来的发展打下重要的基础。但在空间敏感期里，家长往往非常紧张，因为孩子总是在做一些家长认为很危险的事情，所以家长会阻止孩子的很多行为。

很早的时候国际上就有一个"视崖试验"：儿童在玻璃板上爬行，但凡看到玻璃板下面有一个在视觉上表现出低洼的部分就不会爬过去。这证明儿童对环境的把握是有天然的自卫意识的，家长只要注意做好安全防护，不要让孩子失去探索世界的机会。

1. 给孩子空间感

`点 评` 排除明确的高危险因素（如坠楼等）后，给孩子自由活动的环境，在几米外保护他，有小困难鼓励他自己克服，而不要不假思索地拒绝，或者稍有状况便过去帮忙。如果老把危险强化给孩子，会给孩子带来巨大的危机感，破坏他的自我保护能力。

2. 根据孩子不同阶段的兴趣点创造游戏场景

`点 评`

　　◎ 在家躲猫猫，让孩子在饭桌下、衣柜里、沙发后寻找藏身之所；

　　◎ 用纸箱、帐篷、大玩具箱搭山洞和隧道，让孩子去钻；

　　◎ 积木垒高，想办法帮助孩子搭得更高，比如靠墙搭；

　　◎ 多去户外探索，如攀爬、树林探险等。

3. 和孩子说话时多使用空间词

`点 评` "前面""后面""上面""下面""远处""近处"等词语，可以帮助孩子了解物体间的空间关系，提高其空间认知水平。

完美敏感期是孩子成长过程中的必经阶段。

完美敏感期

有的家长可能会遇见到这种状况，平时可爱而又好说话的孩子突然之间固执起来，饼干碎了，不吃！苹果有斑点，不吃！这张纸有折痕，不要！薯条断了，拒绝！袖子湿了，要换！

完美主义、秩序洁癖，难道孩子变成了完美主义的强迫症？实际上这一切的根本原因是孩子正在经历完美敏感期。

2 岁左右的孩子已开始有了自我意识，他们开始强调自己的感受，注重保护自己的情绪，而这个时期的孩子也开始认识并熟悉身边的事物，并追求事物的完整性，以此获得愉悦感。

追求完美是孩子的一种内在需求，他需要保持事物的完美无缺以达到内心的愉悦与安宁，而这种向往美好的心理若得不到满足，一定程度上会降低他对身边事物要求的严格性。缺乏律他的动因，也很难养成律己的习惯，因此，久而久之便容易形成敷衍了事、得过且过的心态。反之，如果孩子追求完美的心理不断得到强化，那么他也更易形成严谨、自律的处事态度，以后处事会用更高的标准要求自己。

既然完美敏感期有助于孩子的性格养成，那么家长就有必要针对这一阶段的特殊性，对孩子的心理健康成长进行正面引导。对于处于完美敏感期的孩子，家长要顺应孩子的心理，满足他对于完美的追求。比如尽量给他完整精致的点心；尽力保持家里物品的原有状态；当他为饼干等食品有缺陷而哭闹并拒绝食用时，不要出于节约的心理强迫他吃完……

无论是哪一种敏感期，都需要家长们去理解孩子的心理状态，悉心呵护他建构的朦胧美好的内心世界。这样才能让孩子在顺利度过完美敏感期的同时，追求完美并严于律己，从而实现自我提升。

家长发现，孩子上了幼儿园之后，明显变得臭美起来，这是进入了审美敏感期。

审美敏感期

很多孩子在上幼儿园的时候就会开始经历一个审美行为取向阶段。家长们会发现，这时候孩子们总是特别臭美，不管是男孩子还是女孩子，总是对自己的衣服、发型甚至卧室都有自己的独特要求，这是因为孩子已经进入了审美敏感期。

审美敏感期不是一下子爆发出来的，这个敏感期往往和完美敏感期相辅相成，是螺旋式发展的。很多家长会发现，自己的孩子突然变成了一个完美主义者：他们开始挑剔吃的和用的，牛奶不能洒出来一滴，水果上不能有斑点，饼干必须是一整块，画纸不可以有褶皱，衣服不能掉一颗纽扣……接着孩子开始关注自我形象，对自己的衣着打扮产生浓厚的兴趣，对美产生很多的想法。女孩子开始学大人化妆、穿漂亮的公主裙，男孩子要求穿印有各种英雄人物的服装，不让穿就不出门。孩子开始有了喜欢的颜色，比如总要某种颜色的衣服或者物品……最后上升到对环境、内在气质、艺术品质追求完美等。

爱美是人的天性，也是每个人的权利，审美敏感期是孩子正常发育的一个阶段，主要表现为孩子审美能力的发展，而这一发展对孩子有着重要的意义，体现在个人魅力、气质、个性特点上。

看到孩子爱美、追求美的行为，家长应该理解和包容，而不是一味地打压与禁止。化妆、衣着成人化等现象，与家长行为有很大关系。孩子多半是看了妈妈化妆，才产生了兴趣。家长要怀有一颗包容和理解的心。

1. 尊重孩子的自然生长法则

点评 审美敏感期的出现虽然大致相同，但也会因每个孩子身心发展、成长环境的不同而存在个别差异。因此，家长必须以客观的态度，在日常的生活与活动中细心观察孩子。当孩子出现这一方面的敏感特征时，应为孩子准备适宜的环境，给予正确的协助和引导。

2. 理解孩子对美的追求

点评 面对孩子的种种"挑剔"和"不可理喻"，家长要理解孩子细腻、追求完美的心，把孩子的要求当作关乎成长、关乎品质形成的一次机会。

家长不用担心孩子会受到负面影响，比如担心孩子过分注重自己的外表而变得虚荣。重视外表，绝对不等于忽略内在。应该尊重孩子的审美需要，可以提供合适的物品，给孩子自己选择衣服的权利。

3. 给予孩子正确的评价

点 评　审美敏感期表明孩子对自身形象有了自己的愿望和审美标准，这是一个了不起的进步，因为他们在创造自己。家长不能用自己的眼光来看待孩子，更不能因为自己的审美和孩子有出入，而一味地打压甚至批评孩子的审美。有一些家长的无心之语，对孩子的伤害是不可逆的，甚至会成为一辈子的阴影。但也要适时、恰当地引导孩子认识美，帮助孩子认识什么是适合自己年龄的美。

4. 培养孩子有善于发现美的眼睛

点 评　在日常生活中家长也需

要言传身教，让孩子明白，整洁得体的打扮是美丽的。更关键的是带着孩子多接触自然和社会，在看到赏心悦目的物品时，也可以随时引导孩子，从形状、色彩、结构、对称等方面学会观察事物的特点和美感。比如，一张漂亮的卡片、一个设计精致的盘子，生活中的点滴美好都可以成为家长和孩子共同的审美体验。

5. 美的定义不能狭隘

点 评　不能将美的定义狭隘化，外表美和心灵美都是值得被追求的，不用非打压某方面的美，而是可以多强调其他各个方面的"美"。运动也是美丽的；勇敢也是美丽的；坚持也是美丽的；有礼貌也是美丽的；思考也是美丽的；帮助他人也是美丽的。让孩子明白，追求的美丽可以是多元的，不只是外貌，还包括思想和灵魂。

孩子对美的追求，正说明他们精神世界的建立。幼时对于美的感知和体验，将会直接影响他们今后的气质和审美能力。当然，培养孩子的审美能力不是一朝一夕的事情，我们得学会慢慢地引导他们，让孩子正确认知美的内涵。

> 自控能力差不利于孩子良好个性的形
> 成，更会阻碍孩子成为自律的人。

提高孩子自控力

欣欣因为长期吃糖有了蛀牙，可是每当她哭着说"爸爸，妈妈我要吃糖"时，爸爸妈妈都会因为不忍孩子伤心而把糖交给欣欣。

孩子会出现一些冲动、不耐烦、焦躁等不愿意遵守规则的行为，想干什么就干什么，全凭自己的感受，其实说到底就是这个时期的孩子自控力差。自控力的缺乏，不利于孩子良好个性的形成，会阻碍孩子成为自律的人。

就如上面所提到的，当长蛀牙时，孩子又哭又闹想吃糖，家长应该和孩子讲清楚长蛀牙了还吃糖的后果，让孩子自己明白，并从而放弃吃糖的想法。而不应该是迁就孩子，满足孩子的无理要求。

1. 想办法提高孩子自我意识

点 评 一般而言，3 岁之前的孩子自我意识刚刚萌芽，孩子认识到自己是独立的个体，比如孩子对"我"这个概念甚是喜欢，认为什么都是我的，谁都不能和我抢，有些家长会因此责骂孩子。其实，自我意识的出现是件好事，因为这是培养和提高孩子自控力的良好契机。

有专家曾讲道，我们虽然只有一个大脑，但却有两个自我，如果其中一个自我任意妄为、任性冲动，那么另一个自我则是深谋远虑，两个自我矛盾是自控力的最大挑战。要小孩子提高自控力首先必须让孩子拥有更多的自我意识，学校和家庭平时都要鼓励孩子多说话，适当发言表达自己对问题的看法，并且给予孩子尊重。

2. 家长要让孩子做情绪的主人

点 评 孩子无法准确控制自己的情绪，想哭就哭，想闹就闹，让家长非常头疼。家长必须要加以引导，耐心说服，逐渐让孩子拥有评价和控制自己行为和情绪的能力，真正提高自控力。当孩子有不良情绪的时候，就要对他说哭是没有用的，让孩子可以找一些别的事情来做，不管是看书还是出去玩儿。孩子很容易忘记那些令他们不高兴的事，注意力转移后不良情绪也会很快消失。

通过一定程度积极的自我暗示来控制自己的情绪和行为对孩子来说是很有作用的，例如让孩子在不高兴的时候心里默数，或者让他自己说出，"我不能发脾气"，这样就能有效减少孩子的冲动行为。

3. 制止孩子攻击行为的方法

点 评 就平常而言，孩子打打闹闹非常正常，但是一些孩子却有非常强的攻击性，尤其是有些男孩子动不动就出手打人。这本身就是一种错误的行为，所以无论他是否伤害了其他人，都应该及时制止。对待不同年龄的孩子，家长必须采取不同的方法和态度制止孩子的攻击行为。

对于婴幼儿使用禁止性语言是没有任何效果的，应该采用温和的方式来面对孩子打人、抓人、咬人、踢人的行为。切记不能对孩子发脾气，更不能粗暴地对待孩子的攻击行为，这样可能会吓到孩子。

对于大孩子就要采用语言的

方式来制止，不过必须注意态度一定要坚决，千万不能恐吓威胁孩子。家长在教育孩子的时候，千万要记得使用正确方式方法。

3 岁以后的孩子语言攻击增多，身体攻击逐渐减少，这是因为孩子的语言敏感期已经来临，最明显的表现是孩子开始说脏话。这时候的家长如果发现孩子有攻击性行为，包括语言和身体攻击，必须及时制止，通过耐心引导的方式来让孩子认识到自己的错误并及时改正。

> 没有规矩，不成方圆。

让孩子遵循规则

"没有规矩，不成方圆"。如果孩子在没有规则的环境中长大，就会变得无序，野蛮和霸道，要想在社会中与他人和谐共存就必须让孩子遵守纪律，并且自律。爱与自由、平等与规则是不可分割的。在遵守规则的基础上，孩子就会养成良好的规则意识，并健康成长。

家长可以制定一套规则，规则中明确告诉孩子什么事能做什么事不能做。这有利于培养孩子的规则意识。比如不能让孩子乱动厨具、随意玩火，在这个过程中家长还要在适当的时候告诉孩子，不能这么做的理由。规则一经制定切忌朝令夕改，每个家庭成员都要认真执行规定，对于成员比较多的家庭而言，各成员也要按照统一的规定来执行。

规则制定的过程中，必须考虑到各种因素，一定要给孩子足够的自由空间，如果孩子没有足够的空间去施展自己的天性，将会对孩子规则意识的建立产生不利影响。孩子只有接受了规则，认为规则是保护自己的，他才能够更好地遵守规则、运用规则，否则的话只能适得其反。所以在规则制定之后，一定要让孩子有足够的自由。这样规则才能够更好地发挥作用。

但是这个自由也是适度的，而不是绝对的自由。绝对的自由就是放纵，家长要做的就是让孩子拥有自由的规则。做到拥有真正自由的规则的话，家长必须要在三个前提下给孩子充分的自由去遵守规则，这三个前提就是尊重自己、尊重他人、尊重环境。有了这三个前提，孩子就能够得到身心的解放，健康茁壮地成长。

> 规则是必须存在的，而孩子违反规则，
> 也需要特别应对。

违反规则的应对

制定了规则，不可能会一帆风顺地执行下来，这不但需要毅力，还需要把遵循规则变成习惯。对于孩子和家长，遵循规则都不应该是一个一时兴起的游戏，而应该坚持。对于不能遵循规则的孩子，家长则可以寻找原因，帮助孩子遵守规则。

1. 抓住关键找主要原因

点 评 孩子在无意识的情况下违反规则，家长不能一味地责备孩子，而是要弄清楚原因。是孩子自身的主观原因，还是客观原因；是身体方面的原因，还是心理方面的原因。要搞清楚这些原因，家长就得多和孩子沟通，使问题得到有效的解决。

2. 家长面对孩子时要始终坚定立场、遵守规则

点 评 孩子违反规则后，家长必须按照之前的约定严厉地惩罚

孩子，此时的惩罚是非常有必要的。这可以让孩子明白自己做错事之后的后果，让孩子学会承担责任。但是这个惩罚要有一个标准，如果是打骂或者威胁孩子那就是错误的做法，聪明的家长绝对不会使用打骂和威胁孩子的方法来教育孩子。

大多数家长在孩子违反规则之后，通常会因为心软或者是心疼孩子而无法坚守合理的规则，这将会产生严重的后果，对孩子成长非常不利。在教育孩子过程中，家长的意志力是否坚定也是体现家长合格与否的重要标准。

总的来说，家长在和孩子沟通的过程中，要注意到他们的情绪。如果孩子提出了合理的要求，家长则要尽可能地去满足孩子。如果孩子的合理愿望能够得到满足，他们就会安全度过各种敏感期，并且会为将来的发展打下良好的基础。

> 很多人认为孩子不需要责任心，这是错误的想法和认知。

培养责任心

不要什么事情都帮着孩子做，孩子力所能及的事情要交给孩子自己做，这可以锻炼孩子解决问题的能力。家长在教孩子自己的事情自己做的同时也要以身作则，不然孩子很难做到自己的事情自己做，并且要鼓励孩子认真完成。同时当孩子做错事情时要鼓励孩子勇于承认错误，不能对孩子所犯的错误过分地斥责，要让孩子知道勇于承认错误是一件值得表扬的事情，并要耐心和孩子分析错误的原因。

涛涛是一名刚刚步入一年级的小男生。他和很多他这个年纪的小朋友一样很喜欢玩玩具，可是他每次自己玩完玩具以后都不会收拾，当妈妈没时间收拾的时候，家里就会非常乱。有一天妈妈对涛涛说："涛涛，你现在已经是一名小学生了，要学会自己的事情自己做，每天妈妈收拾玩具很辛苦，你要在你玩完玩具以后把它收好了！"可是涛涛却对妈妈说："妈妈，我还是小孩子，我不会自己做。"

涛涛的行为是一种缺乏责任心的表现。很多人觉得孩子还不需要谈责任意识，但这是错的。具有"领导人教父"之称的丹尼斯·韦特利说过这样一句话："只有从小就具有责任意识，孩子将来才会成为一个对自己的行为负责，对组织、社群尽责的人。"由此可知，孩子的责任心是很重要的，需要从小培养。尤其是 0~8 岁正是孩子的敏感期，家长更需要在生活点滴中为孩子灌输责任意识，培养他的责任心，让孩子学会对自己和他人负责。

培养锻炼孩子的责任心看似是一个难题，实则并不难。孩子责任心会在日常的每一件小事中被锻炼培养。家长还应该让孩子了解，自己的事情自己做，自己犯的错误也应该自己承担。家长可以让孩子从自己收拾书包开始，不再帮孩子，如果忘带了东西，他自己要想办法解决。如果确实需要家长帮助，家长也应该向孩子表明，家长不会每次都帮他，仅此一次、下不为例。同时，自己邀请到家里做客的同学要自己招待，同学走后要自己收拾玩具，自己负责洗碗、收拾。自己在学校犯了错误，家长也应该让孩子自己承担后果，不能为孩子造成的后果完全埋单。比如孩子损坏了公物，应该用他的压岁钱进行补偿等。这样一来，孩子就会明白自己要为自己的行为负责任，久而久之，就会养成负责任的习惯。

1. 做一个有责任心的家长

点 评 从某个角度来说，孩子的责任心水平也反映了家长的责任心水平。孩子喜欢模仿亲近的人的行为举止，而家长就是孩子最亲近的人，因此，家长具有较强的责任心，孩子就会潜移默化地被影响，从而拥有良好的品质；如果家长的责任心不够，给孩子的影响也不好，孩子也没有较强的责任心。因此，家长需要树立自己的形象，严格要求自己，培养自己的责任心，从而培养孩子的责任心。

2. 自己的事情自己做

点 评 对自己负责的一种表现就是自己的事情自己做。家长要让孩子在日常琐事中，养成自己的事情自己做的习惯，从生活小事做起。家长要在孩子面对困难时给予帮助与指导。除此之外，家长还可以相应地给孩子分配一些小任务，如打扫卫生、帮助做饭等。在完成任务的过程中锻炼孩子的责任心。

3. 鼓励孩子承担责任

点 评 一些家长认为孩子还小，所以不管孩子做错什么，都把错误和责任揽到自己的身上，这也导致孩子意识不到错误，认为犯错也没事，因此，孩子的责任意识过于淡薄。为此，当孩子做错事时，需要鼓励孩子承担责任，承认错误。比如孩子弄坏了其他小朋友的玩具时，家长要让孩子明白是因为自己的错弄坏了他人的玩具，而且要让孩子知道弄坏了东西是需要赔偿的，这个时候家长要和孩子一起去买，然后，向对方赔礼道歉。

4. 教导孩子做事有始有终

点 评 这一阶段的孩子具有较强的好奇心，勇于尝试各种事物，但只有三分钟的热度，容易转移注意力去做别的事情，这时候就需要家长在一定程度上督促孩子持之以恒地做一件事，养成认真负责的习惯。当孩子做到一半想要放弃的时候，家长的鼓励和赞美或许就可以让孩子把事情做完。

第 4 章

习惯细节敏感期养成

习惯是一种坚持，也是身体和心理的一种记忆。就像身体 28 天是一个周期一样，习惯在 21 天就可以养成。

行为变成了习惯，习惯养成了性格，性格决定了命运。

习惯的重要性

在印度有句古老的谚语："播种一种行为，收获一种习惯；播种一种习惯，收获一种性格：播种一种性格，收获一种命运。"行为变成了习惯，习惯养成了性格，性格决定了命运。原来命运的基石就是习惯的养成。

那么什么是习惯？"习惯"是指一个人不假思索甚至出于惯性做出某件经常做的事，不知不觉就表现出来的一种稳定行为。

良好行为习惯的形成过程就是一个人的人格不断发展和完善的过程。培养这一时期孩子良好行为习惯是通过对孩子实施养成教育，从孩子外部行为习惯的养成上促进孩子内部素质的发展，以保证孩子健康的身心，培养兴趣、获取经验、启迪智慧、形成良好品格，促进孩子有个性地发展。

1988 年，75 位诺贝尔奖金获得者在巴黎聚会，在会议期间，有人问一位诺贝尔奖获得者："您在哪所大学、哪个实验室学到了您认为最主要的东西呢？"这位白发苍苍的获奖者回答："是在幼儿园。"记者又问："您在幼儿园学到些什么呢？"科学家耐心地回答："把自己的东西分一半给小伙伴；不是自己的东西不要拿；东西要放整齐；吃饭前要洗手；做错了事情要表示歉意；午饭后要休息；要仔细观察大自然。从根本上说，我学到的全部东西就是这些。"

这段对话是耐人寻味的。从幼儿园学到的基础的东西，直到老年时还记忆犹新。

教育家叶圣陶曾经说："积千累万，不如养个好习惯。"可见习惯的重要性。孩子一旦形成不良生活习惯，无论是在学习中，还是在生活中，甚至在今后的人生道路上，都很难让他人接受，从而处理不好人际关系。孩子良好的学习习惯更是重要，成绩好的孩子和成绩差的孩子最大的差别就是他们学习的习惯的差别。一个人良好的学习的习惯，会让其受益终身，而不良的学习习惯，会使一个孩子一直都碌碌无为。习惯是一种顽强的力量，它甚至会控制人的一生，一旦养成好习惯，就意味着将终身享用它带来的好处。因此，教育的过程中培养孩子良好的习惯是非常重要的。不论是在家庭、学校还是和同伴玩耍过程中，一个好习惯都会为孩子带来更好的机会。

> 榜样的作用会帮助孩子养成更好的习惯。

习惯的养成离不开榜样

让孩子学会挑战自我，让孩子在家庭或者亲朋好友面前表演自己的成就，这不是为了炫耀。当然家长的心理也不排除这一点。这种方式可以让他与熟悉的人在一起来感受来之不易的技能所带来的乐趣和享受。

"榜样的力量是无穷的。""家长是孩子的第一个老师。"就是说，家长的一举一动、一言一行都在无形中影响着孩子。列宁兄妹三人全都成长为伟大的革命者，绝非偶然。究其原因，除了社会条件以外，尤为重要的是家长对子女进行了方法得当的培养教育。列宁的父亲是19世纪中期俄国具有进步思想的杰出教育家，母亲则是一位贤达、聪颖、教子有方的女性。列宁的家长在家里规定了"肃静时刻"，到时候大家同时工作或阅读，家长、孩子都一样，包括最小的妹妹，要打破这一时刻的安静是不允许的。列宁曾在一篇章中说道："我不能不想起童年时期我们家每到晚上的情景，到处都是工作的气氛。父亲在自己的书房里办公，阁楼上哥哥姐姐都在看书，母亲坐在一张大桌子旁边做针线活，我们两个小不点儿坐在母亲边上看着小书或做作业。"这种肃静时刻使孩子们养成了自觉遵守纪律、尊重家庭中其他成员和自我控制的习惯。凡是要求孩子们做的，列宁的家长首先做到。

家庭教育中，家长的思维和行为习惯都对孩子有深刻的影响。孩子从出生成长，整个过程中，他们会不断看家长的行为，然后进行模仿。孩子能够取得成功，很大程度上是收到家长和家庭环境的影响。所以说，当家长成为榜样，孩子的行为习惯也会变得更好。

对孩子的教育要耐心。

帮助孩子养成好习惯

习惯有多种表现形式，有定时的习惯、定量的习惯、专心听课的习惯、自我调整的习惯、复习的习惯、预习的习惯、完成作业的习惯、举手发言的习惯、每天整理书包的习惯、思维的习惯等。而这些良好习惯的养成需要孩子的毅力。

叶圣陶先生说过："教育就是培养习惯。"孩子良好学习习惯的形成要有一个过程，是循序渐进的，要求需由低到高，逐步积累、逐渐定型。孩子良好学习习惯在形成过程中常出现反复，他们的习惯起伏变化、表现不稳定。习惯是在人的生活、学习过程中逐渐形成的。影响孩子良好学习习惯形成的因素是多方面的，既有来自家庭的，也有来自幼儿园的、还有孩子自身的因素，它们通过不同的方式综合影响着孩子良好学习习惯的养成。

　　苏联教育家马卡连柯说："不要以为你们同孩子谈话，命令他的时候才是进行教育。你们在生活的每时每刻，包括你们怎样议论别人，怎样对待朋友，怎样看书读报，这一切对孩子都有重要意义。"由此可见，孩子能否养成良好的习惯与家长能否起到榜样作用是密不可分的。

　　家长还要因势利导，循循善诱。孩子们健康成长，需要引导、需要教育，如果一味使用痛打或痛骂是解决不了问题的。尤其当孩子在学习上不努力，没有一个良好习惯时，家长更需要抓住时机进行合理引导。比如老师向你反映近来孩子上课思想不集中，作业不认真。听到这些情况，如果你回到家就一顿痛骂，孩子是不容易接受的，甚至会跟你对立。不如心平气和地跟孩子谈谈心，聊聊天，了解他的想法。激将法也是不错的选择。如果自己的孩子有崇拜的同学和朋友，就要以他为榜样，说说人家如何努力，上课总举手发言，作业整整齐齐，所以成绩好，让孩子向更优秀的同学学习。或者讲一些古今中外名人刻苦学习的小故事来启发孩子。还可以讲讲家长自己小时候的故事，这都是可行的方法。但是，如果自己的孩子自信心不够强的话，则千万不要拿孩子和别人比，切忌把"别人家的孩子"整天挂在嘴边。对孩子的学习状况（包括思想品德）要及时了解，多作分析。就学习习惯而论，孩子的哪些习惯是好的，哪些是不好的，学习上哪些强一些，哪些弱一点，家长要做到心中有数，这样才能有的放矢地引导，才能收到好的效果。

要多给予孩子鼓励和肯定。一般说来，孩子们都喜欢听表扬话，即俗话所说的爱"戴高帽子"。有的孩子家长越批评，越打骂，他越无法无天。其实每个孩子都特在意自己在老师、家长心目中的地位和形象，如果总是批评孩子，就会让孩子觉得反正自己这么差了，无法改变，会抱着破罐子破摔的心态。家长抓住孩子点滴长处，及时加以表扬或许会收到意想不到的效果。

无论是面对已经上了小学的大孩子，还是在幼儿园的小孩子，家长都要注意，自己和孩子有着天然的年龄差距，孩子毕竟年龄还小，理解能力不可能和大人一样，因此在对孩子的教育上就更要耐心。

讲道理时家长要把握两点：首先，要明确，不能含糊其词。什么是对，什么是错，一定要和孩子讲清楚。其次，要具体，讲明白。如要求孩子对人有礼貌。

必要的时候，可以根据孩子不同的理解力来做示范。比如孩子对"礼貌"的意思还不是很明白，就要告诉孩子见到熟人要打招呼，不打招呼就是不礼貌：打招呼时不要直接叫长辈的名字，那样也是不礼貌的；早上来幼儿园、晚上离开幼儿园要和老师问好、说再见，如果不问好、不说再见也是不礼貌的……必要时，家长和老师还可以进行示范。通过反复的讲解和示范，使孩子加深印象，形成认识，养成习惯。

　　在培养孩子好习惯的方法上要适合孩子的年龄特点，根据孩子的不同年龄段有针对性地培养其生活习惯，选择孩子喜闻乐见的方式。孩子在 1 岁前就要培养好孩子的生活规律，在 1～3 岁的时候就要培养孩子正常的饮食和独立睡觉的好习惯。

　　在给孩子培养良好习惯的时候，家长也要思想一致，特别是家中的主要参与者，都要保持对孩子的要求一致。这样有利于孩子形成良好的习惯。在给孩子立规矩、提要求的时候，不能心情好了、工作不忙了就去管管孩子的事；心情烦闷、事务太多就算了吧。家长只有有了坚强的教育意志，方能帮助、监督孩子始终执行下去。只有天天坚持按着良好习惯的要求去做，才能帮孩子养成好习惯。

> 磨难可以培养孩子毅力，让孩子在磨难中坚持，更有助益孩子的成长。

适度的磨炼有助于习惯敏感期的发育

磨难可以培养孩子毅力，所以家长教育孩子的时候要让孩子在磨难中坚持，只有在磨难当中坚持过来了，孩子的毅力受挫力才能更强大。

因此家长在教育孩子的过程当中，要让孩子坚守磨难，让孩子知道所有成功都不是那么容易的，必须坚持才可以成功，坚持是需要毅力的。家长必须设法陪伴孩子走过挫折期，但不能让孩子对家长产生依赖感。

习惯养成要坚持，不能三天打鱼两天晒网。

持之以恒的习惯养成

习惯贵在坚持，那么怎么才能保证自己和孩子都长久坚持呢？

如果想让练琴的孩子坚持下去，那么就整理一份"目标计划书"，记录下有关承诺。家长也一定要参与其中，一定要落实到书面文字，这样可以避免后期在执行的过程中出现偏差，孩子与家长各持一份。规定好每天坚持练习的时间，为了能够持续下去，在让孩子整理"目标计划书"的时候固定在每天的同一个时间段。孩子在练习的过程中，家长一定要陪着孩子一起来练习，即使家长不懂音乐，陪着孩子一起来练习也是对孩子的支持与鼓励。

但是也要注意，让孩子有持之以恒的习惯，家长也要理解孩子。孩子是个人，并且还是个未成年的孩子，家长在给孩子做计划的时候，不要看什么好都想让孩子学。人的生命是有限的，一个人一天都是只有二十四个小时，什么都想让孩子学，孩子自然会逆反了。

世上没有样样精通的人才，科学家也是在他自己研究的领域才能成为科学家，不要贪多，孩子的课业已经很多，就算是兴趣班，也只选一两个孩子最喜欢的，让孩子多坚持，未来只有高精尖的人才能成为人才。

要让孩子明白学习中要戒骄戒躁；告诉孩子学习不能骄傲自满，要有持之以恒的精神；只有在学习中排除一切不良的情绪，才不会被一时的冲动或成功冲昏头脑，最终到达成功的顶点。

> 学习是个持续不断的过程，和习惯的养成一样，需要坚持不懈。

培养精益求精的原则

小悠是一个开朗外向、讨人喜欢的孩子，虽然很聪明，但是做什么事情总是粗心大意，每次都有点虎头蛇尾的意思。虽然被家长批评过很多次了，但是小悠却不以为意，总是认为自己完全可以在关键的时刻做好。

家长要培养孩子精益求精的习惯，首先要让孩子从身边的小事做起。事无大小巨细，每做一件事，都要竭心尽力，求其完善，精益求精。由于学习任务繁重，孩子往往满足于表面知识，很少问"为什么"。家长不妨要求孩子在每天学习时，多给自己提问题，开动自己的脑筋去思考，争取自己找出合理的答案，这样孩子认识到自己在学习上的不足，就会深入进去，好好学习。

1. 家长要想孩子做事精益求精，首先要以身作则，严格要求自己，给孩子做出榜样，再去严格要求孩子。

2. 家长要利用一切机会参与到孩子的学习中去，诱导孩子深入地理解知识，例如，安排一个时间，全家人坐下来，就某一方面的问题，孩子和家长互相考一考。内容应事先定好，大家有所准备，谁提出问题，自己必须有准确答案，这样，可以促使孩子为了和家长比个高低，更加认真地学习知识。

3. 在日常生活中，多向孩子提出问题，督促和引导孩子养成精益求精的习惯，使之成为一种自觉行动。

4. 还有的孩子对问题总爱刨根问底，这是好奇、求知的表现，说明孩子爱动脑筋。这些孩子的家长切忌不可嫌孩子贫嘴而冷漠对待。最好跟孩子一块解决问题，能解决的自己解决，不能解决的可请教他人或者查阅资料。这样就可以培养孩子对问题深入钻研的精神。

孩子良好习惯的养成与日常活动是息息相关的。培养孩子的行为习惯，要从日常的每一个活动、每一个游戏、每一个环节中渗透和强化。如早上见到老师主动问好；接受别人帮助时要说"谢谢"；不小心踩到别人的脚时要向对方说"对不起"；离园时要与老师和小朋友说"再见"；晚上入睡前要与家长道声"晚安"……在培养孩子爱劳动的品质时，要求孩子学会自己的事情自己做，自己穿、脱简单的衣服，自己收玩具，自己洗脸、刷牙等。

教师要一个动作一个动作地示范，应经常手把手地、不厌其烦地教。同时，通过借助教具练习、口头表扬、奖励等方法鼓励孩子反复练习，直到其掌握、形成了良好习惯为止。孩子的思想很单纯，对于什么是对的什么是错的、什么是该做的什么是不该做的，没有一个清晰的概念，需要教师、家长正确地指导、慢慢地引导，使其明辨是非。但小孩子也有自己的自尊心，一味地责怪，只会造成孩子的逆反心理，影响其身心健康发展。注意矫正孩子任何一点细小行为的错误都是培养孩子良好习惯不容忽视的环节，孩子往往从细小的过错中，养成不良的行为习惯。

曾有一位幼儿园老师讲：我们发现小班孩子习惯较差，吃饭不专心、东张西望、吃得很慢；到了中大班时吃饭时讲话的现象也多起来，仅依靠教师的提醒不是解决问题的好办法。要调动孩子的内在因素，激发他们的上进心，才能让孩子变被动为主动，自觉遵守纪律，于是"最佳餐桌"在幼儿园就产生了。怎样才能成为"最佳餐桌"呢？园内列出标准，即吃饭吃得认真，不讲话，吃饭不拖拉，不挑食。获得"最佳餐桌"荣誉的每位小朋友都可以得到一颗小红花。教师也给全班孩子提出要求，进步大的也可以获得"最佳餐桌"的称号，进步的人多了，我们还可以选出两个"最佳餐桌"。经过一段时间之后，孩子吃饭不再像以前那样处处让教师提醒了，坏习惯减少了很多，吃饭不再成为孩子的难题。实践证明，只要采取合适的教育方式方法，小朋友们就会很容易接受，也会很好地控制自己的行为。

> 学习是个持续的过程，要在其中慢慢体会到美好。

体会学习的快乐

生来聪慧的孩子如果中断学习，也不会成为人才。学习是个持续不断的过程，就拿幼儿园的孩子来说，有不少孩子去了一年了还不认识几个字，可是无形中对学习已经形成了理解，如果一个孩子不上小班，只上大班，学习接受能力就需好长一时期的过度才能接受得了。孩子再聪明也要不间断地学习。

小孩子见什么想学什么，看别人画画，想学，可学两天又不喜欢了，三分钟热度；见别人钢琴弹得那么好听，自己也想学会后成为那样的人，可没学几天就认为太难了，总是半途而废。

实际上这些学习了几天自己感兴趣的东西又马上放弃的孩子，并没有了解到学习的乐趣。让孩子在学习中体验快乐，这实际上是一种学习习惯的养成。对于大多数的孩子而言，学习是不快乐的，只有少数的孩子才会感觉到学习是快乐的。

从生活中我们不难看出，那些"学霸"基本上都不认为学习是一种痛苦，而是一种提升自己，让自己获得快乐的手段。

在学习中要想让孩子持之以恒，最好的办法就是家长要引导孩子热爱学习，培养孩子学习的兴趣和热情。孩子的成绩提高了要表扬，给孩子定的目标要结合孩子当时的实际情况，孩子是倒数第一，那给他定个倒数第二的目标，恐怕这样就没有哪个孩子实现不了了，可就这一点进步也可能会造就孩子在将来的学习过程中成为真正的"学霸"。

要想让孩子持之以恒地学习，就不要给孩子定太高的目标，每天进步一小点儿，时间会让这一小点儿成为一大步。不要老盯着第一名，距离太大时孩子会产生无法实现的心理负担，最后直接导致孩子用不作为的态度回报家长。

> 不良习惯不要姑息，一定要及时纠正。

不良习惯要及时纠正

面对孩子的不良习惯，家长应该怎么办？有的家长选择忽视，认为有这些不良习惯的孩子也很可爱，有的家长则是立刻纠正孩子的不良习惯。

有一位孀居的妈妈含辛茹苦地养育她的独子，由于妈妈对他娇生惯养、倾其所有来满足他不断膨胀的不正当需求，最后独子因犯了严重的盗窃罪而走上断头台。行刑前狱卒问儿子有什么话说，他说要吃妈妈的奶水。狱卒心善叫来犯人妈妈给犯人喂奶，哪料恶毒的儿子一口咬掉妈妈的乳头，恶狠狠道："不是你当初，哪有我现在！"

小时偷针，大时偷银。孩子的不良习惯不能姑息，也不能想着等以后孩子大了自然而然就好了。一定要用正确的办法来纠正孩子的不良习惯，培养孩子的好习惯。

> 寻找不良习惯的成因，解决成长问题。

不良习惯的成因

不良习惯不是天生的，而是孩子在外界环境和人的影响下形成的。如果孩子今天抄袭了同学一道作业，家长发现了也不过问，那么孩子就可能在明天抄两道或更多道作业。有的孩子即使上了中学，写字姿势还很不准确，头歪着，或眼睛与书本保持很近的距离，还有握笔姿势奇特，如果做家长的在孩子很小时就注意了孩子握笔姿势并反复指正，孩子的坏习惯也就不会形成了。

面对孩子的不良习惯，家长要注意了解其形成的成因，最好从根源掐断孩子的不良习惯。

1. 无意识模仿

点 评 习惯源自模仿。调查发现，一般孩子出现的坏习惯，绝大部分是受到家长和家人的影响，如家长睡眠时间晚、吃饭时间不固定或边吃边看电视、用完东西随手放置、在家鼓励孩子学习孔融让梨，而在公共汽车上却与老人、孩子抢位子，或者在写有"禁止攀爬"的牌子下让孩子爬到雕塑上摆 pose 等。

坏习惯养成是有原因的，弄清原因，才能采取针对性措施予以纠正。孩子的情况不能说与家长无关，杂乱的屋子、无规律的生活方式会影响孩子的注意力，是导致孩子形成上述坏习惯的主要原因。

2. 机械性重复

点评 大哲学家柏拉图有一次就一件小事毫不留情地训斥了一个小男孩，因为这个孩子总在玩一个很愚蠢的游戏。小男孩不服气："您就为这一点小事而谴责我?!""你经常这样做就不是小

事了。"柏拉图回答说，"你会养成一个终身受害的坏习惯。"

重复的力量是巨大的，一旦形成习惯，就会不自觉地在这个轨道上运行。如果是好习惯，则会终身受益；反之，就会在不知不觉中害孩子一辈子。所以，为人父母者应密切关注孩子的一言一行、一举一动，尽可能地避免重复形成不良的习惯，抓好"第一次"，哪怕是挖鼻孔这样的小毛病，及时发现后也要设法制止。

3. 无限度纵容

点评 还记得临刑前咬掉妈妈乳头的那个盗窃犯的故事吗？他之所以成为江洋大盗并最终被判处极刑，与小时候母亲对他的纵容是有直接关系的。试想，当他第一次偷人家东西的时候，如果

母亲及时予以制止而不是采取赞许和鼓励的态度，那么他也许会有另一种人生。

很多孩子的不良习惯，都是在家长的纵容下形成的。当孩子第一次做了错事，家长一定要明确地表明自己的态度，并予以制止，否则一旦形成恶习，改起来就难了。有时候，家长对孩子偶发的不良行为，采取不闻不问的沉默态度，这也是不对的。须知沉默也是一种纵容，是一种心理暗示。它会使孩子觉得这样做没什么不可以，于是放手去做，终成恶习，贻害终生。

> 对孩子吼叫是最不明智、最不恰当的教育方式。

纠正孩子不急躁、不吼叫

孩子们的坏习惯可能有一大箩筐。面对这样的孩子，家长们有时候确实会失去耐性，有些家长甚至大喊大叫来指责孩子，想让孩子改掉坏习惯。家长的大喊大叫会让孩子感到恐惧，这种做法不仅无法改掉孩子的坏习惯，还会增加孩子的心理负担。

如果家长对孩子大喊大叫的次数多了，那么孩子可能会采取不理会的态度去应对家长。所以家长如果想除掉孩子的坏习惯，记得要控制自己的情绪和音量。

有些家长面对孩子的坏习惯时，还可能会用恶劣的言语去攻击孩子。比如家长会责骂孩子："你怎么这么笨，你怎么这么弱智，你怎么这么差。"这些侮辱性的语言会直接伤害孩子的自尊心，所以千万别攻击孩子。很多家长面对孩子的坏习惯会采取啰唆的应对方式。家长整天把孩子的坏习惯挂在口边，会让孩子非常厌烦，甚至会让孩子讨厌待在家里，所以面对孩子的坏习惯，不一定就要喋喋不休。

好多家长都会采取对比的方式来批评孩子的坏习惯。家长会说："你看某某习惯多好，你怎么就不能像她一样。"小孩子都希望家长喜欢自己，如果家长一味地抬高别的孩子，而贬低自己，那么孩子不仅不会改掉坏习惯，甚至会形成新的坏习惯。

当孩子表现出坏习惯时，家长应该心平气和地给孩子指出来，让孩子明白他错在哪里。家长在指出孩子的坏习惯时，既不要大声吼叫，也不要挖苦讽刺。当然也不要嘻嘻哈哈，要认真严肃，不然孩子根本就不会认真对待。家长也不要自己习惯不好，却去指责孩子习惯差。

家长想要孩子有好习惯，那么自己要树立好的榜样。当孩子及时改掉了坏习惯时，要及时表扬孩子，让孩子知道好习惯的重要性。提前给孩子打预防针，和孩子讲道理，就能有效避免孩子的任性行为。

第 5 章

"性"细节敏感期

性敏感期一般是在孩子 4 ～ 5 岁的时候出现，在这个阶段里，孩子会对不同性别的身体和差异产生很多疑问。

> 在孩子的成长发育时期，肛欲敏感期也是很重要的阶段。

肛欲敏感期

1岁半到3岁左右，孩子的发育会到达一个叫作"肛欲敏感期"的阶段，这个时期的孩子喜欢观察探究自己的排泄物，甚至是抑制排泄行为，孩子会出现憋着不上厕所，或者排泄在裤子里的情况。

在孩子1岁半的时候已经可以自行解决排泄问题，知道上厕所是要脱裤子的，在这之后，孩子便会出现憋着不上厕所的现象，或是经常性地拉裤子、尿裤子，这都代表他的发育状况进入了下一个时期——肛欲敏感期。

孩子在这个阶段会想要研究自己的大小便和隐私部位：一些孩子经常观察自己的排泄物；一些孩子则会通过憋小便给自己带来乐趣；还有一些孩子是通过憋大便给自己带来乐趣。不同的孩子行为可能有所不同，所以这个敏感期的开始时间和敏感期的长短都不尽相同。

之所以有这个阶段，是因为孩子在大小便时逐渐学习控制肛门和括约肌,憋大小便的行为会刺激到括约肌,使得括约肌持续收缩,故而使孩子感受到了一些兴奋和快感,让孩子感受到了性的初体验。

在孩子的成长发育时期,肛欲敏感期也是很重要的阶段,家长应该理解孩子在这个时期的行为,因为这属于孩子成长发育中的一环,家长应当给予孩子足够的耐心和适当的环境,顺利的话,不到两个月,孩子就可以度过这个阶段,还会对孩子将来的成长发育和健全心理有着非常好的影响。

反之,如果家长不清楚这个阶段的特点而去干涉和打压孩子,并对孩子这个阶段发生的行为,比如拉裤子、憋尿等行为进行嘲笑或是谩骂,那么就会对孩子的心理发育产生不良的影响。有的孩子就因为这种影响,甚至很多年都停滞在这一时期,使得孩子的发育都出现了问题,对孩子未来形成健全的人格,以及性格的塑造都有着极坏的影响。有一些人在这个时期因为被不正确地对待或是打压,长大后性格变得自卑、固执、做事慢、纠结。

孩子在肛欲敏感期会有以下几种表现,家长需要注意。

1. 故意尿裤子、拉裤子

孩子在可以自行解决排泄问题后,产生憋着不上厕所的现象,或是经常性地拉裤子、尿裤子。

2. 观察便便的好奇孩子

对自己的排泄物产生好奇心,经常观察自己的排泄物。

3. 上厕所的时间不规律

要么经常性地上厕所，每天甚至要 5 次以上的大便，要么上厕所的次数很少，好几天一次。

4. 憋大小便时身体发生的变化

孩子在憋大小便时身体通常会有一些变化，比如脸色潮红、浑身冒汗、身体紧绷、肢体蜷缩等，这都代表孩子在感受初步性快感。

5. 不愿在卫生间大小便

有一部分孩子在这个阶段会出现不想在卫生间上厕所，总是跑到一个角落或是躲在哪个地方上厕所。

6. 了解自己的性别

孩子在这时会去感受家长的性别，并且了解和模仿相同性别的人。

这些就是肛欲敏感期孩子的一些行为特点。孩子在这个时期大小便时逐渐学习控制肛门和括约肌，憋大小便的行为刺激到括约肌和肛门，使孩子感受到了一些兴奋和快感，让孩子感受到了性的初体验。孩子如果在这个阶段相对轻松的话，两个月的时间就可以度过这个阶段，等到这个阶段过去，孩子就将迎来下一个敏感期——生殖器期。

家长要了解和关注这一敏感期的重要性和必要性,帮助孩子更好地度过这一敏感期。

安全度过肛欲敏感期

肛欲敏感期是孩子的第一个和性有关的敏感期,家长不用过于紧张,但是也要正确面对孩子这一时期的各种表现。

家长如果不去遵从孩子特殊期的自然发育规律,对孩子发生的情况太过于紧张或是强加矫正,孩子便会感到焦虑,内心产生负担,促使孩子大小便的规律混乱,致使肛欲敏感期被延长;甚至有的小孩在很长一段时间内都会产生心理阴影和压力,影响孩子正常的排便系统,整日处在尴尬之中,这样孩子就更加难以顺利走出这段时期了。发生这种情况,不仅会使孩子觉得难堪,还会影响孩子的身体健康,有些孩子还会出现性发育停止的情况。

1. 学习肛欲期基本知识并理解和尊重孩子

点评 这个时期的孩子,家长总有种觉得孩子的很多行为不如之前了，本来可以自己上厕所的，却开始拉裤子了。这其实都是非常正常的情况。

2. 了解并接受孩子在肛欲期的状态

点 评 家长若是不理解孩子这个时期的状态，肆意冲孩子发火，总是在孩子面前和别人探讨孩子一些比较难堪的事情，或是对孩子说一些敏感的语言，例如"你太臭了"等，这类行为或话语都会对孩子的心理造成影响，致使肛欲期时间变长。家长应该去了解孩子处于这一时期的心理状态，理解这只是孩子性发育中的过程之一，从内心信任孩子的成长能力，才可以做到在孩子的发育过程中真正的理解和接纳他。

3. 爸爸在孩子处于肛欲期时非常重要

点 评 孩子如果没能顺利地尿在厕所，而是不小心尿在爸爸身上，但爸爸没有一点不开心的样子，而是简单轻松地使孩子放松下来，这样的父爱对于孩子来说非常重要，爸爸简单和轻松的态度也可以让孩子的肛欲期更加轻松地度过。

4. 孩子尿裤子是很正常的事情，应当正确对待

点 评 在孩子开始到达这个时期的时候，孩子可能会出现很多拉裤子或是尿裤子的状况，家长应当正确对待，不要生气，以平常心为孩子换洗。孩子如果大小便解在裤子里的情况次数较多，则可以偶尔让孩子穿一穿纸尿裤，

以此减轻小孩因为自己不停地弄脏衣服而产生的心理负担。

在孩子拉裤子或尿裤子时，家长不要向孩子表达出厌烦的样子；更不能不停地指责孩子为什么不去卫生间，就算孩子内心接收到这样的指令，以他的年纪可能也无法做到；更不能说一些含有侮辱性质的语言。家长厌烦的神情和侮辱性的语言是不可能去改变孩子来自发育期间的本能的，只会使孩子的内心产生负担，这些负担将会让孩子想要约束自己的大小便，却难以约束，长此以往，身体和心理都会受到影响，肛欲期将难以轻松度过。

5. 孩子在肛欲期会研究自己的排泄物

点 评 研究自己的排泄物，这其实是孩子发散思维的方式之一，家长应当尽量减少干扰孩子的次数。孩子如果不小心身上沾染上了排泄物，家长请勿轻易发怒，只需要让孩子注意清洁就行了。也可以给孩子讲解一下：排泄物上的细菌有很多，不小心沾了可能会导致生病或者其他更严重的情况。家长在孩子需要时给予帮助，尤其注意不能对孩子讲含有侮辱性质的话语。

6. 孩子有憋大小便的行为时，家长避免干扰

点 评 有一部分处于这个时期的孩子可能喜欢瞒着家长憋大小便，家长应当对孩子温柔一点，有一定的耐性，让孩子去做他想要做的事，不能粗暴地对孩子讲："你赶紧去卫生间，再憋憋坏了！"

或是强制把在憋大小便的孩子带到卫生间，让孩子上厕所。这些行为和语言都会影响孩子的肛欲期。

7. 孩子处于肛欲期时，家长与老师之间应加强沟通

点评 孩子处于肛欲期时，做家长的应该多加关注孩子，可以联系幼儿园老师，和老师一起关注孩子在这个时期的行为，例如给予孩子自行控制大小便次数、时间、频率的自由。在家长和老师的协作下，孩子可以更加轻松地度过肛欲期。

8. 协助孩子更快地适应新的环境

点评 孩子在这个期间如果经历改变环境的情况，比如刚上幼儿园，或者家庭氛围异样，家庭重组，家长关系破裂，家里子女

太多，母亲怀孕，保姆更换，搬家，家庭关系不好，孩子长时间体质差等，都有可能致使孩子的大小便不规律，有异常。这个时期，家长应当自我审视，看自己在这个时期的行为是否合格，以便为孩子准备足够让其有安全感的环境，以便他能够轻松度过这段时期。

9. 理解孩子的同时，引导孩子

点评 在家庭生活中，家长应适当地给孩子讲一些童话故事或者历史传说让孩子逐渐放轻松，以逐步地了解自己；可以用讲故事的方式来轻松幽默地告诉小孩"憋大小便的时候，会让身体感到很难受，释放出来了就会很放松"。尝试用简单的方式让小孩能够感受到大小便的趣味，而不

是一件让人抗拒的事。

其实在这个特殊的时期，家长应当怀包容之心，并去真正了解肛欲敏感期的知识，在日常生活中仔细照顾孩子，不过多地干扰孩子，尽心协助孩子度过这个敏感期。

> 在性别敏感期孩子会对不同性别的身体和差异产生很多疑问。

性别敏感期

性别敏感期一般在孩子 4～5 岁的时候出现，在这个阶段里，孩子会对不同性别的身体和差异产生很多疑问，而且会不停地向家长提问并要求解答，除此之外，孩子还会不断模仿成年女性的一些行为动作，已达到符合该性别的事情。这个阶段是孩子了解自己性别和建立自我防范机制的重要阶段。

在性别敏感期，家长要重视自身的榜样作用，比如爸爸工作累了时，妈妈和女儿一起安慰爸爸，体现女性的温柔和理解；爸爸和儿子一起完成繁重的劳动，体现男性的坚强和力量，正是父母自身对性别角色的认同，给孩子带来潜移默化的影响。父母应当为孩子树立积极向上的人生态度，让孩子明白性别有差别，但是没有优劣之分。

孩子出生后经历的各个阶段都有利用不同的方法去了解自身的身体结构，因为对自己身体逐步的了解以及和他人的日常社交，孩子渐渐地了解到性别的概念，也模糊地有了性别方面的防范意识。

可能有一些小朋友会出现向自己的父母表达自己要和某个小伙伴结婚。这是因为孩子在经历过前几个阶段后，也逐步了解了同性和异性之间的差别，他们会对一些人表达喜爱之情，这个喜爱则是代表孩子在性别敏感期时对于性别的初步了解，代表着孩子即将感受到人类最重要的体验之一——感情。

对于孩子来说，爸爸或妈妈是孩子最可能接近的和孩子性别不同的人，所以爸妈对孩子未来选择对象的条件有很深的影响，很大程度上决定了孩子和异性之间的相处方式。

在性别敏感期时，父母一定要细心地教导，让孩子可以更好地去理解性别的概念，去了解一些潜在的危险，去学习怎么保护自身，去学习怎么拒绝性侵犯，使孩子可以清晰明白地理解自身身体构造，并且懂得如何去和父母探讨这些话题，这对孩子将来青春期的度过有很大的帮助，也可以帮助孩子建立完整健全的性心理。

性敏感期并不是欲望上的性敏感期，而是孩子对于性别的好奇引发的性敏感期。

不能避而不谈的生殖器敏感期

孩子在长大的过程中也逐渐有了性别的概念，3 岁开始孩子会对性有一些好奇心。如男孩子可能会研究妈妈的乳房，说要结婚，会好奇自己是怎么来到世上的。

在这个阶段，孩子如果向家长去了解"性"，或是提出一些这方面的疑问，家长应该怎样回答呢？

在很长一段时间，中国家庭往往对于性教育都是避而不谈，家长要么觉得难以开口，要么觉得没有必要，有很多孩子关于性教育都是缺失状态，很多家庭也从来没有这方面的话题。可实际上，这是一种错误的做法。

向孩子讲解基础的知识，并不是等到孩子到了生理期才需要去做。让孩子在相对应的敏感阶段了解一些相关知识，不但可以帮助孩子更好地度过这一性敏感期，而且还有助于提高孩子的自我保护和防范意识。

在这样的敏感期,不要阻止和干扰孩子去思考和发现,而是应给孩子一定的指导。这样可以使孩子更好地成长发育,家长们如果想做得更好,就应该多去感受和理解这一时期孩子的表现,多留意孩子日常状态,并对孩子所表达出来的一切细心温柔地引导。

1. 要和喜欢的人结婚

点评 开始孩子会想和爸爸妈妈结婚;等到有了好朋友,就会想要和好朋友结婚;再后来去了幼儿园,就想和幼儿园里喜欢的老师、同学结婚……这都是孩子开始表现出对性别模糊的认知。

孩子 3～5 岁期间,如果突然说想要和某一位朋友结婚或是谈恋爱,家长不用惊讶,应该为孩子感到开心,这代表孩子正在经历性别敏感期,也代表孩子的发育状况非常好,更是孩子开始逐步地学习人的情感的体现。如果孩子说出这样的话,家长则可以跟孩子讲:"结婚是一件非常庄重的事情,所以要和这个世界上你最喜欢的人一起去做,你想和爸爸妈妈结婚,想和老师同学朋友结婚,说明你很喜欢我们,但是你还有未来,未来你可能会遇见你更喜欢、更想要一起去做这件事的人。"

2. 开始观察自己的身体

点评 由于孩子知识的局限性,所以尽管孩子是有性别的,但他并不清楚性别的概念。等到孩子渐渐地长大，会对他身边的一切产生好奇，也会对他自身的身体结构产生好奇。他在逐步了解自己的身体的过程中及和朋友的日常社交中，渐渐了解了自己的性别。其实这种好奇心是非常好的，家长不要去干扰和阻止孩子，应在孩子需要时帮助他并给予他一些指导。

3. 不停地问自己是怎么出生的

点 评　如果孩子不停地追问家长自己是如何来到这个世界的，家长不能去阻止或者回避这些问题。孩子追问这些，说明他对人体构造及功能产生了一定的好奇心，并且想要去搞懂它。家长应当采用一些合理的方式去解答孩子的这些疑问，例如可以做一些

小游戏或者看一些相关的漫画书。

4. 注意形象，关注异性

点 评　孩子如果突然变得喜欢穿好看的衣服，注意自己的形象，关注好看的异性，这些都是很正常的现象。家长可以和孩子一同去关注这些，并且适当地帮助孩子并让孩子明白，美不只是表面的，还有内在的。

5. 对乳房有依赖

点 评　孩子在母乳喂养的阶段摸母亲乳房，会让他安心。但如果已经到 3 岁了，还有这样的习惯就不好了，许多妈妈害怕孩子"性早熟"也是很正常的。作为家长，在这个时期应当通过陪伴去让孩子得到其他方式的满足感，而不能一味地责骂孩子。例如，

可以陪孩子玩些家庭游戏或是看

一些漫画书，时间久了孩子对乳

房的依赖就消失了。

孩子意识到性别，并且对异性有好感，这是孩子成长的必要阶段。

幼儿园和小学的"早恋"

琳琳家和奇奇家是邻居，所以两个孩子常常会在一起玩。他们会学着电视剧里演的，一个扮演爸爸一个扮演妈妈，有时候还会学着爸爸妈妈的样子，抱一抱或者亲亲脸颊。虽然他们好像还不太懂大人们之间的感情，可是他们却会时常说着互相喜欢。

因为现在是一个信息爆炸的社会，孩子们从小就可以从电视、手机等获得以前我们小时候没有办法获得的知识，因此孩子们在家长的眼中会有一些"早熟"。

孩子们这种早熟主要表现在思想上，他们会偶尔冒出一些网络上的调侃语，比如"妈妈，你这么对我你的心不会疼吗""我是如此优秀"……还会看成人看的电视，比如网络上热播的一些爱情偶像电视剧，尤其喜欢仙侠剧。

对于这种现象，很对家长不懂得如何与孩子沟通，因为想要了解孩子在学校的一些事情,所以还会偷偷地翻看孩子的一些东西。其实这些是不对的,家长要试着了解和关注孩子,在孩子冒出来一些不合适的语句的时候先不要打骂,而是要给孩子讲道理,以一个朋友的身份,去和孩子沟通。对于自己想要知道的事情,不如直接就去问孩子,在孩子说出真相后,也不要责怪孩子,应该和孩子及时沟通,要让孩子明白其正确的内心情感。

1. 帮助孩子了解情感世界

点评 孩子平常如果追问家长自己是怎么来到这个世界上的,家长可以尝试用轻松幽默的方式,例如讲故事、看漫画、看画册和一些科普童话让孩子有一个大概的了解,或者跟孩子讲家长的恋爱经历,是怎么产生你这个恋爱结晶的;如果孩子追问家长关于谈恋爱的话题,家长可以适当地鼓励孩子,使孩子不会觉得提出这些问题是不对的,还可以跟他讲在他这个年龄所拥有的恋人实际上都是友情的产物。如果家长足够理解和宽容,孩子是可以感受到自己与爸妈的爱,自己和朋友老师的爱是多么的美好和纯真。

2. 不阻止孩子研究自身,并帮助和指导他

点评 孩子在对自己身体产生好奇心而去研究时,家长尽量别去阻止和打断孩子;如果孩子问家长关于自己身体的一些疑问时,家长应当用孩子可以理解的方式去帮助和指导他去理解性别的含

义，不能让他觉得这样是羞耻的。

3. 让孩子自己睡觉，注意自己的言行举止和穿着

点评 孩子渐渐地长大了，就该让孩子和爸爸妈妈分开睡了，而且这对解决年龄偏大的孩子还喜欢摸妈妈乳房的问题也是一个好办法。但让孩子自己独立睡觉也不要太过着急，还是要根据孩子自身的状态、发育速度、性格做出合适的判断，但如果让孩子太晚独立睡觉也不好，尤其是 5 岁以后，会影响孩子的心理健康。

刚开始让孩子尝试自己睡的时候，不要直接地把孩子放在那里不管，应当循序渐进；孩子自己睡的时候如果想要上厕所，家长应当尽量陪着孩子；不能去笑话孩子，嘲讽他连自己睡觉的胆子都没有。家长应该让孩子感受到，就算不和家长一起睡觉，家长也依然爱他。

此外孩子因为渐渐大了，家长需要在孩子面前注意穿着，父亲尽量不要光着上半身，母亲也应注意不要穿得太暴露。

4. 和孩子互相信任，经常沟通

点评 孩子每天都在成长，自然也会有越来越多的属于他自己的秘密，有一些不好的秘密可能不愿意和家长沟通。家长可以经常和孩子交流，对孩子提出的疑问认真指导解答，家长和孩子之间互相信任，则可以更好地理解孩子所思所想，了解孩子目前的生活及精神状态，从而更加全面地协助和指导孩子。

5.给孩子讲解身体各个部位，重点讲隐私部位的重要性

点 评 其实孩子还太小，不需要对孩子太过于苛刻，只需要跟孩子讲一些基本的、不能违反的原则，孩子做到不触犯就行了，其中非常重要的一点就是：孩子无论是否拥有所谓的"恋人"，一定要让他知道怎么保护好自己，衣服不能随意脱掉，无论在什么情况下都不能让他人触碰自己的私密部位，当然也不能去碰别人

的。如果有人强行接触，孩子要尽快跟家长讲。

孩子处于性别敏感期时，家长应当对孩子所提出的各种疑问认真解答，不要阻止孩子提出问题，也不要对孩子提出的问题感到羞涩或者恼怒而避而不答，应当认真地对待孩子，给予指导，协助孩子去了解性别的不同，让孩子学会拒绝别人，保护自己，也应学会不要去随意触碰别人，应给予他人尊重。

平时家长应当怀有包容的态度，认真仔细地观察孩子，经常和孩子交流，协助孩子去理解这世间很多美妙的感情，无论是爱情、友情或是亲情。家长还要协助孩子认清性别，这对孩子未来寻找自己的伴侣，成立自己的家庭都有深远的影响。

后记

关于中国儿童素质早教工程

2001 年，我们开始组建"中国儿童素质早教工程"。迄今为止，"早教工程"已经出版多套图书，并且为家长们提供了线上线下联动的一整套育儿解决方案。

20 年来，国内育儿领域顶级专家们将自己多年的经验和科学育儿知识进行了系统的总结，在百忙中笔耕不辍，为"早教工程"的发展搭建和内容的编写奉献了大量的时间和精力。在他们的指导下，"早教工程"现在已经形成了全国完整和权威的全程育儿记录、监测、呵护和指导体系。

在"早教工程"的组建和发展过程中，我们得到了原中国关心下一代工作委员会专家委员会 严仁英 主任、中国优生优育协会秦新华会长、北京师范大学林崇德教授等众多专家的关心和支持。在此深表感谢。同时还要感谢早教网——佩拉早教的大力支持和全体专家的辛勤工作，使得工程图书得以陆续出版。

中国儿童素质早教工程

关于佩拉早教

佩拉早教——早教网旗下品牌。成立二十多年的早教网是国内最早的专业育儿网站之一，同时也是"中国儿童素质早教工程"的重要组成部分，现阶段主要是通过佩拉早教新媒体平台，用更加有效的方式解决用户育儿过程中的难题，并为家长和幼教机构科学、系统、个性化的育儿计划提供开放的、一揽子式的参考和专业的指导。

从网站创立初期，我们就得到了国内众多的权威知名的儿科、妇产科、脑生理、心理、行为、营养、保健、学前教育学等多学科专家组的支持，他们大多都参与了网站的内容策划搭建工作以及工程的组建工作，除了参编审阅网站和工程内容之外，有的专家还担任了一本或者多本"早教工程"系列图书的主编。

作为二十年资质的母婴早教平台，早教网 —— 佩拉早教拥有：

顶级专家 拥有国内实力最雄厚的专家团队，目前有知名专家四十多名，均来自国内知名的儿科、妇产科、脑科学、心理行为、营养、保健、学前教育学等学科，在业界享有深远的影响力。

内容权威　网站和新媒体平台有十几个频道、数十个栏目、上万篇的专业文章,这些内容均来自早教网专家组专家的权威著作,从孕前准备、孕期呵护、胎教到婴幼儿的智力开发、营养、保健和心智培养等多方面,给准家长和年轻家长们的育儿生活提供全方位、专业的指导。

服务全面　拥有完善的会员服务系统,目前成熟的有:"孩子主页系统""体格发育监测系统""多元智能测查和培养系统""经典 5 大智能测评系统"和"育儿同步呵护系统"。

多维互动　人性化的家长网络社区、权威专家的在线咨询、免费同步指导的早教周刊,完整的科学育儿书系、全方位的模特孩子征集、妈咪育儿经验的文字出版、丰富的线下聚会活动等为家长的育儿生活提供全方位的,线上线下的互动交流与分享。

最后,衷心祝愿每个孩子都健康快乐地成长!

佩拉早教

图书在版编目（CIP）数据

儿童8个敏感期教养：全八册/桂圆妈妈组织编写.
－－北京：应急管理出版社，2020
ISBN 978－7－5020－7947－5

Ⅰ.①儿…　Ⅱ.①桂…　Ⅲ.①儿童教育—家庭教育
Ⅳ.①G78

中国版本图书馆 CIP 数据核字（2020）第 019065 号

儿童 8 个敏感期教养（全八册）

组织编写　桂圆妈妈
责任编辑　高红勤
封面设计　小红帆童书

出版发行　应急管理出版社（北京市朝阳区芍药居 35 号　100029）
电　　话　010－84657898（总编室）　010－84657880（读者服务部）
网　　址　www.cciph.com.cn
印　　刷　河北赛文印刷有限公司
经　　销　全国新华书店

开　　本　710mm×1000mm¹/₁₆　印张　64　字数　640 千字
版　　次　2020 年 9 月第 1 版　2020 年 9 月第 1 次印刷
社内编号　20192913　　　　　　　定价　128.00 元（全八册）

儿童8个敏感期教养

身体发育敏感期

桂圆妈妈 组织编写

应急管理出版社
·北京·

没有什么工作比
最重要出生头三年的
婴儿之更重要

2002/12/12

严仁英

严仁英

原中国关心下一代工作委员会
专家委员会主任
原世界卫生组织母婴保健
合作中心主任

儿童永远是
人类发展的明天和希望
愿全社会都来
关注伟大的育儿工程！

刘湘云
二〇〇四年

刘湘云

原上海医科大学附属儿科医院院长
中华医学会儿科学会副主任委员

顾问支持 - 早教网
佩拉早教
部分专家顾问（排名不分先后）

丁宗一

原中国医师协会儿童健康专业委员会主任。

鲍秀兰

北京协和医院儿科主任医师，中国协和医科大学儿科教授，兼任中国优生优育协会理事和儿童发育专业委员会主任委员等。

刘湘云

历任上海医科大学儿科教授、博士生导师、附属儿科医院院长、儿科研究所所长。曾任联合国世界卫生组织（WHO）总部妇幼卫生专家委员会委员。

丁 洁

北京大学第一医院原副院长、儿科研究员、博士生导师。

刘泽伦

原中国优生优育协会胎教专业委员会主任，"八五"攻关"胎教"课题主持人。

戴淑凤

北京东方圣童儿童发展研究中心创始人和总策划，北京大学第一医院妇产科教授，中国优生优育协会理事。

区慕洁

中国优生优育协会理事，主讲中央教育台"万婴跟踪"节目中的"成长日记"。

高振敏

原首都儿科研究所生长发育研究室主任医师，与全国12省市同仁合作，先后完成3项智能测验量表。

冯国强

北京大学医学部福康之家科学育儿专家委员会副主任。

丁 辉

北京市妇幼保健院副院长，世界卫生组织妇女健康研究和培训合作中心副主任。

王惠珊

中国疾病预防控制中心妇幼保健中心儿童保健部主任。

王丹华

北京协和医院儿科主任医师、教授、博士生导师。

牛建昭

北京中医药大学教授、主任医师、中西医结合基础专业博士生导师。

王书荃

中央教育科学研究所研究员，中国教育学会儿童教育心理研究分会学习障碍专业委员会副理事长。

单中惠

华东师范大学基础教育改革与发展研究所、教育学系教授，博士生导师。中国教育学会教育史专业委员会副理事长。

张海澄

医学博士，北京大学人民医院心内科主任医师、教授。

吴光驰

首都儿科研究所营养研究室研究员、中国优生科学协会儿童营养专业委员会委员。

邓静云

原南京大学第二临床医学院及儿童保健研究所主任医师兼教授、中华预防医学会儿童保健专业学会常委。

黄建萍

北京大学第一医院儿科主任医师、教授、医学博士，硕士研究生导师。

仇凤琴

原广州市妇婴医院儿科主任医师、广东省优生优育协会专家组成员。

刘 文

北京师范大学心理科学学院博士后、辽宁师范大学教育科学学院教授。

白文佩

医学博士，原北京大学第一医院妇儿医院副主任医师、副教授。

王素梅

北京中医药大学东方医院儿科主任、儿科主任医师兼教授。

赵惠君

上海附属新华医院、上海儿童医学中心副院长。

石效平

中日友好医院儿科主任医师、儿科教授。

金　哲

北京中医药大学东方医院妇科主任、北京市中西医结合学会妇产科专业委员副主任委员。

范　玲

北京妇产医院产科副主任。

秦　炯

北京大学第一医院儿科主任、儿科教授、儿科主任医师。

薛　红

深圳市妇幼保健院原儿保科主任、儿保主任医师。

感谢各位专家对早教网工作的大力支持！
感谢早教网对本套图书的大力支持！
感谢中国儿童素质早教工程的大力支持！

感谢王东华教授极力推荐和支持

王东华，男，1963 年 6 月生，安徽芜湖人。中国教育学会家庭教育专业委员会常务理事，《发现母亲文库》总编，华东交通大学母亲教育研究所所长，教授。其研究当代大学生的教育专著《新大学人》（40 万字）为 93 深圳（中国）优秀文稿公开竞价首部成交著作。其致力人类文化启蒙的另一教育专著《发现母亲》（80 万字），1999 年一经推出，即在全社会产生广泛影响。其主编及编著的《我们是这样教育孩子的》《超薄学习》，2001 年及 2003 年分别被选作为全国妇联活动用书。由于其在母亲教育研究及普及方面的突出贡献成绩，2001 年入选《中国青年》"可能影响 21 世纪中国的 100 位青年人物"。20 余年来更是不断行进，社会影响日渐深远。

母亲教育运动的发起人与倡导者，《发现母亲文库》总编。除《发现母亲》《新大学人》外，文库推出的原创、畅销书籍近百种，累计发行近千万册。

母亲教育培训行业的开拓者和典型家教案例的发掘整理者。对全国近千名杰出父母进行了长期跟踪研究，整理出版的国内外经典案例近 50

个，约 200 万字，举办的全国母亲教育研习班数十期，培养出了大批优秀父母。

中国幼儿识字阅读（简称幼读）王氏标准的提出者，即让学前幼儿用约一年的时间学完部编版小学 6 年语文全部 12 册教科书，熟识 3300 个以上汉字，掌握 10000 个以上汉语词语，细读近百万字课文⋯⋯进入自主、自由阅读状态，从幼儿抓起，从而真正提高全体国民的阅读水平。此项大型实验，正在有步骤有计划的实施当中。

策划及参与中央电视台等各类电视节目百余场，应邀担任全国及各省市"杰出母亲"评委十余次，组织各类母亲教育报告会数千场。

在中直机关、全国妇联、北京军区、中央党校、清华大学、北京大学、大庆油田、IBM 中国总部等各大机构演讲千余场，其电视讲座在百余家电视台播出。

现任全国唯一一家母亲教育专业研究机构——华东交通大学母亲教育研究所所长。

王东华
华东交通大学母亲教育研究所所长，教授
中国教育协会家庭教育专业委员会常务理事

前言

　　教育孩子就像是一道组合数学题，家长想要解开这道组合题就必须要花费许多的精力、体力。父母对孩子的爱是毋庸置疑的，父母为了孩子付出再多也不怕，可是怕就怕在力气用错了地方，不但没有起到积极的促进作用，反而耽误了孩子的未来。

　　什么才是育儿的重中之重呢？父母又该怎样分清主次、明辨是非呢？怎么样才能抓住育儿的关键钥匙呢？

　　父母要想提前做好心理和生理上的准备，就必须事先了解孩子成长中各个关键时期可能遇到的问题，这样，当问题出现时，家长就可以从容面对，而不是惊慌失措。

　　0～8岁被我们划分为8个敏感期。每一个敏感期都对应了一项能力的关键发展时期，不同的孩子可能会有细微差别，但是，根据我们多年来育儿指导的经验，这个年龄段的孩子成长情况几乎是相同的。这样划分的前提是孩子的发展发育是正常的，当孩子的发展发育与同龄人有着明显差别时，家长就不能再以这个划分作为依据去教养孩子了，而是应该结合实际情况来正确地教育孩子。

目 录

contents

contents

第③章 第一个敏感期——口欲期··········047

第④章 感官发育和运动··········065

后记——关于中国儿童素质早教工程
关于佩拉早教

第 1 章

不同阶段发育标准

孩子的发育有一定的阶段和法则，家长不要
过于担心孩子是否落后于其他孩子，不同的孩子
在发育的进程方面会有所差异。

> 孩子的发育因时段的不同、年龄的不同会有所差异。

孩子发育法则和阶段

丫丫是个 2 岁左右的小孩子，虽然其他方面发育都很快，但就是不喜欢开口说话，家长非常着急，很希望丫丫会说话。可是不论他们对丫丫做怎么样的训练，丫丫就是不说。于是家长就带着丫丫到了医院，想问一下医生为什么丫丫还不会说话。医生说："不同的小朋友，说话有早有晚。"这才算给家长吃了颗定心丸。

孩子的发育有一定的阶段和法则，家长不要过于担心孩子是否落后于其他孩子，其实孩子的发育因时段的不同、年龄的不同会有所差异。

孩子的生长发育都有迹可循，比如先会抬头然后按照爬、走、说话、跳、跑等这个法则生长的，在合适的年龄做那个年龄段该做的事情。这些都是有迹可循的。家长只需要在孩子的各个发展阶段，对其加以帮助就可以了。

在孩子发展成长的过程中，家长不要过于担心，担心为什么孩子还不会说话，为什么还不会走路，其实这些都是因为孩子有着不同的发育阶段和发育法则，家长应该时刻了解孩子的发展阶段，在孩子的发展过程中，适当地对孩子加以帮助。

对于某一方面发育迟缓的孩子，有的家长可能会心急，为什么孩子还不会走路、还不会说话，这是因为孩子个体发育差距造成的。孩子的发育可能并不会很均衡，因此，有的孩子就表现在对数字很敏感，但是语言发育比较迟缓；有的孩子语言发育很早，但是走路比较晚。对此家长们不用过于担心，也可以去医院咨询一下医生。

> 培育孩子不可操之过急，应善于挖掘孩子的潜力。

不要揠苗助长

不论是走路还是说话，都是从爬到站，从站到走；从听到辨，然后到单音字最后到一整句话都按照孩子发育的法则和阶段进行，家长们切不可操之过急。循序渐进才是孩子发育的最好选择。

孩子的大脑是和锻炼、感觉、思想一起成长的，三者缺一不可。感觉器官感知周围的事物然后反馈给大脑，大脑受到感觉器官反馈的的刺激而开始慢慢发育；大脑一直持续发育也使得孩子日常锻炼和思想得以提升。

孩子早期发育的重要时期是 0～3 岁，这期间孩子成长迅速，新阶段的发展建立在前面的基础上，新的发展又成为下次成长的基础，如此循环下去。如果孩子在某一段时期的发育没有打下坚实的基础，那么就会影响之后阶段的发育。

所以培育孩子，推进孩子早期发育，为孩子打下一个坚固的基础，是各位家长需要做的事情，也是需要引起重视的问题。

然而孩子发育不良，家长的培育方式不对，急于让孩子成长就违背了这些法则，会导致孩子的能力发育受到严重的影响。比如说，家长应该注意，如果孩子已经 5 个月大了，但是他还不会自主抬头，很有可能就是大脑发育受到了阻碍，应当及时到医院去询问医生，以免造成更大的伤害。

在孩子能力发育的关键时期去培育孩子，将会取得事半功倍的效果，错过了这个重要时期再去培育孩子就达不到事半功倍的效果了。培育孩子的成长不能太过于心急，有的孩子发育早、有的孩子发育稍迟都是正常的。家长们应善于挖掘孩子的潜力，引导孩子走上正确的成长道路。

> 刚出生的孩子面对陌生的环境是不安的，家长需要尽快帮助孩子适应新世界。

0岁，你好新世界

欣欣是个刚出生的婴儿，每个小朋友刚刚出生的时候，都是伴随着哭声来到这个世界的，欣欣当然也不例外。不过欣欣可能是比其他孩子更胆小一点，她哭的时候护士姐姐怎么哄，都不能让她停止哭泣。最后护士姐姐把她抱到了妈妈的身边，妈妈一说话，欣欣就逐渐平静下来了。

当孩子还在胎中时，孩子轻而易举地能触及到子宫壁，那里并不会有任何的光线进来，因此孩子这时候是没有使用视觉的，但是它们能听到外界的声音，最主要的还是妈妈的声音。因此孩子对妈妈的声音异常的敏感，使得妈妈所用的语言会成为他们的母语。

所以我们可以知道，在胎中的孩子肯定能够听见妈妈身体各个器官发出的声音，例如心跳的声音、肺叶的呼吸声。因此从小孩子的听觉就是非常敏锐的，基本上出生后所有的孩子都能够依靠声音判断方向。进一步说，孩子一定能够在胎中闻到一点羊水的味道，嗅觉也已经存在。在出生之前子宫是孩子的世界，与世隔绝，非常的安全，所以孩子不会出现负面的情绪，也不会感到恐惧，孩子们跟随妈妈的晃动而晃动着。

出生后的孩子来到了一个新的世界，身边一切都是新的事物，身体上感受到了重力，跟子宫里的世界不一样了，听不到习惯的声音了，就像把成年人突然放入一个非常陌生的世界中一样，孩子第一个感觉是恐惧，其次则是感受不到安全感。当两种不同的感觉袭来，就需要做一些事情来消除这些感觉。

而孩子最需要做的就是熟悉身边的环境，当所有的事物都熟悉之后，安全感就会有了，这些熟悉的事物也会成为安全的标志。在获得了安全感之后，孩子就会放松下来，慢慢地开始探究这些事物，通过研究它们，获得一些经验。认识了事物的规律之后就开始用这些规律来推理自己的认知范围，把自己的安全领域扩大。

出生后孩子首先会通过妈妈的声音找到妈妈，记住妈妈的味道，因为妈妈的标志就是孩子安全感来源的标志。其次当孩子睁眼的那一刻，看到了所处的世界和身边的环境，孩子就会将这些画面储存于大脑里，自然把周遭的环境生物也储存起来了，并且形成属于自己的安全领域。最后当孩子熟悉了周围的环境，就会开始研究并且触摸周围环境的物什，通常这种现象称为儿童的工作。

3岁之前，孩子还不会利用大脑去思考。

0～3岁帮助孩子起航

为什么孩子从小就会不停地锻炼他们的四肢，几乎不会有孩子醒着时一动不动，他们会使用大脑吗？

0～1岁的孩子会通过自己闻到的味道，去记住妈妈的味道，同时孩子对妈妈的声音是最敏感的，他能够很好地通过妈妈的声音，瞬间得到安全感。并且0～2岁时也是孩子大脑发展的重要时段，家长可能会发现孩子的肢体一直在动，其实这就是孩子在用大脑思考，孩子大概到了3岁以后才能够利用大脑思考，而肢体不再乱动。家长不要阻止孩子乱动，因为这也是他们大脑活跃的体现。

处于子宫中时孩子大脑严重缺乏信息，没有丰富信息可供思考，而且当孩子刚出生时，他的大脑还未发育完全，不足以支撑他像成年人一样利用大脑，因此孩子的脑部发育一直持续到成年。

自然的规律使孩子更多的时候是使用感觉器官来探索世界的，而在认知的同时大脑慢慢开始获得外界的信息。通过运动获得更多的信息，用以支持大脑的构建，慢慢地，大脑开始了运转，孩子学会了思索，慢慢长大并成为一个独立的人。

正因为这个原因，3 岁之前的孩子是不会像成人一样躺着只用大脑思考的，年龄越小越是如此。在这个时期，孩子们是用四肢来思考这个世界的，表面上看他们在不停地运动，但确是孩子们用运动来感知和思考这个世界，这个时候的孩子，四肢就是他们大脑的一部分。

随着孩子逐渐长大，他们变得越来越喜欢用手来认识世界了。这时就会发现他们变得越来越爱动，其实这就是孩子用手认识世界的表现，家长不能过度地阻止孩子用手认识世界的过程，但是对于孩子将玩具扔到其他人身上的行为，家长要及时制止，不能让孩子养成这个习惯。

孩子在他发育的每一个阶段都需要家长在旁守护，尽管发育源自孩子自身的本能，但仍需要家长为其打造合适的环境。家长可以和孩子一起去学习使用对孩子发育有帮助的道具，最好的方式是家长先用一遍，然后让孩子仿照着去使用。

> 3 岁之后，孩子就开始用身体去探索世界。

3 岁开始用身体探索世界

宇宇是个很淘气的孩子，他有时候会把家里盆栽上的叶子全都揪下来，散落一地。有时候会把自己的玩具扔得满地都是，还常常会把自己的玩具扔到其他人的身上。妈妈已经制止了很多次了，可他就是不听。

3 岁以上的孩子除了能直观地认识事物之外，还能通过感官对事物进行分析和判断。这个时期的孩子，往往会因为自己成长的变化而与身边的大人们产生摩擦。

因为孩子主要是通过感官来认知事物的，他们还没有分寸感。比如一支昂贵的口红，对于孩子来说就是一支完美的画笔；一件昂贵的衣服，可能就是他的抹布。有的孩子还喜欢摔东西，因为他们很享受摔东西时物品触地的声音和东西掉在地上破碎的样子。家长们会觉得这是一种破坏和抗议，但是对于孩子来说，这只是他探索世界的一种行为。

　　自然，孩子有些不恰当的行为是需要制止的，但是这并不代表孩子探索世界的行为就是错的。这个时候就需要家长们去衡量一下，是让孩子探索世界重要，还是自己的这件物品重要。可是现实生活中很多家长往往会因为孩子打碎了自己的东西、撕破了自己的衣服而生气。

　　所以，家长需要做好孩子可能会搞破坏的心理准备，对于孩子因为探索而出现的破坏行为，不要一味打骂，而是需要进行引导。另外对于家长来说，不能让孩子破坏和接触的东西，一定要记得把它放在一个孩子无法触及的地方。

> 孩子的身高发育表格只是参考，并不是评判孩子发育是否合格的唯一标准。

孩子的发育标准

表1 中国0～8岁男童体重参照值 (kg)

年龄组	下等	中下等	中等	中上等	上等
初生	2.54	2.92	3.30	3.68	4.06
1月~	3.84	4.47	5.10	5.73	6.36
2月~	4.72	5.44	6.16	6.88	7.60
3月~	5.40	6.19	6.98	7.77	8.56
4月~	5.94	6.75	7.56	8.37	9.18
5月~	6.26	7.14	8.02	8.90	9.78
6月~	6.74	7.68	8.62	9.56	10.50
8月~	7.19	8.19	9.19	10.19	11.19
10月~	7.57	8.61	9.65	10.69	11.73
12月~	8.08	9.12	10.16	11.20	12.24
15月~	8.48	9.59	10.70	11.81	12.92
18月~	8.87	10.06	11.25	12.44	13.63
21月~	9.31	10.57	11.83	13.09	14.35
2.0岁~	10.01	11.29	12.57	13.85	15.13
2.5岁~	10.90	12.23	13.56	14.89	16.22
3.0岁~	11.40	12.91	14.42	15.93	17.44
3.5岁~	12.27	13.82	15.37	16.92	18.47
4.0岁~	12.69	14.46	16.23	18.00	19.77
4.5岁~	13.36	15.30	17.24	19.18	21.12
5.0岁~	14.08	16.21	18.34	20.47	22.60
5.5岁~	14.88	17.13	19.38	21.63	23.88
6.0岁~	15.77	18.37	20.97	23.57	26.17
7.0岁~	15.25	19.30	23.35	27.40	31.45
8.0岁~	16.21	20.97	25.73	30.49	35.25

表 2 中国 0 ～ 8 岁女童体重参照值 (kg)

年龄组	下等	中下等	中等	中上等	上等
初生	2.48	2.84	3.20	3.56	3.92
1 月 ~	3.67	4.24	4.81	5.38	5.95
2 月 ~	4.44	5.09	5.74	6.39	7.04
3 月 ~	5.02	5.72	6.42	7.12	7.82
4 月 ~	5.51	6.26	7.01	7.76	8.51
5 月 ~	5.99	6.76	7.53	8.30	9.07
6 月 ~	6.20	7.10	8.00	8.90	9.80
8 月 ~	6.71	7.68	8.65	9.62	10.59
10 月 ~	7.11	8.10	9.09	10.08	11.07
12 月 ~	7.42	8.47	9.52	10.57	11.62
15 月 ~	7.99	9.04	10.09	11.14	12.19
18 月 ~	8.43	9.54	10.65	11.76	12.87
21 月 ~	9.01	10.13	11.25	12.37	13.49
2.0 岁 ~	9.58	10.81	12.04	13.27	13.49
2.5 岁 ~	10.31	11.64	12.97	14.30	15.63
3.0 岁 ~	11.15	12.58	14.01	15.44	16.87
3.5 岁 ~	11.90	13.42	14.94	16.46	17.98
4.0 岁 ~	12.45	14.13	15.81	17.49	19.17
4.5 岁 ~	13.04	14.92	16.80	18.68	20.56
5.0 岁 ~	13.90	15.87	17.84	19.81	21.71
5.5 岁 ~	14.36	16.58	18.80	21.02	23.24
6.0 岁 ~	15.26	17.81	20.36	22.91	25.46
7.0 岁 ~	15.08	18.70	22.32	25.94	29.56
8.0 岁 ~	16.12	20.35	24.58	28.81	33.04

表3 中国0～8岁男童身高参照值(cm)

年龄组	下等	中下等	中等	中上等	上等
初生	47.0	48.7	50.4	52.1	53.8
1月~	52.3	54.6	56.9	59.2	61.5
2月~	55.6	58.0	60.4	62.8	65.2
3月~	58.4	60.7	63.0	65.3	67.6
4月~	60.7	62.9	65.1	67.3	69.5
5月~	62.4	64.7	67.0	69.3	71.6
6月~	64.4	66.8	69.2	71.6	74.0
8月~	67.0	69.5	72.0	74.6	77.2
10月~	69.4	72.0	74.6	77.2	79.8
12月~	71.9	74.6	77.3	80.0	82.7
15月~	74.7	77.5	80.3	83.1	85.9
18月~	76.5	79.6	82.7	85.8	88.9
21月~	79.2	82.4	85.6	88.8	88.9
2.0岁~	82.3	85.7	89.1	92.5	95.9
2.5岁~	86.3	89.8	93.3	96.8	100.3
3.0岁~	89.4	93.1	96.8	100.5	104.2
3.5岁~	92.6	96.4	100.2	104.0	107.8
4.0岁~	95.5	99.6	103.7	107.8	111.9
4.5岁~	98.9	103.0	107.1	111.2	115.3
5.0岁~	104.7	109.2	113.7	118.2	122.7
5.5岁~	104.7	109.2	113.7	118.2	122.7
6.0岁~	108.5	113.2	117.9	122.6	127.3
7.0岁~	112.5	118.2	123.9	129.6	135.3
8.0岁~	116.8	122.7	128.6	134.5	140.4

表 4 中国 0～8 岁女童身高参照值 (cm)

年龄组	下等	中下等	中等	中上等	上等
初生	46.6	48.2	49.8	51.4	53.0
1 月～	51.7	53.9	56.1	58.3	60.5
2 月～	54.6	56.9	59.2	61.5	63.8
3 月～	57.2	59.4	61.6	63.8	66.0
4 月～	59.4	61.6	63.8	66.0	68.2
5 月～	60.9	63.2	65.5	67.8	70.1
6 月～	62.8	65.2	67.6	70.0	72.4
8 月～	65.6	67.1	70.6	73.1	75.6
10 月～	68.1	70.7	73.3	75.9	78.5
12 月～	70.3	73.1	75.9	78.7	81.5
15 月～	73.3	76.1	78.9	81.7	84.5
18 月～	75.8	78.7	81.6	84.5	87.4
21 月～	78.5	81.5	84.5	87.5	90.5
2.0 岁～	81.3	84.7	88.1	91.5	94.9
2.5 岁～	84.8	88.4	92.0	95.6	99.2
3.0 岁～	88.7	92.3	95.9	99.5	103.1
3.5 岁～	91.6	95.4	99.2	103.0	106.8
4.0 岁～	95.0	98.9	102.8	106.7	110.6
4.5 岁～	97.8	102.0	106.2	110.4	114.6
5.0 岁～	101.6	105.7	109.8	113.9	118.0
5.5 岁～	103.9	108.4	112.9	117.4	121.9
6.0 岁～	108.1	112.6	117.1	121.6	126.1
7.0 岁～	111.7	117.2	122.7	128.2	133.7
8.0 岁～	116.2	122.0	127.8	133.6	139.4

本套表格来源于全国学生体质调查，仅供参考。

第 2 章

最初的"征服"从感官开始

当孩子处于感官发育的时候，给孩子提供一个有利的环境，这对于孩子今后的发展、身体健康等都有着重要的意义。

孩子能快速地适应环境便是其独立的标志。

让孩子适应环境

孩子能快速地适应环境是其独立的标志。

当孩子还很小的时候，他们通常都是根据自己听到的熟悉的声音，闻到的熟悉的气味，看到的熟悉的面孔来判断自己是否处在一个安全的环境，同时也能够增加孩子的安全感。当孩子到了一个陌生的环境就会因为缺乏安全感而哭闹。家长要积极地引导孩子去熟悉新环境，这样就会让孩子逐渐平静下来。

鹏鹏刚出生 3 个月，平时就只是和爸爸妈妈爷爷奶奶在一起。突然有一天鹏鹏的姑姑来到家里看鹏鹏，可是鹏鹏一看到或者一听到姑姑的声音就哭了，也不让姑姑碰他，这让鹏鹏的姑姑哭笑不得。后来，姑姑经常来家里，鹏鹏逐渐地和姑姑熟悉了，见了姑姑才不哭了，也愿意和姑姑一起玩了。

幼儿教育 = 感官教育

通过感官来认识外在的世界

幼儿教育，其实就是感官教育。

从胎儿的时候开始，孩子的感官就开始发展。通过感官，孩子与自己相遇，与世界相遇。当孩子还处于婴儿时期，不能自由移动的时候，感官是其赖以认知世界的关键。从一出生刚睁开眼开始，孩子就会将眼睛观察的结果投射至内心，从而影响其心智的发育。

孩子的各项能力与身体发育有着密切的联系。通过研究发现，孩子的学习能力与技巧，甚至社交能力等都深受其初级感官发展情况的影响。

越小的孩子，他们不是依赖大脑与世界建立连接，而是依赖感官来学习和了解世界。面对所有外来的刺激，他们都是通过感官来感知。

感官能力弱的人学习较为慢热，或者是出现学习困难，与他人和世界建立连接困难，甚至会出现心理问题；感官能力越强，学习领悟得越快，越懂得经营生活与人生。

感官敏感期又叫感知觉敏感期。

感官敏感期

感官是感受外界事物刺激的器官，包括眼、耳、鼻、舌、身等。感觉，即听觉、视觉、味觉、嗅觉、触觉。感官敏感期又叫感知觉敏感期。

前面已经说过，孩子从出生起，就会借着听觉、视觉、味觉、触觉等来熟悉环境、了解事物、认知世界。

3岁前，孩子透过潜意识的"吸收性心智"吸收周遭事物;3岁之后孩子更能具体地感官分析、判断环境里的事物。

在孩子还处于胎儿时期，听觉的发展就开始了。0～6个月是婴儿视觉发育的敏感期;0～2岁是触觉发育的敏感期;2.5～3岁是大小知觉发展的敏感期;3岁左右是方位知觉发育的敏感期;3～6岁是观察力发展的敏感期。

因此，针对孩子发育的这一特点，注重感官敏感期的发育，可以更好地帮助孩子成长。

感知是孩子所有认知活动的开端。

感官的重要作用

在幼儿时期,孩子处于各种敏感期之中,在这一时期如果不进行充分的感觉训练,长大以后不仅难以弥补,而且还会使其整个精神发展受到损伤。

感知是孩子所有认知活动的开端,人们接受信息是依靠感知觉来进行的。感知是记忆、思维、想象等高级认知活动的基础,也就是说感知能力发展得越充分,记忆储存的知识经验就越丰富,思维和想象发展的空间和潜力也就越大。

因此,从孩子出生之日起,家长就应该通过多种手段促进孩子各方面感知觉的发展,积极引导孩子通过感知觉认识和探索周围的世界。

家长往往会更注意孩子的大脑发育，但却会忽略了孩子的感官发育。

五感发育不要忽视

田蕊是个刚刚出生3个月的新生儿，爸爸妈妈对于她的降生非常高兴。在田蕊还没有降生以前，爸爸妈妈就给她准备了许多玩具，有时也会拿一些玩具逗她开心。不过最近她的爸爸妈妈发现田蕊好像不是很喜欢这些玩具，而且会常常用自己的小手揉揉眼睛，不过田蕊的爸爸妈妈并没有很在意这件事。最后在一次婴儿体检中，发现田蕊有弱视的问题。

感觉系统是人用来接收周围环境信息的，它可以让人看到周围美丽的事物，能够让人感受到生活的美妙。它不是一个会随着年龄增长而成长的器官系统，它是人类灵感情绪的来源，发展感官系统是很重要的。家长往往会更注意孩子的大脑发育，但却忽略了孩子听、看、嗅、触等感官发育。

调查显示，6岁以下的小孩子的感官正值敏感期。3岁以下的孩子能够根据自己听到的、看到的、尝到的、以及触摸到的来感受自己周边的事物与环境；当孩子 3-6 岁的时候，就可以根据自己的各个感觉器官感受到的外界条件来进行分析、判断，来感受新事物，认识新事物。他们更多的是通过自己的听、看、嗅、触来感知周围的环境，通过自己的感官才逐渐地认识爸爸妈妈，认识自己生活的环境。因为此时孩子的大脑还没有那么发达，这个时候的家长可以在保证孩子安全的情况下，让孩子用自己的感官去感受新事物、分析新事物。

孩子们天生就可以利用自己的感官来了解世界，当他们自己领略了这项技能以后，就开始对自己周边的新奇事物进行探索了解。孩子可以根据自己的味觉来品尝食物的味道酸甜；从外界繁杂的声音中，根据自己的听觉来感受能够给他带来温暖舒适的声音；同时还有家长会发现孩子在洗澡的时候很喜欢玩水，总是会把水弄在地上。家长很多时候都会反对孩子这样做，其实这正是孩子通过自己的触觉在感受水的过程。

家长们应允许孩子用自己的方式通过感官来感受外面的新鲜事物，让孩子在感官敏感期拥有更大的空间，和一个没有家长约束的环境。但是，家长一定要保证孩子的安全！

听觉在孩子还是胎儿时就存在了。

听觉

孩子在胎儿时就能感受到声音。研究发现，孕妇洗澡时在腹内 8 个月大的胎儿用很明显的动作对噪声做出反应，所以，孩子的听觉从胎儿时期就开始了，听觉教育发展是孩子发展必不可少的一部分。

妈妈在怀孕时就可以给肚子里的小宝宝听一些音乐，如一些摇篮曲，或者一些音乐名曲。乐曲的选择最好是安静的、舒服的，并且准妈妈们不要给孩子播放太多次，每次的时间和音量都不能太长、太大。当孩子出生以后，家长还应给孩子听一些音乐，这对孩子的早期记忆，以及对声音的敏感性都有很重要的意义。同时，音乐也可以给孩子带来安全感。

孩子的听觉对其今后的成长也有着非常重要的意义，与孩子的智力的，语言能力都有着紧密的联系。家长应该加强对孩子听觉的锻炼，以让孩子更好地成长。

有的家长生怕吓到刚出生的孩子，听到过大的声音而受到惊吓是孩子的正常反应，家长不用过于担心、紧张。在孩子成长的过程中，有些刺激必不可少，这是孩子适应环境、提高各种能力的必要训练。一般环境里的声音孩子都能接受，因此无须刻意为孩子营造一个安静的环境。

1. 营造丰富的声音环境

点评 给孩子营造有声的氛围，有声可以理解为风声、水流声等这些自然界的声音；也可以理解为妈妈切菜的声音，爸爸关门的声音；家长对孩子的说话时亲切温柔的声音等；同时也可以给孩子买一些会说话的小玩偶、音乐盒等，可以利用这些声音来刺激孩子的听力，促进其听觉的发展。

2. 聆听周围世界

点评 带孩子到户外去感受外面丰富多彩的声音世界。让孩子去认识、分辨并制造各种声音，

这些丰富的体验既能带给孩子无尽的快乐，也能有效激发孩子的好奇心，让他养成探索世界奥秘的习惯，同时也能引导他以不同的方式去开展探索活动。

3. 适宜适度的刺激

点评 很多父母特意为孩子播放一些精心挑选的背景音乐，但是过于大声的、持续不断的背景音乐或机器噪声会使孩子区分声音发生困难，并且混杂的噪声也会影响孩子今后听力的发展。

> 视觉的发育是一个阶段过程，孩子将从黑白世界走入彩色世界中。

视觉

很多人都认为孩子在刚出生的时候就可以看见妈妈或者抱着自己的护士，其实宝宝出生时的视力非常模糊，就像雾化的玻璃一样。不仅如此，此时宝宝眼中的世界只有黑白，根本看不到色彩，只是模糊的黑白影像。

新生儿视力非常低，视野范围仅 20～30cm，基本上就是妈妈抱着宝宝时，宝宝眼睛到妈妈面容的距离。尽管新生儿的视力模糊，但是色彩反差大的图案，比如黑白图案，他会看得比较清楚。在他的眼中，人脸其实也是颜色反差很大的图案：我们的脸是白色的，眼睛和头发是黑色的，这也就是宝宝喜欢看人脸的原因之一。

小孩子视觉以惊人速度发展变化着，因此家长千万不能忽视和放弃对宝宝的视觉激发。

1. 0 – 6 个月黑白视觉期

点 评 刚出生的婴儿只能看到光和影，吃奶的时候刚好可以看到妈妈的脸，再远的话就看不见了。在他 3 个月大的时候就已具有三色视觉，但这个时候他们最感兴趣的还是对比强烈的黑白两色。对于新生儿来说，爸爸妈妈亲切的脸就是"视界"。家长应该每天都抽出时间陪陪孩子，增进与孩子的亲切感；也可以让孩子多看一些家长的照片，让孩子能够很好地找到自己的家长。除此之外，家长应该选择一些对孩子视觉有益的训练，让其能够更加直观地了解认识世界。视觉对孩子的智力和大脑发育都有着重要的影响。

2. 6 个月 – 1 岁色彩关键期

点 评 这个阶段是孩子辨别物体物像细微差别能力——"视敏度"的发展关键期。丰富多样、颜色鲜艳的图案刺激，可以加速孩子脑部视觉区的发育，视觉系统察觉边缘、对比敏感力增强，从而启发更高层次的认知能力。可以提前让孩子接触一些橙、绿、紫等颜色的事物。

3. 1 岁以上

点 评 这个阶段孩子很难满足于只看这几种单调的颜色了。这时家长可以选择一些混合色让孩子看，比如草绿、翠绿、松石绿、孔雀蓝等。家长要多带孩子去大自然中，充分感受色彩斑斓的世界，以促进其视觉发展。

孩子闻到妈妈的味道会得到安全感。

嗅觉

嗅觉是人能够享受生活的重要条件之一，所以家长一定不要忽视对孩子的嗅觉培养。如果孩子的鼻子运作正常，呼吸顺畅，大脑也会更加清醒灵敏，也能更好地发展捕捉气味的能力。但如果孩子的鼻子运作不正常，呼吸不够顺畅，身体上的嗅觉细胞无法感应到气味，嗅觉便会暂时也有可能永久地失去，不仅如此，它还有可能影响到孩子的注意力和记忆力。

实际上，孩子在胎儿阶段就已经发展出嗅觉，并通过吞吐羊水品味各种味道；新生儿出生后就能通过味道辨别自己的妈妈，这依赖于婴儿早早就发育的嗅觉功能。嗅觉不仅可用于闻香识臭，还关系着情绪发展和亲密亲子关系的建立。

促进孩子嗅觉能力发育的基本条件就是，在保证孩子安全的前提下，让孩子多接触不同的气味。

1. 新生儿期

点 评 在新生儿期，孩子能通过嗅觉分辨出妈妈的母乳和其他妈妈母乳的区别，并用这种方式感知妈妈的所在。建议妈妈经常拥抱、抚摸孩子，这样既能帮助孩子尽快熟悉你的味道，也能刺激催产素水平升高，以迅速建立亲子关系。

2. 满月

点 评 满月孩子的嗅觉发育获得了提升，认知了现实世界中多种不同味道并逐渐习惯闻到不同的味道，但浓烈味道对孩子嗅觉发育不利，建议不要给孩子闻香烟、香水、油烟等气味。

3. 3～4 个月

点 评 在出生后 3～4 个月，孩子的嗅觉已十分灵敏，能准确区分出不同气味，并会有目的性地回避难闻的气味。3 月龄的孩子可通过嗅觉区分熟人和陌生人，如果他对所闻到的味道不熟悉，则有可能会排斥陌生人接近。

4. 6 个月

点 评 6 个月的孩子开始添加辅食，会利用嗅觉和味觉来判断他对某种食物的喜好。可以多带孩子到户外闻闻大自然的味道。

5. 10 个月以上

点 评 在孩子约 10 个月时，他可能不再像从前那样尝试过才判断对食物的喜好，在闻到气味时就已经决定要不要吃这种食物。如果他对某种气味不感兴趣，不要强迫他接受，下次可以尝试换种食物或改变烹饪方式。

通过试验发现，出生第 2 天的婴儿就有了味觉能力。

味觉

与小猫小狗类似，婴儿在品尝过甘甜的糖水之后都会拒绝喝淡而无味的白开水。这是因为他们通过嘴巴可以区分味道。然而，对孩子来说，口的作用除了品尝味道外还有认识世界，这两个作用是完全不一样的概念。婴儿通过口不只能唤醒自己的手和脚及身体的其他部分，还能去探索外在的世界。

在怀孕 2 个月以后，胎儿的嘴巴开始发育；怀孕 4 个月时，胎儿舌头上的味蕾基本上就已经发育好了，这时候孩子已经能够品尝羊水了；在胎儿 7 ～ 8 个月时，味觉的神经束已髓鞘化，所以在出生时孩子的味觉已经发育好了。

通过试验发现，出生第 2 天的婴儿就有了味觉能力，1 个月之中已经能够分辨出香、甜等味道。要是给孩子吃一些甜的食物，孩子会表现得非常高兴，同时开心地吸吮起来；如果吃到咸、酸或苦味的食物时就会表现得非常不开心，会通过噘嘴和哭来拒绝。

在初期，孩子经常采用这样的方式来尝试和学习口的用途：把东西塞进口里，直到塞不进去，然后再往外吐。除此之外，孩子还用口去探索这个世界的其他事物，比如感受软、硬的区别。婴儿还喜欢用口去辨别不同的食物，他们会依次打开不同的食品包装袋，然后每个就吃一口就转战下一个。

直到 6 岁以后，孩子仍然会用口去完善技能和探索世界。但是不同的是，在 0～6 岁阶段，特别是 0～2 岁时，孩子更关注的还是如何使用口和开发口的其他功能。就算是 2 岁后，孩子也仍然使用口去满足心理的需求。他们常常通过在吃和玩后满足的状态向成人展示如上的特征。当这种特征不再显著时，就意味着其他敏感期开始发挥作用了。

1. 通过辅食让孩子体会不同的味道

点 评　孩子的味觉、嗅觉在6个月到1岁这一阶段最灵敏，所以在这段时间可以给孩子添加辅食。食用不同的食物，能够让孩子体会到不同的味道，也是孩子从流食—半流食—固体食物的适应过程。

尝试不同味道的食物，会让孩子拥有更广泛的味觉，以后就更容易接受不同味道的食物。如果孩子每天吃的东西味道都差不多的话，孩子的味觉发育可能就不够发达，以后很多的食物就不会轻易接受，也不愿意主动去尝试不同味道的食物。有的孩子偏食就是这样造成的。值得注意的是，鸡蛋、海鲜等都是容易引起过敏的食物，家长添加时应当谨慎。

通过合理地添加辅食能够在一定程度上防止孩子长大后挑食。家长应当依据自家孩子的情况来逐步添加辅食。当添加新食物时，有时候孩子会做出类似于厌恶的表情，但是这并不意味着孩子不喜欢吃，应当下次继续喂食，并观察他接下来的行为，看他是否愿意继续吃。

2. 让孩子品尝不同的味道

点 评　孩子使用嘴巴去品尝食物和探索世界，通过这个过程可帮助孩子认识外在的世界和建立自己的喜好。味道可以作为孩子认识世界和与世界建立联系的桥梁，而酸、甜、苦、辣是最基本的味道，家长让孩子品尝这四种味道，有利于孩子大脑的发育和内心世界的建立。

3. 刺激味觉发展

点 评 孩子来到这个世界上第一个给他味觉刺激的是母乳或代乳品，要是另外的味觉刺激没有及时给予孩子的话，可能会造成孩子偏食、拒食。最好能够在孩子1个半月时适当地给孩子喂些橘子汁，3个月的时候用筷子蘸各种菜汤让孩子品尝。用奶粉喂养的孩子，最好每3～5个月换一种奶粉，防止一直食用同一种味道的奶粉造成孩子味觉迟钝。

让孩子尝试不同的食物能够给予孩子充分的味觉刺激，可以在一定程度上促进孩子味觉的发育。

在孩子6个月以后，尝一尝甜的、酸的饮料，要鼓励孩子去尝试不同的味道，同时在训练的过程中一定要通过语言强化，比如问孩子"酸不酸""喜欢哪一种味道"等。

0～3岁是孩子触觉发育的黄金期。

触觉

孩子用触觉去探索世界，从而充实自己的大脑。因此家长不应当阻止孩子去探索，而应该为其提供安全的、合适的环境，以便于发展孩子的想象力和创造力。

孩子刚出生时，离开了母体的怀抱，缺乏安全感，更需要家长充满爱的抚摸和拥抱。新生儿全身的皮肤都有灵敏的触觉点。这些触觉点，正是宝宝感知外界事物、探索世界的重要途径。

宝宝出生后，医院一般会安排护士给宝宝抚触。抚触可刺激婴儿的淋巴系统，增强抵抗能力，改善消化，增强睡眠，减少哭泣。

家长爱抚时，不仅能释放自己的爱意，还能形成爱的传递，让孩子的触觉感官受到刺激，孩子会感到愉快，使孩子的情感需求得到满足。这种爱抚无疑是有利于孩子的身心健康的，并且能有效发展孩子的体能和智能。

触觉发育是孩子手部灵活度发育的关键，这决定着孩子的动手能力，

及未来的智力潜能。只有重视触觉发育，孩子未来的学习潜能才能被激

发出来。

新生儿对不同的温度、湿度、物体的质地和疼痛有触觉感受能力，

也就是说他们有冷热、疼痛的感觉，喜欢接触质地柔软的物体。新生儿

的触觉有高度的敏感性，尤其是眼、前额、口周、手掌、足底等部位，

而大腿、前臂、躯干处就相对比较迟钝。嘴唇和手是触觉最灵敏的部位。

婴儿也依靠触觉或触觉与其他感知觉的协同活动来认识世界，而依恋关

系的建立主要依赖于身体的接触。

对于触觉比较迟钝的孩子，喜欢从外界寻找刺激，例如喜欢用手摸尖锐、粗糙的地方以寻求更多的触感；或者喜欢咬手指，让他有痛的感觉；男孩子有些甚至喜欢摸自己的生殖器，只是想要有更多疼痛的感觉。

但是太敏感的孩子，可能非常不喜欢别人触碰，也不喜欢洗澡，连莲蓬头喷出来的水柱打在身上都觉得痛，别的孩子让人捏一下脸可能觉得还好，但是敏感的孩子别人轻轻摸一下就觉得不舒服。另外，触觉敏感的孩子换季的标准也不太一样，家长觉得还好，只需穿个薄外套的天气，他们却可能觉得很冷，提早换季。

在触觉敏感期的时候，有些孩子会害怕黑暗、害怕陌生环境、害怕人多的地方。也有的孩子会更容易生气、容易伤心、容易失落。在敏感触觉影响下，他对于情绪的控制能力较差，所以容易出现波动太大的现象。因此，平时家长要注意观察孩子的表现，及时发现孩子的触觉敏感期。

1. 抗拒踩草地或沙滩

点评 触觉敏感的孩子，在沙滩上会很害怕，通常妈妈会认为是沙滩太热的关系，但如果他连不热的地方，甚至只要是家里以外的地面，一踩就会怕，那么就可能是触觉敏感的问题。

2. 不让父母以外的人抱

点评 一开始孩子不让人家抱，我们会认为是怕生，但触觉敏感的孩子到了会走路的时候，遇到陌生人或不经常见的人，还会躲到爸妈的后面去，因为不喜欢别人的触碰。

3. 不喜欢与别人互动

点评 触觉敏感的宝宝不喜欢跟其他小朋友玩互动游戏，因为他不喜欢跟别人触碰，所以尽量离群索居去做他自己的事情。

4. 不敢摸新玩具

点评 这类孩子看到新的玩具时会好奇，但不会马上去玩它，因为他还是会有点害怕，所以可能会绕着新玩具高兴地跑、跳，却不敢伸手去拿。

　　0～3岁是宝宝触觉发育的黄金期，为宝宝提供安全的探索环境，帮助其更好地度过触觉敏感期，才有利于培养宝宝主动的个性。

> 孩子从出生开始，就借助感官来熟悉环境，认知世界。

环境和感官发育相互作用

嘟嘟现在一年级了，他非常喜欢音乐，并且他的听觉能力明显比其他小朋友更强。每当有人问到他的爸爸妈妈："你们家孩子是接受了什么训练吗？"他的爸爸妈妈就会说："也没有做过什么特殊的训练，就是在孩子还没出生的时候，妈妈很喜欢听音乐，等到他出生了以后，我们会经常唱歌哄着嘟嘟睡觉。"

当孩子处于感官发育的时候，给孩子提供一个有利的环境，这对于孩子今后的发展，以及身体健康方面都有重要的意义。家长可以给年纪小的孩子听一听音乐，用来刺激他的听觉感官；也可以给孩子拿一些玩具，在孩子的面前晃一晃，用来锻炼孩子通过眼睛捕捉事物的能力。家长要在确保孩子的安全下，给孩子创造一个有利于其感官发育的环境。当孩子长期处于某种环境下，对孩子感官能力的发展就会有一定的效果。

周围的世界是新鲜有趣的，尤其对于新生婴儿来说，一花一草都会存入他们的大脑，从而促进他们成长，给他的一生留下烙印。孩子从这个时期开始学习适应环境并从中获得快乐和知识。

很多动物和昆虫为了躲避天敌，更好地生存下去，会逐渐进化成与生活环境类似的颜色和形状。这种变化在孩子身上也有体现。孩子通过在环境中学习从而融入环境，就类似于上述动物和昆虫为了生存而变成环境中的一部分。环境会对孩子的身心产生深刻的影响。当环境发生变化时，孩子也会发生改变以适应新的环境。鉴于环境的影响，家长应当思考自己能为孩子做什么，什么环境才是适合孩子生长发育的。

这里所说的环境并不包括孩子出生那一刻就注定的大环境，因为那是我们无力改变的。环境是指家长为了孩子的生长发育，能够通过改变为孩子提供的物质和非物质资源。

如果想让孩子变得坚毅或者想学习一种语言，那么与拥有该项品质或者技能的人群在一起生活，将会是一种很好的学习方式。在同一环境下的人是很容易被这种根植于习性和传统的特质影响的。

当孩子处于感官发育的时候，给孩子提供一个有利的环境。

孩子需要的环境

心心是个上二年级的小女孩，她平时不爱说话，并且她一听到其他小朋友大声吵架，或者有一些小朋友打架，都会非常害怕。她有时甚至会躲到墙角，捂着耳朵偷偷地哭。后来，老师了解到，心心成长在一个不和睦的家庭，爸爸妈妈常常会吵架，并且有时还会砸东西，有时候甚至还会骂心心。正是因为一直处在一个这样的环境中，才让心心听到吵架的声音或看到有人打架就如此惊慌。

当孩子处于感官发育期的时候，给孩子提供一个有利的环境，这对于孩子今后的发展以及身体健康方面都有重要的意义。家长可以给年纪小的孩子听一听音乐，用来刺激他的听觉感官；也可以给孩子拿一些玩具，用来锻炼孩子通过眼睛捕捉事物的能力。家长要在确保孩子的安全下，给孩子创造一个有利的感官发育的环境，当孩子长期处于某种环境下，对孩子感官能力的发展会有一定的效果。

想让孩子拥有良好的思想品德和性格，最重要的一个条件就是周边良好的环境，这个理论是瑞典教育家爱伦提出的。

孩子的生活环境和平时接触的环境都影响着他的大脑和感官，家长要尽量让孩子处于一个安静和谐的环境中，这样有助于孩子的身心发育，同时也会给孩子的性格培养打造一个良好的基础。

在维持环境稳定的同时，家长也可以带孩子多接触自然环境，让孩子多听、多看、多发现问题，这样也会让孩子的大脑得到锻炼。另外在和孩子接触的时候，家长也应该控制好自己的情绪，要知道家长的情绪与孩子的发展息息相关。

不少人会走入一个误区，就是觉得一个人的智商和能力是出生时就决定了的。但事实证明，后天的发育，尤其是早期阶段大脑的发育，也是至关重要的。家庭是孩子接触到的最早的社会，也是最小的社会单位，所以家庭的关系和环境对孩子非常重要。因此，家庭关系和谐，会让孩子变得更加自信、开朗。

随着孩子年龄的增长，他们和周围世界的接触也会越来越多，会促进孩子成长，所以更宽广的世界也是孩子发育周期里最重要的一环。家庭中很多情况会很明显地促进孩子的成长，尤其是教养的认识，会是比较重大的因素。

孩子的好奇心会推动孩子去认知世界、了解世界。

孩子的好奇心

9 个月左右的孩子会表现出对器官的好奇心。在这个时期的家长不要慌张。

家长们都应该知道这样一个小常识，当孩子开始逐渐用手探索世界的时候，并不代表孩子就不会去用自己的嘴巴去探索。很多孩子往往会保留着自己用嘴巴去探索世界的行为，同时会使自己的双手变得更加敏感。

因为这个时期的孩子主要是用手去感知世界的，所以要锻炼孩子手的力量，比如孩子抓东西、拿东西、包东西的方法，这样可以培养孩子正确使用手的习惯。

在现实生活中，大家可能会认为这个阶段的孩子需要一些干净的东西去玩，其实大家都想错了。在这个时候，孩子往往更需要去玩一些类似泥巴、面团类的东西，因为这种东西的形状是可以变换的，可以随着手的动作变成不同的样子，这不仅可以锻炼孩子的动手能力，还可以锻炼孩子的想象力。

这个时期的孩子也会对橡皮泥等产生很大的兴趣。家长也可以陪伴孩子一起玩儿，一起用橡皮泥或者面团捏出各种各样的形状，这样会更好地培养孩子的动手能力和大脑思维能力。

第 3 章

第一个敏感期——口欲期

发育敏感期最突出的一点表现就是嘴。

> 在孩子第一个敏感期到来之前，家长可
> 以适当做一些准备。

在第一个敏感期到来前的准备

在口的敏感期来临前，家长需要尽力帮助孩子去锻炼他的视觉能力，可以用一些简单的方式来帮助孩子得到这方面的锻炼。

1. 给孩子一个目标物体

点评 床铃是适合婴儿玩的一种小玩具，家长可以把这种玩具放在孩子的床头。在孩子没有睡觉的情况下，家长不要一直抱着孩子，让孩子自己去感受世界，在孩子无聊的时候，可以把这个玩具打开放在那里，等孩子逐渐对它失去了新鲜感，还可以把床铃上面的东西逐渐更换。

2. 给孩子提供一点声响

点评 婴儿在出生 20 天内视觉非常的弱，20 天后才能逐渐模糊地看到事物，如果在这个阶段能够让孩子听到一点声响，再配合一些可以让孩子用眼睛去观察的东西，则会让孩子很兴奋。这对孩子也有帮助。

3. 尽量使用简单的颜色

点 评 这个阶段的孩子无法接受太过于杂乱、复杂的颜色，这会让孩子变得焦躁，如果家长给孩子创造的环境让他感觉到有强烈的刺激的话，孩子就会非常难受，所以平常让孩子接触到的物品尽量采用简单的颜色，更换物品时也是只换一两种简单颜色的物品。

因为对新鲜事物的好奇，婴儿会把更多的时间放在去研究新鲜事物上，而不仅仅依赖于家长的拥抱，或是无时无刻都要和家长在一起。新鲜事物有足够吸引力的话，孩子两个月大左右，就会对这些东西产生一定的认知，他的眼睛逐渐可以在物品出现时去找寻这些东西，他的脑部神经已经可感知到这些东西的存在。

所以，在这个时期，孩子对新鲜物品会表现得更加兴奋，一旦视线内出现新奇的东西就会敏锐地捕捉到。与此同时，孩子也可以使用他们的眼神去表达他们内心的情绪。这样就代表孩子体内在更好地履行自然赋予他们的发育规律。

此外家长们也应该有所准备，在空闲时可以给孩子适当地做一些运动去增强他们的体质和肌肉力量，为即将到来的爬行阶段做一些准备。

> 孩子来到这个世界，最早能用的感官就是嘴巴。

发育敏感期最常用的感官

孩子来到这个世界，最早能用的感官就是嘴巴。孩子刚出生就有吮吸的能力，使得孩子最早的时候只能用嘴巴去了解世界、去认识世界。这段时期叫作口的敏感期。

有人发现，孩子在未出生时，在妈妈的子宫内就有吃手的行为。子宫比较小，胎儿的身体往往缩成一团，手指比较靠近嘴巴。胎儿的身体不需要怎么去控制肌肉就可以吃到手，这其实并不代表胎儿已经有了吃手的习惯。

等孩子出生之后，他们就会吃自己的手指，有时候还会经常吃玩具。很多家长都会想办法阻止孩子，其实这种做法是错误的。因为这是孩子在通过嘴认识世界的过程，家长并不需要阻止，需要做的就是保护好孩子，防止孩子发生危险和意外。

孩子出生后，因为没有了子宫的狭小空间，他们无法再蜷成一团而轻易地吃到手指，更因为没有肌肉控制能力，无法将手带到自己嘴里。

所以尽管他们想去吃手，但是却丧失可以随时吃到手的环境，由于这从母体先天带出来的习性，他们将重复锻炼自己的能力，去锻炼使用自己的手，以满足自己的需求，婴儿的大脑会不断地调整自己全身的肌肉去试探以什么样的形式才可以吃到手。

其实婴儿本身能够感受到妈妈的奶头和手指之间的区别。因为无论是吃手的嘴巴和被吃的手都是婴儿自己的身体，他的大脑能体验到这两者不同的感受，因此吃手对其大脑的发育也会有很大的帮助，还可以促使孩子身体内的神经元之间的连接，使孩子大脑的发育良好。

吃手给孩子的精神带来了满足，孩子在吃完奶后，会把手放进嘴里啃。吃手其实是为孩子把其他东西放进嘴里啃做铺垫。这样下来孩子才能良好地进入口的敏感期。

> 口的敏感期其实和其他的阶段是一样的。

口敏感期

口的敏感期其实和其他的阶段是一样的，只不过孩子是主要用嘴巴去感受这个世界，去了解这个世界上他所能接触到的所有东西。

口欲敏感期又被称作口欲期或者口腔敏感期，是孩子成长的必经之路。孩子在世界上体验到的第一个感官是口，他们不仅使用嘴巴吸吮手指来获取安全感和快乐，还用它来探索所有未知事物。他们的嘴巴不只会品尝味道，还能识别东西的材质、硬度等。在能灵活移动之前，这种方式是婴儿感知这个世界的最初方式。

但是口必须要有手去协作，想让孩子能够尽早地学会用自己的手，在幼儿时期就不要阻碍孩子吃手。婴儿在经过很长一段时间后，才知道吃手的时候手和嘴之间的联系，心理学上叫作跨通道认知。对于婴儿来说，手是眼睛可以看到的，嘴巴是眼睛看不到的，嘴巴可以吃手，手可以摸到嘴巴，于是婴儿就形成了跨通道认知。

口的敏感期最显著的时候就是在孩子 3 个月大时，孩子在这个时候习惯将他身边的东西放进自己的嘴里去，并且他喜欢拿一些自己没见过的比较新鲜的玩意儿，其实他的脑部就在跨通道的融合中。

1. 不要让孩子接触很多东西

点 评 一次性接触过多的东西会让孩子不知所措，且不能对一个东西保持长久的耐心。如果不知道孩子喜欢哪一个，只要给他 3 个东西让他挑选就可以了，最好是 3 个完全不一样的东西。注意观察孩子选择的是这些东西中的哪一个，那么以后每次给孩子东西时就要放一个这种东西，直到孩子玩腻了，再把这些供他选择的东西换掉。但是要注意留下一个旧物，不要一下子全部换掉了。

2. 习惯化和去习惯化

点 评 自然规律本来就会让小

孩不断去追逐新的物品，他可能会在比较短的时间内就对一个东西丧失了新鲜感，结果自然是对这个东西不再有任何兴趣。所以当孩子在他附近发现自己从来没有见过的新鲜事物后，他会感到非常新奇，并有想要研究和探索它的欲望。其实这种丧失新鲜感的过程也叫作"习惯化"，而这种探究新的物品的行为则叫作"去习惯化"。家长在日常生活中应多注意孩子的这些行为，并给孩子留下一定的空间和时间去接受这种习惯化和去习惯化。

3. 不要给孩子过多的刺激

点评 孩子还没有开始丧失对上一个物品的新鲜感时，不要不停地给孩子一些新的东西，或是不停地变更他周围的环境，这些都会让孩子的精神受到刺激，使其容易出现焦躁、紧张等情绪，会不停地睡觉或是大哭。

4. 注意保持清洁

点评 家长应当注意把孩子日常经常看到的东西清洁干净，但也不需要太过于防备。孩子本身在这个时期就需要去增强自身的抵抗力，所以普通的清洗、清洁就可以了。

口欲期的特征表现为"好吃"，即孩子会把所有他能够得着的东西都塞进嘴里，而不论这个东西好不好吃或者能不能吃。他会吸吮自己的小手，舔身边的玩具，甚至抓起妈妈的拖鞋就咬。在这个过程中，他尽情地释放自己的好奇心，以获得快乐和安全感。一些老人有自己的观念，他们觉得孩子吃手是一个坏习惯，会让牙齿变得不齐，会让孩子身体变得不健康，所以会告诉妈妈们别让孩子吃手，避免以后造成不好的影响……妈妈们一听就有些慌了，慌忙地寻找方法不让孩子去吃手，他们试图在孩子吃手的时候把孩子的手拿开。但孩子吃手本来就是自然发育的规律，怎么可能因为家长把手拿开就不吃了呢？

如果家长强硬不让孩子吃手，孩子只能去寻找其他的替代品。孩子处于口的敏感期时如果被干扰，他当时会把口的敏感期所带来的欲望暂时地压制，但是这并不代表这个需求会完全消失。孩子不仅精神上有所

缺失，还会丧失自然发育的阶段之一，从而会对其成长发育造成不良的
影响。

　　心理学上普遍认为，在成年之后喜欢吃手指头、随地吐痰、恶意攻
击他人、喜欢说风凉话的人，往往都是因为在幼年口的敏感期时产生的
欲望被干扰或压制导致的结果。更糟糕的情况就是，孩子不想再去尝试
做任何事了，简单来说就是孩子不想动了。

> 让孩子无时无刻都存在饱腹感，是一种错误的做法。

适度让孩子感到饿

有些妈妈每天按时按点喂孩子，而且很多时候都不是在孩子饿的时候去喂，只要到点了就什么都不管了，马上喂孩子。这可能是有一些妈妈平常比较忙，无法仔细观察孩子，所以只能按时按点地喂孩子，这种喂养方式对孩子的生长发育百害而无一利。

孩子往往还没有想要吃饭的念头，也没有自己去索取食物的行为，却得到了喂养，让他没能清楚地认识到自己应当如何去使用能力，并且对人与人之间的供需没有更大的体验和认知，这些能力如果用不到可能就会被孩子自身的本能所淘汰，孩子天生自带的奋斗意识便早早地磨灭了。等到有一天我们觉得，孩子应该为自己的将来去奋斗的时候，他们却难以做到，这其实是家长的责任。

因此，在这个关键阶段，家长应当狠下心来，不要因为自己觉得孩子饿了去满足他。家长可以适当地帮助不会吃手的孩子去学会感受手指带来满足的体验，并逐渐让孩子学会去啃其他的东西。在保证卫生的前提下，家长若只让孩子吃手不去练习啃其他的东西，久而久之孩子可能会保留吃手的习性。

> 口欲期无法得到满足，孩子可能会咬人。

咬人的孩子

在面对孩子口欲期的行为时，不少家长出于卫生和安全的考虑，都会简单粗暴地去制止孩子吃手、舔咬玩具等行为。这是忽视孩子心理需求的做法。

有些妈妈可能出于种种原因，中断了母乳喂养过程，这也会让孩子在口欲期需求无法得到满足。孩子如果无法得到满足，口欲期便会延长，原本应该在1岁多结束的口欲期，可能到两岁还存在，甚至有的孩子出现了咬人或咬东西的行为。

这种口欲期延长的现象，也被称为过度补偿。孩子在口欲期过后仍出现咬手或手指甲，甚至咬人的行为就是这种现象的后遗症。孩子出于补偿心理而做出的这些行为，可能会形成不良的口腔习惯，甚至会导致牙齿不齐和错颌畸形。

2岁以后的孩子咬人，除了口欲期延长的原因外，还有以下几种情况：

1. 发泄情绪

`点 评` 孩子发泄情绪的方式有多种，咬人就是其中的一种。当孩子咬人的时候，既可能是生气，也可能是兴奋。

2. 表达恐惧

`点 评` 当孩子感到害怕时，他也可能会咬人。比如，陌生人的靠近，可能会让孩子感到紧张和恐惧。

3. 引起关注

`点 评` 孩子刚开始与其他小朋友玩耍时，缺少社交经验，再加上语言表达能力不够，当他着急想引起其他人关注时，便可能会咬人。

4. 作为语言表达的补充

`点 评` 在与人交流时，孩子由于智力水平和语言能力不足以支持他表达出自己的真实意见，有时候也会采取咬人的方式去表达。尤其是受到责备时，孩子还不会解释，可能会通过咬人来表达不满。

5. 反击

`点 评` 当孩子的玩具被抢走，或者受到其他孩子推搡时，孩子也会通过咬人反击。

6. 模仿

`点 评` 除了亲吻，家长有时候也可能会以轻咬孩子的方式来表达爱意。孩子便会模仿这个动作，以为它是亲密的表现，但是孩子无法掌握力度，于是就变成了咬人。当玩伴中有咬人的小朋友，孩子也会出于好奇而模仿。

既然已经了解了孩子口欲期的问题，那么家长就要对症下药，解决孩子咬人的问题。

1. 让孩子在口欲期获得满足

点 评 在孩子处于口欲期时，不要去阻止孩子这样的行为，只要能保证孩子的卫生和安全问题，完全可以让孩子自由地探索和满足他的心理需求。例如将孩子感兴趣的玩具、物品都清洗消毒干净；将容易给孩子造成危险的纽扣、零件、药品、尖锐物品等都妥善地放到孩子无法触及的地方。

除此之外，家长也可以引导孩子去探索。比如提供不同材质的物品，并在孩子用嘴去接触时，告诉他该物品的名称、质地和用途，以帮助孩子获得知识。

2. 让孩子意识到咬人行为是错误的

点 评 当孩子的咬人行为在口欲期之后延续下来，甚至愈演愈烈，发展成为有攻击性的行为时，家长就要采取措施了。家长必须制止孩子的咬人或者攻击行为，并保持平常心，以温和的态度替代惩罚和指责。家长不妨抱住孩子，让他安静下来，温柔地告诉他，他的行为是错误的，会给别人带来伤害。

3. 试着去理解孩子

点 评 2岁后的孩子已经有了自己的想法，咬人肯定是出于某种目的。家长可以使用倾听和同理心的方式与孩子交流，安抚孩子，以便了解孩子的所思所想。这样有助于寻找孩子咬人的原因，从而找到解决办法。

4. 解决造成孩子咬人行为的问题

点 评 口欲期以后孩子的咬人行为多半是故意的，是一种

情绪的表达。孩子可能遇到了某些自己无法解决的问题，也不懂得向家长求助和表达。家长在弄清孩子咬人的原因之后，应当告诉孩子咬人是不对的，对问题的解决没有任何帮助，然后引导和帮助孩子去解决问题。

> 咬手既可能是缺锌，也可能是孩子心理问题的反映。

突然咬手的孩子

孩子吸吮手指的行为在通常情况下都是正常的，不久之后便会自动消失。不过家长还是应当观察孩子的行为举止，以便发现其异常之处。这些行为举止包括孩子的用餐习惯，以及行走坐卧的姿势等。

如果一个孩子突然吸吮手指，这可能是因为孩子缺锌导致的，要及时带孩子去检查微量元素；也有可能是孩子心理问题的反映，即孩子通过这种行为来获得心理安慰。

和孩子一样，成人也会有类似的反映心理状况的表现，比如用揪头发或者转戒指来缓解紧张。

当孩子出现以上行为时，家长应当找到孩子行为背后的原因，而不是以命令的方式去制止，否则会强化这种行为。

要知道，吃手是孩子对心理压力的释放，家长应当去探究导致他们感到紧张、孤独或者担心的原因。

孩子最想获得的就是家长的呵护与理解，如果家长若不能及时给予关注，孩子甚至会采取叛逆的手段来获取。一旦孩子获得了充足的关爱，他也就不需要用安慰动作来获得安全感了。

第 4 章

感官发育和运动

生命在于运动，无论是大运动还是小运动，都是必需的，就算躺着不动，我们的身体也在运动中。

> 走出去，认知和感受世界，才能让孩子更好地成长。

让孩子走出去感知世界

曾经人们由于知识的局限性，认为孩子只要安全、健康就够了。因此常常会将婴儿隔离在育婴房里或者婴儿车里，避免婴儿与外界接触。

在这样的环境中，由于缺少与外界的交流，缺少妈妈的关爱，孩子会感觉到孤独，从而损害他们的精神健康，影响他们的生长发育。

孩子在家庭中成长，最终要融入社会，因此家长应该带孩子多出门去见识更广阔的世界。当孩子在室外活动时，家长应当关注他的一举一动，以便发现他的兴趣点。当孩子对某物表现出好奇的样子时，家长应当让孩子尽量靠近它，以便孩子继续观察。

室外活动是对孩子行为能力的锻炼，孩子与外在环境接触的过程会形成自己的性格，对孩子的生长发育十分有利，因此，家长不应当将他关在窄小的空间里。

满足孩子的好奇心，让他们尽情地成长。

满足孩子的好奇心

孩子从出生起就想尽办法去探索这个世界，这个世界的一切对于他来说都是非常新奇的。随着孩子逐渐成长，他对这个世界愈加好奇。

孩子总是习惯地利用自己的运动去了解一些新鲜事物，尝试着通过运动到达自己想要去的地方。

在孩子学会走路之前他们往往通过爬来达到自己的目的。

爬行的时候需要四肢的协调，更需要大脑的支配，腰部和屁股都需要离开地面，也就是说全身的肌肉都在接受锻炼。这是孩子第一次通过自己的努力到达自己想要去的地方的一个尝试，学会了爬行这项技能，孩子们一般都是很开心的。因为他们可以通过爬行到达任何他们想要去的地方，他们不需要一直被家长抱着了，完全可以通过自己运动达到自己的目的。

随着这样的一种现象的到来，孩子们也逐渐从以手作为敏感器官的时期转移到以腿为敏感器官的时期。

学会爬行不久后孩子就会学习走路，这会令孩子更加欣喜，他们发现自己拥有了可以较快行动的技能，这个时期的孩子会非常喜欢走路。

伴随着孩子开始稳稳当当地走路、跑步，孩子可以接触更广阔的世界了，他的好奇心也会越来越重。一旦他对一件事物产生了兴趣就会用他自己的方法对事物进行研究，孩子在研究新事物时，不只是让其遵从自然发育规律去发展，必要时，家长可以协助孩子，为孩子准备必要的道具。

比如孩子在对水有兴趣的时候，家长可以准备一些容纳水的器具，这样孩子在用这些器具去盛水时，就可以感受到水和这些器具所产生的联系，进一步去发现和理解空间架构和物品之间的容纳和被容纳的关系。在这个阶段，所有的东西都可以成为孩子的道具，孩子会来回琢磨这些东西，去研究这些东西之间的差异及联系，与此同时，家长也可以让孩子注意这些东西之间的状态和特性，例如水是有温度的，温度是可以变化的。

孩子的道具其实没有什么特定的要求，但越是有可塑性的道具，孩子越有兴趣，比如沙子、土、橡皮泥等。

> 发展孩子的动手能力，有助于孩子大脑的发育。

发展孩子的动手能力

红红是个特别酷爱手工制作的小女生。爸爸妈妈看到她非常喜欢手工制作并没有反对，而且经常会陪红红一起看一些手工制作的小视频，并且在看过以后，爸爸妈妈还会帮助红红一同把手工作品完成。同时他们做的工艺品大多都利用了废弃的物品。爸爸告诉红红说："我们应该好好地利用这些废弃物品，变废为宝，同时也是一种环保节约的理念。"后来在爸爸妈妈的影响下，红红自己动脑利用废弃物品做了许多有用的东西。

人的工作依赖于锻炼，换句话说，人的心理寿命会受到其工作的影响。假如某个人不做任何工作，其心理状况也会随着没有工作而变得非常的沮丧。就像现实中某个人放弃了学业和工作，每天只在床上躺着什么都不用做，心情一定会变得十分郁闷。同样他的肌肉功能也会因为长时间不工作而开始受损，慢慢地衰退，精力也会跟着减退。

人类的手是通过后天的锻炼解放出来的，手工制作的技术和人们思想的发育是有关的，因为越是精致的作品需要的灵活度是越高的。从历史上人类的每一个文明来说，几乎每一个文明都会留下大量的艺术品。所以对孩子智力发育的研究应该和孩子手部训练的情况相联系。

倘若没有手，孩子的智商可以发育到一个水平，但是有了手的帮助，孩子的智商可以达到一个更高的程度，在情商方面也会有所提高。

一名外国专家经过多年的研究后得出，假如孩子不能得到尽情发挥手部运动的机会，得不到锻炼，可能他的性格会稍显稚嫩，远低于正常儿童，外在的特征为逆反、情绪沮丧、缺乏活力、懒惰。不难发现，可以正常使用手的孩子其发育更加迅速，性格上也会大大强于前者。

无论是老师还是家长都不应该偏向智力发育或身体发育的任何一边。因为想让孩子学会一项技能仅靠单纯的练习这项技能是不够的，应该倾向于提升孩子的协作能力。

　　家长不要阻止孩子做手工，其实让孩子自己多动手、多动脑做一些东西，是非常有意义的事情。并且手工制作的过程中少不了孩子的思考，他们会在做的过程中想着这里该怎么做，那里该怎么做，在某种意义上也能够在不知不觉中让孩子动脑能力得到锻炼，促进大脑的发育。所以，家长不要阻止孩子做手工，也可以陪着孩子一起做，并且在做的过程中收获知识。

身体的锻炼往往是家长容易忽略的。

锻炼不要忽视

很多家长都希望孩子都能够有个好的学习成绩，所以会给孩子报很多的补习班。明明就是一个刚刚上一年级的小学生，爸爸妈妈给他报了英语班、数学班，同时还报了明明很不喜欢的钢琴班。他很羡慕跟他一个班的亮亮，亮亮每天回家写过作业以后，他爸爸妈妈就会同意他出去玩，有时他的爸爸妈妈还会带他去公园里跑步，每次他都很开心。虽然亮亮经常和爸爸妈妈一起出去玩，但是成绩却一直都比明明好。明明的妈妈对此感到很是不解。

孩子的成绩是能够看到的，所以便会引起很多家长的注意。而大脑的发育是看不到的，家长往往会忽略。现在很多家长常常会忽视孩子的身体锻炼而看重孩子的成绩。

家长如果想要孩子的成绩有所提高，只是从主观上提高孩子的成绩，这种方法往往不会达到效果，反而会弄巧成拙。所以一定要重视孩子大脑的发育，如体育方面，可以带孩子跑跑步，或是根据孩子的爱好，陪孩子一起打篮球、踢足球、踢毽子等，也可以让孩子多和大自然接触等，这些都能够让孩子的大脑得到锻炼。

为什么说锻炼有益于孩子的发育呢？因为锻炼可给人体带来一定影响。人体构造十分复杂，一般由大脑、肌肉和感觉器官三个部分组成。大脑像指挥官，为神经系统的最高级中枢，是思维器官；肌肉像大脑的副官，控制身体保持平衡；感觉器官则像士兵，分散在各处感知周围事物变化，然后反馈给指挥官。三个部分是相辅相成，相互依靠。

平时人们经常会误以为锻炼是和其他体系完全分开的，觉得肌肉就是肌肉，只能够让我们身材变好，吃得好睡得好，仅此而已。其实有这种想法已经错了，锻炼与思维之间并不会脱节。锻炼可以帮助孩子心理发育健康，甚至锻炼和思维可能是共同成长的，并不是简单的强身健体而已。

> 在孩子很小的时候就要注重孩子的锻炼。

发育离不开锻炼

孩子的发育需要好几个步骤，首先孩子会对自身进行准备，等积蓄足够的力量后，孩子会开始观察学习身边的人，并且学会独立自主。

大量研究表明，一个人的语言发达程度跟听力是有很大关系的。一个人的行为是和视觉联系在一起的，因为人类用双眼察看周围，而且我们的手脚在动作时，更需要用双眼来协助。孩子心理的成长也和视觉、听力密切相关。

在孩子的成长道路上，第一步是通过视觉熟悉身边的环境。很明显，孩子在学会走路之前肯定要熟悉身边的环境。因此动作之前先观察基本的环境、孩子对身边环境的了解会导致后面的行为。而对身边环境的认识和探察都跟身心的成长有关，这也解释了为什么孩子会长时间待在一个地方不动。

天天刚 1 岁的时候，爸爸就经常扶着他走来有去，等到天天到了 5 岁左右的时候，爸爸就经常带他去跑步，久而久之每天的运动，成了父子俩人的习惯，同时跑步锻炼也让天天的免疫力得到提高，而且经常运动也让天天认识了许多朋友，性格也变得更加活泼开朗。

锻炼对孩子的未来有着非常重要的意义。

首先，从最直观的角度来说，锻炼能够强身健体，能够增强孩子的免疫力。其次，锻炼也能够让孩子的身心得到释放，当孩子面对一些不开心的事时，通过锻炼，也能够减轻内心的不开心或者不快乐。所以说锻炼不仅仅能够保证孩子身体上的健康，同时也能够保证孩子心理的健康。因此，家长应该多让孩子锻炼，自己平时也可以多多锻炼，起到榜样作用。

遵守自然规律和孩子的内心世界是孩子锻炼发展的重要方面，这需要遵循两个方向：第一是孩子双手的发育，第二是孩子行走与维持身体平衡的能力，而这些都需要通过锻炼来完善。

第 5 章

大动作的发育

当孩子开始喜欢对外界的动作进行模仿时，
这就代表着孩子已经进入动作敏感期。

> 了解孩子的动作技能，可以帮助孩子更好地度过敏感期。

了解孩子的动作技能

依依是个比较淘气的小女孩，她小的时候就爱动，躺在床上的时候小腿就在那里蹬来蹬去，有时睡觉的时候，她的小手指头还会动一下。当依依学会走路和跑步后，别提多淘气了。她总是跑来跑去的，并且自己还很开心，每次奶奶带她去公园里玩，回来以后，奶奶都会说："依依跑得太快了，我都要追不上了。"

需要身体肌肉锻炼的行为都被称为动作技能。而孩子的动作技能主要分为两大类，一类是需要很多肌肉一起共同完成的动作，称为大动作，如孩子的走路、跳跃、奔跑等。

另一类就是不需要过多的肌肉一起工作的动作，称为精细动作，如孩子一个手指头的活动、脖子的扭动等。

家长应该经常留意孩子的动作，这些动作既包括大动作，也包括小动作。家长也可以为孩子的动作设置一些难度，引导孩子做一些没有做过的动作。

在运动的时候会发现，大动作和精细动作是会同时发生的，二者相辅相成。很多的动作需要这两个动作的配合。比如，在孩子 1 岁的时候，他会在睡醒之后，第一时间翻转身体（大动作），看到妈妈的一瞬间会冲妈妈微笑（精细动作）。再比如孩子玩玩具的时候，需要用大动作伸手去够和精细动作抓来共同完成。由此可见，很多动作都是精细动作和大动作的相互配合才得以完成的。

家长在平时照顾孩子的时候，要多注意孩子使用四肢和手脚的习惯，这样才可以更好地让孩子健康发育。

比如，可以在孩子玩玩具的时候给他增加一点难度，或者引导孩子去做一些之前没有做过的动作，只要是在不影响孩子身体健康的情况下，就可以多让孩子尝试一些动作。但是最好不是孩子很难完成的，难度要设置成需要努力一下才可以达到。这样不仅会让孩子更加喜欢运动训练，还可以激发孩子的大脑发育。

孩子刚出生到 6 岁这段时间被称为动作敏感期。

动作敏感期

东东是个特别爱动的孩子，在他刚刚学会翻身的时候就翻来翻去，有时自己还会开心地笑。在东东满 10 个月的时候，他就在床上爬来爬去。家长生怕他掉在地上，便在地上做了许多的保护措施。平时躺在床上还会蹬腿，蹬来蹬去的玩得别提有多开心了。后来稍大了一些，则喜欢拉着爸爸妈妈带着他一起走路，他有的时候还会扶着一些东西自己站起来。

孩子能够健康快乐长大是爸爸妈妈最大的心愿，家长应该注意，当孩子开始喜欢模仿外界的动作时，这就代表着孩子已经进入动作敏感期了。家长这个时候要时刻观察孩子的一些动作，在帮助孩子更好地学会一些动作的同时一定要保证孩子的安全。

家长不要因为孩子做的动作有危险，就去阻止孩子做那些动作，因为这些也是孩子人生中重要的一课。孩子对动作的训练，在一定程度上能够刺激大脑发育，提高智力。

孩子从刚出生到 6 岁这段时间被称为动作敏感期，具体的行为表现有下面几种情况：刚刚呱呱坠地的孩子就有吃母乳的本能；刚生下来时就会不由自主地去抓住护士或者妈妈的手；稍微大一点，还能逐渐学会一些简单的动作，如爬行、走路等。

这些表现都说明孩子正在通过自己的肢体行为来探究周围的环境。这种行为会一直持续 6 年左右。在孩子 0 ～ 6 岁这一时期，陪孩子做一些小游戏会令他们的手脚和大脑发育得更快、更加敏捷。在锻炼孩子手和脚灵活程度的同时，也会促进孩子的智力发育。

平时为了正常生活所做的各项行为的动作被称为是基础运动。而这种运动又被划分为不同的内容，比如大动作和精细动作。

其中的大动作包括我们日常所能接触到的必需的日常锻炼，如走路、坐、爬行、跳远、跳高、奔跑、下蹲等。

进行这样的训练有利于孩子手脚协调和智力发育，还有助于孩子集中注意力，让孩子的注意力和手脚相协调。在这个过程中，孩子也会感受到喜悦，有利于家长引导孩子去完善其运动协调性。

> 爬行是孩子成长的必经过程，家长不能因为怕脏就阻碍孩子的爬行。

爬行

当菲菲10个月左右的时候，就开始喜欢在地上来来回回地爬，去追那些喜欢的玩具；当菲菲一周岁的时候，就喜欢尝试进行跳跃，并且拉着家长的胳膊和衣物，尝试着在地上行走；一段时间以后，她就可以扶着周围的一些固定物缓慢地走路了；逐渐地，她便可以自己行走了。

孩子一般会在7～10个月的时候学习爬行。这是孩子应该要经历的成长历程之一。在这个阶段里，孩子爬行练习得越多，他长大后走路走得就会越稳。

在孩子学习爬行的时候，家长们要注意检查孩子身边有没有危险物品，如碎玻璃、硬塑料等，可能让孩子受伤的东西；要把一些危险的、尖锐的东西，放得离孩子远一点，如电器、坚硬的物品、桌椅等。

在孩子学习爬行的时候，家长可以使用一些有趣的玩具来诱导孩子爬行，但是也要注意避免磕碰到一些尖锐的东西，家长也可以做爬行的动作让孩子模仿。

孩子在学习爬行的过程中，一定会弄脏衣服或身体，这个时候有的家长觉得洗衣服或给孩子洗澡很麻烦；有些家长会担心自己的孩子每天练习爬行，太辛苦了。总之有各种各样的原因使得有些家长不愿意让自己的孩子去练习爬行，所以有些孩子没有经历爬行的过程就去学习走路。甚至有些家长认为，自己的孩子没有学爬行就会走路了是一件很骄傲的事情，家长们千万不要这样想，这样的想法是很不科学的。

爬行，是婴儿时期一项特殊的身体活动，是连接孩子坐和走之间的活动，更是孩子运动生涯的一个重要的里程碑，对孩子未来身体机能、生理及心理方面都有很大益处。

在学习爬行的时候孩子需要用到全身的肌肉，他的手和脚都必须要触地，头和躯干则是需要离开地面的。这样的锻炼不同于走路，其有助于锻炼孩子的肌肉能力及平衡力和身体协调性。

1. 爬行有利于手脑协调发展

点 评 爬行可以帮助大脑发育，加强大脑对手、脚、眼等神经运动的调控，有利于平衡感、手眼协调能力、精细动作的发展。

2. 爬行扩大了孩子认知世界的范畴

点 评 通过爬行，孩子接触的世界更广阔了，思维、语言和想象能力能够在更大的空间中得到发展和提高，从而促进认知能力的发展。

3. 爬行可以全方位训练孩子

点 评 爬行过程涉及抬头、翻身、打滚、匍匐前进等环节，最终是学会爬行。其间要经历很多次的学习、实践，每次的学习、实践都会调动和激发大脑的积极性，因此，充分的爬行可以对孩子进行全方位的训练。

4. 爬行可以锻炼身体

点 评 因为爬行需要借助于头颈部、胸部、腰背部、臀部及四肢肌肉的力量，这个过程同时也会消耗大量能量，因此爬行有助于促进新陈代谢，锻炼孩子的身体。

5. 爬行可以锻炼眼睛，有助于视力发育

点 评 婴儿的视力发育尚不健全，1 岁孩子的视力是 0.5 左右，而爬行可以让孩子看清原本看着模糊的东西，有利于视力发育。

6. 爬行是孩子独立探索世界的过程

点 评 爬行有助于培养孩子独立意识和自信心的发展。孩子由坐到爬，这是他第一次靠自己的努力去了他想去的地方，第一次享受到空间的自由和自我做主的愉悦。

> 和爬行一样，站立是孩子行走的坚实基础。

站立

笑笑是家里的第一个孩子，爸爸妈妈、爷爷奶奶、姥姥姥爷都非常喜爱她。家人们也都很重视对她的教育，爷爷奶奶就很喜欢给笑笑讲故事、放音乐，不停地跟笑笑讲话，想要让孩子从小就很聪明。

在笑笑8个月大的时候，因为家里人一个不小心，笑笑站着从床上摔了下来。笑笑当时大哭不已，爷爷奶奶心疼得要命。从那个时候开始，奶奶就不愿意让笑笑自己一个人坐着或趴着了，而总是把笑笑抱在怀里。后来笑笑大了一些，爷爷奶奶看她身边的同龄人都会很开心地在爬行垫上爬来爬去和站立了，爷爷奶奶想，笑笑也应该学着去爬和站立了，可是无论他们怎么努力，笑笑就是不愿意。

面对这种情况，家长们开始有些着急了，他们从刚开始的慢慢诱导变成了强制。可是，无论是诱导还是强制都无法让笑笑爬行、站立，更别说行走了。一旦离开家长的怀抱笑笑就哭个不停，必须要家长把她抱在怀里，她才会停止哭闹。

难道是笑笑身体有问题？或者是站立太难了？

其实都不是，如果再早一些让笑笑学习爬行和站立的话，相信她一定可以学得很好。

出生 7 ～ 12 个月是孩子学习站立的最好时机。而学会站立，又是为学习走路打下基础。站立过程同样是孩子们生长中很重要的一个经历。

俗语说得好，三躺六坐八爬场。正常情况下，孩子在 8 ～ 9 个月的时候就能学着爬，然后才是学着站立，1 岁左右才可以学会走路。

有些家长会觉得让孩子直接锻炼走路会更好，但这是错误的。孩子的腿部骨骼尚未发育成熟，过早站立对于孩子的身体发育有一定的危害。

1. 腿部变形

点 评　孩子在下肢骨骼没有完全发育成熟的状态下，过早地负重走路有可能会出现"O"形腿或者是足部外翻的状况。因为孩子在负重站立的时候，脚丫的内侧着地，时间一长就容易导致足部外翻。

2. 脊柱发生弯曲

点 评　过早地学习站立和走路对于孩子的脊柱和骨盆来说有负担，而且容易产生不对称，最终会导致孩子的脊柱出现侧弯。

3. 容易受伤

点 评　孩子 1～3 岁期间是骨骼塑性比较强的阶段，因此，过早站立会导致骨骼弯曲变形，影响孩子的健康。因为孩子的平衡能力不是很好，很容易摔跤，摔跤也会对孩子造成一定的心理阴影，以后有可能就不会放心大胆的行走了。建议家长们不要过早对孩子使用学步车及学步带。

当孩子颤巍巍地迈开第一步的时候，家长们就会有巨大的成就感。

行走

1~2 岁是孩子的行走敏感期，在这个期间的孩子，可以用行走来帮助自己移动，探索世界。从孩子学会走路的那一天起，孩子就拥有了更多的探索新事物、新环境和探索世界的能力。孩子还会因此获得对于世界更加丰富的感知，这将帮助孩子的智力发展。

一岁左右的时候，孩子开始蹒跚学步。由于孩子的骨骼发育并未完全，肌肉发育也不够强壮，他们并不能走得特别稳，而且容易摔倒。如果还是想要走路就需要家长在后面扶着，因为孩子个头儿比较小，家长扶着孩子的话就会非常吃力。相比于扶着孩子走路很多家长更愿意抱着孩子。

这个时间段的孩子还有一个特点：那就是他们不走寻常路。比如平路他们是不喜欢走的，他们喜欢走楼梯或者坑坑洼洼的地面，这会使他们的摔倒频率升高。大人们基本上都很难理解孩子的这种行为，因为在大人的认知里他们会选择更加便捷的方式去达到自己的目的，而不是选择一条最难走的路。孩子则恰恰不同，他们对于世界的好奇心远远胜于

一切。

想帮助孩子在这个时期内良好发育就要了解孩子为什么会对自己的腿如此痴迷。其实无论是腿、手还是嘴巴，都是孩子利用自己的身体去探索外界的媒介。

这个时期的孩子主要是通过爬行和走路来观察和探索这个世界的，他们想要去一个什么样的地方，如何到达这个地方，选择走什么样的路径，这些问题只有孩子自己知道，家长们永远是猜不透的。

在不影响孩子身体健康的情况下，希望家长们支持孩子去探索新事物。不要一直纠结于孩子是否会摔倒，摔倒了是否会哭，孩子是否会弄脏自己的衣服等问题。

要知道，这个时期对于孩子来说只有一次，并且是非常珍贵的一次，错过了就不会再有这样的机会了。

这个时期的孩子往往都是为自己学会走路而打下基础，在这个时候，家长一般都会搀扶着自己的孩子去走路，或用架着孩子胳膊等办法去帮助孩子学会走路。这个阶段的孩子，站立与爬行交替进行，家长在孩子学习的时候应该给予他多一些的时间和耐心，不要着急，也不要看到别人家孩子比自己家孩子学习得快就急不可耐。正常情况下，孩子学会走路基本上都在 10~15 个月，在这个时间范围内都是正常的，早一些或者晚一些都没有太大关系。

刚开始学习走路的时候孩子会经常摔倒，这些都是正常的情况，家长不要因为孩子摔倒就感到担心。哪怕孩子因为学习走路，摔倒哭了，也不要放弃教孩子走路。

但是家长需要确保孩子走路环境的安全，比如周围有没有什么比较容易撞到的东西，在孩子所要经过的道路中有没有阻碍物，家长要帮助孩子去清理这些走路环境里的阻碍。

在孩子摔倒的时候，有些家长会用打地面，打桌子、椅子的方法来安慰孩子，说，"都怪它们把你绊倒了，我打它就不疼了"。其实家长的这种做法是错误的，经常这样容易给孩子造成不好的影响。孩子会觉得，我的摔倒跟我自己是没有关系的，而是因为

这些桌子、椅子和地面的原因。等到孩子长大了就会形成一种犯了错误就推卸责任的心理。

当出现了这种情况，家长应该用正确的方式引导孩子。首先，可以把孩子扶起来，看看孩子有没有受伤，如果没有受伤的话，那不必太在意。或者跟孩子说一下解决这个问题的办法，比如告诉孩子，下次我们走路的时候，把身边的这些障碍物都移走，这样下次就不会摔倒了。

下面这几点是家长需要注意的：

1. 对待这个时期的孩子，要极其有耐心，不要因为嫌累或者对孩子的行为不解就把孩子抱起来。哪怕是孩子自己要求待在家长怀里家长也要拒绝孩子，更不要在孩子想去观察世界的时候把孩子牢牢地抱在怀里，任凭孩子哭闹都不愿意放开。

2. 大人一般都不会了解孩子这个时期在想什么，那么最好的办法就是跟着孩子做，孩子想去哪里你就跟到哪里，孩子想停下来你就跟着他一起停下来，这种方式叫作陪伴式成长。

3. 不要给孩子买那种带声响或带亮光的鞋。这种鞋子看起来好像引起了孩子对于走路的兴趣，但其实孩子注意力都被鞋子所吸引了，就没有办法感受其他事物了。时间久了他觉得厌烦了就不想尝试着去探索世界了。所以在这个时间段自然的感知才是最重要的、最美好的。

有的孩子走路晚，家长也不用过于心急。

孩子走路晚

萱萱带1岁5个月的儿子去楼下的长椅晒太阳。孩子还不会走路，但是已经会支支吾吾地说话了。这时候小区几个妈妈辈的阿姨坐在旁边的圆桌上聊天，看见小宝宝，有个阿姨就问小宝宝多大了。当一个阿姨知道孩子还不会走路，立刻就用惊讶的语气说："哟！这么大了还不会走路，你家娃将来不聪明啊。"身旁的几个阿姨都用同情的眼光附和着，萱萱瞬间心里像针扎一样难受，自己十月怀胎生的孩子，去医院检查过，身体没毛病，如今却被人这样指点。我的孩子为什么孩子走路晚呢？

如果发现自己的孩子走路晚，首先要去医院检查。当排除病理原因后，孩子走路晚只是发育比一般宝宝晚，但走路晚并不能代表孩子的智商低，这与智商高低没有直接联系。因此家长只要耐心等待，孩子早晚会站起来勇敢地迈出第一步的。

1. 与下肢肌肉发育有联系

点 评 孩子普遍在 10 ～ 15 个月左右就会走路了，有的宝宝会有一定的推迟。这跟孩子发育的程度有关，孩子发育得稍微晚一些，下肢的肌肉力量不能很好地支撑整个身体，宝宝不容易学会站立走路。宝宝如果缺钙，应该及时补钙，促进宝宝的骨骼发育。

2. 与小脑发育有联系

点 评 孩子走路晚与智商没有直接联系。孩子会走路，与宝宝的平衡性有关系。宝宝的平衡性又与小脑发育有关系。小脑是用来更好地调节身体平衡性的，这也就说明孩子的小脑发育好，就能更快地调节手脚的平衡性，孩子就能更快地学会走路。反之，孩子的小脑发育慢，孩子学会走路就会晚。

3. 冬天出生的宝宝走路较晚

点 评 1 岁左右是走路的关键时期，但是冬天宝宝穿得比较厚，家长怕地板凉就不让孩子爬行。宝宝的四肢活动不方便，不经常爬行会影响骨骼的灵活度，因此冬天出生的宝宝学会走路比较晚。家长如果不想错过走路时机，在冬天记得让孩子在床上或者有地暖的地板上，多活动一下身体，早日迈出第一步。

跑人人都会，但是孩子真的跑对了吗？

跑

　　有一天豆豆一家去公园玩，妈妈突然心血来潮，说咱们一起跑步吧。于是妈妈和爸爸在前面跑，豆豆在后面跟着。大概也就跑了 500 米的，妈妈回头一看，发现豆豆落后得有点多，而且还跑得气喘吁吁。"怎么才跑 500 米就累成这样？"妈妈有点纳闷。"你看豆豆跑步姿势是不是有问题啊？"爸爸一句话提醒了妈妈，妈妈仔细观察发现，确实，小家伙的跑步姿势有点不一样：感觉

肩有点斜，两个手臂不自然地前后摆动，而且手掌很无力地耷拉着，手臂在胸前左右摇摆着。身体不是昂首挺胸，而是很往前倾，气喘吁吁、步履艰难的样子，看起来随时都会跌倒。

现在，国内的儿童基本上处于运动的饥饿状态。因此，必须增强孩子的体育锻炼。作为孩子在学会走路之后的第一项运动，跑步对于心血管、四肢、脊椎、内脏，以及全身性的运动器官的释放是最简单、最全面、最有用的一项运动。

除了可以增强体魄外，跑步还能培养孩子的耐性、忍受力、竞争意识、目标性、合作意识，同时，使孩子体验超越自我的过程。但是要注意，在孩子跑步的时候家长还需教给孩子一些必要的常识。

1. 保证孩子安全最重要

点 评 在孩子跑步的时候一定要注意他的安全。跑步过程中由于摔倒而导致手腕、手肘和头部的擦伤是很常见的。跑步前告诫孩子务必注意安全。比如，不要在马路边或人多的地方跑步，以免互相碰撞；跑步时眼睛要向前看，避开土堆、碎石等障碍物，以免跌伤。

2. 教会孩子保护自己的身体

点 评 家长要教给孩子一些卫生常识及跑步的技巧，逐步让他们学会科学的跑步方法。让孩子记住如果跑步出现疼痛感觉，需要第一时间告诉大人。成人可先带着孩子一起跑，让孩子掌握适合的跑步速度。

3. 热身、拉伸，一样不可少

点 评 和大人跑步一样，孩子在进行跑步锻炼之前也要进行充分的热身运动，锻炼后再进行拉伸运动。这都是跑步过程中必不可少的步骤，热身和拉伸可以尽量让孩子避免运动损伤的情况。

4. 跑步的距离

点 评 孩子不要一次跑太长的距离，更不要挑战极限，因为孩子的体能是有限的，且在生长阶段，过远的跑步距离会造成身体不适，一定要适量运动。另外跑步距离较短的好处就是节奏紧凑、刺激好玩，可以吸引小朋友参加

运动，完成后他们会有成就感。

5. 增加跑布量要循序渐进

点 评 对于孩子来说，一定要循序渐进地提高跑量，如果未经过训练，直接进行长距离跑步，则会引起身体的不适，甚至导致严重的后果。这一点是特别需要注意的。

过于密集且大量运动会使孩子受伤或者导致孩子对跑步失去兴趣。要保证孩子每天跑布的量和跑步次数能够当天恢复身体机能，这不可忽视。一旦大意了，就失去了跑步本来的意义。

6. 正确引导孩子对跑步的心态

点 评 还需要注意的是，在孩子跑步过程中，需要家长主动引导孩子对跑步产生积极心态。否

则孩子可能会越来越厌恶跑步。在平时，家长要积极赞扬，要多鼓励孩子的进步。对不擅长运动的孩子，严厉地斥责只会让孩子失去信心。积极赞扬孩子微小的进步，没有时间和距离的提高也可以表扬其他方面，比如跑步姿势等。

跳跃是孩子成长早期不容忽视的运动。

跳跃

跳跃是孩子成长早期不容忽视的运动。跳跃动作的熟练有助于孩子很多方面的发展。比如，他的性格会变得更活泼、喜欢表现自己、不怕生，并且在学习舞蹈时，会学得很快、很协调。

但跳跃的时候必须要有正确的姿势，即两脚稍稍分开，呈半蹲状，小屁股微翘，攥紧小拳头，然后起跳。动作一定要做得标准，不然容易扭伤。

1. 投篮

点评 家长可以带孩子去打篮球，做一些跳跃运动，让孩子跳起来投篮。通过投篮可以调整头部的位置，维持身体平衡，不仅促进神经、肌肉和骨骼的发展，还增加了孩子的运动技能发展。

2. 跳圈圈

点评 在地上用彩色笔画好各

种颜色的圈子，孩子在家长的指令下跳进不同颜色的圈子里，训练孩子的跳跃能力。

3. 摘果子

点 评 将不同颜色的彩球挂到一个稍高的地方，让孩子向上跳去抓彩球，并加以表扬。

4. 跳数字

点 评 将准备好的 1～10 的纸板放到地上，然后让孩子在数字上跳，从 1 开始跳到 10，再从 10 跳到 1。不仅让孩子学会了跳跃，更让他学会了执行指令，同时也让孩子认识了颜色、形状和数字。

5. 跳绳、跳远

点 评 跳绳时要求孩子边跳边数，跳远时要求孩子自己测量。跳绳可以锻炼孩子的耐力和记忆力，跳远可以让孩子了解长度的概念，同时也锻炼了孩子的协调能力。

第 6 章

精细动作的发育

除了大动作之外，不需要过多的肌肉一起工
作的，被称为精细动作。

孩子在半岁以后，他们的小手不会闲下来。

闲不下来的小手

旭旭是个上初三的孩子了，他很喜欢读书，家里总放着许多的书。他还有个一岁多的妹妹悠悠，旭旭平时很喜欢陪妹妹一起玩，可是现在他不想搭理妹妹了。因为昨天妈妈带着妹妹到他的屋子里玩，妹妹很好奇哥哥的书，虽然她看不懂。后来她趁妈妈不注意的时候，把哥哥平时喜欢看的书都撕烂了。旭旭放学回家，发现以后很生气，虽然妈妈答应给他再买一本，可是他还是很生气，不想和妹妹一起玩了。

家长会发现，孩子在半岁以后的，他们的小手便不会闲下来，可能会开始用手撕周边能看到的纸。其实这正是孩子精细动作的发育，同时也体现了孩子的智力发育。

精细动作一般是指手上的捏、握、屈、旋转等动作，还有托、扭、拧、撕、推、抓、刮、拨、压、挖、弹、鼓掌、夹、穿、抹、拍、摇。

家长在训练孩子精细动作发展的同时，应该认识到促进肌肉发育和发展精细动作的作用，还要认识到手的发育与大脑发育之间的密切关系。早期精细运动技能的顺利发育和有效发展有利于早期脑结构和功能成熟，进而促进认知系统发展。

> 不同阶段的精细动作发展进程是不一样的，家长不能用高标准来要求孩子的精细动作。

不同阶段的精细动作发展

精细动作的培养，主要是依靠幼儿亲自动手操作来实现的。正是伴随手部动作的发展，幼儿的身体及智力才取得了进步，手部动作无论是对身体机能的促进，还是对认识思维的影响，都能从幼儿智力发展上体现出来。因此常说"儿童的智能在他的手指尖上"。

1. 1 个月会紧握拳

点 评 这个时候，只要你触碰孩子的掌心，孩子就会紧握拳。比如我们的手碰到孩子的掌心，他马上攥拳，这就是他的抓握反射，像猿人抓握树枝一样。随着孩子逐渐长大，这种能力就由被动地抓发展为主动地抓。注意不要给孩子戴手套，应让他能自由地挥动拳头，看自己的手，摆弄自己的手。

2. 2 个月会有意识地抓

点 评 2 个月的孩子已经可以

有意识地抓了，比如我们把一些东西放到孩子的手心里他就可以攥一段时间了，1 个月的时候可能拿着马上扔掉了，到 2 个月的时候就可以留一会儿。经常刺激孩子手心，促进抓握反射；让孩子触摸一些不同质地的玩具，帮助孩子手部灵活发育。

3. 3 个月抓握时间更长

点评 3 个月的时候孩子的抓握时间加长，而且他的两个小手会搭在一起。可以拿一些颜色鲜艳、有悦耳声音的玩具给孩子看，激起他产生抓握、玩耍玩具的兴趣；把玩具放到孩子手里，让孩子去抓握。

4. 4 个月能攥能摇，眼睛还能盯着看

点评 孩子又长大了一个月，这时候他不仅能够攥住，还可以摇动，摇动的同时用眼睛看。家长可以摆几种能吸引孩子的玩具，如玩具娃娃、波浪鼓，让他练习主动抓握。玩具可以从大到小反复练习。如果孩子抓不准，可以帮他把玩具移到准确的方位；一个人抱着孩子，另一个人拿玩具放在约 1 米远处逗他，看孩子是否会伸手去拿，如果孩子不伸手，则引导他去触摸、摆弄这些玩具，为以后的伸手抓握打下基础。

5. 5 个月能抓住近处的玩具

点评 5 个月的孩子就能够抓住近处的玩具了，这个时候可能一只手就能握住。在孩子面前悬挂一些颜色鲜艳的玩具，让孩子去抓握。开始放在孩子一伸手就

能抓到的地方，然后慢慢移到远一点的地方。可以时常更换不同材质的玩具，使孩子在抓摸过程中接受不同刺激。每次训练的时间不宜过长。

6.6 个月会进行撕纸活动

点评 半岁了，孩子可以进行最初的撕纸活动了。可以教孩子撕纸，培养他的手眼协调能力，锻炼手的精细动作；有意连续向某只手传递玩具或食物，大人示范将手中的东西从一只手传到另一只手，让孩子反复练习，学会"倒手"；继续训练孩子够取小物体，物体从大到小，由近到远。

7.7 个月能握住小东西、小物件

点评 7 个月了，孩子可以将

葡萄干这类小东西握到手里了。

8.8 个月能拿起来小东西、小物件

点评 8 个月的孩子可以用 3 根手指把小纸片或者小的葡萄干拿起来了。

9.9 个月可以对捏

点评 这个时期，孩子的手掌可以进行对捏。

10.10 个月能非常准确拿起来小物件

点评 到了这个阶段，以上这些精细动作孩子都非常熟悉了，像是小药片或者小的颗粒物，孩子都可以很准确地拿起来了。这时可以让孩子练习用拇指配合其他手指抓起积木。

11. 11 个月会"找"东西

点 评 11 个月的时候，孩子学会了"找东西"，如果你把小积木包起来、藏起来，孩子就会把这个纸打开，然后把积木找到并拿出来。可以训练孩子用一只手的玩具触碰另一只手中的玩具，发出声音时，给予奖励，这样能促进手、眼、耳、脑感知觉能力的发展。

12. 1 岁对画画的掌控能力更强了

点 评 1 岁了，孩子可以自发地画画了，想怎么画就怎么画，基本上孩子画的时候不会停笔。等 1 岁半的时候，孩子便会模仿画道道了。

13. 21 个月可以进行更精细的动作

点 评 比如说可以用玻璃丝串扣子、串洞。而且这时候孩子能够真正画一个"道"了，控制力会非常好。

14. 2 岁半可以扣扣子

点 评 孩子可以真正连续地把扣子串起来了，而且可以进行拼接的活动，如搭积木、搭小桥等。

15. 33 个月模仿画圆了

点 评 这时候，孩子可以模仿画圆了。

16. 3 岁可以模仿画十字

点 评 孩子 3 岁的时候可以模仿画十字，即横竖了。把这个竖线和横线搭起来交叉的时候也是一种控制能力。另外他还可以折纸了。

17. 3 岁半可以熟练对齐折纸

点 评 这个时候，孩子的折纸动作已经可以"一折"然后"再一折"了，并能熟练地对齐，然后把边压上。

撕纸不是捣乱，它也是孩子自我锻炼的一种。

撕纸也是锻炼

孩子小的时候总喜欢做一些稀奇古怪的事。比如在孩子不满 12 个月的时候，会比较喜欢撕纸。

1 岁左右的孩子，身体和眼睛已经开始慢慢地协调起来了。这个时期的孩子会特别喜欢撕纸质的东西。这其实是一件好事情，它恰恰反映了孩子精细动作的发育，也说明孩子的智力正在发育。教育学家发现，孩子撕纸的时候会感到非常愉悦，这一举动可以满足孩子对于世界的好奇心。撕纸类东西的时候，孩子不仅觉得声音好听，还会因为纸的形状会不停地变化而觉得有趣。

对于孩子的这种行为，家长不要总是想着阻止孩子，因为，这样有利于孩子的智力发育，并能锻炼孩子的动手能力。家长需要选择安全的、柔软的纸给孩子。孩子玩过这个游戏之后，要记得及时给孩子洗手。

> 一起做一些小手工，可以让孩子手、脑都得到锻炼。

一起做些小手工

孩子在 6 岁之前是动手能力促使大脑发育的关键时期。家长们应当了解并遵从孩子在这个时期的发育本能，给孩子制造充分的机会，让孩子可以在运动和游戏中得到良好的发育，并给予适当的赞赏和帮助。

3 岁开始孩子已经开始慢慢有自己的行为意识了。这时候他们会对新鲜事物有很强的探究欲，并且喜欢亲手去做一些东西。家长可以陪着孩子一起做一些小手工，不仅可以增进亲子关系，还可以锻炼孩子的动手能力。

通过比较日常的家务劳作，家长和孩子之间的关系会更加亲密，还会加强孩子的动手及动脑能力，更锻炼了他日常生活的能力，可谓是一举多得。

但是要注意买一些适合孩子使用的工具。不要限制孩子的想象力，要鼓励孩子发挥自己的想象力，去制作手工作品，并让孩子自由地去创作。

后记
关于中国儿童素质早教工程

2001 年，我们开始组建"中国儿童素质早教工程"。迄今为止，"早教工程"已经出版多套图书，并且为家长们提供了线上线下联动的一整套育儿方案。

20 年来，国内育儿领域顶级专家们将自己多年的经验和科学育儿知识进行了系统的总结，在百忙中笔耕不辍，为"早教工程"的发展搭建和内容的编写奉献了大量的时间和精力。在他们的指导下，"早教工程"现在已经形成了全国完整和权威的全程育儿记录、监测、呵护和指导体系。

在"早教工程"的组建和发展过程中，我们得到了原中国关心下一代工作委员会专家委员会严仁英主任、中国优生优育协会秦新华会长、北京师范大学林崇德教授等众多专家的关心和支持，在此深表感谢。同时还要感谢早教网——佩拉早教的大力支持和全体专家的辛勤工作，使得工程图书得以陆续出版。

中国儿童素质早教工程

关于佩拉早教

佩拉早教——早教网旗下品牌。成立二十多年的早教网是国内最早的专业育儿网站之一，同时也是"中国儿童素质早教工程"的重要组成部分，现阶段主要是通过佩拉早教新媒体平台，用更加有效的方式解决用户育儿过程中的难题，并为家长和幼教机构科学、系统、个性化的育儿计划提供开放的、一揽子式的参考和专业的指导。

从网站创立初期，我们就得到了国内众多的权威知名的儿科、妇产科、脑生理、心理、行为、营养、保健、学前教育学等多学科专家组的支持,他们大多都参与了网站的内容策划搭建工作以及工程的组建工作，除了参编审阅网站和工程内容之外，有的专家还担任了一本或者多本"早教工程"系列图书的主编。

作为二十年资质的母婴早教平台，早教网 —— 佩拉早教拥有：

顶级专家 拥有国内实力最雄厚的专家团队，目前有知名专家四十多名，均来自国内知名的儿科、妇产科、脑科学、心理行为、营养、保健、学前教育学等学科，在业界享有深远的影响力。

内容权威 网站和新媒体平台有十几个频道、数十个栏目、上万篇的专业文章,这些内容均来自早教网专家组专家的权威著作,从孕前准备、孕期呵护、胎教到婴幼儿的智力开发、营养、保健和心智培养等多方面,给准家长和年轻家长们的育儿生活提供全方位、专业的指导。

服务全面 拥有完善的会员服务系统,目前成熟的有:"孩子主页系统""体格发育监测系统""多元智能测查和培养系统""经典 5 大智能测评系统"和"育儿同步呵护系统"。

多维互动 人性化的家长网络社区、权威专家的在线咨询、免费同步指导的早教周刊,完整的科学育儿书系、全方位的模特孩子征集、妈咪育儿经验的文字出版、丰富的线下聚会活动等为家长的育儿生活提供全方位的,线上线下的互动交流与分享。

最后,衷心祝愿每个孩子都健康快乐地成长!

佩拉早教

PEiLA

图书在版编目（CIP）数据

儿童 8 个敏感期教养：全八册/桂圆妈妈组织编写.
－－北京：应急管理出版社，2020
ISBN 978 - 7 - 5020 - 7947 - 5

Ⅰ.①儿…　Ⅱ.①桂…　Ⅲ.①儿童教育—家庭教育
Ⅳ.①G78

中国版本图书馆 CIP 数据核字（2020）第 019065 号

儿童 8 个敏感期教养（全八册）

组织编写	桂圆妈妈
责任编辑	高红勤
封面设计	小红帆童书

出版发行　应急管理出版社（北京市朝阳区芍药居 35 号　100029）
电　　话　010 - 84657898（总编室）　010 - 84657880（读者服务部）
网　　址　www. cciph. com. cn
印　　刷　河北赛文印刷有限公司
经　　销　全国新华书店

开　　本　710mm × 1000mm$^1/_{16}$　**印张**　64　**字数**　640 千字
版　　次　2020 年 9 月第 1 版　2020 年 9 月第 1 次印刷
社内编号　20192913　　　　　**定价**　128.00 元（全八册）

儿童8个
敏感期教养

阅读敏感期

桂圆妈妈 组织编写

应急管理出版社
·北 京·

没有什么工作比
更重要出生头三年的
婴儿更重要

2002/12/12

严仁英

严仁英

原中国关心下一代工作委员会
专家委员会主任
原世界卫生组织母婴保健
合作中心主任

儿童永远是
人类发展的明天和希望
愿全社会都来
关注伟大的育儿工程！

刘湘云
二〇〇四年

刘湘云

原上海医科大学附属儿科医院院长
中华医学会儿科学会副主任委员

丁宗一

原中国医师协会儿童健康专业委员会主任。

鲍秀兰

北京协和医院儿科主任医师，中国协和医科大学儿科教授，兼任中国优生优育协会理事和儿童发育专业委员会主任委员等。

刘湘云

历任上海医科大学儿科教授、博士生导师、附属儿科医院院长、儿科研究所所长。曾任联合国世界卫生组织（WHO）总部妇幼卫生专家委员会委员。

丁 洁

北京大学第一医院原副院长、儿科研究员、博士生导师。

刘泽伦

原中国优生优育协会胎教专业委员会主任，"八五"攻关"胎教"课题主持人。

戴淑凤

北京东方圣童儿童发展研究中心创始人和总策划，北京大学第一医院妇产科教授，中国优生优育协会理事。

区慕洁

中国优生优育协会理事，主讲中央教育台"万婴跟踪"节目中的"成长日记"。

高振敏

原首都儿科研究所生长发育研究室主任医师，与全国 12 省市同仁合作，先后完成 3 项智能测验量表。

冯国强

北京大学医学部福康之家科学育儿专家委员会副主任。

丁 辉

北京市妇幼保健院副院长，世界卫生组织妇女健康研究和培训合作中心副主任。

王惠珊

中国疾病预防控制中心妇幼保健中心儿童保健部主任。

王丹华

北京协和医院儿科主任医师、教授、博士生导师。

牛建昭

北京中医药大学教授、主任医师、中西医结合基础专业博士生导师。

王书荃

中央教育科学研究所研究员，中国教育学会儿童教育心理研究分会学习障碍专业委员会副理事长。

单中惠

华东师范大学基础教育改革与发展研究所、教育学系教授，博士生导师。中国教育学会教育史专业委员会副理事长。

张海澄

医学博士，北京大学人民医院心内科主任医师、教授。

吴光驰

首都儿科研究所营养研究室研究员、中国优生科学协会儿童营养专业委员会委员。

邓静云

原南京大学第二临床医学院及儿童保健研究所主任医师兼教授、中华预防医学会儿童保健专业学会常委。

黄建萍

北京大学第一医院儿科主任医师、教授、医学博士，硕士研究生导师。

仇凤琴

原广州市妇婴医院儿科主任医师、广东省优生优育协会专家组成员。

刘 文

北京师范大学心理科学学院博士后、辽宁师范大学教育科学学院教授。

白文佩

医学博士，原北京大学第一医院妇儿医院副主任医师、副教授。

王素梅

北京中医药大学东方医院儿科主任、儿科主任医师兼教授。

赵惠君

上海附属新华医院、上海儿童医学中心副院长。

石效平

中日友好医院儿科主任医师、儿科教授。

金 哲

北京中医药大学东方医院妇科主任、北京市中西医结合学会妇产科专业委员副主任委员。

范 玲

北京妇产医院产科副主任。

秦 炯

北京大学第一医院儿科主任、儿科教授、儿科主任医师。

薛 红

深圳市妇幼保健院原儿保科主任、儿保主任医师。

感谢各位专家对早教网工作的大力支持！
感谢早教网对本套图书的大力支持！
感谢中国儿童素质早教工程的大力支持！

感谢王东华教授极力推荐和支持

王东华，男，1963 年 6 月生，安徽芜湖人。中国教育学会家庭教育专业委员会常务理事，《发现母亲文库》总编，华东交通大学母亲教育研究所所长，教授。其研究当代大学生的教育专著《新大学人》（40 万字）为 93 深圳（中国）优秀文稿公开竞价首部成交著作。其致力人类文化启蒙的另一教育专著《发现母亲》（80 万字），1999 年一经推出，即在全社会产生广泛影响。其主编及编著的《我们是这样教育孩子的》《超薄学习》，2001 年及 2003 年分别被选作为全国妇联活动用书。由于其在母亲教育研究及普及方面的突出贡献成绩，2001 年入选《中国青年》"可能影响 21 世纪中国的 100 位青年人物"。20 余年来更是不断行进，社会影响日渐深远。

母亲教育运动的发起人与倡导者，《发现母亲文库》总编。除《发现母亲》《新大学人》外，文库推出的原创、畅销书籍近百种，累计发行近千万册。

母亲教育培训行业的开拓者和典型家教案例的发掘整理者。对全国近千名杰出父母进行了长期跟踪研究，整理出版的国内外经典案例近 50

个，约 200 万字，举办的全国母亲教育研习班数十期，培养出了大批优秀父母。

中国幼儿识字阅读（简称幼读）王氏标准的提出者，即让学前幼儿用约一年的时间学完部编版小学 6 年语文全部 12 册教科书，熟识 3300 个以上汉字，掌握 10000 个以上汉语词语，细读近百万字课文……进入自主、自由阅读状态，从幼儿抓起，从而真正提高全体国民的阅读水平。此项大型实验，正在有步骤有计划的实施当中。

策划及参与中央电视台等各类电视节目百余场，应邀担任全国及各省市"杰出母亲"评委十余次，组织各类母亲教育报告会数千场。

在中直机关、全国妇联、北京军区、中央党校、清华大学、北京大学、大庆油田、IBM 中国总部等各大机构演讲千余场，其电视讲座在百余家电视台播出。

现任全国唯一一家母亲教育专业研究机构——华东交通大学母亲教育研究所所长。

王东华
华东交通大学母亲教育研究所所长，教授
中国教育协会家庭教育专业委员会常务理事

前言

　　教育孩子就像是一道组合数学题，家长想要解开这道组合题就必须要花费许多的精力、体力。父母对孩子的爱是毋庸置疑的，父母为了孩子付出再多也不怕，可是怕就怕在力气用错了地方，不但没有起积极的促进作用，反而耽误了孩子的未来。

　　什么才是育儿的重中之重呢？作为父母又该怎么才能分清主次、明辨是非呢？怎么样才能抓住育儿的关键钥匙呢？

　　作为父母要想提前做好心理和生理上的两手准备，就必须事先了解孩子成长中各个关键时期可能遇到的问题，这样，当问题出现时，家长就可以从容面对，而不是惊慌失措。

　　0～8岁被我们划分为8个敏感期。每一个敏感期都对应了一项能力的关键发展时期，不同的孩子可能会有细微差别，但是，根据我们多年来育儿指导的经验，这个年龄段的孩子成长情况几乎是相同的。这样划分的前提是孩子的发展发育是正常的，当孩子的发展发育与同龄人有着明显差别时，家长就不能再以这个划分作为依据去教养孩子了，而是应该结合实际情况来正确地教育孩子。

目 录

contents

contents

第6章 书写敏感期，引导孩子走进阅读敏感期.........077

第7章 阅读敏感期，养成良好的阅读习惯...........087

后记——关于中国儿童素质早教工程

　　　关于佩拉早教

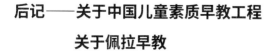

第 1 章

语言发育的敏感期

语言敏感期指的是从出生后，幼儿具有的学
习语言潜能。

> 家长越了解孩子语言发展的特点，越容易和孩子产生互动，发掘孩子的语言潜力。

语言发育从婴儿时期开始

语言敏感期指的是幼儿出生后具有学习语言的潜能，在这个阶段他们对语言的发音有了浓厚的兴趣，并且喜欢通过自言自语或模仿别人来进行语言学习。

家长越了解孩子语言发展的特点，就越容易和孩子产生互动，从而发掘孩子的语言潜力。

从孩子出生起，不管是孩子的第一声啼哭，还是第一次叫"爸爸""妈妈"，家长都欣喜万分。如果孩子的语言能力每天都在进步，家长会感到开心。可是如果孩子语言能力一直平平不增，或者孩子出现一些语言问题，家长就会感到担心。实际上，在孩子发育阶段，语言发育同样存在敏感期，这个阶段对孩子的语言能力的提升有着十分重要的作用。

孩子从一出生就会向家长传达各种信息。因为他还不会说话，此时的婴儿传达信息的方式就是哭泣、大笑或者做各种肢体动作。

在日常生活中，家长给孩子提供的生活和学习环境，以及孩子融入环境的情况，都影响着孩子的语言能力。如果孩子觉得学习语言很有趣，那么他们就会主动通过各种方法去提升语言能力。

人的一生中，语言发展的关键时期是婴幼儿期，这个时期的孩子主要通过与别人交往进行语言学习。家长是孩子的第一任教师，为了让孩子能主动去建构语言，家长要为孩子提供一个良好的语言环境，然后孩子自然而然就会提升语言能力，成为这个语言环境的主导者。注意：语言能力的培养对孩子的心智发展有很重要的作用。

在婴儿掌握语言之前，有一个较长的言语发生的准备阶段——前言语阶段。

语言准备阶段

红绪家长知道，孩子的阅读启蒙从其没出生时就开始了。于是，红绪的妈妈在红绪还没出生的时候，就给她读书，读一些小小的句子、熟悉的童谣。红绪在妈妈肚子里时就感受到了温柔的母语带来的安全感。

婴幼儿语言发展从总的方面来看有两个关键时期，其中一个就是在婴儿掌握语言之前，有一个较长的言语准备阶段——前言语阶段。

一般都把从婴儿出生到第一个具有真正意义的词产生之前的这一时期（0~12 个月）划为前言语阶段。在此期间，婴儿的言语知觉能力、发音能力和对语言的理解能力逐渐发展，出现了咿呀学语、非语言性声音与姿态交流等现象，统称为前言语现象或前言语行为。

这个阶段孩子虽然不懂得说话，但是却有很强的分辨语音的能力，为接下来"语言爆发期"的到来打下了坚实的基础。

家长不要认为孩子听不懂你们在讲什么，其实他们的语言辨别力要比家长厉害很多。孩子最喜欢听的就是妈妈的声音，所以，在孩子情绪起伏的时候，妈妈温柔的声音可以有效地安抚孩子的情绪，为孩子语言发展的下一个阶段做准备，帮助孩子建立起简单的沟通模式。

> 语言爆发期是语言发展的另一个关键期，这个时期孩子的词汇量激增。

语言爆发期

助长儿童发育的动力之一就是敏感力，这股力量产生时，孩子内心会有一股无法抑制的动力，驱使孩子对所感兴趣的事情产生尝试或者学习的狂热，这段时间称为"敏感期"。

语言爆发期是语言发展的另一个关键期，这个时期孩子的词汇量激增，有时候家长都会被震惊到。

当同龄孩子都会讲话了，而自己的孩子还不会讲话，家长一定会特别担心。其实，这并不能说明什么问题，有的孩子说话比较迟。在这种情况下，家长需要做的就是给孩子营造良好的语言互动环境，激发孩子的语言潜能。

孩子阅读启蒙的每个阶段需要家长给予不同的指导。在遵循孩子天性和发展规律的前提下，家长可以尽管去做。如果坚持了一段时间发现没有什么效果，也不要放弃。因为阅读对孩子带来的影响和改变，是一个长期积累的过程。

从孩子咿咿呀呀开始说话起，每一天都有无限的惊喜。从最开始的"爸爸妈妈"，到后面的"爷爷奶奶"，虽然孩子一开始还只会说一些很基础的词，但他所理解的词汇要比会说的词汇多得多。比如，家长对孩子提到一个物品，虽然孩子不能准确说出物品的名称，但是他会给那个物品取特殊的名字。

虽然孩子出生的时候不会讲话，但是他会用各种表情和简单的动作来表达自己的想法，同时，他们在家长讲话的时候会仔细倾听，并慢慢地积累。

国内一项关于 1~6 岁幼儿语言发展基本规律的调查数据显示，孩子会通过模仿来拓展词汇量，尤其是 2 岁之后，孩子的典型词语能够生发出更多的词语，衍生出丰富的含义。例如，他们在 2 岁左右的时候，将各种颜色、各种发光物体统称为光，而之后就会出现阳光、时光等丰富的词汇。这也是 2~3 岁的孩子语言的发展会出现一个高峰的原因。这个区间是孩子的语言爆发期，也就是家长惊奇地发现孩子变成"话唠"的那个神奇的阶段。"话唠孩子"其实是在和家长交流，家长报以微笑和耐心，他们会觉得自己特别厉害。

家长在这个阶段需要积极地鼓励孩子，既要保护好他的求知欲，同时还要尊重这个话痨。

家长想要帮孩子提高语言能力，就要多多了解孩子的特点。

语言环境很重要

田田叫一声"妈妈"时，妈妈就会"唉"一声，并跑过来看田田，温柔地问候田田。反复几次，形成记忆，田田就会乐此不疲地喊"妈妈"，然后妈妈就不断地答应。这种看上去挺枯燥简单的重复对话，其实就是田田语言敏感期的早期表现，田田的模仿是学习的开始。

孩子模仿什么语言，关键在于他会听到什么语言。孩子重复地模仿某些词或某些话，可能有好有坏。因此在这个年龄段，孩子是分不清语言的好坏的。

如果家长经常给孩子说动听的语句、美好的词汇，那么孩子模仿的也是如此。如果孩子让暴露在粗暴肮脏的语言环境下，那么他学习模仿的自然也是粗话脏话。家长要有意识地引导孩子模仿更美好的语言，提供给孩子健康阳光的语言环境。

孩子在模仿当中学习并享受语言。

重复和模仿

孩子的语言基本上是从重复和模仿开始的，是无意识地模仿家长的话。对家长来说，这是一个枯燥无味的过程，但是对于孩子来说，这是一个重要不可或缺的过程。

大多数刚刚学会说话的孩子都喜欢重复同一个词，这种重复的现象正是孩子进入语言敏感期的标志。随后，孩子会放弃这种简单的重复，进入一种更高级的阶段，那就是模仿别人所说的话。

孩子对句子的模仿通常不分场合，只要自己高兴或者感兴趣，他们就会说出来，有的时候会让家长尴尬万分。随着时间的推移，孩子模仿的东西就会越来越多，句子也会越来越长。孩子慢慢发现某个词是可以和某件事物对应的，这让他感到很开心。他尝到了甜头以后，就会开始进行不断的模仿、不断的练习，并享受这种模仿学习。

> 　　自言自语是孩子创造力的表现，是孩子的说话游戏。

自言自语

　　咪咪在玩游戏的时候常常把所演角色的想法或疑问说出来。有一次她自己在搭积木，她边找积木边说："三角形积木哪儿去了？噢，在这里。咦，小山羊的房子怎么这么小？要不我再搭个大的。"

　　自言自语能调节孩子的行为，可以帮助孩子驱除孤独。家长遇到孩子自言自语的情况，不要担心害怕，这是一种正常现象，也是在孩子学习语言时的必经过程。其实，家长可以细心观察，专心倾听孩子的自言自语，走进孩子的内心，这也是了解孩子的一种手段。

　　孩子的想象力是非常丰富的，他们不仅会模仿语言，也会去创造语言。他们一个人玩游戏的时候，可以扮演很多个不一样的角色，假装好几个朋友和他一起游戏，然后一会儿和这个好朋友讲话，一会儿又和另一个好朋友讲话。这是孩子自娱自乐的一种方式，他用做游戏的方式去训练自己的语言能力。

自言自语有助于孩子语言和思维的整合。自言自语一般有下面几种状态。

1. 重复一些词语或者声音

点 评 这些词语和声音是押韵、好玩的，孩子往往乐此不彼地背诵、重复这些语句。

2. 对物体说话的幻想游戏

点 评 在语言敏感期的孩子，会热衷于角色扮演，会给物体配音，对非人事物说话。相信每一个家长，小时候都有披着床单装作大侠的经历。实际上孩子也是这样，这是一种自我创造。

3. 直接表达情绪和感受

点 评 直接表达自己的情绪和感受，但并不是说给某个听众的情绪宣泄和表达。

4. 和另一个人交流

点 评 这个"另一个人"可能是现实中的人物，也可能是孩子创造的人物。但是因为孩子表达的信息很不完整或很特别，家长不能理解，因此看起来孩子就像是在自言自语。

5. 通过语言指导自己的活动

点 评 孩子有时候只是单纯地叙述自己的动作，大声地指导自己的活动。

6. 阅读和小声说话

点 评 是的，你没有看错，这里说的是阅读。虽然孩子不认识书上的文字，但是他们会通过画面，自己来创造合适的情节，并且自己会用特有的语言大声阅读。同样还有轻声说话，这也是家长不能理解的孩子的喃喃自语。

"儿语"在幼儿时期可以促进孩子语言能力的发展，但是要注意分阶段。

"儿语"要分阶段

生活中和孩子交流，家长往往会不自觉地使用一些幼儿喜欢的语言来交流，比如，吃饭饭、喝水水、看花花……

幼儿时期的孩子刚开始常会说些单音重复的话，这是孩子天真的语言表达。家长和不会说话的幼儿用单音叠字的"儿语"交流，是可以帮助孩子学习说话的。

用儿语说话可以激发孩子对语言的兴趣，使孩子更愿意去说话。但是，家长不要总是用儿语。过度使用儿语不利于孩子提高语言能力，只有正常的语法、语音才能使孩子更早学会正确的发音。

随着孩子的年龄增长，再对孩子使用儿语，就会对孩子的语言发展和智力发展造成不良影响。此时应该提倡优质的语言教育、规范语言环境来引导孩子。

孩子语言发展有其自身的阶段性和规律性，一般都会经过发音、理解和表达三个过程。三者彼此相连、互相影响、一环扣一环，家长可以分阶段进行引导。

1. 婴幼儿阶段：预备期

点 评 8个月之前的孩子只会咿呀学语，看看周边人说话的口型，只能听到断断续续的声音和句子，故又称为先声期。在此阶段的孩子只会睁大眼睛看着家长嘴型变动，却没有办法很清楚地知道在讲什么。这时候儿语交流就起了很重要的作用。

儿语的特点之一是重复性强、叠字多。家长想要向小孩子表达吃饭，使用儿语的时候，他们会说吃饭饭；重复地说能够让孩子听得更清楚，也利于理解。

8个月之后，孩子的发声练习达到一定数量，发声熟练度也到了一定层次。这时，孩子会逐渐尝试改变音量，并且模仿真正的语言。儿语语法简单，内容简短，认知难度较低，语气常常比较夸张,能吸引孩子的兴趣和注意力,利于孩子模仿。

2. 幼儿阶段:发展期

点 评 2岁以后孩子的语言发育处于发展期。在这个阶段,孩子发音已经比较成熟了,已经从模仿变为会感叹、疑问,也常常提出问题。此时儿语已经不再适用了,家长应该引导孩子学习更规范和正式的语言。如果过度使用儿语会使孩子无法接触规范语言,难以进一步提升其语言能力。

第 2 章

正确面对语言发展障碍

不管孩子"说话晚"是什么原因造成的，家长都要尊重孩子语言敏感期的个性发展特点，对孩子要细心、耐心。

正确看待孩子的语言发展障碍。

孩子的语言障碍

佳佳已经3岁了，但是不管让她说什么，她只会说"爸爸爸爸"，无论爸爸妈妈怎么逼她说话，她就是不开口，只会用手"嗯嗯啊啊"地指，教她说她也不学。现在还不会说单字、不会说叠词，完整句子更是无法表达，就只会用手指。看着同龄的孩子已经可以简单地与家长交流了，佳佳的家长很着急。

孩子的语言发展有以下几种障碍：

1. 家长教孩子说话，有的孩子不但不愿意开口讲话，还会大发脾气。

2. 只能说"饭饭""水水"等一些简单的词，难一点就表达不清楚，有的甚至根本说不出来。

3. 可以理解家长说话的意思，但是不能表达自己的想法，连最基本的也不会。

一个双向有效的互动才能称为语言。

语言障碍的诱因

不少家长都会遇到这样一个问题：孩子快 2 岁了或者已经 2 岁多了还不说话，甚至有的孩子 3 岁了还说不了几个词，这些都是常见的问题。那么，为什么孩子这么大了还不会说话呢？

现今社会，手机、平板电脑等电子设备已经融入我们的生活里，很多家长把与孩子交流沟通的任务交给了电子媒体衍生的教育软件，而这是孩子语言发展障碍的一个重要诱因。

双向有效的互动才能称为语言，而电子产品是无法做到这一点的，因此，家长要注意孩子使用电子设备的时间、地点及频率。一个家庭中家长的语言情况也会直接影响孩子的语言发展。如以方言为主的家庭成员刻意使用不标准的普通话，这些都会影响孩子的语言发展。

孩子如果两三岁了还不会讲话，主要问题还是出在家长身上。

1. 家长喜欢和朋友攀比，孩子觉得心理压力很大，因此不愿意开口说话

点评 有些孩子很小时就会说话，有些孩子很大了还不会说话，其实孩子在 2～3 岁的时候说话不清楚或者说不出来，这都是很正常的事情。因为每一个孩子都是一个独立的个体，他们语言敏感期的表现是不一样的。如果想提高孩子的语言表达能力，就要根据孩子自身的发展节奏去调整。孩子只要没有出现听力问题或者智力问题，家长就不需要太担心，也不要把孩子说话的早晚拿来比较，并认为说话晚的孩子不如说话早的。虽然孩子还不会表达，但是家长说的话他们都能听懂，家长一些责怪的话语，会给孩子造成心理压力，让孩子更不愿意开口说话。

2. 有些家长为了省点时间和精力，就把电视、手机和 iPad 给孩子，让孩子和电子产品交流

点评 虽然孩子可以从有趣又有益的电视节目中得到欢乐，但是孩子在和电子产品为伴的时候，都是电子产品在"单向"对孩子输出内容，这肯定无法代替家长和孩子在一起进行的双向交流。因为孩子在学习语言的时候，面对面的互动和回应是十分重要的；面对面交流互动并不仅仅是听和说，还可以有肢体情感的表达。这种孩子和家长的"双向交流"，不但可以帮助孩子发展语言能力，还可以建立良好的亲子关系，这是电视机、手机等电子产品不能做到的。

3. 语言沉默期

点 评 语言发展能力主要包括两部分：语言理解和语言表达。对于一个说话晚的孩子来说，如果家长说话的意思他全都能听明白，这就说明孩子什么都懂，他的听力和理解能力都是正常的。有一天家长会发现，孩子在前一阵子明明都不会说什么，结果突然就能讲很多话，这个变化会让他们大吃一惊。出现这种现象的原因是，虽然孩子前期都不说话，但是他们一直在默默观察着这一切，他们会听、会在心里积累和模仿，只是没有开口说话，所以这个阶段是孩子的"语言沉默期"，熬过这一阵，到了"语言爆发期"，他就会开口说话了。

正确看待孩子的语言障碍。

度过语言障碍

知道了孩子语言发展障碍的诱因和问题，那么家长可以看一看下面的一些经过改进建议，是专门针对 2～3 岁孩子"说话晚"现象的。

1. 鼓励孩子做他们感兴趣的事情，激发孩子表达自己想法的热情

`点 评` 孩子不愿意说话的时候，家长不要去责备他，要试着换个方法去巧妙解决。如果帮助孩子找到他感兴趣的内容，与他沟通就会变得简单和有趣。这个方法对于很多一直不愿意开口说话的孩子很有效，因此家长一定要带着耐心和幽默与孩子相处，这样孩子开口说话就指日可待了。

在教育孩子的时候，家长不要把自己的爱好强加给孩子。对自己真正感兴趣的事情，孩子才会去表达内心的想法和意愿。如果孩子喜欢堆积木，家长可以利用空闲时间陪伴孩子一起玩，在玩的过程中和孩子一起讨论要堆成什么形状；如果孩子喜欢吃水果，那就可以带孩子去逛超市，

让孩子在买水果的过程中学习说出各种水果的名称;如果孩子喜欢看故事书,那就带孩子去图书馆看故事书。

孩子的兴趣一旦被调动起来,他们就会愿意信任家长,然后邀请家长参与自己的活动。作为家长的你有一天会突然发现,孩子可以说得很流利了。

2. 家长对孩子要尊重,不要强迫或催促不想说话的孩子

点 评 在语言学习的过程中,两三岁的孩子出现不敢开口说话、说话不清晰、表达不清楚等情况是很正常的。孩子只有在自然温和的语言环境中,才能没有压力地学习怎么正确运用语言。

首先家长不要给孩子目标性的期待,觉得孩子 2 岁了,就应该怎么样,做什么都不能比别人差等,这样很容易给孩子造成心理压力,孩子反而更不想说了。家长需要做的就是耐心地陪伴在孩子身边,遇事多和孩子交流,给孩子充分的时间去发展自己的语言能力;要相信孩子,虽然孩子的词汇量有限,但是孩子是能听懂的,只是他还不能表达出来。

其次家长在与 2 岁的孩子讲话时,要尽量使用简单完整的句子,要通俗易懂,最好增加一点趣味性语言。不要逼迫孩子重复一些自己讲的话,因为带着目的性和强迫性的方法会让孩子厌烦和排斥语言表达学习。

3．每天都给孩子讲一个小故事

点 评 家长不一定非得拿故事书给孩子讲故事，也可以试着把生活中发生的各种零碎事情编成有趣又好玩的故事；讲故事的时候还可以根据场景自己设计一些有趣的动作来吸引孩子，如果孩子被吸引了，就可以趁机和孩子讨论一些问题，要是孩子不会说，可以尝试着提一些简单的问题，切记不要强迫孩子回答。和孩子一起阅读绘本和分享小故事，能够帮助孩子提升语言表达能力。

4．多带孩子参加户外活动

点 评 节假日里，家长要多陪孩子做游戏，带孩子去外面玩耍，让孩子在轻松自然的环境中学习表达自己的感受。多带孩子出去和年龄相近的小朋友玩，去博物馆、动物园、植物园、海洋馆等地方开阔眼界，去大自然欣赏自然风光，等等。这些不仅可以拓宽孩子的知识面，激发孩子的求知欲，还能让孩子有更多的生活体验，进而提高语言表达能力。

5．让孩子的生活充满活力

点 评 很多家长不知道，其实自己的性格对孩子影响很大。如果家长幽默风趣，那么孩子一般也是幽默风趣的。所以，家长要多和孩子玩游戏，包括各式各样的语言游戏，让生活充满欢声笑语，完全不用担心孩子说话晚。

等孩子熟悉了游戏并且能开口说话了，家长可以和孩子互换游戏里的角色，让孩子说指令，家长按照指令行事。生活中有很多类型的语言游戏，比如平时在家里，家长可以告诉孩子哪些东西是黄色的，哪些是绿色的等，等孩子自己慢慢熟悉了以后，可以随便指个东西考考孩子；妈妈在喂孩子吃饭的时候，边喂边告诉孩子蔬菜的名称，还可以用一些生动形象的语言教孩子描述喂饭的动作："大老虎张大嘴巴吃饭啦！""啊呜啊呜啊呜"……

在温馨的环境中，做些好玩又有趣的游戏，孩子的语言表达能力很快就会得到提高。

> 语言沉默期是语言输出储备时期，是孩子学习语言的必经之路。

语言沉默期

之前谈论了一下语言沉默期，那么什么是语言沉默期呢？

语言沉默期是指孩子在习得母语时，总是经历一个为期大约一年的"听"的过程，然后才开口说出第一个词。这个听的过程，就被称为"语言沉默期"。

在此期间，孩子主要是听，即对可理解性语言输入进行加工、整理，经过这段时期后，孩子才下意识地习得了输入的语言。

孩子从最开始的懵懵懂懂到能听懂，就得半年多的时间。孩子真正可以输出简单的词汇，一般在 1 岁以后，甚至有些孩子要到 2 岁才能真正独立说出词汇、句子。我们可以看到，在孩子真正可以流利表达语义之前，孩子需要一段很长的时间来做语言输出储备。语言沉默期是孩子学习语言的必经之路。

1. 给孩子一个语言输入的过程

点 评 尽可能让孩子多接触语言，不必一开始就要求他表达，或者正确地表达。这个时候，多给孩子听儿歌，不用强迫孩子跟着念，孩子在听的过程中，也是一个无意识的语言输入过程。

2. 多鼓励，少攀比

点 评 少些追问、批评，多些鼓励、关心。家长千万不要拿自己家孩子的缺点同别人家孩子的优点去比。要知道，每个孩子的基础、身体条件、爱好，特别是语言能力是不同的，随便去比只会降低他的学习兴趣，甚至让其产生排斥心理。

3. 适度参与，给孩子营造轻松愉快的学习氛围

点 评 适度参与孩子的语言学习。请教孩子，会大大提升孩子的兴趣。

第 3 章

孩子的语言问题

在孩子发育的过程中，可能会有这样或者那样的问题。在面对孩子的语言问题时，家长不要急躁，应从根源上解决问题。

脏话并不代表孩子变坏了，有时候只是孩子吸引家长注意的一种表现。

正确看待说脏话

有一天家长突然发现自己孩子竟然会讲粗话，难道是孩子变坏了吗？其实孩子说脏话并不是故意说或者恶意诅咒别人，只是对这种语言感到新奇，想去尝试和探索。

妞妞两岁半了，在玩闹的时候有些不如意就会大叫"滚""我打死你"。家长在惊讶妞妞会说"脏话""狠话"的同时也在担心，没想到观察了一段时间，发现妞妞的"脏话""狠话"越来越多，还经常在自己玩耍的时候冒出来。

两岁半以后，尤其是 3～5 岁这个阶段，很多孩子都喜欢说"你个笨蛋""打死你啊""我踢死你"等这种比较难听的话，导致很多家长都很担忧，不明白为什么孩子突然开始说这种话了。

这种其实是孩子语言敏感期中的一个正常现象。孩子在说这些脏话

的时候，只是想要表达他们当时的情绪，他们并不明白这些脏话所表达的意思，甚至不知道说的是脏话，但他们还是说得很开心，因为他们在语言交流过程中会模仿别人，同时也被别人所模仿，他们得到了某种满足，而不是家长认为的孩子变坏了，说脏话去侮辱、诅咒别人。

听到孩子说脏话，家长要么十分惊讶，要么大声呵斥，甚至责骂孩子。其实家长这样的反映是孩子意料之中的，因为他们的目的就是引起你的注意。一旦他们"得逞"了，那么"脏话"就会被认为是一种强有力的吸引你关注的手段，会被孩子当作武器。

所以家长要做的就是听到的时候不理会，连表情也不要有，假装听不到就可以了。这样孩子觉得没有效果，就不会再说"脏话"了，因为没有了使用它的价值。

另外也可以转移一下孩子注意力，和孩子一起玩游戏；或者和孩子一起看关于"礼貌用语"的绘本故事，并给孩子示范怎么使用正确规范的语言。

> 说话不利索一般是孩子想要表达的意思跟不上他们的思维。

口吃

如果发现孩子突然说话变得不利索了，这种现象一般并不是孩子真的出现了口吃，只是他们想要表达的意思跟不上他们的思维。

友友快 3 岁了，之前发音非常标准、语言流利，说话也早，可是突然就口吃起来。这是因为爸爸妈妈前一阵子因为工作太忙无暇顾及友友，就把友友送回老家待了 1 个月多。回来之后，友友讲话开始有点结巴，字、词要重复几次才能讲出来。

孩子在语言敏感期这个阶段，很容易被外界产生的语言所刺激。

1 岁的孩子开始从无意识地模仿别人说的话到有意识地去反复学别人说话，然后他们经历说脏话和结巴、自己创造语言等阶段，孩子的语言能力变得越来越强，也越来越能用自己所掌握的语言去表达想法。

对这个阶段的孩子来说最重要的就是要有良好的语言环境，家长可以给孩子提供一个语言环境——规范的、文明的、准确的、富有美感的语言环境，再结合孩子本身的潜能，他们的语言能力就可以快速有效地得到提高。

孩子长到三四岁的时候，词汇量开始慢慢增多，同时也拥有了一定的思维能力，所以孩子会尝试用长句向别人表达自己的想法。

但是有时候还是会受到词汇量的限制，孩子想要表达的意思跟不上他的思维，有时候甚至出现脱节，这种情况下孩子就容易出现结巴的现象。但家长也不要太过担心，这种现象只是暂时的，只要给孩子足够的时间去想清楚怎么表达，孩子就会慢慢成功表达出自己的想法。在孩子的成长过程中，他们的词汇量会越来越多，结巴这种情况就会消失。

另外，由于孩子讲话的速度过快，嘴唇和下巴不能同时快速移动，或者呼吸调整不过来，也可能出现口吃现象。家长如果和孩子交流时能放慢语速，放松心态，孩子就会相应放慢语速，放松心态，口吃的情况也会有所缓解。

> 面对说谎，家长一定要冷静思考，耐心沟通，了解原因并有针对性地教育孩子。

说谎的孩子

所有家长都认为"诚实"应该是每个孩子都要遵守的法则。只要孩子说谎被家长发现了，家长就会十分生气地责骂孩子。其实"谎言"也是分性质的。

一个刚 6 岁的孩子并没有完整的道德观，他们对什么是"真"什么是"假"，什么是"实话"什么是"谎话"不懂得区分，心中也没有一个大概的了解。他们都是凭自己的感觉说话，觉得只要能得到自己想要的结果，能让自己开心就是正确的。

有些家长看到孩子说大话，就会觉得很生气，然后不问清楚原因就开始责怪孩子，让孩子心理无法承受，结果也不尽如人意，严重者还会让孩子产生反抗心理。一旦孩子出现了说谎情况，家长一定要冷静下来思考，耐心地去和孩子沟通，了解原因并有针对性地教育孩子。

教育孩子要有耐心，不能冲动。不管发生什么事，家长首先需要做的就是了解情况。所以当孩子开始说谎话时，家长要先了解为什么孩子要这样说，只有了解了孩子说谎话的原因，家长才能对症下药。

孩子说谎话的原因可分为三种：

1. 孩子拥有十分丰富的想象力

点 评 在孩子的世界中，他们有时候会分不清现实和幻想。这个年龄的孩子，心中充满各种幻想，由于他们的经验不足和记忆不深刻，很容易把自己的想象当成是现实。这时候说谎的孩子不是因为品行不好，他们只是把自己心里的情景向别人描述出来而已。

孩子拥有天马行空的想象力，时常会幻想。但是因为他们年龄还小，生活经验又不足，总是会把幻想和愿望混在一起，说一些根本做不到的事情。这和孩子的年龄和心理特点有很大的关系，有条件的家长应多带孩子出去开开眼界，没条件的多让孩子阅读书籍，丰富孩子的认知，使孩子分清现实和想象，那么他说话也就会有理有据了。

2. 为了保护自己免受惩罚

点 评 敏感期的孩子希望能多获得家长的认可和赞美，他们不愿意因为错误去接受惩罚。当他们做错了事，或者让家长失望的时候，为了让家长不责怪他们，并能依然相信他们，他们就会编造谎言。

3. 为了引起别人的关注

点 评 3～6岁的孩子开始慢慢有了表现欲，有时他们为了引起家长的注意，就故意说一些谎话使自己获得关注。特别是在集体生活中，为了显得自己更加优秀，孩子就会说出一些"大话"，如果是与现实不符的，别人就会知道他在撒谎。

家长在教育孩子的过程中，不要给孩子定太高的目标，让他们压力太大。年龄小的孩子说谎，家长不用太担忧，需要的就是帮他们弄明白什么是现实和想象，这个过程应该是循序渐进的，不要急于求成。不要因为孩子的一些行为就给孩子贴上标签。这些标签一旦被贴上，将给孩子心灵蒙上阴影，让孩子心里也默认了自己就是这样，然后这种行为就会越来越严重，还有可能会影响孩子一生。在孩子不断成长的过程中，家长也要帮助孩子培养道德观，让孩子成为一个正直善良的人。

同时，家长也要注意自己的言行。

1. 对孩子的真话要积极回应。

2. 孩子做错事或说谎，家长要表示理解，并引导孩子理解正确的处理方法。

3. 家长要启发孩子用实际行动去弥补过失。

4. 家长自己平时要注意言行一致，诚实做人。如果一时失信于孩子，应向孩子说明原因，虚心承认错误并改正。

> 孩子的吹牛和成人的出发点不一样，家长不能一概而论。

吹牛的孩子

在孩子 6 岁之前，他们根本分不清楚现实和幻想之间的差别。这个年龄段的孩子吹牛和成人的出发点有很大的不一样。他们说大话，往往是为了在气势上压倒别人，为的是体现自己的价值，保护自己的自尊。

幼儿园里，老师让小朋友们说一说自己假期里最难忘的一件事是什么，有的小朋友说家长带自己去看大熊猫了，有的小朋友说家长带自己坐了飞机，还有的小朋友说家长带自己去漂流，还看到了大瀑布。星星说："我爸爸妈妈带我去看老虎了，我还骑在老虎的背上跟老虎玩儿了呢。"听他这样说，全班小朋友羡慕得不得了，纷纷说回家也要爸爸妈妈带自己去骑老虎玩。

在我们家长的意识里，"吹牛"这个词有着明显的贬义成分，静观我们身边喜欢吹牛的人，他们大多内心虚荣、喜欢夸大自己的能力和身份，有意把事实扩大或缩小，以达到让别人羡慕或崇拜自己的目的，满足自己的虚荣心。

可是孩子吹牛，他们可能是炫耀，但是和道德无关，和对错无关，他们只是希望做最好的自己，让自己更完美，并且他们也笃定自己是最棒的。

1. 对家长的话断章取义

点 评 孩子跟家长聊天的时候，喜欢把关注点放在自己感兴趣的事情上，比如有个孩子，他的关注点就是爸爸陪他捉泥鳅这件事，于是跟小朋友聊天时只把自己关注的内容讲出来，而对于爸爸说的其他附加条件一概不提。

2. 过于渴望某事，所以把想象当成了现实

点 评 孩子渴望而不得，从内心自然生出对渴望事物的想象，这些场景也许是他内心幻想过很多次的，但一直无法实现，于是更加渴望能够实现，说给小朋友听的时候，其实也是在给自己强调，潜意识里告诉自己这件事肯定能实现。

3. 维护自尊心

点 评 孩子看到别的小朋友有爸爸陪伴非常开心，自尊受到了碾压，而自己又得不到想要的陪伴，于是就杜撰出一些事情，得到了孩子们的羡慕，以挽回自尊，也在某种程度上得到了心理上的安慰。

在孩子爱吹牛的年纪，家长不能简单批评他的吹牛是坏事，因为这些行为表现背后，本质上是家长对孩子的忽略，以及孩子内心情感及安全感的缺失。家长要接纳孩子，帮助孩子建立自信，让他们有更强的应对挫折的能力。

1. 不要打击，更不要嘲笑

点评 面对孩子吹牛这件事，家长不要以成人的角度去抨击孩子，更不应该嘲笑孩子。如果家长可以接纳和肯定孩子，则会让孩子有更大的前进的动力；如果家长一味地打击孩子，孩子很可能停滞不前、积极性大受打击。真正面对孩子的需求，不要和孩子较劲，你就会发现孩子的很多美好。

2. 不要否定孩子

点评 在孩子说话的时候，不管他说得多不靠谱，哪怕是天方夜谭，家长也不要否定孩子，不妨给孩子时间和机会，让孩子证明自己，表现自己。家长的支持，会让孩子更有底气。

3. 提高孩子的认知

点评 孩子之所以会吹牛，可能是因为自己阅历受限，认知水平不高，所以他们才会夸大事实。要提高孩子的认知，丰富孩子的知识，才可以改变其浅薄的想法。

第4章

家长要做的事情

家长只要在一旁引导孩子，去尊重孩子，体谅孩子内心的真正想法即可。

> 使用"你觉得"这样的引导语，可以更好地促进亲子之间的沟通和交流。

多使用引导语

构建良好亲子关系的基础就是尊重，沟通需要家长去尊重孩子，了解孩子内心的真正想法。

家长的思想中多多少少会存在一些传统的观点，觉得孩子就是家长的附属物，家长想怎么安排，怎么决定，孩子都得去遵守。尤其对于还没开始上学的孩子，家长更是觉得他们没想法、没经验，事事都要听自己的，从不去考虑孩子的意见与感受。

小鑫有一次不小心把牛奶洒了，家长回到家看到桌子上的牛奶洒了，对他说："你怎么把牛奶弄洒了，去拿抹布擦一下吧。"他会觉得爸爸妈妈是在指责、批评他，然后就很不开心。但如果家长说："我看见牛奶洒了，你觉得应该怎么做呢？"这其实就是在陈述见到的一个事实而已。所以，有的时候只是一字之差，而给人的感受却完全不同。

不要觉得孩子什么都不懂，这个时期的孩子是感知世界、自我觉醒的敏感期，他们的身心虽然还没成熟，但是他们慢慢开始懂得尊重自己和尊重别人，因此这个时期的孩子身心特别容易受到打击。

所以，家长应该尊重孩子，这将关系到孩子一生的发展。平时和孩子沟通交流时多使用"你觉得""你认为""你怎么看"这样的引导语，可以更好地促进亲子交流，让孩子获得被尊重的感觉。

研究证明，如果孩子在童年时期受到了足够的尊重，那么他长大后会更加珍惜自己所拥有的一切，同样也会珍惜别人所拥有的一切。因为懂得尊重孩子的家长，就是在以身作则地教育孩子怎么去尊重别人。

> 　　家长不经常和孩子交流，就会导致孩子不愿意和别人交流。

认真对待与孩子的交流

　　家长如果不爱说话，孩子可能也不喜欢说话，不愿意与别人交流。而家长每次在责怪孩子的时候，却没有考虑到自己的性格是不是也是这样，孩子的性格是否与自己有关。

　　大部分的家长每天都忙着工作，孩子由家里的老人带着，他们很少去和孩子交流。有的时候虽然家长待在家里，但他们不是玩手机就是做家务，根本不会去和孩子交流。如果家长长时间都不和自己的孩子进行交流，孩子就会变得越来越孤僻，不愿和别人交流，语言能力也不能得到提升。

　　很多家长认为孩子要多看一些学习语言的教材，那样孩子才会提高语言能力，于是，他们通过各种途径寻找教材。其实，日常生活的点滴才是孩子学习语言最有效、最便捷的方式。很多家长都忽略了这一点，以至于孩子也失去了简单、有趣味的语言学习氛围。

家长要借助生活中的点点滴滴去和孩子交流，生活中的素材才是最好的语言素材。

如果孩子有事想和家长交谈时，家长应该"停止手中所做的一切事情"；如果家长继续自己在做的事情，孩子会认为家长对他们所说的事不在乎。特别是当孩子想向家长述说他们的忧虑、担心和恐惧时，家长不要轻易下结论。

孩子有时不需要听家长的说教和建议，他们只是向家长倾诉一下自己的感受。其实在生活中，孩子更多的是渴望在痛苦的时候，能靠在自己亲人的肩膀上痛哭一场。有的时候，孩子只想听到家长理解他们感受的语言。

> 学习语言，要先学会听。有了倾听，才能去模仿着说。

提供一个良好的家庭语言环境

很多家长不明白要怎样给孩子提供一个良好的家庭语言环境。其实很简单，孩子最好的语言老师就是家长。

学习语言，要先学会听。有了倾听，才能去模仿着说。

家长可以通过语言游戏，让孩子提高听力和反应能力，也能让孩子认识更多的物品名称。家长要给孩子创造良好的"听"的环境：在孩子说话时，家长不要去打断他，而要去认真倾听；也可以让孩子听儿歌、听童话故事、听各种动物的声音等在，听完之后让孩子表达一下自己的想法，或者去试着模仿某种声音等，这都可以帮助孩子养成倾听的习惯。

平时在家里，家长当着孩子的面讲大话和粗话，选择的读物不适合，这都不利于孩子的语言发展。很多家长把孩子的教育交给早教班或者幼儿园，他们觉得那是老师的职责，不需要自己为孩子提供一个良好的家庭语言环境了。其实，孩子不仅需要和老师进行沟通，也需要和家长沟通，家长才是孩子最好的语言老师。

在有趣又丰富、平等又轻松的家庭氛围里，孩子才可以真正做到畅所欲言。让孩子沉浸在轻松有趣的家庭氛围中，在享受家长关爱的同时愿意和家长说话，使孩子的语言表达能力和记忆力都得到提升。

虽然有时候和孩子交谈没有什么意义，但是家长还是要坚持和孩子交谈。和孩子一起讨论事物的运作原理，时不时地向他提一些问题，或者在孩子提问题的时候给出简单直接的答案。家长在日常生活中要尊重孩子，细心观察孩子心理需求的特点。对孩子感兴趣的事情，比如讲故事、郊外旅行、玩游戏、和小伙伴一起玩耍等，家长要给予鼓励、支持，并为他们提供观察、交流和模仿的语言学习机会。这样孩子才能积累经验，在生活中敢于表达自己的想法，从而得到语言表达能力的锻炼。

> 孩子掌握语言的过程也是思维发展的过程。

调动孩子的语言兴趣

孩子掌握语言的过程也是思维发展的过程。只有孩子语言发展了，他才能表达自己的想法；而只有思维发展了，语言的构思、逻辑思维能力和表达能力才能得到发展。

家长可以采取各种方式去帮助孩子学习语言，比如；给孩子提问题、满足孩子的好奇心、给孩子阅读故事书、鼓励孩子多提问题等，发展孩子的观察力、想象力、记忆力和独立思考的能力。

1.家长可以通过让孩子去观察和感受具体直观的场景，调动孩子的语言兴趣。具体直观的场景包含阅读中看到的图画、生活和大自然中出现的景色，随着孩子的生活经验逐渐丰富，他们会有很强烈的兴趣去表达自己的所见所闻，久而久之语言表达能力就会有所提升。

2.让孩子读书、看图、读诗，既可以提升语言表达能力，又可以增强自信心。

3. 除了让孩子看图，家长也可以鼓励孩子参与读诗和绘本等各种有趣的有关"读"的活动，孩子在培养独立思考能力的同时还能享受书本带来的平静与美好，使孩子成为一个乐于交流、有自信心和拥有优秀语言表达能力的人。

4. 让孩子练习写。这个"写"，不仅是指我们拿笔写字的那个动作，还指通过这个动作所获得的语言能力。孩子喜欢涂鸦，在涂鸦的过程中，他们可以表达自己内心的情感和想法，激发他们的想象力与语言思维能力。所以，家长可以带孩子去体验丰富的大自然，鼓励孩子用画画来表达自己的想法，帮助孩子提高表达能力。

> 家长简单粗暴的行为只会让孩子失去学习语言的兴趣。

对孩子不要简单粗暴

晚饭后散步回家，天色渐暗，路边的行人却不少，前面有个孩子要妈妈抱，妈妈不愿意，孩子就站在原地不愿意走，妈妈对孩子说道："你要是不来我就不要你了。"这看似玩笑的一句话却让孩子一下子尖叫着跑向了那位妈妈，妈妈也因为这句话对孩子这么管用而感到开心。

"再怎么怎么样就不要你了！"这其实是很多家长挂在嘴边的话，或许这些话对于不听话、正在哭的孩子有立竿见影的效果，但是这些话会对孩子造成伤害。

现在很多家长认为孩子是自己的，爱怎么骂就怎么骂，想打就打。通常他们心情好时对孩子格外关心和亲切，心情不好时则不理不睬，甚至拿孩子当出气筒、替罪羊。孩子常常因为一点小错招来"暴风骤雨"，孩子甚至不知道原因，更谈不上吸取教训了。这种简单粗暴的教育方法，使孩子整日生活在不安之中，个性也会受到压抑。

在教育孩子的时候不能简单粗暴，同样，对于孩子学习语言，也不能这样简单粗暴。

家长逼迫孩子不断重复一句话，让孩子刻意去学习讲话，这种行为会让孩子失去学习语言的兴趣。孩子自言自语的时候如果被家长打断了，孩子的思维就会被扰乱，进而失去锻炼语言的机会。

孩子发生语言错误的时候，家长不要简单粗暴地纠正孩子的错误，这样会让孩子丧失对学习语言的自信心。在有压力的环境下学习，孩子是不会有兴趣的。家长要多了解、多掌握一些语言交流的技巧，可以在孩子玩游戏和唱歌的时候教孩子一些语言技巧，让孩子主动学习语言。

孩子在表达的时候，如果出现说错或不准确的情况，家长要去理解孩子。不要直接就对孩子说"你错了"，这会让孩子的自信心受到严重打击。鼓励孩子大声说出自己的想法，慢慢地，孩子的语言能力就会得到提升。

玩具并不是越多越好。

不要让孩子沉迷于玩具

康康每次玩玩具都玩得非常投入，到了该吃饭或该睡觉的时候，妈妈叫了好多次，他还是不管不顾，一直在玩。久而久之，只要他在玩玩具，就会玩得非常投入，几乎屏蔽了外界的一切信息。

家长一定不要给孩子买太多玩具，玩具太多会把孩子的选择能力和创造能力扼杀。玩具不是越多越好，只有几件玩具同样可以培养孩子举一反三的能力和丰富的想象力。给孩子选择玩具要越精越好，最好选择那种可以自己组装然后还能再拆卸的，孩子在拆卸和组装的过程中会激发其想象力和创造行为。

家长要合理满足孩子对玩具的需求，有原则、有计划地科学引导孩子对玩具的认知和理解，让孩子真正体会到玩具带来的乐趣。对孩子粗暴地压制是无效的，甚至可能产生严重的后果；当然吧，放任自流也是不负责任的行为。

> 看电视要适可而止，最好有家长的引导
> 和陪伴。

不要让孩子沉迷于电视

虽然说看电视可以获取一定的信息，但是看电视的时候，每个人的身体和精神都处于懒散状态。因此，看电视是一种很消极的活动。

中国的学龄前儿童每天平均会花费 4 个小时坐在电视面前。这 4 个小时占孩子可以自由支配时间的 1/3，原本这个时间应该去做一些有意义的事，锻炼孩子的身体和心理，提升孩子的能力。即使让孩子看电视，也要等到孩子熟练掌握阅读技巧之后。

在现代社会，不让孩子看电视显然是不现实的。因此正确地引导孩子看电视，使电视真正成为孩子的朋友，才可能根本地解决问题。由于孩子年龄小，自控力差，因此，家长指导孩子正确收看电视节目是非常必要的。

有些家长看见自己的孩子整天沉迷于电视，就粗暴地关上电视不让孩子看，这不但是不现实的，也是不可取的。正确的方法应该是控制孩子看电视的时间，陪孩子一起看，同时寻找一些活动来取代看电视，如堆积木，让孩子看一些课外读物等。

1. 不要让家中的电视整天开着

点评 如果没人看或没有喜欢的节目就要关掉电视。

2. 合理控制孩子的看电视时间

点评 看电视的时间每天要控制在两个小时以内，同时帮助孩子养成良好的收视习惯。

3. 定期抽出一些时间和孩子一起看电视

点评 这样做可以随时关注孩子内心的感受。家长和孩子经常在一起看电视可以大大减少暴力镜头对孩子的不良影响。

4. 要留意孩子看电视的表情

点评 看看孩子有没有害怕、崇拜、兴奋或生气的迹象。一旦感到孩子对电视内容的反应有值得注意的地方，就需要立即与孩子讨论，把电视对孩子造成的不良影响消灭在萌芽状态。

5. 利用电视节目和孩子展开讨论

点评 鼓励孩子就节目内容发表自己的见解，培养孩子的思维能力和表达能力。这样不但可以促进孩子的全面发展，而且能增进家长与孩子的交流，拉近家长与孩子的距离。

事事代劳并不是一件好事，家长往往会好心办坏事。

不能事事代劳

家长不要剥夺孩子语言表达的机会，让孩子自己的事情自己去说和去做。

家长在教育孩子的过程中，经常会好心办坏事，那是因为他们不懂得怎么去引导孩子。

孩子刚学会说话的时候，他们的语言能力还不怎么成熟，只能大哭或者比一些手势来告诉家长他们的想法。这个时候，家长就要引导孩子怎么样用语言表达，培养孩子的思维能力。

当孩子对着你指一个他想要的东西时，你可以教孩子说"我想要吃苹果"。然后让孩子重复你的话，如果孩子不会说，你也不要去强迫他，只要把苹果拿给他就可以了。

这样，让孩子在一个比较轻松的环境中学习表达，时间长了，孩子自然会用语言表达自己的需求，从而放弃哭和手势的表达方式。

家长一定要让孩子有充分的机会锻炼他们的肌肉。放手让孩子做一些力所能及的事情，他动作慢，也别心急火燎地去帮忙，只要一插手，就会减少他们锻炼的机会。

一个人的动手能力、解决问题能力越强，也就越聪明。人们很容易遗忘自己的所见所闻，却不会轻易忘记曾经学会的动作。

育儿日记可以帮助家长时刻保持热情和坚持的精神，使亲子关系更加和谐。

坚持写育儿日记

日本教育学者、作家亲野智可极力倡导家长和孩子一起记"亲子日记"，因为这种亲子教育日记可以使家长在日记中表达对孩子的关爱与希望。把平时不太容易表达的东西写在日记中，让孩子认真阅读，仔细体会家长的思想和情感，使亲子关系更加和谐。

写育儿日记其实可以帮助家长时刻保持热情和坚持的精神。

家长在培养孩子的时候身边没有人监督，所以有时计划好的事情却反悔了不去执行，该做的事情不去做，随意打乱节奏，也没有人会去制约。因为家长拥有绝对的自由，所以很容易会把自己的职责给忽视掉。然而育儿日记的存在就能够随时警示家长，让家长一如继续地以满腔热忱和坚韧不拔的精神去教育孩子。

第 5 章

更好地学习语言

要想在教育孩子时起到事半功倍的效果，就得去引发孩子的兴趣，最好的办法就是游戏教育。

要想在教育孩子时起到事半功倍的效果，最好的办法就是游戏教育。

在游戏中学习语言

家长对孩子进行早期教育可使孩子每个方面的能力都更强。

从小强一出生，爸爸和妈妈就给他反复讲简单易懂的，包含重复词语的小故事。经过一段时间的积累，在教小强说话的时候，小强很快就能学会。

如果孩子智力方面已经准备好了，家长可以试着教他去认字，但是不能强制孩子去学习。要想在教育孩子时起到事半功倍的效果，就得先引起孩子的兴趣，最好的办法就是游戏教育。这种方法早期在动物中被证实有效。如，老猫去戏弄小猫的尾巴是为了培养小猫以后捉老鼠的本领，小狗和老狗互咬是为了发展小狗的生存能力。动物的生存能力都可以在游戏中锻炼，人类也是如此。

1. 在游戏中学说新词

点评 通过图片教给孩子事物的名称和内容。还可以自己做个玩具口袋，提前准备好一些玩具放在里面，然后在孩子面前依次拿出并说出名称，同时模仿玩具的声音和动作来表现玩具形象。比如，拿出一只羊，就说"这是羊"，然后学羊"咩咩"叫，重复几遍后，让孩子去尝试做一下。如果孩子不能正确说出玩具的名称，家长可以小小提示一下："你拿的是什么啊？你的小羊是怎么叫的？"这样，孩子就会在玩耍中不经意间就学到了新的词语。

2. 在生活中学说新词

点评 孩子主要在日常活动中学习新的词语，家长要把孩子的每一项活动都利用起来，把活动和新的词语结合起来，使用新奇的方式让孩子学习语言。比如，在帮孩子洗脸的时候可以告诉他："打开了水龙头，水是不是流了出来啊？"把动作和词语结合起来，孩子能更好地理解并记忆。

> 孩子智力发展的最佳时期是婴儿时期，最佳学习语言时期在 3 岁以前。

最佳的学习语言时期是 3 岁以前

孩子智力发展的最佳时期是婴儿时期，家长一定要好好把握这个时机，这一时期对人一生的智力发展都起着关键的作用。

语言是最基础的东西，孩子不懂语言就什么也学不会，因此，孩子学习语言越早越好。家长要早点儿让孩子学习语言，3 岁以前是孩子语言能力发展的最佳时期。如果一个孩子在 6 岁以前就可以掌握标准的语言，那么他的智力发展速度一定异于常人。

婴幼儿通过身边的人、物体和社会上的一些现象学习语言。他们通过看、闻、听、摸、尝等感官获得周围的一些信息，继而去提升自己的语言能力。但是语言不仅仅只是声音，它与事物、环境、行动、物体等息息相关。

刚出生的孩子都喜欢和家长一起玩"对话游戏"：在孩子对着妈妈

舞动小手的时候，如果妈妈用温柔的表情回应孩子，并且和他说："孩子今天真开心啊。"这时孩子就会用一些可爱的小表情或者开心的儿语来回应你。虽然不知道他说的是什么，但是这样简单的交流，却可以帮助孩子学习语言。

家长是孩子学习语言环境中最重要的因素，和孩子交流一定要使用精简有趣的语言，讲话速度要慢一点，语气要温柔亲切，如果有必要可以重复关键的词语，这样的交流方式才会使孩子感兴趣。等孩子慢慢长大了，他们就会喜欢从丰富多彩的生活中去提高语言发展能力。家长可以带着孩子去参加户外活动和亲子游戏，让孩子在实践中锻炼手、脑、口，从而进行语言学习。

所以，语言能力和认识世界的能力是有紧密联系的，孩子的语言能力发展会提高其认识世界的能力。扩大认识的范围、加深认识的内容都会帮助孩子丰富语言。

不同年龄段的孩子语言发展特点也是不一样的，所以，家长要结合孩子的特点，为孩子创造一个良好的语言环境。家长是孩子最好的语言老师，可以和孩子一起阅读故事书，和孩子交流，和孩子玩有趣的游戏，鼓励孩子去提问题等，让孩子在轻松的玩耍中学习语言。

> 不规范的语言对孩子未来的语言发展毫无帮助。

日常生活中要注意规范语言

江燕从小是爸爸妈妈带大的，3岁的时候江燕去爷爷奶奶家过了一个夏天。结果夏天结束后，江燕回家时已讲得一口流利的家乡话。原来江燕的爷爷奶奶讲的都是家乡话，江燕在爷爷奶奶家待了一个夏天后，就被家乡话同化了。

有些家长觉得教孩子说方言等很有趣，却不知道孩子会因此付出沉重的代价。不少孩子到了十几岁，说话时发音还不清楚，这就是家长从小教育方式不对的结果。

其实，只要孩子2岁了，家长就需要耐心教给他们正式的语言。如果这个时候家长不教孩子学正式语言而教地方性语言，这是十分不明智的，这会在孩子学习拼音的时候成为巨大阻力。另外孩子同时学习两套语言，无疑会给他们增加负担，这样的教育方法是很不恰当的。

另外，有些家长喜欢用简单的儿语，虽然儿语学习简单有趣，但是孩子长大后还要重新学习规范语言，会给孩子的学习带来负担。孩子肯定要学规范完整的语言，不规范、不完整的语言孩子迟早会抛弃掉。

还有一些家长，他们把孩子说的错话和发出的错音当作娱乐。不仅不帮助孩子纠正过来，还错误地去引导他们，导致一错再错。这样的话孩子永远不知道自己错在哪里，以致形成错误的认知，日后纠正就会变得很困难。

家长和孩子在一起时，一定要注意普通话的发音要准确，和孩子交流最好使用普通话而不是方言。这样才能让孩子说好普通话。孩子一般都不太弄得懂平翘舌音和辅音中的"h、f、n、r"等的发音。平常在和孩子对话的时候，家长可以有意识地引导鼓励孩子多去做一些绕口的发音练习，比如在吃饭前先一起念几分钟的儿歌。等孩子长大了，可以换成绕口令和诗歌。

> 孩子在听故事的时候，可以发展逻辑思维能力。

给孩子讲故事

孩子一般都很喜欢听故事，尤其是喜欢听爸爸妈妈讲的故事。有家长从孩子未出生的时候，就开始给孩子讲故事，所以孩子快 2 岁时已完全可以听得懂故事了。

刘敏读的书一般都是带有图画的，家长经常会给他讲书上的故事。刘敏觉得很奇怪，为什么就这么简单的几幅画却可以讲出那么多不一样的故事呢？后来刘敏就开始去尝试自己读书，他用自己的方式去理解书上的故事内容。尽管有时候理解得并不完全正确，但他还是很满足。

孩子在听故事的时候，可以发展逻辑思维能力，有助于他们提高语言表达能力。语言能力一旦提高，他们就能正确发音、掌握一定的词汇量、懂得组词和造句，还能帮助孩子培养阅读的习惯，以及对文学作品的兴趣。

讲故事时，还能给孩子和家长提供交流的机会，通过温馨的交流和有趣互动，让亲子关系变得更亲密无间。

1. 读儿歌

点评 孩子们觉得带有旋律的儿歌很有趣，家长可以利用这点伴着儿歌做一些简单动作吸引孩子，这是一种很有趣的语言启蒙方式，它能帮助孩子从先前的在具体图象中理解事物跨到了一个广泛的领域。

把孩子喜欢的类型的书选出来，进行形象生动的讲说。除了可以把故事内容表达出来，还能边讲边模仿每个角色的声音、表情和情绪。这样可以锻炼孩子的记忆力、逻辑思维和想象力。

2. 图片联系实际

点评 很多孩子都喜欢边看图片边说出事物的名称，再讲出事物的用途。图片有生动丰富的视觉图象，可以刺激孩子发挥想象力和产生对美的感悟。

3. 联系现实

点评 把书本的内容与现实联系起来，比如带孩子去湖边玩耍时看到小金鱼，看着小金鱼游来游去，可以问孩子："你看到的是什么呀？是不是小金鱼？它们在做什么呢？"在给孩子讲故事的同时还能和孩子互动，增进亲子关系，培养孩子的说话能力。

4. 使讲故事的过程变得有趣

点评 孩子听故事的同时其实

也是在学习，因此家长要仔细观察故事中每个角色的个性和特点，然后试着用愉快的心情、生动活泼的语言去描述故事，让孩子仿佛身临其境。不要干巴巴的，像是念课文，仿佛是一项强制性且枯燥的任务。家长如果还能把孩子的各个器官，如眼睛、鼻子、耳朵、嘴巴等都调动起来，那就能更好地吸引孩子的注意力。在选择故事书时，最好是选择图文并茂的、色彩鲜艳的、形式多样的，这样孩子的注意力更容易被吸引。

5. 和孩子一同讲故事

点 评 在讲故事的时间里，可以让孩子自由选择想听哪一个。等到孩子对一个故事相对熟悉时，就可以给孩子设计相关的问题，鼓励孩子去积极思考和回答，甚至发挥创造力，让其自己对故事进行改编。

6. 给孩子讲故事的注意事项

点 评 讲故事没有固定的模式，但是注意故事要相对精简，因为孩子的注意力并不能持续很长时间；故事的情节要简单一点，因为情节太复杂孩子会难以理解和接受；把故事的主角设置成熟悉的人或物，如孩子认识的人或玩具。

发展语言学习能力离不开听和说。

听和说大有关系

小天家里开了一家饭店，小天出生以后，爸爸妈妈每天忙于工作，经常把小天自己放在房间里。他们基本上没有时间和小天玩耍、说话。等到小天 1 岁应该学习说话了，爸爸妈妈依然没有时间管他，导致小天的语言能力比同龄孩子差很多。

孩子的听力发展得比视力早，刚出生的孩子就应该进行听力训练。尤其对 0~1 岁的孩子，只有先把听力练好，以后才能说得好。0~6 岁是孩子语言发展最佳时期，但在 3 岁之前，还是要先注意听力。

发展语言学习能力离不开听和说，因此，家长要给孩子创造一个适宜听和说的环境。孩子 6 周大就可以对说话的声音有反应，这时家长就可以尝试去和孩子交流。

如果家里照顾孩子的人沉默寡言，不爱理会孩子，那孩子就没什么机会去听和说，因此他的听说能力就不会很强。孩子除了在有人和自己说话时说话，还会经常自言自语，这时家长要尽量诱导孩子说话，看看孩子的听说能力能不能更胜一筹。

有这样一个妈妈，只要孩子是醒着的，她就会不断给孩子唱歌或是说话。如果孩子一直盯着一个物品，她就会耐心地给孩子重复物品名称。不管做什么事情，都会告诉孩子自己在做什么。家长对孩子说的话一定要缓慢清楚，如果孩子有所表示，比如拍手、大笑等，要立即给孩子回应。

孩子如果开口叫"爸爸""妈妈"，就要和孩子对话，想办法让孩子保持说话热情。等到孩子能够自己说简短的句子时，与孩子交流最好用简短的句子，这样能让孩子更容易理解。

妈妈的声音会让孩子得到安抚，所以孩子对妈妈的声音很敏感亲切。妈妈如果用温和的声音对孩子讲话和唱歌，可以达到引起孩子注意、锻炼孩子听力、培养孩子温和的性格等目的。要注意，在给孩子唱歌时要注意声音不能太大，要温柔亲切、咬字清晰，方便孩子进行模仿。不管孩子能不能听懂妈妈说的话，妈妈都要把歌曲的意思说给孩子听。如果孩子咿咿呀呀学着去唱歌的时候，不要吝啬对孩子的夸奖。

除了歌曲，诗歌语句精练，有较强的节奏感，读起来朗朗上口，可以很轻易引起孩子的兴趣，大部分孩子都会很喜欢。而且，优秀的诗歌还有深刻的内涵，家长可以经常陪孩子聆听，教孩子朗读诗歌。这样不仅可以锻炼孩子的听力，还能激发孩子的想象力，启迪孩子的心智。

1. 0~1 岁

点评 朗读字较少的诗歌，让孩子去感受其中的韵律和节奏，从小培养孩子对诗歌的兴趣。

2. 1~3 岁

点评 语言的发展高峰期是在2 岁左右，家长可以经常给孩子朗读诗歌，在孩子睡觉前、游戏时、散步时教孩子背诵古诗。要选择简单的，孩子可以理解的诗歌，或者先读诗歌再进行解释。在孩子熟悉诗歌以后，家长和孩子可以合作读诗歌，一人一句。

3. 4~6 岁

点评 家长教孩子朗读诗歌的时候，孩子如果有疑问，要耐心详细地解释，最好引导孩子想象出诗歌的意境。等到孩子朗读诗歌已经熟练了，还可以教孩子去作诗。

学习礼貌用语，让孩子从打招呼开始。

讲礼貌从"打招呼"开始

柳柳已经 6 岁了，是马上要上小学的大孩子了，可是柳柳不仅不向老师问好，家里来客人的时候他也不打招呼，爸爸妈妈怎么说他、哄他都没用。

家长都喜欢孩子懂事、讲礼貌。可是有些孩子，在家人面前很有礼貌，也很活泼，一遇到陌生人，就害怕得躲起来不肯打招呼，如果家长一直叫孩子打招呼，孩子就会很不开心，甚至还会大哭，仿佛被欺负了似的。因此，家长从小就要为孩子营造一个礼貌的环境，教孩子用简单的礼貌用语。

在孩子牙牙学语的时候，家长就可以教孩子一些简单的礼貌用语，比如"早安""晚安""谢谢""你好""再见"等。为了让孩子理解并学习礼貌用语，家长可以将礼貌用语创设成一些情景。比如让孩子每天睡前都要和爸爸妈妈说"晚安"；碰到认识的人要说"你好";接受别人的帮助时要说"谢谢";和别人分离要说"再见"等。

孩子不愿意和别人打招呼无外乎三种原因:孩子觉得羞怯;不知道打招呼是一种礼貌行为;家长对孩子的教育方式不当,如老是给孩子贴"不懂礼貌"等标签,让孩子产生逆反心理。

但是对两三岁的孩子来说,他们喜欢玩游戏、听故事、唱儿歌,而不喜欢那些枯燥无味的东西,因此,家长可使用一些小方法让孩子学习礼貌用语。

1. 在孩子面前主动问候他人

点评 家长要以身作则,两三岁的孩子正处在模仿的敏感期,他们喜欢去模仿学习家长的行为。因此,家长在日常生活中要多使用礼貌用语"您好""谢谢""再见"等,并教给孩子一些常用的称谓,如碰到爸爸妈妈的朋友要叫"伯伯""伯母",见到同龄人要叫"哥哥""姐姐"。这样孩子慢慢地就会主动用礼貌用语问候别人了。

2. 让孩子与自己喜欢的人打招呼

点评 孩子要是真的不喜欢打招呼,家长讲再多的道理给他听都没有用,这时候可以试着让孩子去和他喜欢的人打招呼,因为每个孩子都会有比较亲近的人,可能是邻居的爷爷奶奶或隔壁的叔叔阿姨。只需要家长简单引导,孩子就会主动去向他们问好,等到孩子养成了这个习惯,见到别人他也会主动去打招呼。

3．让孩子知道打招呼是有礼貌的行为

点评 很多孩子根本不知道打招呼是一种有礼貌的行为，因此他们总是不主动打招呼。然而家长却以为孩子懂得这个道理，其实有很多事情需要家长去引导。所以，家长可以通过给孩子讲故事、陪孩子看图书等途径让孩子知道打招呼是一种礼貌行为，并且告诉孩子，大家都喜欢有礼貌的孩子，爸爸妈妈也是。

4．用表扬和鼓励克服孩子的羞怯心理

点评 孩子不想和别人打招呼也可能是因为羞怯，一方面觉得害羞，另一方面又觉得胆怯。想要让孩子克服羞怯，最好的方法就是表扬和鼓励，而不是在看到孩子的不礼貌行为时就大声呵斥。所以，对孩子的打招呼行为要尽可能多地表扬、鼓励，如多说"真厉害""真讲礼貌""好孩子"等。当然，家长在表扬孩子的时候要说出原因，如孩子主动跟一个阿姨打招呼的时候，对他说："刚才主动给阿姨打招呼了，真有礼貌。"这样，孩子才知道主动向熟人打招呼会得到家长的肯定，等到下次再见熟人的时候，他才会主动打招呼。

最后要注意的是：如果孩子特别内向，不管家长怎么去引导，他都不愿意去开口打招呼，家长也不要生气逼孩子打招呼，或者批评孩子不懂礼貌，不然孩子的自尊心可能会受到严重损害。家长要有耐心，多给孩子一点时间，让孩子慢慢适应。

教孩子一些礼貌用语，从语言开始教孩子尊敬长辈。比如早上要教孩子说"爸爸妈妈早上好"；在外面碰到认识的爷爷奶奶，要教孩子礼貌地说"爷爷奶奶好"；妈妈为孩子准备好晚餐，要教孩子说"谢谢妈妈"。如果孩子习惯讲礼貌了，他就自然而然会尊重长辈。

还有很多孩子在爸爸妈妈和别人聊天的时候喜欢插嘴，或者受批评时爱顶嘴。要是有客人在，就会更加严重，他们迫切想要表现自己，让爸爸妈妈不知如何是好。家长应该教孩子去倾听家长讲话，告诉孩子别人讲话的时候随便打断很不礼貌。如果孩子真的有急事要说，可以先拉一下家长的衣服引起注意，等家长同意以后再说话。

第6章

书写敏感期，引导孩子走进阅读敏感期

书写敏感期是培养孩子写字、绘画兴趣的
关键时期。

书写敏感期是培养孩子写字、绘画兴趣的关键时期。

书写敏感期

两岁半的瑶瑶拿着妈妈的口红，在卧室的墙壁上画了一幅抽象画。 家长们都觉得不可思议，平时没有教瑶瑶画画，甚至都没有给瑶瑶买过彩笔、蜡笔，女儿竟然能画出美丽的线条，而且她是怎么知道口红能当画笔的？瑶瑶的父母并没有责备瑶瑶，还表扬了女儿的想象力，决定送瑶瑶一盒蜡笔，让她有更丰富的色彩选择，并告诉瑶瑶不能再用口红在墙上作画了。

当家长发现孩子最近特别喜欢在纸上涂涂画画，嘴里也叽叽喳喳的不知在说些什么的时候，就说明孩子已进入书写敏感期了。

书写敏感期是培养孩子写字、绘画兴趣的关键时期，一般在三岁半到四岁半之间出现，当然，因为每个孩子的情况不一样，有些孩子可能出现得早一些，也有些孩子可能出现得晚一些，甚至有些孩子就没有书写敏感期的表现。

这个年龄段的孩子，大多数已经开始上幼儿园了，具有一定的识字、写字能力。因此，家长要密切关注孩子的书写敏感期，并为他提供相应的书写条件，锻炼孩子的书写能力的同时，还有利于提高他的智力。

相对于其他敏感期而言，孩子的书写敏感期会出现得晚一些。但如果孩子在语言、感官、动作等敏感期内得到了充分的学习，其书写、阅读能力便会自然产生。

对于处于书写敏感期的孩子来说，培养他们对写字、画画的兴趣远比教他们如何写字、画画重要。所以，在平日里，不要过多地干涉孩子，让他们尽情地用笔涂写、画画，当然，前提是要告诉他们：在墙上、桌子上画画会影响美观，应该在纸上来"施展"。不管他们写成什么样或画成什么样，都不要嘲笑他们，要学会欣赏，对他们的"作品"给予足够的表扬是很有必要的。

处于书写敏感期的孩子，培养并保护他书写的兴趣永远比教他正规写点什么重要。家长不妨给他提供丰富的书写材料，比如用湿的毛笔在地上写；用小棍在土里写；用水彩笔在餐巾纸上写等，既能激发孩子的书写兴趣，也能让他体会不同材质的效果。

如果孩子感兴趣，家长也可以教给他数字的书写或者写简单的字，但这绝不是书写敏感期的重点，实际上，过度练字对 3~4 岁孩子的手部肌肉发育并没有好处。

> 不同年龄段的孩子在书写敏感期也会有不同的表现。

书写敏感期不同年龄段的表现

不同年龄段的孩子在书写敏感期也会有不同的表现。

1. 3 岁是"涂鸦期"

点 评 此时的孩子手眼协调能力不足，动作与符号没有统一。

2. 3 岁半是"基本形状期"

点 评 此时的孩子喜欢将动作与符号联系，更倾向于画简单几何图形。

3. 4 岁以后是"个性体现期"

点 评 此时的孩子拿到彩笔、油画棒、铅笔就画，把看到、想到的都会随手在墙上、纸上画出来，并且绘画融时入了自己的个性色彩。这时候孩子已经可以通过绘画表达内心的情感和需要了。

> 在孩子书写之前，可以做一些准备工作，让孩子慢慢爱上书写。

书写的准备

书写敏感期并不是突然到来的，在到来之前有迹可循。虽然说此时还不适合教孩子写字，但是已经可以做一些学写字的准备了。

1. 多做手部精细化练习

点 评 家长在孩子学写字前，可以有针对性地开展一些手部灵敏度的训练。比如，可以利用拼图、折纸、拼豆豆等游戏，让孩子的手眼协调、手部灵活。也可以和孩子玩"剪刀、石头、布"这样的小竞赛，通过不断变换的运动来锻炼孩子手指的灵活度。寻找好的方式方法，就能够更好地帮助孩子做好书写的准备。

2. 结合兴趣教识字写字

点 评 家长可以把孩子识字、写字与颜色结合起来，激发孩子学习写字的兴趣。

书写是孩子必备的技能之一。

教育孩子模仿写字

小颖是一个可爱美丽的女孩，可是她写的字却很难看。家长虽然不满意小颖的书写，但是想到以后的社会已普遍使用电脑，写字的机会很少，于是并没有要求小颖去练习书写。可是没过多长时间，家长发现小颖作业都不愿意写了，因为在学校经常被同学嘲笑写字不好看。

孩子在练字的过程中，可以慢慢地体会汉字的魅力，接受汉字美丽的熏陶。如果在教授的过程中注重方法、策略的话，也有助于孩子的思维结构能力和观察能力的提高。并且练字也可以培养孩子的耐心与毅力。

1. 做好示范作用

点评 家长可以先写一个字，再让孩子根据书上的印刷体给家长挑出问题，在这个讨论的过程中，孩子会加深对汉字组成结构的印象，也清楚了解到一些写字的易错点，这样他们以后在自己写字过程就会避免犯这些错误。

2. 激发孩子对汉字的兴趣

点 评 家长要陪孩子去体验汉字的魅力，激发孩子对汉字的兴趣，提高练字的热情、动力。可以通过象形文字给孩子讲解汉字的历史变迁。一个汉字其实就相当于一幅简单的画，用这样的方式让孩子发现汉字的结构美感。

3. 用正确的姿势练字

点 评 传统的"三个一"要做到，即眼离书本一尺，胸离桌子一拳，手离笔尖一寸。除此外，还要监督孩子做到：头正、身直、肩展，培养孩子正确的写字姿势。

4. 坚持每天练字

点 评 每天固定一个时间让孩子去练字，具体练字时间可以根据实际情况进行调整。重要的是要保证练字的质量。

5. 安静的练字环境

点 评 孩子在练字时，家长要给孩子提供一个安静的环境。

6. 家长的配合

点 评 家长要明白写好字是很重要的，在家里营造一个安静的环境给孩子练字，还可以与孩子比赛写字，提高孩子的积极性。

> 书写有助于孩子的思维结构和观察能力的提高。

更好地学习汉字

汉字是以图形为基础的，我们认识汉字都是基于对图形的认识，认识一个汉字就相当于认识一个图形。孩子 6 个月的时候就已经建立认识图形的能力，但是认识汉字的能力是从孩子会讲话的时候开始的。

余敏是一个很聪明的孩子，除了汉字外她学习什么都很快，但是汉字她不管怎么学都学得很慢。后来妈妈想到了一个办法，把生活中可以看见的物品都贴上汉字卡片。余敏只要看到冰箱，就可以看见"冰箱"这两个字，只要一去镜子面前，就可以看见"镜子"两个字……时间一长余敏自然而然就把这些汉字全部记住了。

家长可以和孩子一起做些小卡片，因为孩子智力还不完善，所以小卡片要做得大一点，并写清楚孩子会说的汉字，拿出卡片后让孩子看卡片上的字，对着孩子重复念，并引导孩子一起重复念，用这种方法建立文字和语言的联系。很多孩子一开始会因为新奇而愿意接受，但是如果一直都没有变化，也会让孩子对此失去兴趣，这就需要家长运用技巧，让认识文字变成是一种游戏，在游戏中复习已经认识的字、学习新的字，让孩子乐意和容易接受。

这个方法在早期使用效果最好，但是随着孩子年龄的增长，脑部发育也越来越成熟，6 岁以后就没有什么效果了。年纪越小的孩子，就越能把身边的所见所闻牢记于心，这些事情都被建立为文字资料库，在脑部神经突触受到刺激以后，孩子的阅读和理解文字的能力就会有所提高。孩子阅读和理解文字的能力提高以后，他就会喜欢上文字和书籍，有可能还会因为兴趣去阅读大量书籍。

比起上面提到的"卡片认字法"，生活中的随机认字法更值得推崇。比如，带孩子走在马路上时，指着路上的广告牌、招牌等教孩子认字，这样的学习方法效果也很好。

不要盲目随大流去教孩子识字，每个孩子的识字敏感期可能都会不一样，所以一定要在孩子对文字有兴趣后，再开始教孩子认识文字。识字过程中，不要过于注重孩子识字的多少，而是要培养孩子的学习兴趣和在生活中学习的习惯。

第 7 章

阅读敏感期，
养成良好的阅读习惯

6 岁前也称为儿童阅读的黄金期。

> 阅读敏感期是指孩子对阅读、看书产生浓厚兴趣的时期，一般紧随书写敏感期。

什么是阅读敏感期

很多家长都有这样的烦恼，孩子越长大越不爱看书。其实，这是家长没有重视孩子的阅读敏感期的结果。

雨桐妈妈最近很发愁，眼见着别人家的女儿都是文文静静的，特别爱看书，而自己家的女儿却成天只看电视，这让她十分苦恼。为了让雨桐看书，不管是电子书，还是纸质书雨桐妈妈都准备了很多，但是雨桐的阅读兴趣却一点都没有提高。

阅读敏感期是指孩子对阅读、看书产生浓厚兴趣的时期，这一时期一般紧随书写敏感期。阅读敏感期一般发生在孩子 4.5～5.5 岁的时候，有些智力较好的孩子会提前，只要智力正常，一般不会超过 6 岁。6 岁之后孩子更难养成兴趣习惯，所以 6 岁前是儿童阅读的黄金期。

抓住这个时期，有助于孩子从小养成爱读书的好习惯。当孩子进入阅读敏感期后，图书就成了他最好的朋友。这个时期孩子喜欢家长给他读书，也喜欢自己看书。家长完全可以抓住这个时机，培养孩子爱读书的好习惯和正确的阅读习惯。

人的兴趣不是天生就具有的，而是在客观环境下形成与发展起来的，同样，孩子的阅读兴趣也是如此。当孩子对阅读产生兴趣时，就会积极主动地去学习，且不会觉得枯燥乏味。阅读的兴趣往往影响阅读的效果，有兴趣读书的孩子与无兴趣读书的孩子，在相同的时间里、相同的条件下去读同一种书，其结果必定会出现很大的差距，因此，对孩子阅读兴趣的培养特别重要。

阅读敏感期后，至 14 岁以前，孩子的阅读能力还有一次弥补机会，被称为儿童阅读的白银阶段，错过了这两个时期，孩子的自我阅读意识就很难提高了。

> 孩子并不是一出生就有阅读兴趣的，需要家长平时去引导。

把握阅读敏感期

对处在阅读敏感期的孩子，家长的主要任务不是教会孩子认识多少文字，也不是让孩子学会阅读的技巧，而是要让孩子对阅读产生兴趣，并感受阅读带来的惊喜。

很多家长都反映，孩子上学后不喜欢阅读，也不擅长写作文，其实主要原因就是他们错过了孩子的阅读敏感期。

孩子并不是一出生就有阅读兴趣的，需要家长平时去引导，培养孩子对阅读的兴趣。家长可以根据孩子阅读敏感期的特点和阅读习惯的养成规律来提高孩子对阅读的兴趣，而不是随便制订一个阅读计划让孩子去完成。只要孩子稍微感觉到阅读是很枯燥乏味的事情，那他们就会开始逃避，抗拒阅读，也不会投入进去感受并享受阅读带来的喜悦。

阅读敏感期孩子会对图书非常热爱，愿意主动去探索书籍的内容，表现出很强的自主阅读能力和学习能力。兴趣才是让孩子去主动学习和主动阅读的动力。若家长了解孩子在这个阶段的特点的话，就可以在他们表露出好奇的时候，积极把握住时机，培养孩子的阅读能力，让孩子养成坚持阅读的好习惯，这样孩子在体验阅读乐趣的同时还可以快速发展自己的阅读能力。如果一个孩子养成了良好的阅读习惯就会一直对阅读抱有兴趣。

孩子能否健康成长，与小时候家长的陪伴、读书、探索大自然和养成良好的生活习惯有很重要的关系。家长陪孩子一起读书是孩子一生中最幸福的事情之一。

阅读敏感期的重要性不容忽视，抓住孩子的阅读敏感期，不仅仅能让孩子爱上阅读，对于他们的各方面培养都有重要的作用。

1.让孩子更专注

点 评 要锻炼孩子的专注力就要从孩子的敏感期开始,在阅读敏感期进行阅读,孩子能够把自己的注意力集中起来,这就会为他们养成专注的习惯打下基础,孩子做事能够更加投入。不管是学习还是工作,做事的态度一定要认真,而认真的前提就是要专注。

2.让孩子学到更多的知识

点 评 在阅读敏感期,孩子具有较强的学习能力,通过阅读他们能够接触到很多自己还没经历过的事情、没感受过的情感。比起非阅读敏感期的阅读,这个时候孩子的求知欲更强,因此学到的知识相对会更多。

3.增加人格魅力

点 评 孩子多进行阅读,他的气质和谈吐一定会有所提升。

4.培养孩子的耐心

点 评 一本书的页数不少,这对孩子的耐心有一定要求,孩子在阅读时,性子比较急的也能慢慢变得沉稳起来。

> 了解孩子的阅读发展阶段，将有助于让阅读习惯伴随他们终身。

孩子阅读发展的阶段

了解孩子的阅读发展阶段，将有助于让阅读习惯伴随孩子终身。著名的阅读研究专家查尔把儿童阅读发展分为以下六个阶段。

1. 学前阅读

点 评 在 0~6 岁的时候，孩子能够认识路标，包装或者其他标识的名称，同时有了一些阅读的概念。比如孩子能够把书本拿正，一页一页翻书，用手指指着书本上的字来念，看着图画能够自己讲起故事。

2. 初始阅读阶段

点 评 这一阶段发生在 6~7 岁的时候，孩子够完成汉字和读音之间的对应，阅读时除了正确读出自己认识的字，在碰到不认识的字的时候，也能够进行猜测，完成阅读。

3. 确认期

点 评 在 7~8 岁时，孩子已经能够辨认一定量的字词，并且还能联系语境，阅读的时候也更流畅，对自己阅读的内容有一些简单的认识。

4. 为获取新信息而阅读的时期

点 评 这一时期在 9~14 岁，孩子通过阅读获取新知，大量吸收词汇知识，阅读能力有了更大的提高。

5. 发展多元观点时期

点 评 14~18 岁的孩子阅读内容的长度和复杂度都有了很明显的增加，阅读的时候可以处理和协调各种观点。

6. 建构及再建构时期

点 评 18 岁以上的孩子，在阅读的过程中会有自己的想法，通过分析和判断，最后形成自己的观点。比起前几个时期，这个时候孩子阅读能力有很大的进步，能够从文章中找到自己需要的信息。

> 行动才是对机会最好的回应，抓住阅读敏感期，让孩子爱上阅读。

让孩子爱上阅读

李云上幼儿园之前，他的家长每天晚上都给他读一些经典的童话故事，教他背一些唐诗宋词，有时候还会播放一些儿童版的有声读物。爸爸妈妈在潜移默化中影响李云，而不是以学习和掌握知识为目的，想学多少，想听多少，一切由李云的兴趣而定。

阅读敏感期培养孩子阅读是有好处的，那么该怎样培养阅读是一个值得琢磨的问题。面对这一类的问题，家长总是不知所措。

1. 经常给孩子讲故事

点 评 给孩子讲故事不仅满足了语言敏感期的需要，也对阅读敏感期有好处。首先孩子在清楚听到每个字词的声音时，他们的语言能力就会得到提高。有些家长很早就注意到讲故事对孩子的成长有很大的意义，在孩子晚上睡觉前会给孩子讲一些故事。在这个敏感时期，家长讲故事的时候要注意自己的发音是否准确。

其次，这也是在培养孩子的阅读能力。家长在讲故事的时候，有的孩子也会想要看一下故事书。在看的过程中，孩子能够对字词的形状有一些简单的记忆。家长这时候就可以一边指着文字，一边给孩子看，这样给孩子讲故事，一方面能让孩子有参与感，提高其阅读兴趣，另一方面也能让孩子接触字词的形音。

2. 和孩子进行记忆游戏

点评 记忆力在语言敏感期和阅读敏感期都至关重要，孩子既要先记住字词的声音，也要记住字词的形状，这样才能进行自主的阅读活动。所以在孩子语言敏感期的时候，家长就要多和孩子做一些记忆游戏，比如让孩子记

住掌声或者是乐器演奏的旋律，这就能够锻炼其对字词的发音的记忆。语言学家凯特尔说过："孩子具有良好的语言水平，在培养阅读能力时就会有更多的优势。"

3. 让孩子讲自己的故事

点评 美国作家金玛特曾经说，保持孩子的阅读兴趣就是让孩子学会创造。确实如此，孩子在创造故事的时候，一方面能够运用他们在语言敏感期所学到的语言能力；另一方面讲自己编的故事，能够满足阅读敏感期对于阅读能力发展的要求。家长要给孩子准备一些故事图片，然后让孩子对图片进行讲述。

4. 和孩子一起演故事

点评 蒙特梭利在《童年的秘

密》一书中曾提及，孩子们对自己演过的故事印象更深刻。这是因为行动能够加深印象。另外，在演故事的时候，既锻炼了孩子的语言表达能力，也锻炼了孩子的肢体表达能力。

有些家长回到家后，叫孩子看书，然而自己却在玩手机。不妨和孩子一起进行亲子活动，找一个孩子比较熟悉的故事，各自扮演一些角色，既促进了亲子关系的建立，也抓住了孩子的阅读敏感期。

5. 经常带孩子去图书馆

点 评 阅读敏感期的孩子在接触到这么多书籍的时候，他们对于阅读的欲望一定能够获得满足。而且经常去图书馆，在那儿的学习氛围影响下，孩子的阅读敏感期会持续得更长。在培养孩子阅读的过程中，一定不能少了环境的影响。

6. 让孩子养成睡前阅读的好习惯

点 评 很多孩子都不喜欢太早睡觉，尤其是晚上玩得很兴奋的时候，就更不乐意去睡觉了。熬夜对孩子的发育影响很大，家长可以为孩子设定一个固定的睡前阅读时间，在晚上孩子洗完澡安静以后，在床上给孩子讲睡前故事。

7. 家长富有感情的朗读

点 评 朗读和平白的故事叙述是有区别的，家长可以经常改变阅读方式，这样可以更好地保持孩子的新鲜感和积极性。家长在为孩子朗读之前，自己要先做好功课，先了解故事的内容、角色特点和语言风格等；在朗读的过程中，要清晰、有感情、节奏恰当地把内容读给孩子听。孩子天生就是活泼可爱又充满好奇的，家长表演性朗读可以很轻松地把孩子吸引到故事中。

8. 培养孩子长期阅读的习惯

点评 看待孩子的阅读，家长不要带有功利性的色彩，否则孩子的阅读兴趣、想象力和创造力都会被破坏。但是如果一个孩子可以坚持阅读，那将会对他上学后的成绩有很大的帮助。喜欢阅读和学习成绩好二者并没有什么矛盾。因为喜欢阅读，所以孩子有了较强的想象力、专注力和创造力，拥有了独立思考和逻辑思维等能力；因为爱好阅读孩子的知识面得到了拓宽，所以课堂上老师讲的知识就比较容易理解和吸收，还会举一反三；因为对阅读感兴趣，所以孩子对各类知识的学习都会有兴趣。

9. 营造孩子和同龄人一同阅读的气氛

点评 很多孩子都喜欢和朋友一起读书。孩子的朋友既可以是玩具和小宠物，也可以是与孩子同龄的小朋友或者自己的弟弟、妹妹等。家长必须支持他们的一起阅读行为，因为孩子和小伙伴一起分享阅读，同龄人之间可以互相进行交流，这比孩子独自一人阅读乐趣更多。

10. 与孩子交换读后感

点评 孩子在阅读的过程中会产生很多问题，这对家长来说是非常好的与孩子的交流机会，家长要去创造一种轻松的氛围来与孩子讨论交流。在孩子问问题时，家长要及时回答，去满足他的好奇心，即使不清楚问题的答案也不要感到丢人，可以坦诚告诉孩子，并邀请孩子和自己一起寻找答案。为了帮助孩子更好地理解故事，家长还可以适当向孩子提出一些问题，但是注意不要强调"正确的答案"和中心思想，一切都要以和孩子平等讨论为前提，在讨论过程中鼓励孩子说出自己的看法和问题。这种交流是没有压力的，而且完全尊重孩子，结论也是开放性的。

这种家长和孩子轻松讨论的氛围，不仅可以增进亲子间的关系，还可以让亲子间有很多的共同话题，帮助孩子真正爱上阅读。家长完全没必要说教，只需要帮助孩子养成沟通交流书中内容的习惯，这样孩子的语言能力和思考能力就会得到提升。

11. 将阅读进行拓展

点评 家长要想方设法去结合阅读创造一些游戏激发孩子的兴趣，然后让孩子爱上阅读、理解阅读。家长可以结合阅读，带孩子出门旅行，了解某个地方的风土人情；带孩子去看故事性的电影，然后一起讨论电影中的有趣情节；带孩子一起去做手工，当然前提是要保证手工材料都是安全可以食用的；和孩子一起去画画，画出心中的所思所想；一起做有趣的实验；一起讨论人文、地理等话题，然后根据实际情况带孩子去实地考察。在考察的过程中，家长一定不要给孩子任何压力，以平常放松的心态引导孩子主动提问题，丰富孩子的知识。

12. 进行亲子互动

点评 在早期教育中，孩子基本上都是从游戏中学到东西。阅读对孩子来说也是一种游戏，一种由文字、图片、声音、动作等组成的游戏。所以，家长可以和孩子玩角色扮演的游戏，把精彩的故事演绎出来，既可以只是几句简单的对话，也可以自己改编故事情节并排成一个小话剧，一起在游戏中学习。把孩子带到故事中，让孩子成为故事里的一部分，这样可以帮助孩子提升语言能力和创造力，使得阅读变得活泼有趣。

不管家长自己爱不爱看书，都要想一下自己爱不爱看书的原因是什么，然后将这些原因分析一下，最后把经验应用到孩子身上。让孩子阅读不是难事，让孩子对阅读有兴趣，一定要抓住孩子的阅读敏感期，让孩子喜欢上阅读。

使孩子喜欢上阅读最简单的办法就是让他在一个爱读书的家庭中长大。

家庭环境会影响孩子阅读

家长要喜欢阅读，在孩子面前树立良好的榜样，为孩子提供一个安静的家庭阅读氛围。使孩子喜欢上阅读最简单的办法就是让他在一个爱读书的家庭中长大。

在平常的生活中可以多去讨论阅读的话题；和孩子分享家长小时候喜欢读的故事书；每天规定一个时间一家人一起安静阅读，远离电子产品；带孩子参加一些儿童的故事会；在家中给孩子布置一个阅读小角落，放着他的小书桌、小板凳和小书架，书架上放着他喜爱的图书。

孩子要是生活在这种充满阅读氛围的家庭中，那读书就会像睡觉和吃饭一样平常。

> 当孩子还在妈妈腹中的时候，家长就可以给孩子讲故事了，等孩子出生了继续讲。

婴儿期就培养孩子的阅读习惯

当孩子还在妈妈腹中的时候，家长就可以给孩子讲故事了，等孩子出生了继续讲。每天家长都坚持讲，从一开始的几十秒到几分钟，再到十几分钟和几十分钟，日复一日年复一年，让孩子在阅读中慢慢长大。

有的家长不知道婴儿适合看什么书，其实可以给他们朗读各种书籍、故事，买玩具书和不会轻易损坏的布书。不要去担心孩子听不懂你讲什么，婴儿从家长的声音中获取的安全感比理解故事内容更重要，这种安全感会渐渐让他们对书也产生依赖。

由于孩子的好奇心作祟，导致他们会喜欢吃书和扔书，这些都是正常的现象。家长不要大声去呵斥孩子，要好好利用孩子的这个特点，与他们一起玩一些有趣的亲子游戏，让他们自己去改正这个坏习惯，从而让他们喜欢图书和阅读，并且帮助他们养成良好的生活习惯。

> 记录阅读的细节趣事，不但可以激励孩子阅读，还可以促进亲子交流。

记录阅读的细节趣事

孩子的一举一动都是值得纪念和记忆的。

在平时，家长可以通过笔记等方式，去记录孩子在阅读过程中出现的有趣经历和童言稚语，比如做纸卡龙或者纸卡火车等。

这不仅可以经常让孩子看到自己的"胜利果实"，还可以激励孩子去阅读，体现出亲子活动的温馨，促进亲子交流。家长也要鼓励孩子自己去找方式记录阅读笔记。

等以后孩子长大了，这些记载可以帮助他们回忆儿时的阅读快乐，重温温暖的亲子阅读时光。

> 任何时期家长都不应该过多干涉和控制孩子。

给孩子独立空间阅读

在孩子进入阅读敏感期后，家长不要过多地去干涉、控制孩子，应该给孩子充足的时间和空间去自己成长、自己学习，培养孩子的自主学习能力。

家长不要凡事都太执着于自己的想法，不到成熟的阶段，逼迫孩子也是没用的。当孩子对阅读产生兴趣后，他们会主动地去选书、看书。家长不要在孩子还没有到阅读敏感期就开始乱操心，这样反而会在无形中给孩子巨大的压力，扼杀孩子与生俱来的好奇心及学习热情。

在亲子阅读的过程中，家长和孩子讲完故事和朗读完后，要留出一点儿时间和空间去鼓励孩子自主阅读。要记住，培养婴幼儿自主阅读并不是要求他认识很多字、阅读很长时间，而是要求培养他们的专注力和对阅读的兴趣。

即使一个字都不认识的婴幼儿也可以自主阅读，他们会用手抓着卡片，或者看一些图片，或者随便翻翻书以满足对阅读的好奇心，有的婴幼儿还会看着图片，然后说一些别人听不懂的话。家长不要随便去打扰婴幼儿的自主阅读，更不要用学会的字和阅读的时间去衡量阅读的效果。只要孩子能对阅读感兴趣，哪怕只是短短的几十秒，也是一个好的开始。

家长需要做的就是给孩子提供一个轻松、安静又自由的阅读空间，鼓励孩子根据兴趣阅读。即使孩子每次阅读都只看一两页，甚至只读两三句，家长也不要去抱怨，只需要耐心地等待，也可以在孩子自主阅读的时候穿插一些有趣的阅读形式，比如向之前说的游戏和讨论等。对孩子不断进行鼓励，孩子一定可以养成自主阅读的习惯。

> 很多家长因为不了解孩子阅读的特点，
> 导致孩子没有在大好时光爱上阅读。

避开阅读敏感期的坑

理论上家长都清楚要在孩子早期去培养他们的阅读能力，可以让孩子吸收知识、开阔眼界，提高想象力和语言表达能力，使情感、社会性、学习习惯等都得以发展。

欣欣一开始对阅读还蛮有兴趣的，她被绘本上面的许多美丽的图片深深吸引，每天都会积极去学习。可是最近，她的爸爸妈妈给她买了许多书籍，并且要求她每天要看完一本绘本，看完还要说出自己的感想。这导致欣欣觉得每天压力很大，慢慢地感受不到阅读的魅力了，她开始讨厌阅读了。

在实践上很多家长就不知所措。因为他们不了解孩子阅读的特点而将孩子的正常需求忽略了，导致孩子没有在大好时光爱上阅读；而有的家长对孩子过高的期望，在很小的年纪，就希望他们能借助阅读去成为一个"天才"，导致孩子讨厌阅读，又因为他们承受着很多的心理压力，让孩子不能体会到阅读的魅力。所以，家长的教育方式决定着孩子能否优秀，下面这些大坑是家长在教育孩子的时候要注意避免的。

1. 阅读就是说教和讲大道理

点 评　很多家长把阅读作为一个说教和讲大道理的工具，他们觉得这样做才能获得阅读的价值。但其实这种方式是错误的。

2. 阅读是孩子自己的事情

点 评　有的家长觉得陪孩子读书、给孩子讲故事太麻烦了，于是就把书给孩子自己看；还有的家长整天拿着手机玩得不亦乐乎，根本不顾及孩子的感受，这都会让孩子失去阅读的热情。

3. 让孩子进行电子阅读

点 评　很多家长虽然知道阅读很重要，但是却让孩子进行电子阅读，而不是纸质阅读。他们觉得电子阅读完全可以取代纸质阅读。其实那些电子产品中提供的阅读内容对幼小的孩子往往弊大于利。电子产品上的信息一般都是片段式、跳跃式的，孩子其实是在被动接受"电子知识"，长此以往，孩子的想象力、创造力和思考力都会遭到破坏。

4. 盲目迷信分级阅读

点 评　在不同的年龄段，孩子对阅读的理解也是不一样的，因此给孩子选择图书要根据年龄和理解能力去进行。家长在为孩子挑选书籍的时候，一定要以孩子的兴趣和理解力为基础。

5．阅读就是要学会复述故事

点 评 如果家长让孩子阅读的目的就是要孩子学会复述故事，而不是培养孩子阅读兴趣和学习动力，那就会给孩子造成精神压力，也失去了阅读的意义。

6．随意打断孩子的阅读

点 评 孩子在认真阅读的时候总是去打断他，不仅可能破坏孩子的注意力，还可能打断孩子想象的画面，对孩子发展阅读能力完全没有帮助。

7．只给孩子读虚构类的故事书

点 评 故事书通常分为虚构类和非虚构类两种。大多数的图画书都是虚构类的。但是随着孩子的成长和理解力的增长，虚构类的故事书已经不能满足孩子的好

奇心了。家长要给孩子搭配好阅读书籍，要根据孩子年龄和阅读理解力的发展特点，适当给孩子增加些自然和人文等类型的书籍，让孩子从阅读中得到启发，从而建立发展全面的知识体系。

8.让孩子随便破坏和涂画绘本

点 评 对年龄小的孩子来说，啃书、撕书、在书上乱涂乱画都是正常的举动，因为他们好奇所以想去尝试，他们完全不知道怎样的举动才是正确的。所以，这个时候家长的主动引导对孩子很重要。让孩子养成爱护书籍、尊重知识的好习惯，从而养成良好的生活、学习习惯。

9.孩子上学了就不需要家长给他阅读绘本了

点 评 很多家长觉得绘本太简

单，等到孩子上小学开始接受正规的学校教育以后，就不需要给孩子阅读绘本了。家长不知道的是，正是他们的这种想法和做法，才会导致孩子上小学后对阅读失去了兴趣。其实，很多适合小学生和中学生的图画书没有家长想象中那么幼稚，它们很有趣，也很有阅读的价值。尤其是对刚进小学，思考能力和生活经验都不成熟的孩子来说，这些优秀的图画书可以帮助他们理解文章，构建自己的思考能力。

10. 只选西方读物，不选中国绘本

点评 很多家长认为，国外引进的绘本就是优秀的，国内绘本的内容质量不高，因此，他们只愿意给孩子看国外的绘本。其实，这是一种偏见和误解。家长在给孩子阅读优质的国外绘本去拓宽孩子眼界的同时，不要忘记给孩子灌输一些中国的传统文化和现代文化。让孩子从小了解中国文化，培养民族自豪感，这样才会具备民族认同感和宽广的心胸。

11. 要求孩子阅读的数量

点评 孩子在听到他感兴趣的故事时，会追着家长给他反复读，每重复一次他都对故事有进一步的感受和体验。这样有助于孩子的观察力、记忆力、想象力、思考力、理解力的提升。时积月累，孩子就有了自我阅读的能力。所以，家长不能一直追求孩子的阅读数量，而不在意孩子读书的感受和质量。片面追求数量，孩子根本无法理解书本上的内容，还可能会产生阅读障碍。

12. 只有读名著才是阅读

点 评 孩子阅读时可以选择读名家的经典作品，但不要仅限于名家作品，有很多受孩子欢迎又充满正能量和积极向上的图书，也值得阅读。

13. 用物质去吸引孩子阅读

点 评 孩子不愿意阅读，家长没有去找出原因和解决办法，反而用买玩具、出去玩、吃零食等去吸引他们，以此激发孩子阅读的行为。

14. 让孩子阅读的同时有着很强的功利性目的

点 评 很多家长想要在孩子阅读的时候教孩子认字。的确，在阅读的时候孩子可以获得一些生活和学习方面的知识，当然也包括认字。但是阅读的重点并不是让孩子认字，不要让孩子觉得阅读是一项繁重的任务。

15. 觉得孩子还小无法阅读

点 评 3 岁之前属低幼阶段，比起通常的"知识学习"，家长更应带孩子一起体验看书的乐趣，培养孩子的阅读兴趣。

16. 认为阅读就是要做到能背诵

点 评 很多家长都十分看重孩子是否可以把整篇故事背诵下

来，以此去训练孩子的记忆力。但是却忽略了孩子对故事的感受和想象。

17. 规定阅读的时间过长

点 评 因为孩子的注意力是有限的，阅读的时间要根据每个孩子的具体情况去制定，并不是说给孩子规定的阅读时间越长就越好。

18. 故事书的字越多，就越能学到东西

点 评 不要以为字数多就说明书的质量好，字数少书的质量就差，不要以成年人的视角代替孩子的视角。

19. 选书不考虑孩子感受

点 评 有些家长不考虑孩子的喜好，只按照自己的喜好给孩子挑选书籍，硬要把自己的爱好强加给孩子，导致在进行亲子阅读的时候，孩子不感兴趣，没有热情。这样，不仅浪费了时间，也会让孩子对阅读失去兴趣、好奇和注意力。所以，除了那些不良的读物之外，在健康内容的书籍中，只要是孩子理解范围并且感兴趣的，家长都应该支持孩子阅读，给孩子自己选择书籍的权利。

后记
关于中国儿童素质早教工程

2001 年，我们开始组建"中国儿童素质早教工程"。迄今为止，"早教工程"已经出版多套图书，并且为家长们提供了线上线下联动的一整套育儿方案。

20 年来，国内育儿领域顶级专家们将自己多年的经验和科学育儿知识进行了系统的总结，在百忙中笔耕不辍，为"早教工程"的发展搭建和内容的编写奉献了大量的时间和精力。在他们的指导下，"早教工程"现在已经形成了全国完整和权威的全程育儿记录、监测、呵护和指导体系。

在"早教工程"的组建和发展过程中，我们得到了原中国关心下一代工作委员会专家委员会严仁英主任、中国优生优育协会秦新华会长、北京师范大学林崇德教授等众多专家的关心和支持遵循，在此深表感谢。同时还要感谢早教网——佩拉早教的大力支持和全体专家的辛勤工作，使得工程图书得以陆续出版。

中国儿童素质早教工程

关于佩拉早教

佩拉早教——早教网旗下品牌。成立二十多年的早教网是国内最早的专业育儿网站之一，同时也是"中国儿童素质早教工程"的重要组成部分，现阶段主要是通过佩拉早教新媒体平台，用更加有效的方式解决用户育儿过程中的难题，并为家长和幼教机构科学、系统、个性化的育儿计划提供开放的、一揽子式的参考和专业的指导。

从网站创立初期，我们就得到了国内众多的权威知名的儿科、妇产科、脑生理、心理、行为、营养、保健、学前教育学等多学科专家组的支持，他们大多都参与了网站的内容策划搭建工作以及工程的组建工作，除了参编审阅网站和工程内容之外，有的专家还担任了一本或者多本"早教工程"系列图书的主编。

作为二十年资质的母婴早教平台，早教网 —— 佩拉早教拥有：

顶级专家 拥有国内实力最雄厚的专家团队，目前有知名专家四十多名，均来自国内知名的儿科、妇产科、脑科学、心理行为、营养、保健、学前教育学等学科，在业界享有深远的影响力。

内容权威 网站和新媒体平台有十几个频道、数十个栏目、上万篇的专业文章，这些内容均来自早教网专家组专家的权威著作，从孕前准备、孕期呵护、胎教到婴幼儿的智力开发、营养、保健和心智培养等多方面，给准家长和年轻家长们的育儿生活提供全方位、专业的指导。

服务全面 拥有完善的会员服务系统，目前成熟的有："孩子主页系统""体格发育监测系统""多元智能测查和培养系统""经典5大智能测评系统"和"育儿同步呵护系统"。

多维互动 人性化的家长网络社区、权威专家的在线咨询、免费同步指导的早教周刊、完整的科学育儿书系、全方位的模特孩子征集、妈咪育儿经验的文字出版、丰富的线下聚会活动等为家长的育儿生活提供全方位的，线上线下的互动交流与分享。

最后，衷心祝愿每个孩子都健康快乐地成长！

佩拉早教

PEiLA

图书在版编目（CIP）数据

儿童 8 个敏感期教养：全八册/桂圆妈妈组织编写.
－－北京：应急管理出版社，2020

ISBN 978 - 7 - 5020 - 7947 - 5

Ⅰ.①儿…　Ⅱ.①桂…　Ⅲ.①儿童教育—家庭教育
Ⅳ.①G78

中国版本图书馆 CIP 数据核字(2020)第 019065 号

儿童 **8** 个敏感期教养　（全八册）

组织编写	桂圆妈妈
责任编辑	高红勤
封面设计	小红帆童书

出版发行	应急管理出版社（北京市朝阳区芍药居 35 号　100029）
电　话	010 - 84657898（总编室）　010 - 84657880（读者服务部）
网　址	www. cciph. com. cn
印　刷	河北赛文印刷有限公司
经　销	全国新华书店

开　本	710mm×1000mm$^1/_{16}$　**印张** 64　**字数** 640 千字
版　次	2020 年 9 月第 1 版　2020 年 9 月第 1 次印刷
社内编号	20192913　　　　　　　**定价** 128.00 元（全八册）